GUOJIA JIAOYU TIZHI GAIGE SHIDIAN
JIEDUANXING YANJIU BAOGAO
(JICHU JIAOYU JUAN)

# 国家教育体制改革试点阶段性研究报告（基础教育卷）

国家教育行政学院 编著

教育科学出版社
·北 京·

# 前　　言

《国家教育体制改革试点阶段性研究报告》（基础教育卷、高等教育卷）系国家社会科学基金“十二五”规划2012年度教育学重点课题“国家教育体制改革试点研究”（课题批准号：AFA120006）的阶段性成果，是国家教育行政学院教师集体攻关完成的学术成果。

## 一

国家教育体制改革试点是国家层面的战略部署。《国家中长期教育改革和发展规划纲要（2010—2020年）》发布实施后，国务院成立了国家教育体制改革领导小组，发布国家教育体制改革试点总体方案，按照顶层设计、试点先行、有序推进的原则，对教育改革进行系统部署。2010年10月，国务院办公厅发出了《国务院办公厅关于开展国家教育体制改革试点的通知》，提出在部分地区和学校开展国家教育体制改革试点。至此，拉开了国家教育体制改革试点在教育实践层面的序幕，形成了国家统一实施、地方承担试点和基层自主改革三个层面推进教育改革的格局。

国家教育体制改革试点研究是直接服务于国家重大教育战略的综合研究。在研究中，我们总结基层试点地区和试点学校的经验，从理论和政策的高度对教育体制改革试点进行研究和探索，为教育决策提供政策咨询和动态信息，为教育体制改革中出现的问题提供解决思路和政策性建议。作为一个学者群体，我们试图将国家教育体制改革的总体要求和教育体制改革的具体实践有机结合起来，借以观测政策在执行过程中的变化与地域适切性，进行深入分析和系统评估，为教育体制改革在中观和微观层面的推进提供一些建议。

应该说，现在是观察审视国家教育体制改革试点的一个关键时间节点。三年多来，教育改革试点稳步推进，一些改革已取得明显进展，各地涌现出了许多好的经验和做法，成效开始显现；同时也存在一定的问题，比如，试点地区和学校有很多经验需要总结和提升，共性的问题需要正视和解决。现在对试点地区和学校的关注仍多局限在工作层面，系统研究不够，亟待跟进。我们出版本报告作为现阶段的研究成果，今后还将继续深入研究下去。

## 二

本报告是一项集体攻关的成果。这也是国家教育体制改革试点本身的属性决定的。国家层面上的试点地区和学校共425个，许多试点项目以省、自治区、直辖市为单位进行，承担试点项目的省级单位进行试点任务的再分解和再申报，试点的基层学校、地区和县域多达几千个单位。同时，不同试点地区和学校之间缺乏相互沟通和交流的机制，影响了经验的交流和推广。因此，集体研究是总结复杂的改革试点的有效途径。

本研究具有非官方的特点，研究者群体处于第三方位置，有利于对改革试点的进程进行全面的反思和评价，有利于信息的全面收集和做出相对客观公正的评估，并可以将典型的试点经验通过干部培训推广普及到其他地区和学校，大大增加研究的现实效益和社会效益。同时可以进行跟踪调查，使调研报告更具有深入性和有效性。

本研究紧紧围绕国家教育体制改革试点的十大领域展开。当前，我国正在推进的教育体制改革试点不仅包括学前教育、义务教育、职业教育、高等教育、民办教育等教育类别，还囊括了素质教育、现代大学制度、高等教育办学模式和办学体制等主题。在研究设计上，课题研究领域涵盖了所有试点领域，每一领域都有专人独立负责。每一领域按照统一要求和格式分别调查、分析和研究，在整体上具有相对的统一性。本研究以教育体制和机制为主线，主要采用实地调查、案例研究、行动研究和政策分析法对试点地区和学校进行抽样调研和深入实地调查，总结和分析体制改革试点地区的典型经验、改革思路和实践中存在的问题，并基于此预测下一步教育体制的改革走向，提出相应的政策建议。

本研究试图达到如下一些目标。第一，服务于国家教育体制改革的创新实践，为上级有关部门提供试点方面有价值的信息和调研报告。第二，争取使试点地区和学校有关体制和机制创新方面的典型经验得到升华、普及，并在更多地区得到推广和应用，同时对存在的问题提出可调整解决的思路和建议。第三，对教育体制改革试点进行更为全面综合的集体研究。研究成果既从一般性、整体性的层面对教育体制改革试点中的经验与不足进行理论总结，也对不同教育领域和教育发展主题进行分门别类、深入地剖析和阐述。

## 三

本报告得以完成，需要感谢各方面的大力支持和配合。

本课题研究思路缘起 2012 年 7 月国家教育行政学院中心组学习务虚会，由黄百炼同志提出课题申报的想法，会上得到大家认可并初步研究了申报题目。会后，学院决定由时任学院院长顾海良同志担任课题主持人，并由科研部牵头设计。在课题申报论证过程中，顾海良同志给予了高度关注和重视。后因顾海良同志工作变动，学院决定由党委书记、常务副院长黄百炼同志负责总体统筹推进。副院长李五一同志和科研部组织力量展开申报论证，论证报告主要由司洪昌、许杰、高政同志撰写完成。课题立项后，主要由司洪昌、张婕等同志完成了开题报告，黄百炼同志出席了开题汇报会。在课题申报过程中，于鲁文、赵宏强、冯文宇、曲潇潇、陈正等同志做出了积极的贡献。

在课题研究过程中，教育部综合改革司给予了大力支持，这是课题得以顺利推进的重要基础。2013 年 2 月，黄百炼同志带队专门征询教育部综合改革司的意见，宋德民司长（现办公厅主任）、王洪元、彭斌柏副司长就研究重点、课题方向等提出了非常富有建设性的意见。书稿完成后，综改司刘自成司长对书稿给予关注和肯定。在课题研究过程中，综改司在研究资料上给予了充分支持，如专门为课题组开放了国家教育体制改革试点网站，提供了大量的第一手研究材料和数据等。后经综改司协调，课题组成员旁听了教育部教育体制改革的有关会议；部分课题组成员参与了综改司“国家教育体制改革试点”项目分领域中期评估工作。这些机会使得课题组成员进一步了解了改革试点的宏观背景、总体要求、现阶段进展情况等，为阶段性研究报告撰写工作的顺利推进打下了坚实的基础。

作为课题承担单位国家教育行政学院对课题研究高度重视。学院在研究经费上给予了专项重点资助，在研究过程中给予了时间上的保证。学院领导都对研究非常支持，特别是黄百炼同志主持确定了整个报告的写作思路与框架，亲自参与课题研究设计，多次召开课题研究专项会议布置工作；主管科研的副院长李五一同志高度重视，将课题研究作为科研工作的一个主要抓手来推进，并全力以赴组织协调课题研究的推进。课题由科研部具体组织推进，科研部履行了课题综合协调小组的功能，制定了写作规范和体例，统筹推进本报告的撰写、修订、审阅及后续出版等工作，特别是冯文宇作为学术秘书为此付出了大量辛劳。

本报告是集体研究的成果，各子课题的主持人及课题组成员是报告得以完成的最重要基础。在写作过程中，大家集体讨论，个人分工负责，按时完成了初稿和修订工作。课题组成员的通力合作保证了本报告得以完成。具体执笔分工如下。

基础教育卷：第一章，于京天；第二章，许玉乾；第三章，司洪昌；第四章，包金玲；第五章，邢晖，李玉珠；第六章，佛朝晖；第七章，郭锋；第八章，从春侠，侯佛钢。

在学院统一领导下，统稿工作主要由司洪昌、许杰、张婕、石连海、冯文宇等同志负责，最后稿件经李五一、黄百炼同志审定。冯文宇、司洪昌同志代拟了前言。中国教育科学研究院副院长曾天山、《中国高教研究》编辑部主任范笑仙分别对基础教育卷、高等教育卷进行了审阅。教育科学出版社对本课题阶段性研究成果的出版给予了大力支持。在此，一并对上述单位、领导和专家表示感谢。

我国教育体制改革逐渐进入深水区、攻坚期，其涉及面更广、关联度更高，破解深层次矛盾和问题的难度更大，仍存在许多亟待解决的热点难点问题。本研究直面教育体制改革试点地区和学校，量多面广，涉及全国各地的客观现实，并且教育改革试点涉及地区的社会经济文化发展水平差异巨大，这本身就意味着试点研究的艰巨性、所面临的沉重压力和要应对的严峻挑战。因此，本报告从内容到形式可能还有不少不足之处。现在，作为阶段性成果呈现，意在请各级领导、各试点单位、教育工作者同行、广大读者给予批评指教。

“国家教育体制改革试点研究”课题组

2014年6月

# 目　录

# 第一章　学前教育*

我国学前教育改革试点于 2011 年 1 月正式启动。改革试点的主要任务在于着力破除制约学前教育事业科学发展的体制机制障碍，着力解决人民群众所关心的“入园难、入园贵”等重点难点问题和突出矛盾。学前教育改革试点共有 4 大类 17 个项目，包括“落实政府发展学前教育职责”、“探索政府举办和鼓励社会力量办园的措施和制度”、“改革农村学前教育投入和管理体制及改进民族地区学前双语教育模式”以及“加强幼儿教师培养培训”等。项目单位共涉及 14 个省（区、市）。

## 第一节　改革试点的基本情况

### 一、学前教育改革试点的总体情况

#### （一）学前教育改革试点的背景

与教育体制改革其他项目不同，学前教育改革试点工作是在整个国家大

---

* 执笔人：于京天。课题组成员：于京天，郑健成。

力发展学前教育事业的背景下进行的。整体上的发展任务与少数地区的改革试点并行，使得学前教育改革试点呈现出与其他改革试点不同的特点。一是学前教育改革试点的目标有相当一部分与国家整体的学前教育发展目标是重合的，得到了从中央到地方各级政府的强力支持，因此在回顾学前教育改革试点经验的时候，离不开对这几年各级政府大力支持学前教育发展政策与措施的总结和提炼。二是由于学前教育事业面上的发展任务必然要与具体的改革举措紧密联系，因此学前教育改革的经验一方面包括了试点地区，另一方面又不仅仅局限于少数试点地区，实际上有相当多的改革经验是来自试点地区之外的其他地区。

2010 年《国家中长期教育改革和发展规划纲要（2010—2020 年）》颁布之前，我国学前教育事业发展面临一系列严重问题，“幼儿园总量不足、符合百姓期望的质量优良且价格合理的幼儿园短缺使近年来‘入园难’‘入园贵’问题日益突出，学前教育已成为百姓关心的重大教育问题之一”①。教育规划纲要回应人民群众的呼声，明确提出了学前教育改革和发展的三大目标：基本普及学前教育；明确政府职责；重点发展农村学前教育。

为了贯彻落实《国家中长期教育改革和发展规划纲要（2010—2020 年）》，2011 年 1 月国务院办公厅发布了《关于开展国家教育体制改革试点的通知》，让有一定基础、愿意先行先试的地区和学校，选择一项或几项申报改革试点，并要求各地教育行政部门要按照鼓励体制机制创新、有利于扩大教育资源的原则，在与相关部门充分协商论证的基础上，形成本地教育改革试点方案。而“健全体制机制，加快学前教育发展”成为国家教育体制改革试点中第一项试点工作。

### （二）国家层面支持学前教育改革发展的主要措施

为整体推进学前教育事业的改革发展，自 2010 年起，国务院和教育部密集出台了一系列政策措施，给予学前教育以强力支持。

“国十条”全面部署学前教育改革发展。为贯彻落实规划纲要战略部署，

① 刘占兰，等．中国学前教育发展报告 2012［M］．北京：教育科学出版社，2013.

实现学前教育事业的率先突破，2010 年 11 月国务院发布了《国务院关于当前学前教育发展的若干意见》（简称“国十条”），对学前教育事业改革发展进行了全面部署。“国十条”要求各地立即着手制订学前教育发展的三年行动计划，从体制、政策、教师队伍建设、课程建设等多方面、全方位地提升和发展学前教育，着力解决学前教育面临的“入园难、入园贵”突出矛盾，在学前教育制度建设和体制机制建设方面取得重大突破；将学前教育摆在更加重要的位置，多种形式扩大学前教育资源，多种途径加强幼儿教师队伍建设，强化科学保教，完善管理机制。实际上，“国十条”成为近几年推动我国学前教育事业改革发展最重要的纲领性文件。

编制实施学前教育三年行动计划。根据“国十条”有关规定，为加快发展学前教育、有效缓解“入园难、入园贵”问题，要求全国 2800 多个县（区、市）普遍编制完成学前教育三年行动计划。三年行动计划一是明确了未来三年学前教育发展目标，逐年落实了建设任务；二是围绕扩大学前教育资源、加强幼儿园教师培养培训等内容安排了一批工程项目，纳入了为民办实事的重要工程予以保障；三是围绕幼儿园教职工编制标准、加强幼师培养培训、规范小区配套幼儿园管理、提高保教质量等，制定了一系列政策措施。地方各级政府普遍建立了由政府分管领导牵头的学前教育联席会议制度或三年行动计划领导小组，完善了督促检查和问责机制，健全了工作推进机制。

农村学前教育推进工程。2010 年，教育部、国家发改委联合启动了农村学前教育推进工程，有计划、分步骤地在中西部农村地区新建和改扩建一批布局合理、安全适用、办园规范，面向区域内适龄儿童的普惠性幼儿园，提供有一定质量的农村学前教育服务。项目实施三年来，国家已投入 55.6 亿元，支持中西部地区建设乡村幼儿园 3149 所，新增幼儿园学位 63 万余个。

中央财政支持学前教育发展重大项目。2011 年 9 月，财政部、教育部印发《关于加大财政投入支持学前教育发展的通知》和《支持中西部地区利用农村闲置校舍改建幼儿园的实施方案》等 4 大类 7 个项目方案。“十二五”期间，中央财政安排 500 亿元，实施 4 大类 7 个项目重点支持中西部地区和东部困难地区发展农村学前教育，主要包括校舍改建类项目、综合奖补类项目、幼师培训类项目和幼儿资助类项目。为此，2011 年中央财政下达专项经费97亿元，2012年扶持资金达156亿元。实施学前教育系列重大项目，此举极大刺激和调动了地方政府发展学前教育的积极性，有效推动了地方政府进一步落实发展学前教育责任，扩大学前教育资源，加强幼儿师资队伍建设，完善学前教育各项政策措施。

颁布一系列规范性标准。为规范幼儿园的办园条件、师资管理、收费管理和保教行为，教育部研究制定或修订了一系列规范性文件，包括《幼儿园建设标准》《幼儿园玩教具配备标准》《幼儿园教师专业标准》《幼儿园收费管理暂行办法》《幼儿园工作规程》《3—6岁儿童学习与发展指南》《幼儿园教职工配备标准（暂行）》等。这一系列文件的出台，为构建学前教育管理体制，规范幼儿园的管理，提高办园水平和保教质量，奠定了重要的制度基础。与此同时，教育部也组织开展了相关的宣传工作，如2013年4月发布《教育部办公厅关于开展2013年全国学前教育宣传月活动的通知》，对于在全社会形成正确的幼儿教育观念，起到了良好作用。

## 二、学前教育改革试点的主要任务

学前教育改革试点的总体任务在于着力破除制约学前教育事业科学发展的体制机制障碍，着力解决社会关心的教育领域中的“入园难、入园贵”等重点难点问题和突出矛盾，以促进学前教育公平为重点，以提高学前教育质量为核心，从学前教育的关键环节入手，推进学前教育的办学体制、管理体制、保障机制等方面的系统改革，为全面深入推进学前教育体制机制改革积累经验。

在国家教育体制改革试点项目中，学前教育分领域共有17个项目，大致可分4大类。

一是“落实政府发展学前教育职责”。从理论上讲，这方面任务可以包罗万象。从实践上看，各地落实政府职责方面的核心任务是解决学前教育在国民教育中的地位，明确政府在举办学前教育和管理学前教育方面的责任，努力扩大普惠性学前教育资源，建立学前教育经费保障制度等。

二是“探索政府举办和鼓励社会力量办园的措施和制度”。这方面试点任务主要是解决如何加快举办幼儿园、如何规范管理幼儿园的问题，或者说通过解决办园体制和管理体制问题，以多形式扩大学前教育资源。其中的关键点是如何认识和处理政府办园和社会力量办园之间的关系，如何根据长远规划和现实情况把握好政府办园和社会力量办园的比重，特别是如何看待、如何支持社会力量办园的问题。

三是“改革农村学前教育投入和管理体制及改进民族地区学前双语教育模式”。这一任务其实与前两个任务是交叉的，所不同的主要是针对农村地区和民族地区学前教育的特殊困难，以扩大学前教育资源、促进学前教育公平和提高学前教育质量为目标而进行的改革。

四是“加强幼儿教师培养培训”。其主要任务是通过创新和完善幼儿教师的补充和培养培训机制，解决幼儿教师数量不足、质量不高和结构不合理等问题，不断提高幼儿教师队伍的专业素质。

试点项目单位共涉及 14 个省（区、市）。具体的试点单位及试点任务如表 1-1。

**表 1-1　学前教育改革试点项目一览表**

| 组织部门 | 试点地区/学校 | 试点任务 |
|---|---|---|
| 河北省 | 全省 | 探索政府举办和鼓励社会力量办园的措施和制度 |
| 内蒙古 | 全区 | 探索多种形式扩大学前教育资源 |
| 辽宁省 | 大连市 | 开展农村学前教育管理体制改革试点 |
| 黑龙江 | 农村地区 | 农村学前教育投入及管理体制改革 |
| 上海市 | 闵行区 | 完善政府学前教育公共服务职能 |
| 江苏省 | 镇江及苏南部分市县 | 改革学前教育管理体制 |
| 浙江省 | 杭州市、宁波市 | 强化政府发展学前教育责任 |
| 浙江省 | 全省 | 探索多种形式扩大学前教育资源 |
| 安徽省 | 合肥市 | 完善学前教育体制机制 |
| 广西 | 10 个县 | 县域农村学前教育发展机制改革 |
| 贵州省 | 毕节地区 | 探索贫困地区学前教育发展模式 |

续表

| 组织部门 | 试点地区/学校 | 试点任务 |
|---|---|---|
| 云南省 | 全省 | 探索政府举办和鼓励社会力量办园的措施和制度 |
| 甘肃省 | 甘南藏族自治州、临夏回族自治州 | 探索政府主导的民族地区办园体制 |
| 宁夏 | 灵武市、吴忠市盐池县、固原市彭阳县 | 农村学前教育机制改革试点 |
| 西藏 | 山南地区 | 学前“双语”教育改革试点 |
| 江苏省 | 全省 | 优化配置幼儿教师 |
| 浙江省 | 部分学校 | 加强幼儿园教师培养 |

三年来，各试点地区政府和教育部门高度重视，对学前教育各个领域进行了大胆的探索和实践。学前教育改革试点主要呈现以下几个特点：一是政府牵头，有关部门协调配合，综合改革，共同推进；二是将试点工作与实施学前教育三年行动计划、有关学前教育工程项目紧密结合，注重实效。三是突出制度创新和体制机制建设，创造了一批学前教育改革发展的典型经验和模式。经专家评审和教育部认定，在 14 个省份、17 个学前教育的试点中，初步确定辽宁省大连市、浙江省杭州市和宁波市、江苏省镇江市、上海市闵行区等 4 个项目转为示范项目，其余项目继续试点。

## 第二节　改革试点的主要成效

经过各级政府和试点单位各相关部门的共同努力，学前教育改革试点工作取得了显著成效。主要表现在：幼儿入园率显著提升；幼儿园数量明显增加；学前教育教师数量增加、待遇改善、质量提升；对学前教育的财政投入明显加大；办园体制和管理体制改革迈出坚实步伐，形成了发展学前教育的多种新模式；幼儿园管理规范化明显改善。

## 一、幼儿入园率显著提升

按照教育规划纲要和“国十条”的要求，各地积极落实学前教育三年行动计划，有效推动学前教育资源的扩大，幼儿入园率显著提升。根据全国教育数据统计公报，2011 年全国三年毛入园率达到 62.3%，比 2010 年增长了 5.7 个百分点，比 2009 年增长了 11.4 个百分点；到 2012 年，全国三年毛入园率达到 64.5%（见图 1-1）。近三年在幼儿园增长了 1028 万人，相当于 1999—2009 年增量总和（332 万人）的三倍。“入园难”的问题初步缓解。

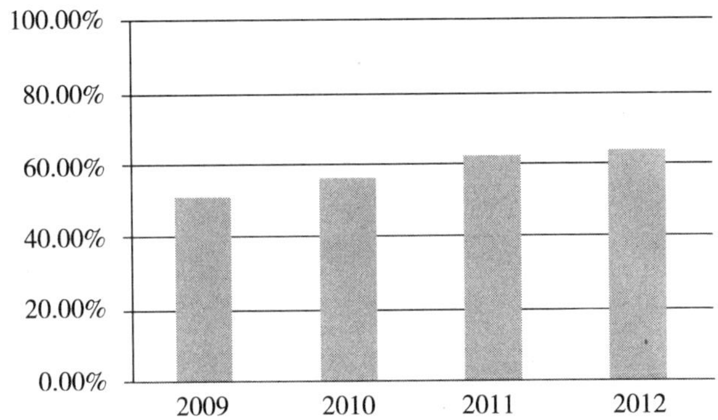


**图 1-1　2009—2012 年全国学前三年毛入学率**

试点地区的幼儿入园率提升更为显著。截至 2012 年年底，安徽省试点地区学前三年毛入园率达 95.01%，高出全省平均三年毛入园率 23.2 个百分点，比既定目标高出 7.01 个百分点；广西试点地区在园幼儿 165 万人，学前三年毛入园率 76.6%，比 2010 年提高 22 个百分点；辽宁省试点地区大连市在园幼儿 132549 人，学前三年入园率达到 95.7%，比三年前提高 2.3%；浙江省试点地区杭州市学前三年幼儿入园率为 98.6%，宁波市学前三年幼儿净入园率更是高达 99%以上。

## 二、多渠道破解城乡普惠性学前教育资源不足难题，幼儿园办园体制与管理体制改革成效显著

按照“国十条”大力发展公办园、积极扶持民办园的要求，各地采取有效措施多种途径扩大普惠性学前教育资源，办园体制和管理体制改革成效显著。

一是拓宽途径，大力发展公办园。采用新建、改扩建、落实小区配套建园、在农村小学增设附属幼儿园、巡回支教等多种形式，扩大城乡公办资源。在这方面，以大连市的改革影响最大。大连市实施了公办幼儿园新建工程、小区配套幼儿园回收工程、扶持城镇公办性质幼儿园和农村乡镇公办中心幼儿园工程、免除家庭经济困难幼儿托保费工程和幼儿园保教质量提升工程等五项工程；到2013年，大连市政府投入的公办及公办性质幼儿园由原来的3%提高到46.3%。其他地区也普遍加大了建设发展公办园的力度。如黑龙江省实施公办幼儿园建设项目，2011—2012年共建成公办园1019所，全省公办园在园幼儿占比达60%。浙江省从2010年到2012年，公办（教育部门）园从30.3万所增加到36.5万所，公办性质的乡镇中心幼儿园从825所增至1073所。河北省充分利用农村中小学布局调整的闲置校舍和其他富余公共资源，改扩建一批公办性质幼儿园；鼓励依托农村小学、教学点增设附属幼儿园，乡镇中心幼儿园在行政村举办分园，实施一体化管理；同时积极推行“名园加新园”“名园加弱园”“名园加农园”“名园加民园”的集团办园模式，加快推进优质学前教育资源县域覆盖进程。为加大财政对农村标准化和规范化幼儿园建设的支持力度，2011—2012年，河北省省级财政重点支持改扩建和新建了1000所公办幼儿园，两年内全省80%的乡镇（街道）至少建有1所达到省农村一类园（或城市二类园）以上标准的独立建制的公办性质中心幼儿园。

二是多种方式，积极扶持企事业单位办园、集体办园和普惠性民办园。各地因地制宜，通过财政补贴的方式，区别主办主体、办园成本等不同情况对企事业单位办园、集体办园和普惠性民办园予以扶持，引导其提供普惠性

服务。上海市闵行区采取政府购买服务方式对公建配套民办幼儿园接收小区幼儿给予每年3000—5200元的生均财政补贴。镇江市、厦门市海沧区对民办幼儿园和公办幼儿园实行统一的行业管理制度，采取补贴生均公用经费、减免租金、以奖代补、派驻优秀教师支教等多种方式，支持普惠性民办幼儿园发展，对公办民办幼儿园实行一视同仁的政策。宁波市建立普惠性民办幼儿园“年度综合评价机制”“资产和财务管理机制”“风险防范机制”和“合理退出机制”，积极引导和支持民办幼儿园提供普惠性服务。

根据全国教育数据统计公报，2011年全国共有幼儿园16.68万所，比2010年增加1.63万所；2012年全国共有幼儿园18.13万所，比上年增加1.45万所。这样的发展速度可谓前所未有。

与办园体制改革相配套，在管理体制方面，各地积极探索政府对各类性质幼儿教育机构实行统一管理的办法。镇江实行“以县为主、县镇共建、城乡一体化管理”的学前教育管理模式。厦门市海沧区实行统一管理和片区管理相结合、公办园辐射指导民办园的模式。上海市闵行区推进“管、办、评”分离模式，探索政府宏观管理、机构自主办学、社会组织提供专业服务的模式，加强政府与社会对教育公共服务的监管，使教育行政管理逐步向公共教育管理转变。浙江省杭州和宁波两市积极开展创建学前教育达标县、强县和学前教育达标乡镇、先进乡镇活动，建立学前教育建设发展情况年度考核督导制度；强化幼儿园的督导工作，开展幼儿园发展性评估，指导学前教育科研工作，引导幼儿园上等级、创示范、成名园，全面提升办园质量。

## 三、学前教育师资队伍建设明显加强，幼儿教师待遇逐步改善，幼儿园用人机制不断创新

试点地区积极探索解决多年面临的幼儿园教师编制不落实、待遇低等问题，采取多种措施稳定师资队伍，加强培养培训，不断提高幼儿园教师队伍的专业素质和保教实践能力。

一是完善了公办幼儿园编制管理和核编补充机制。各试点单位努力创新幼儿园用人机制，研究制定编制标准，及时核编，稳定教师队伍，提高幼儿

园教师的待遇和社会保障水平。黑龙江省下发《幼儿园机构编制管理实施办法》，规定幼儿园编制按照教职工与幼儿 1∶6 的比例核定。幼儿园编制总额的 30%实行定编不定人，采取购买服务的方式聘用人员。广西壮族自治区颁布《幼儿园编制标准暂行办法》，对幼儿园的管理人员、教师、卫生保健人员、保育员、炊事员、安全协管员等各类人员的配置做了明确规定，正在抓紧核编。用人机制的改革保证了幼儿教师队伍的及时补充。黑龙江 2011 年全省补充幼儿教师 5721 人，其中义务教育分流 2206 人，新增幼儿教师 3515 人；2012 年全省新增幼儿教师 2724 人。江苏省镇江市近 2 年新进编教师 137 人。2012 年内蒙古自治区幼儿园教职工达 4.1 万人（其中专任教师 2.58 万人），较 2011 年增加了 6435 人，增幅达 18.6%。

二是研究探索提高非在编幼儿园教师工资、社保待遇的有效措施。杭州市出台《杭州市幼儿园非事业编制教师管理办法》，要求 2011 年幼儿园非事业编制教师人均年收入要达到事业编制教师人均年收入的 60%以上，2015 年实现非事业编制幼儿园教师与事业编制教师同工同酬。镇江市研究制订《镇江市非事业编制教师管理办法（试行）》，创新公办幼儿园编外聘用教师和民办幼儿园工作人员管理机制，以人才代理为主要途径不断规范和提高非事业编制教师的工资福利待遇，努力使他们在继续教育、专业技术资格评审、评优评先、教研活动、健康体检等方面享受和在编教师同等的权利，以切实稳定编外教师队伍，促进学前教育事业的可持续发展。镇江市还出台《幼儿教师“十百千”三年行动计划》，明确非在编教师要和在编教师在培训、培养、评优等方面享受同等待遇。甘肃省临夏市在暂时没有全省统一的幼儿教师核编政策的情况下，采取“同等待遇、不同身份”方式为当地幼儿园招聘教师。

三是健全幼儿园教师培养和培训体系。江苏省财政设立优化配置幼儿教师专项经费，从 2011 年起每年为农村合格园定向培养 500 名五年制幼儿教师，每年培养 300 名五年制免费师范男生。浙江省实施“3+2”和“5 年一贯制”教育，增加本专科招生数量，扩大幼儿师范生招生规模。加强学前教育师资培训基地建设，规定每位教师每 5 年内培训时间不少于 360 学时。上海市完善职初教师全员培训、骨干教师培养基地、学科教研训基地、优秀教师柔性流动和智慧传递等机制，对全体教师实施“按需分层”多样化培训。

幼儿教师编制问题的解决和待遇的逐步提高，有效地稳定了教师心态，极大地提高了教师的工作热情和自我提高的积极性。而培养培训体系的逐步改善，对幼儿教育工作者自身素质能力的提升，正在发挥着越来越明显的促进作用。

## 四、政府主导的对学前教育的投入和成本分担机制初现雏形

按照“国十条”和教育部财政部《关于加大财政投入支持学前教育发展的通知》的精神，从中央到地方都采取多种方式加大了对学前教育的财政投入，各地积极探索建立学前教育投入保障机制和成本合理分担机制，以保障学前教育的可持续发展。

一是普遍制定了加大财政投入的政策措施。中央财政通过支持“农村学前教育推进工程”和“中央财政支持学前教育发展项目”两项重点工作，大幅度增加对学前教育的投入。从2010年到2012年，中央财政已投入55.6亿元，支持中西部地区建设乡村幼儿园3149所，新增幼儿园学位63万余个。2011年9月，财政部、教育部印发《关于加大财政投入支持学前教育发展的通知》和《支持中西部地区利用农村闲置校舍改建幼儿园的实施方案》等7个项目方案。“十二五”期间，中央财政将安排500亿元，重点支持中西部地区和东部困难地区发展农村学前教育。中央的行动为地方政府制订加大学前教育投入政策起到了示范和引领作用。各地普遍将学前教育经费列入了财政预算，加大了投入力度，提高了投入比例。陕西省提出逐步把学前教育纳入基本公共服务体系，实现学前一年免费教育。辽宁省、海南省明确到2013年全省财政性学前教育经费占财政性教育经费的比例，要从原来不足1%分别达到4%和3%。浙江省明确要求各县（市、区）提高到5%以上。其中杭州市明确规定：各区学前教育事业经费要达到同级教育事业经费8%以上，县（市）达到5%以上；地方教育费附加按20%比例安排学前教育专项经费；市本级和各区（县、市）每年按土地出让收入0.5%计提农村学前教育基础

设施建设补助资金。2012 年，全市财政性学前教育经费占同级财政性教育经费比例达到 7.8%。宁波市财政性学前教育经费占同级财政性教育经费的比例达到 7.3%，所辖各县（市）区达到 8%以上，不举办高中段教育的县（市）区达到 12%以上，这一指标已纳入对各县（市）区学前教育发展的考核。浙江、山东、贵州、安徽等省提出安排一定比例的土地出让金用于发展学前教育。据教育部统计，目前全国财政性学前教育经费占比已从 2009 年的 1.36%提高到 2012 年的 3.23%，各地三年内新增财政投入超过 1000 亿元。

二是建立幼儿园生均经费制度和运行保障机制。大连市制定了农村幼儿园生均补贴标准，按生均教育成本 50%给予补贴，每个幼儿每月补助 230 元，初步建立了农村幼儿园运行保障机制。上海市闵行区不断提高学前教育生均公用经费标准，2012 年学前教育生均公用经费标准达 1530 元，比 2010 年提高了 250 元。北京市将教育部门办园的生均经费标准从每生每年 200 元提高到 1200 元，并对部门办园、集体办园和普惠性民办园进行补贴。宁夏回族自治区灵武市、盐池县将学前教育生均公用经费纳入县财政预算，盐池县按每年生均 150 元、200 元和 500 元的标准为城区公办园、民办园和农村幼儿园补助经费，并逐步实施学前一年免费教育。

三是建立了学前教育资助制度。云南省政府出台了《云南省学前教育家庭经济困难儿童资助实施意见》，建立贫困幼儿资助制度，2011 年、2012 年两年争取中央资金 3800 万元，省级和州市安排 4285.77 万元，共资助贫困幼儿 22.29 万人。大连市实施家庭经济困难幼儿免收保教费政策，进城务工人员子女入园享受本地幼儿同等待遇。合肥市对市区所有低保家庭儿童、孤残疾儿童、烈士子女和因大病或意外导致家庭生活特殊困难的儿童，按每生每学年 3000 元的标准进行资助。2012 年，有 6700 多名进城务工随迁子女入园也享受了同样的资助政策。

但是，上述财政投入政策大都是针对幼儿园或已入园幼儿的，并没有覆盖全体适龄幼儿。而且，对不同性质幼儿园的财政投入或生均补贴政策差别很大。目前的财政投入体制和成本分担机制还只是处于一种起步的、探索的阶段，还远远没有形成系统完备、科学合理的体制机制。

## 五、强化幼儿园规范化、科学化管理，幼儿园监管机制进一步完善

在努力扩大学前教育资源的同时，各试点地区普遍按照教育部有关文件精神，加强了对学前教育的规范管理，逐步建立健全了面向各类幼儿园的管理制度，促进学前教育规模与保教质量的协调发展。

一是规范幼儿园办园标准和准入制度。根据教育部颁布的《幼儿园建设标准》和《幼儿园玩教具配备标准》，各地积极研究出台了幼儿园办园标准，加强了对幼儿园准入的监管。如黑龙江省制定了《城市幼儿园办园基本标准》和《乡镇中心幼儿园办园基本标准》，陕西省制定了《幼儿园基本办园标准》，对幼儿园班级规模、园舍及场地面积、教师配备、玩教具装备、收费管理、校车管理等提出了全方位的要求。合肥市出台了城市幼儿园基本建设标准，提高了幼儿园建设用地、用房及设施设备标准。上海、江苏等地分别出台了《幼儿园教育技术装备标准》，对幼儿园各类功能区域的装备设施作出明确要求，使幼儿园环境创设和办园条件改善有据可依。

二是严格规范办园行为，提高保教质量。教育部修订了《幼儿园工作规程》，研究制定《3—6岁儿童学习与发展指南》，出台了《关于规范幼儿园保育教育工作，防止和纠正“小学化”现象的通知》。各地也结合实际制定了相应管理办法。合肥市研究制定了《幼儿园一日活动常规要点》，坚决纠正幼儿园教育“小学化”，并对幼儿园办园行为进行累积计分制管理，实行“月上报月通报”制度。大连市下发《关于防止和纠正幼儿园小学化倾向问题的意见》，提出“六不准”，严禁幼儿园提前学小学课程，同时明确规定小学入学不准考试面试，在媒体上公布小学一、二年级教学进度，接受社会和广大家长监督，坚决杜绝小学超进度授课。教育部门通过组织教育教学联合视导，明察暗访等方式，督促贯彻落实。

三是规范幼儿园收费管理。针对一个时期以来学前教育收费方面存在的乱象，为保障受教育者和幼儿园的合法权益，促进学前教育健康发展，2011年12月，国家发改委、财政部、教育部联合出台了《幼儿园收费管理暂行办

法》。各地也参照国家标准，开始研究制订本地幼儿园收费管理办法。如云南省在2013年出台的《云南省幼儿园收费管理暂行办法实施细则》中提出，幼儿园不得在保教费外以开办实验班、特色班、兴趣班、课后培训班和亲子班等以特色教育为名向幼儿家长另行收取费用，不得以任何名义向幼儿家长收取与入园挂钩的赞助费、捐资助学费、建校费、教育成本补偿费等费用。江苏省镇江市2011年就颁布了《关于进一步规范我市幼儿园收费行为的通知》，并将所有幼儿园的收费标准逐一列出，便于群众监督。

四是探索民族地区学前双语教育模式和办法。西藏自治区山南地区出台了《学前“双语”教育规程》等开展学前双语教育教学指导性文件，采取普通话和藏语口语训练相结合的双语教学模式，重点培养幼儿汉语交流能力。甘肃省甘南州积极开展学前双语教师培训工作，不断提高双语教师教学水平和业务素养。

## 第三节　改革试点的主要经验与典型模式

经过三年的改革试点，学前教育在取得众多跨越式发展成就的同时，试点地区的一些做法和认识也获得了普遍认同，积累了诸多发展学前教育的经验，并且形成了一些制度性的可供其他地区学习参考的模式。

### 一、学前教育改革试点的主要经验

#### （一）明确各级政府的统筹职责，是学前教育实现跨越式发展的前提

在学前教育改革试点过程中，不同的试点地区统筹层级不同，在省、市、县（区）各个层级上都存在。但无论在哪个层级上加以统筹，要保证试点成功，实现学前教育跨越式发展，都需要政府发挥强有力的统筹协调作用。

在上海市闵行区，区政府将学前教育发展视为一项政府的基础性公共服

务，因此在区一级进行顶层设计，政府强力推动。大连市承担着“明确政府职责，完善体制机制，构建学前教育公共服务体系”的改革试点任务。大连以市为统筹单位，强化政府主导责任，明确政府在学前教育发展过程中规划、发展、投入、管理等方面的职责，其中出现的很多难题都由政府出面加以协调。河北省则是以省为统筹单位，构建起以基本幼儿教育公共服务为基础，发展以政府办园为主体，公办与民办共同发展的全面覆盖城乡的幼儿教育体系，满足城乡儿童和家长的多样化教育需求，确立了一条不同于上海、大连等发达地区的中部地区学前教育发展的路径。而江苏省的学前教育事业之所以能够快速发展，不仅仅得益于其良好的发展基础，更与省级政府的强力统筹密切相关。江苏省政府2011年就下发了《省政府办公厅关于建立省学前教育联席会议的通知》，建立省级学前教育联席会议制度，要求各部门加强沟通协商，解决学前教育事业发展的问题。相反，有的试点地区因为政府统筹不力，把学前教育改革试点工作主要推给教育部门去做，结果往往是举步维艰。

因为历史欠账太多，学前教育事业的改革与发展面临诸多难题，在解决这些难题的过程中，不同层级政府的统筹能力不同，不同地区需要的资源不同。这两点决定了要整体推进区域学前教育的跨越式发展，必须由相应层级的政府进行高位统筹和协调。一般而言，在发展规划、人事、管理等方面，在城市地区可由市一级政府统筹，在农村由县一级政府统筹比较适应目前的管理体制；而在投入、建设等方面，则应由中央、省、地、县、镇各级政府依据财政能力分担。这样才能保证学前教育事业改革发展的可持续性并实现良性循环。

### （二）建立政府主导，多层次、多形式、多渠道筹措学前教育经费的机制是一种现实选择

经费短缺并缺乏长效机制，是目前学前教育发展的最大障碍之一，为解决这一关键问题，各地结合实际创造出了一些有效的经费筹措经验。

目前，比较成功的经验主要集中在东部发达地区。在江苏省镇江市，学前教育经费的投入主要是靠县区级财政投入。2011年，全市财政性学前教育

经费投入在整个财政性教育经费投入占比达 3.66%，2012 年达到 5%以上。上海市闵行区的试点经验主要是完善教育经费区、镇两级统筹与分配机制。在浙江的杭州市和宁波市，两市政府均加大了财政投入，但并不是完全依赖财政预算（预算只占比约 50%），其学前教育经费保障体系包括财政预算、教育附加、土地出让金计提以及专项发展资金。在此类地区，只要地方政府真正把学前教育摆在应有的地位，真正给予高度重视，还是有能力解决经费问题的。

而在中西部经济欠发达地区，由于地方政府（特别是县区政府）财力有限，社会资金不足，经费筹措难度很大，依靠中央政府的专项支持和转移支付以及省级政府的统筹，是目前这些地区加快学前教育事业发展的主要路径。有个别试点地区尽管在试点之初提出了较高的发展目标，希望能由政府承担起学前教育的主要投入责任，但在实际操作过程中很难真正落实。

针对目前的实际情况，在经费筹措方面基本的经验可以概括为，建立“政府主导、分级负责、多种形式、多种渠道的经费筹措机制”是一种现实选择。但从长远来看，要从根本上解决经费问题，还需要中央政府加大统筹力度，从顶层设计上，区别不同地区、不同基础条件，规定不同的经费投入方式。

### （三）实行公办民办并举、并重，是迅速扩大学前教育资源、整体提高学前教育质量、满足群众多样化需求的必由之路

目前，我国学前教育机构的格局是民办园所占多数，公办园所占少数，而公办民办幼儿园的在园幼儿数大致相当。民办教育机构形式灵活多样，但多数质量不高，部分质量较高的民办园收费价格又较高；公办幼儿园虽然占少数，但多数质量较高，且收费相对民办园较低。尽管政府号召要大力举办公办幼儿园，但限于财力、场地、师资、时间等因素，从全国来讲，短期内不可能做到主要依靠公办幼儿园来满足群众迫切的入园需求。相对来讲，民办学前机构的举办则要容易得多。因此，在落实学前教育三年行动计划中，多数地区普遍选择了公办民办并举的发展路径。但“并举”不一定意味着“并重”，实际上很多地区对民办学前机构重视不够，甚至放任自流，使得民

办学前机构发展缺乏有力支持和规范管理，质量难以得到有效提升。在这种情况下，尽管有些地区比较迅速地提高了幼儿入园率，但学前教育的总体质量并不能让群众满意。令人欣喜的是，在部分试点地区，对公办与民办学前教育机构采取了“并重”的方针，取得了良好的效果和有益的经验。

公办民办“并重”意味着对民办学前机构既要规范管理，又要大力支持。没有支持，就不会有有效的管理。因为没有政府对民办学前教育机构的有力支持，实际上政府也就缺少了对民办机构实施调控与管理的有效手段，从而也就很难落实对公办民办学前教育机构实行统一管理的政策目标。厦门市海沧区从 2011 年起，由区财政每年设立 250 万元专项扶持经费，利用经费杠杆，采取以奖代补的形式，按照“立足安全，保障师资，提升规模”的原则扶持民办幼儿园发展。政府对民办幼儿园的支持，换来了民办幼儿园对政府管理的认同。海沧区政府专门成立了民办教育管理中心，配备专职人员，实现对民办教育的专门管理，而管理的标准与公办教育机构基本上是统一的。浙江省宁波市通过出台《宁波市普惠性民办幼儿园管理办法（试行）》，在规范普惠性民办幼儿园办园行为的同时，加大对普惠性民办幼儿园的财政扶持力度，得到民办幼儿园的积极响应，例如鄞州区 115 所民办幼儿园中，已申报普惠性民办幼儿园 93 所，占民办幼儿园总数的 81%。举办者表示，列入普惠性民办幼儿园管理后，一方面，受到政府财政扶持后，教师待遇得到提升，教师队伍更加稳定，幼儿园硬件改善，整体办园质量提升；另一方面，办园质量的提升和收费价格的下降，吸引了更多生源，更有利于幼儿园的良性发展。上海市闵行区政府下拨专项经费，用于添置民办三级幼儿园及看护点的设施设备和教玩具，改善办园环境，保障广大随迁子女的受教育权益。同时，区政府成立了民办幼儿园非营利制度设计研究小组，先后出台了《民办幼儿园财务会计管理制度》《民办幼儿园园舍管理办法》《民办幼儿园办园承诺书》，对民办幼儿园的财务支出、会计核算、园舍管理、免交租赁费以及准入和退出等工作提出了规范性意见。

有力的支持和规范的管理，使相对薄弱的民办学前教育机构的办园条件、办园质量明显提高，合格学前教育机构的数量迅速增多，较好地满足了群众需求。

## 二、学前教育改革试点的典型模式

### （一）扩大学前教育资源供给的相关模式

1. 大连城镇小区配套幼儿园“三同步”模式

2009 年，大连市出台了《大连市人民政府办公厅转发市教育局等部门关于进一步规范城区住宅小区配套幼儿园建设管理和使用意见》（大政办［2009］144 号），文件规定，小区配套幼儿园建设用地一律由政府划拨供应，配套幼儿园产权属国有资产。市规划部门在审批新建住宅小区配套幼儿园建设时，须会同市教育行政部门审核幼儿园的布局、位置和具体建设指标等；小区配套幼儿园由开发建设单位按布局规划的要求和幼儿园建筑设计规范进行建设，做到“同步规划、同步建设、同步交付使用”，建成后无偿移交当地教育部门举办公办幼儿园。2010 年，市政府又印发了《大连市人民政府关于印发大连市房屋建筑工程竣工验收备案管理暂行办法的通知》（大政办［2010］70 号），进一步明确了小区配套幼儿园的移交程序和不按规定移交的处罚措施。

市政府将回收已建成小区配套幼儿园纳入为民办实事项目，按照 800 元/平方米标准对回收的幼儿园给予装修开办费补贴，两年共回收小区配套幼儿园 28 所，增加公办学位五千多个，小区配套幼儿园回收工作已变“要”为“交”，形成了良性机制。

2. 河北“三为主”农村学前教育发展模式和镇江“五为主”发展模式

河北省一直在努力探索形成“三为主”模式。实际上从 2001 年开始，河北省就明确了学前教育的公益性质。之后十几年间，特别是在实施学前教育改革试点的三年多来，在坚持政府主导办学、不断加大投入和规划管理的过程中，逐步形成了“三为主”的学前教育发展模式。一是办园以政府和集体办园为主，采取县级政府统筹、乡（镇）负责协调、村委会负责落实的办法，以乡（镇）为单位，统一规划，合理确定幼儿园的数量、位置和规模，充分利用中小学闲置校舍改建和扩建规范化幼儿园。二是教师以公办教师为主，选拔中小学富余教师，经过岗前培训，转入学前教育。将公办幼儿园教师统一列入小学教师编制核定范围，逐步落实其编制，并在待遇方面努力使幼儿教师向小学教师看齐，聘任制教师向公办教师看齐。三是农村幼儿园办园经费以公共财政投入为主，努力构建经费投入保障机制。截至 2012 年年底，全省农村幼儿园 7655 所，在园幼儿 117.35 万人；其中公办幼儿园 5529 所，在园幼儿 81.74 万人，分别占 72%和 70%。

江苏省镇江市与河北省的模式相近，其做法更加注重政府的主导作用。其“五为主”的改革思路是：办园体制以公办园为主，经费投入以公共财政为主，教师队伍以公办教师为主，管理以教育行政部门为主，保教质量以省优质园为主。

3. 黑龙江大力发展公办园模式

黑龙江省在扩大学前教育资源方面的经验主要是大力发展公办幼儿园。在资源建设方面，黑龙江省提出三年建设 1200 所公办幼儿园，初步形成“广覆盖、保基本”的学前教育公共服务体系。省政府将此纳入民生工程，坚持每年“年初检查立项、年中检查进度、年末检查完成情况”保证按期保质保量完成任务。2011 年，各级财政总投入资金 17.1 亿元，完成了 452 所省级公办幼儿园建设项目。2012 年总投资 8.15 亿元，全省改扩建、新建幼儿园 536 个。

在教师队伍建设方面，省政府印发了《幼儿园机构编制管理实施办法》，规定“幼儿园事业编制按照教职工与幼儿 1∶6 的比例核定”，同时要求各地现有空余编制优先安排学前教育，不足部分从中小学事业编制中连人带编划转，仍需增加编制的按有关规定报批。目前，该省在编公办教师数量已达公办园教师总数的 81%，较好地满足了公办园师资需求。

4. 合肥市公建民营模式

合肥市 2012 年实施了“合肥市公建民营普惠性幼儿园举办者招标投标管理办法”。通过实行园舍零租金、公开招投标的方式确定举办者，对举办者的准入条件、办园标准、教师配置及薪酬、保教费等方面做了具体规定。“公建民营”管办分离的管理模式，汲取了公办和民办的优点。该模式与公办幼儿园的区别在于幼儿园有更多的独立性，更能体现幼儿园事业单位法人主体地位，减少了政府对微观事务的干扰，也符合事业单位改革方向。该模式与民办幼儿园的区别在于，民办幼儿园由政府无偿划拨土地并出资兴建，与公办幼儿园一样具有公益性和普惠性，减少了幼儿园办园成本，同时招投标竞争使得政府通过合约方式加强对幼儿园履约承诺监督，政府部门对该模式幼儿园的管理方式、收费标准、教师质量等都能起到主导作用。创新了幼儿园人事制度。举办公办幼儿园，最大的问题是教师编制。而“公建民营”办园模式，突破了公办幼儿园教师编制的局限性，一方面缓解了政府的压力；另一方面“公建民营”幼儿园的教师质量和待遇也能得到保障，使幼儿园的用人机制更为灵活。目前，全市已举办15所公建民营幼儿园。

5. 浙江宁波、福建厦门海沧区扶持普惠性民办幼儿园模式

针对普惠性资源不足的矛盾，宁波市在大力发展公办幼儿园的同时，出台了《普惠性民办幼儿园管理办法》，建立了普惠性民办幼儿园“年度综合评价机制”、“资产和财务管理机制”、“风险防范机制”和“合理退出机制”，积极引导和支持民办幼儿园提供普惠性服务。一是明确扶持范围。普惠性民办园是指面向大众，以非营利为目的，享受公共财政资助，办园行为规范、保教质量保证，并参照同类公办园保育费标准收费的民办园，每月保育费不超过650元。二是对非在编教师工资进行补助。财政对持有教师资格证的非编教师每月补助800元，具有初级、中级职称的每月分别补助1500元和1800元。享受补贴后，幼儿园必须保证上述人员的年收入（不含五金）分别达到3万元、4万元，使非事业编制幼儿园教师人均工资达到当地社会平均工资1.5倍以上。三是强化普惠性民办园成本监审。享受财政资助的普惠性民办园应建立学费和政府资助资金专户，实行预算管理。各县（市）区将普惠性民办园相关财务工作纳入财务核算中心。教育行政部门每年对其进行综合评价，并将评价结果作为享受优惠政策的重要条件。目前，全市普惠性幼儿园覆盖率超过70%。

厦门市海沧区从2011年秋季起，在全区推广民办幼儿园分级收费管理，即对全区民办幼儿园开展等级评估，按照评估结果分成一级、二级、三级和基本合格四个等级。对愿意接受协调实行分级收费管理制度的民办幼儿园，实行保教费分级最高限价。财政则按符合条件的在园幼儿数分别给予四个等

级民办园补助（每年按九个月计算）。这部分补贴经费，专项用于改善办园条件、整治校园安全隐患、添置教育教学设备、补充教玩具、培训教师和提高教师待遇等用途。目前，海沧区共有 76 所民办园参与分级收费管理，普惠性幼儿园覆盖率达 95%。

6. 上海闵行区外来流动学前儿童看护点模式

上海市闵行区平均每年增加近 4500 名幼儿。为解决幼儿入园难题，闵行区坚持“基础教育设施合理布局、优先发展”的原则，区政府协调各方力量，保证居住区公建配套幼儿园建设做到“三同步”。同时，开办 16 所招收进城务工人员随迁子女为主的民办三级幼儿园和 96 个学前儿童看护点，基本满足 3—6 岁常住人口适龄儿童学前教育和看护需求。为此，闵行区成立了“加强学前儿童看护点管理工作领导小组”，并在区教育局和各街镇设立管理办公室，配备专职托幼辅导员。同时，建立公办园与民办三级园的结对帮扶机制。出台了《闵行区民办三级幼儿园和看护点管理暂行办法》《关于加强闵行区学前儿童看护点管理工作的若干意见》等文件，明确了各街镇及相关委办局的管理职责，形成长效管理机制。制定了《闵行区民办三级幼儿园前置审核要求及申办流程》等制度。此外，区政府还下拨专项经费用于添置民办三级幼儿园及看护点的设施设备和玩教具，改善办园环境。

### （二）深化学前教育管理体制改革的相关模式

1. 上海闵行区落实政府责任模式

上海市闵行区全方位落实政府在规划、投入、教师队伍建设、监管和保障公平的责任。闵行区政府发展学前教育责任的落实，主要是通过创新学前教育发展机制来实现的。区政府以“决策、投入、供给、监管和评价”五个方面为突破口，创新了学前教育的发展机制。

一是学前教育公共服务决策更加民主。为了增加学前教育公共服务决策的科学性和实效性，该区实行了学前教育联席会议制度。该制度分为两个层面：第一是闵行区政府系统内的学前教育联席会议，即由主管教育的副区长领衔主持，区财政局、民政局、人保局、卫生局、物价局、教育局、计生委、编制办等各相关委办局，以及各街镇负责人参加，以召开会议的形式，在充分发扬民主的基础上，就全区学前教育问题达成共识，形成具有约束力的规范性意见，以此指导工作，解决问题。比如，在本项目立项之初，联席会议就项目的实施方案展开研讨，各政府部门明确职责，达成共识。第二是闵行区教育局内部的学前教育联席会议，即由主管教育教学的副局长领衔主持，学前科、督导室、办公室、人事科、信息中心、后勤服务中心、教育学院、教研所等相关科室负责人参加，针对学前教育内涵发展方面的核心问题展开讨论，解决一些重点、难点问题。如围绕着学前教育用人机制的突破、内涵建设、专项视导等主题分别开展研讨，明确了各部门的工作任务与努力方向，取得了较为显著的成效。

二是学前教育公共服务投入更加倾斜。充分利用现有资源和各类资金、基金等经费渠道，采取提高生均公用经费标准、调整民办补贴结构、推进项目化扶持等措施，在全面保障义务教育的同时继续向学前教育倾斜，确保学前教育经费逐年增长，在学前教育财政经费投入总量上，占教育经费投入比重逐年递增。2012 年，全区学前教育经费投入 51104 万元，比 2009 年增长 59.97%；学前教师人均年收入从 2009 年的 70786 元提高到 2012 年的 93322 元，增长了 31.84%。三年来，学前教育预算内生均公用经费标准逐年提高，2012 年学前教育生均公用经费标准为 1530 元，比 2009 年提高了 250 元。

三是学前教育公共服务供给更加多元。闵行区快速的城市化进程和大型居住区的迁入，导致人口大量涌入，政府既要应对人口由中心城区向城郊接合部积聚，又要接纳外来流动人口的双重压力，加之本区出生人口的持续上升，闵行区新一轮入园高峰已持续多年，幼儿园园所数、幼儿数及非本区户籍生数的直线增加是近几年该区学前教育发展的重要特点。在入园压力日渐增大的情况下，闵行区积极开办各类幼儿园，满足适龄幼儿多元的学前教育需求。2012 学年，全区幼儿园园所数从 2009 年的 171 所增至 210 所，跃居上海市区第二，成为学前教育大区。在园幼儿从 2009 年的 43187 人猛增到 2012 年的 60811 人，三年增加了 17624 人。非本区户籍幼儿已从 2009 年占幼儿总数的 46.07%提高到 2012 年的 56.39%。2012 年，闵行区 3—6 岁学前儿童接受学前教育的入园率达到 99.19%，实现了学前教育和看护的全覆盖。

四是学前教育公共服务监管更加自觉。教育公共服务机构自觉接受公众监管，在区政府、各街镇、委办局网站上及时公布学前教育相关政策，让老百姓了解各项政策的内容和操作细则，同时也能接受社会公众的监督，不断完善政策的制定与执行。例如，开设了“上海闵行政务微博”，架起了政府与百姓的互动平台；在闵行区教育信息网中设置了幼儿园招生栏目，公布招生政策、招生计划等百姓关心的信息。各幼儿园也开设了网站，将幼儿园的办学理念、办学目标、课程设置、一日活动等在网上公示公开，信息公开的透明度越高，接受公众监管的自觉性也越高。

五是学前教育公共服务评价更加科学。结合国家和上海市中长期教育改革与发展规划纲要、闵行区“十二五”教育改革发展规划等有关精神，在整体分析区域教育发展特征和形势的基础上，对教育督导评估工作进行了系统性的改进，确立督导“全面质量观、均衡发展观、个性发展观”为核心的科学发展理念，强调督导“注重内涵的发展性和评估的过程性”功能转型，构建了督政与督学“相互联系、互为补充、凸显地域特色”的学前教育公共服务督导评估体系。这些做法，既加强了教育督导检查、评价和指导的职能，又深化了教育督导对闵行区学前教育均衡发展的推动力。

2. 厦门海沧区公办民办统一片区管理模式

厦门市海沧区在学前教育管理体制改革中，重点针对民办园数量较多但缺乏监管、质量不高的问题，探索形成了扶持、规范民办园的“六统一”，以及公办、民办园划片管理的模式。

“六统一”：一是统一归口管理。成立民办教育管理中心，配备专职人员，实现民办教育和学前教育的专职管理。二是统一经费扶持。从 2011 年起，由区财政每年设立 250 万元专项扶持经费，利用经费杠杆，采取以奖代补的形式，按照“立足安全，保障师资，提升规模”的原则扶持民办幼儿园发展。三是统一安保力量。每年给予每所合格民办园 1 万元的安保补助经费，要求民办园保安持证上岗，并免费为民办园采购消防器械设备、安装校园监控设施、安装校车 GPS 定位仪以及建设保安亭等。四是统一网络管理。为民办园配备办公电脑，建立了民办教育网络体系，开通便民服务教育平台，启用民办教育公文收发系统，实现民办教育工作无纸化办公模式。五是统一教材配备。从 2011 年起，免费为全区民办幼儿教师配备教师用书，选择适宜民办园幼儿发展使用的主题式教材，并根据等级评估情况，为民办园配备相应教玩具等教学设施。六是统一师资建设。海沧区从2010年起每年统一组织民办园对外招聘教师，并把全区民办幼儿园教师培训全部纳入区教师免费培训范围。

为充分发挥公办园的示范辐射作用，海沧区按就近联片的原则，确立以公办园为片区管理园的管理格局，对民办园实行划片管理。一是在人员安排方面，实行一名公办幼儿教师负责一所民办园的网格层级包干管理制度，要求公办幼儿教师定期到民办园开展环境创设、区角活动、主题课程等方面的业务指导。二是学前班按照“两教一保”的标准核定编制，实行公办幼儿教师到学前班轮岗支教的管理模式。三是在教研工作方面，构建以公办幼儿园为核心，覆盖辖区内民办幼儿园的片区教研网络。四是在培训工作方面，建立公办园教师培训团队，逐步提高民办园教师业务水平。五是在主题评比方面，积极开展“岗位练兵”、“教学技能大赛”等活动，不断提高民办幼儿园教师的教学基本功。六是在探索创新方面，在民办园试点选派公办园长、公办教师到民办园任职的“民办公助”模式。通过“帮扶带教”实现了片区公、民办幼儿园间的取长补短，民办园教师专业素质得到了提升。

### （三）学前教育经费保障模式

目前，影响较大的主要是杭州市的学前教育经费保障模式。杭州市初步建立了“政府主导、区县为主、乡镇分担、社会参与、家长缴费”的学前教育经费保障模式，在学前教育财政投入、专项资金设立、学前教育投入渠道拓展、生均经费和教育资助制度等方面出台了一系列政策。

一是明确各级财政投入的职责与范围。杭州市委市政府在《关于加快推进学前教育均衡优质发展的若干意见》中明确规定：学前教育投入以区、县（市）财政为主。各区、县（市）要将学前教育经费列入政府财政预算，新增教育经费向学前教育倾斜。市财政采取以奖代拨、以奖代补等形式，加大经费扶持力度。各区学前教育事业经费要达到教育事业经费8%以上，县（市）达到5%以上；地方教育费附加中按20%比例安排学前教育专项经费；市本级和各区（县、市）每年按土地出让收入0.5%计提农村学前教育基础设施建设补助资金。

二是设立学前教育专项资金。杭州市2010年制定了《杭州市学前教育专项资金管理办法》，规定专项资金来源为：预算内教育事业费、地方教育附加费、土地出让收入提取。专项资金的使用管理要体现市与区、县（市）相结合，公办、民办幼儿园一视同仁，兼顾教师待遇与建设配套标准逐步到位的原则，加大对普惠性民办学前教育机构的扶持力度。各区、县（市）采取补存量和补增量相结合的办法，在自由财力允许范围内，遵循原则，统筹兼顾，确保资金落实到位。专项资金使用范围主要包括：建设资金、租赁资金、开办资金、教师待遇资金补助和奖励。杭州市本级财政2011年安排学前教育专项扶持资金1.84亿元，2012年安排学前教育专项经费1.85亿元；各区、县（市）安排学前教育经费2011年预算为10.04亿元，2012年达12.55亿元（其中预算内教育经费安排8.57亿元，地方教育附加安排2.46亿元，土地出让金计提1.35亿元），全市财政性学前教育经费占比达7.8%。

三是落实预算内生均公用经费。杭州市和所辖区、县（市）人民政府负责制定和落实学前教育生均公用经费制度。学前教育生均公用经费列入政府当年财政预算，并参照所在地小学预算内生均公用经费标准，逐步提高，扩大覆盖面。以余杭区为例：2011年，余杭区财政安排公办园及年审合格的民办园生均公用经费不少于100元/生/年。按隶属关系，各乡镇（街道）按不低于1∶1的比例配套投入（其中民办园配套投入部分由区教育局考核后以奖代拨）。该区计划到2015年，区和乡镇（街道）安排的幼儿园生均公用经费达到小学生生均公用经费的1/2以上。

四是完善教育资助制度。杭州市每年进行一次学前教育强县和达标县评估工作，其中要求各达标县建立低保家庭和困难家庭子女入园教育资助券制度，其资金金额不低于同等级公办幼儿园保育费的50%，并统一纳入中小学教育资助券专项资金。残疾儿童享受保育费全免待遇。

### （四）学前教育师资队伍建设模式

学前教育师资队伍建设主要涉及教师地位、待遇、管理、专业发展等方面内容，总体来看，各试点单位在这些方面普遍采取了有针对性的措施。相对而言，以下地区分别在某一方面特色更为突出。

1. 黑龙江核编定编模式

黑龙江省在教师队伍建设方面首先解决的是教师的编制问题。黑龙江省政府印发了《幼儿园机构编制管理实施办法》，其中规定“幼儿园事业编制按照教职工与幼儿 1∶6 的比例核定”，同时要求各地现有空余编制优先安排学前教育，不足部分从中小学事业编制中连人带编划转，仍需增加编制的按有关规定报批。目前，该省在编公办教师数量已达公办园教师总数的 81%，较好地满足了公办园师资需求。编制的增加对吸引和稳定教师队伍具有重大意义。

2. 大连教师培训体系建设模式

大连市将培训工作作为提高幼儿师资队伍素质的重要抓手，每年都设立专项培训经费，用于市级免费培训。2012 年，市财政设立专项经费近 500 万元，开展了包括园长、培训者、专任教师和保育员资格等 11 个项目的市级培训，培训人数达到 1.2 万，全面提高了幼儿师资专业素质，实现了园长和保育员 100%持证上岗。目前，大连市幼儿师资培训体系已日臻完善，建立起了专项经费保障机制，组建了专业培训者团队，开发了系列的培训课程，构建起了高效的培训组织和管理体系，为幼儿师资素质全面提高提供了强有力的专业支持。

3. 厦门海沧区公、民办教师共同管理模式

厦门市海沧区在幼儿园教师队伍建设方面主要是公办教师和民办教师同等对待，共同管理。一是保障教师权益。在专业成长、课题申报、评先评优等方面，实行公、民办幼儿园教师同等待遇，打破体制差别，营造公平环境，同时每年为全体教师提供一次免费体检、核发教师节慰问金，落实民办园为教师缴纳“三金”、将分级收费管理的财政补助用于提高教师待遇等。二是加大自培力度。为破解民办园教师持证率不高、学历层次较低、流动性较大等问题，全区每年组织民办园教师免费参加教育学、心理学、普通话等级考试等考取教师资格证前期培训；并与漳州师院联合开办学前教育大专班，学费由区财政承担 50%，并全额减免教材费和考试报名费，鼓励民办园教师通过自考提高学历，逐年提高民办园教师持证上岗比例。三是加强技能培训。每年将幼儿园教师和保育员、保健医生的培训纳入全区教师继续教育的规划

和管理，免费为民办幼教人员进行技能和教学业务培训。

## 第四节　改革试点面临的困难与问题

整体来看，学前教育改革试点在体制机制建设等方面取得了很大突破，但由于学前教育起点低，底子薄，欠账多，学前教育改革发展依然面临许多困难和问题。

### 一、对学前教育的定位及发展理念不够清晰，改革思路有待进一步明确

虽然“国十条”明确了发展学前教育的基本思路，即“建立政府主导、社会参与、公办民办并举的办园体制，构建覆盖城乡、布局合理的学前教育公共服务体系”，但各地在研究制订具体的改革发展方案时，往往由于对一些基本问题认识不清，导致改革的思路不明晰，从而影响到改革发展的效果。

一是对学前教育功能和基础性地位的认识不到位，对学前教育之于人生和社会的价值认识不充分，导致对学前教育的重视程度相对义务教育来说远远不够。一些地区尽管对于发展学前教育采取了一些措施，虽然做了一些工作，但应急的考虑多，长远的打算少，学前教育的战略地位没有通过制度建设加以很好落实。

二是对学前教育公益性地位的认识不到位，导致对政府在发展学前教育中应该承担的责任认识不到位。有的地方政府把发展学前教育的责任更多地推给了社会和学前教育机构，或者只关注少数公办园的投入和管理，对民办学前教育机构采取只提要求，缺乏实质性支持的态度。

三是对不同类型学前教育机构的功能与价值认识不到位，导致某些政策有失偏颇。比如，认为规范的学前教育机构就应该是幼儿园，甚至必须是有一定规模的幼儿园，其他的小规模幼儿园、民宅幼儿园、幼儿看护点等不被重视，0—3 岁保育机构较少受到关注。

## 二、区域发展很不平衡，欠发达农村地区资源短缺问题依然突出

尽管欠发达农村地区学前教育改革试点三年多来，无论是幼儿园数量、幼儿入园比例、幼儿教师数量都有较大增长，但由于地方财政极其薄弱等原因，相对东部以及城镇地区而言，其学前教育总体发展水平依然较低。中西部地区特别是集中连片特困地区入园率仍然偏低，学前教育资源总量和群众需求之间的矛盾仍然很大，部分地区公办园少、黑园多的情况还很严重。

云南省 2012 年学前三年毛入园率为 48.95%，比全国平均水平低 15.55 个百分点。由于当地经济发展水平较低，许多家庭基本无力承担幼儿在园的伙食费和保教费，贫困幼儿多，资助压力大，适龄幼儿“留得住”的压力大。在甘肃的甘南州、临夏州，2013 年新建、改扩建标准化幼儿园 102 所（甘南州 67 所、临夏州 35 所），招录聘用和培训幼儿教师 2235 人（甘南州 1005 人、临夏州 1230 人），利用学校布局调整富余的村小校舍举办学前班，两州 70%的乡镇建有一所中心幼儿园，但幼儿学前三年受教育率依然只有 40%，学前一年受教育率达到 65%，甘南州现有幼儿园生均面积只有 1.52 平方米，办园条件差，特别是农牧区学前教育资源严重不足。在农村人口占多数的广西壮族自治区，虽然 2011—2012 年在国家支持下新建了 106 所乡镇中心幼儿园，但 60%的乡镇还没有公办乡镇中心幼儿园。宁夏回族自治区“十二五”幼儿园建设规划只覆盖到乡镇，村级幼儿园的建设投入尚未纳入自治区财政预算。因各县经济条件不一，有些县尤其是山区贫困县，在解决了自治区幼儿园建设项目配套奖金后，没有能力再发展村级幼儿园。

## 三、城市入公办园难、入普惠性民办园难、就近入园难的压力依然很大，流动人口剧增对城市学前教育带来的挑战日益严峻

不少城镇公办园和普惠性民办园少的局面还没有根本扭转。在浙江省，

实施三年行动计划以来，公办幼儿园资源增幅不大，“入好园难”的矛盾依然突出，低层次民办幼儿园办园条件改善和质量提升困难。另外，大多数地区“国十条”出台前的小区配套园收回难；受房价、地价高涨等因素影响，城区内难以觅址新建、扩建幼儿园，以致市区公办幼儿园资源依旧不足。城镇化过程中外来人口的迅速增加使普惠性学前教育资源更加紧缺，园舍建筑面积普遍不足，超大班额现象严重，这种现象在城郊接合部尤其突出。比如，上海市闵行区在园幼儿中非本地户籍幼儿2012年已超过56%，外来人口增长的无序性和不稳定性给区域教育资源均衡配置带来一定困难。

## 四、贫困地区财政困难，学前教育可持续发展的投入保障机制尚未建立

中西部多数地区地方财政困难，难以为幼儿园运行提供足够的财政支撑，大部分地区还没有落实生均财政拨款。在工资靠收费、运转靠收费的模式下，幼儿园教职工工资低、无社保以及幼儿园艰难运转的问题在许多地方都很突出。在经济发展水平较低的省份各县财政自给率低，不能保障由于扩大规模而需增加的幼儿教师工资和确保能按国家标准配齐教师。比如，甘肃省临夏、甘南两州财政自给率很低，临夏州只有6.11%，甘南州仅为4.44%。

现有幼儿园尤其是农村牧区幼儿园生均园舍、教学设施、幼儿玩教具拥有量等均达不到国家规定的标准，严重影响保教质量的提高。正在建设的幼儿园资金缺口很大，造成工程进度缓慢。在全国大多数地区，中小学的闲置校舍改建幼儿园工作经费压力较大。中小学闲置校舍大多属C、D级危房，拆除D级危房、改造C级危房需投入大量资金，同时，还需投入大量资金购置幼儿园设备设施、玩教具和幼儿图书才能使用。因此，国家安排的500元/$m^2$利用闲置校舍改建幼儿园的资金，很多时候难以支撑相应工作。

## 五、幼儿园教师数量短缺与专业化水平不高并存，加强师资队伍建设已成当务之急

幼儿园非在编教师的比例居高不下。即使是在学前教育比较发达的江苏省，在编教师比例总体上也偏低，且存在较显著的地区差异，在编教师比例最低的地区只有 10%。全国许多农村地区的幼儿园无法按照国家规定的每班“两教一保”的标准配备教职工，一些幼儿园仍存在“一班一教”的现象。教师整体学历偏低，专业素质不强，老龄化严重，待遇低，导致新毕业大学生招聘难等问题仍较突出。云南全省师幼比为 1∶22，远低于国家标准，幼儿教师不足的矛盾非常突出。由于云南各县市区财政自给率低，不能保障由于扩大规模而需增加的幼儿教师工资，从而导致教师严重不足、大班额现象突出、临时聘用人员多、保教质量低、安全隐患大等诸多困难和问题。内蒙古自治区师幼比为 1∶20，特别是旗县、乡镇中心幼儿园难以招到合格幼儿教师，只能从小学教师中调剂。甘肃省甘南、临夏两州平均师幼比为 1∶22，教师学历合格率仅为 57.8%。

学前“双语”专业教师紧缺，教学方法存在“小学化”倾向，导致教育质量不高。甘南州 13 所公办幼儿园中只有 2 所开展“双语”教学，能开展双语教学的教师仅有 83 人。

## 六、部分体制机制障碍仍需大力突破

因编制部门严格控制新增事业单位数量，新建公办幼儿园很难取得独立法人地位，绝大多数乡镇中心幼儿园仍然依附于中心小学。城市新建公办幼儿园没有事业单位机构代码，不能成为独立的法人单位，不利于幼儿园发展。

城镇小区配套建园的相关政策落实困难，大部分地区还没有出台实施细则，特别是“国十条”出台前的小区配套建园难以收回。

学前教育管理体制多有不顺。一些地方教育行政部门分管学前教育的人员配备不足，甚至没有设立专门负责学前教育管理的部门。学前教育教研人

员相对匮乏，对学前教育机构的业务指导不力。学前教育管理职能不够集中。不同举办主体的幼儿园注册部门不同，管理部门不同，在管理过程中存在盲区。有的地方教育主管部门具有办园的审批权，但是没有取缔的权力。有的幼儿园依附于中心小学管理，导致小学化倾向比较严重。

集体办幼儿园属性不清，发展受到限制。集体办园多为街道、集体企业、行政事业单位、村民委员会举办的幼儿园。集体办园有一定的公办园特点，但由于其日常运转却并没有政府教育财政的投入，又有一定民办园的特征。教育行政部门很难界定集体办幼儿园的公办或者民办属性，这种属性的模糊不清导致一些地方教育行政部门无法为该类幼儿园办理办学许可证，进而导致幼儿园无法取得组织机构代码证，在开设银行对公账户、教师购买社保和领取有关票据等方面存在困难。特别是财政供给渠道不顺，现有财政支持力度普遍不够，经费上出现严重的入不敷出现象，有的已经到了无法保证幼儿园正常运转的程度。

## 七、少数改革试点统筹力度不够，试点研究有待加强

三年来，学前教育改革试点总体上取得了较大突破，但各试点地区的进展并不平衡，有少部分试点地区虽然有规划，但由于种种条件的限制，试点工作落实不到位。其中一个重要原因，是部分学前教育改革试点地区的组织领导工作不够有力。

一是部分试点地区没有建立政府领导主抓的机制，把试点的责任推给教育行政部门，而教育行政部门因为权力所限，缺乏统筹的力度，使学前教育改革的综合配套措施难以落实。比如，发现无证幼儿园、“黑园”或者其他不符合相关规定的幼儿园后，因为教育行政部门并没有相应的执法权力予以取缔或关闭，只能通过联合工商、公安、城管等执法部门的配合，如果没有政府领导的牵头，教育行政部门的工作很难推进。

二是对试点工作缺少定期检查、总结、研究和改进制度，试点工作停留在上层的规划中，而没有形成逐步推进的扎实的工作部署，研究试点工作的氛围不够浓厚。试点工作没有专门的经费保障或奖励措施也是形成这种情况

的原因之一。

## 第五节　对策与建议

### 一、加强学前教育改革试点的战略研究和顶层设计

“试点”就是要尝试去做没有做过的事情，因此试点工作不仅具有实践性，而且具有较强的研究性、探索性。经过三年的试点，各地既积累了经验，也留下了教训；既形成了一些共识，也存在一些观念上的模糊、改革思路上的犹豫。时至今日，在及时总结的基础上，开展深入的研究与讨论，提升认识，明晰思路，进一步推动试点工作上水平、出成效，已经刻不容缓。

一是随着试点的推进和改革的深入，学前教育改革已经由最初采取应急性的专项行动，转变为要制定长期性的、可持续发展的战略措施了。而要制定战略措施，就必须组织专门的专家团队，在充分研究吸收试点地区经验的基础上，对事关学前教育发展战略的一些基本问题形成清晰的认识，提出明确的结论，而且要推动全社会形成广泛共识。特别是对于前文提到的学前教育的功能与价值问题、学前教育的公益性地位问题、各类学前教育机构的属性、价值、关系等，都要予以厘清理顺。只有充分论证和认识到学前教育的功能与价值，才能给学前教育以恰当的定位，才能真正推动政府责任的明确，推动学前教育事业的改革发展向更高水平迈进。而这些基本问题的结论应最终体现在国家的法律法规和配套的政策文件上，以发挥对我国学前教育事业长远的指导作用。

二是学前教育试点地区开始出现分化，不同地区改革面临的主要任务已经出现明显区分。在部分发展基础较好的试点地区、优质园所，学前教育改革发展的主要任务已经由前几年粗放的外延扩充期，解决“入园难”问题，开始进入稳定发展期和内涵提升期，解决“入好园”“办好园”“管好园”的问题；在部分城市地区，学前教育改革试点的主要任务开始转向解决学前

教育发展中的均衡与公平问题；在多数中西部地区、农村地区，学前教育改革的任务依然是解决“入园难”的问题。此外，还有一部分虽未列入改革试点但改革成就突出的地区，也应及时纳入试点范围。因此，如何根据情况的变化，加强分类的宏观指导，是继续扎实推进学前教育改革试点面临的重要问题。

## 二、制订新一轮的学前教育三年行动计划

近三年来，学前教育事业之所以能够取得巨大突破，一个重要原因是各地普遍按照国务院的要求制订并实施了学前教育三年行动计划。但是，毕竟只有三年的行动，其效果还是有限的。比如，目前“入园难”的问题只是初步缓解，学前教育的毛入园率大约为 64%，入园问题还远没有完全解决；“入好园贵”、“园所质量差距大”、“民办园管理不规范”等问题依然突出。相对于义务教育及其他阶段的教育，学前教育事业在我国国民教育体系中依然是短板。如果没有后续的行动，那么前面三年的学前教育行动计划就会变成临时性的举措，不但现存的问题难以得到解决，就连前面三年取得的成果是否能够巩固也是个疑问。因此，有必要启动新一轮的学前教育三年行动计划，或其他类似计划，以再接再厉、实质性地解决群众呼吁已久的学前教育问题。

## 三、把扩大普惠性学前教育资源覆盖率作为政府的基本职责加以明确

基于学前教育对于人生和社会的极端重要性，很多国家把发展学前教育与为幼儿提供平等接受学前教育的机会，当作政府的一项基本职责。在“金砖四国”中，俄罗斯、巴西、印度的学前教育毛入园率均高于我国。我国政府在《国家中长期教育改革和发展规划纲要（2010—2020 年）》中也提出，要“明确政府职责。把发展学前教育纳入城镇、新农村建设规划。建立政府主导、社会参与、公办民办并举的办园体制”。特别是在“国十条”中，提

出要“建立覆盖城乡、布局合理的学前教育公共服务体系”。但是，由于目前相关文件中对政府职责的规定主要指向对“学前教育机构”的规划、投入、管理，并没有直接指向对“学前儿童”应提供什么样的服务，使得各级政府在落实发展学前教育职责时，并没有列出对全体学前儿童提供公共服务的相关指标，实际上难以提供“公平的”、“公共的”学前教育服务，而是能做什么做什么，能做多少做多少。这样很难建立真正的“学前教育公共服务体系”。

因此，建议把扩大普惠性学前教育资源覆盖率作为政府的基本职责加以明确；要在对全国东、中、西部地区以及城镇与农村地区实际情况综合分析的基础上，明确从中央到地方各级政府应该承担的责任；要提出扩大普惠性学前教育资源覆盖率的时间表和路线图；要借鉴“普九”检查的经验，建立对各级政府落实学前教育职责的考核检查机制。

## 四、以建立学前教育公共服务体系为目标，继续深化学前教育体制机制改革

深化学前教育体制机制改革的目的不仅仅是扩大学前教育资源，而是要建立学前教育公共服务体系，尽可能为学前儿童提供公平而有质量的接受学前教育的机会。

一是要构建普惠性的发展机制和教育行政部门统一负责的管理体制。推动试点地区继续大力发展公办园，积极扶持部门、企事业单位和集体办幼儿园提供公共服务，积极扶持和引导民办园提供普惠性服务。要打破“公办—民办”对立的思维模式。目前，很多地方的公办园和民办园的界限已经趋向模糊，公办园中有民办教师，民办园的场地、教师以及其他资源可能是来自于政府。其实，无论是公办园还是民办园，培养的都是中国孩子，都属于中国的幼儿园，只要合乎规范，只要愿意提供普惠性的服务，都应得到政府的支持。在资源的分配上，应少一点“锦上添花”，多一点“雪中送炭”。与此同时，应尽快将各类学前教育机构的管理职责统一到教育行政部门，实现对所有类型学前教育机构的统一规范管理。

二是要构建完善的投入保障机制。在总结试点地区经验的基础上，推动国家和地方加快出台幼儿园生均财政拨款标准，明确学前教育财政投入比例，对幼儿园教师工资和基本运行给予财政补助，逐步建立完善学前教育的成本分担和运行保障机制。此外，有必要认真研究借鉴国际经验。目前，国际上对学前教育公共经费的投入方式主要有两类：一类是主要对学前教育机构进行财政投入；另一类是对家长进行财政投入。对学前教育机构的投入既有直接的现金投入，也有通过税费返还、减免或者教育券兑换等方式进行的间接投入。对家长的投入有以直接发放现金津贴方式的投入，也有通过学费减免、税费返还以及实物资助等方式的间接投入①。

## 五、科学规划并全面统筹各类学前教育资源，以满足群众多元化需求

由于前些年学前教育欠账较多，基础薄弱，无论城镇还是农村，都存在学前教育机构布局不合理的问题，不少地方存在学前教育资源的弱区甚至盲区，尤其是公办园和普惠性幼儿园分布严重不均。因此，地方政府有必要做好学前教育布局的整体规划和综合协调工作。

一要通过对区域内实有人口、人口规划、适龄幼儿数以及不同的保教需求的综合分析，全面把握学前教育需求及发展动态。

二要对区域内学前教育机构的类型、数量、接纳能力、拓展空间等进行综合分析，结合区域发展规划、土地规划、公共服务设施规划等，全面把握学前教育资源的存量和增量空间。

三要打破举办单一类型幼儿园的习惯性思维模式，按照学前教育自身的特点和群众的需要，将全日制幼儿园、寄宿制幼儿园、半日制幼儿园、民宅式幼儿园、学前儿童看护点、早期教育指导中心等全部作为学前教育资源，纳入政府统筹规划的视野，为群众提供多元化的学前教育服务。

四要根据现有资源及发展趋势，结合统一管理的需要，科学规划公办园、

① 周兢．国际学前教育政策比较研究［M］．上海：华东师范大学出版社，2012.

集体园及民办园的发展比例及布局。

## 六、着力加强学前教育师资队伍建设

一是要按照编制标准配齐公办教师。加快核定公办园教师编制，逐步建立健全准入、培训、考核等制度。新增编制要尽可能向条件差、待遇低的幼儿园投放。

二是建立未纳入编制教师工资、社保等待遇的保障机制。特别要针对农村幼儿教师、民办幼儿教师、聘任制幼儿教师，制定相关政策措施，保证其待遇水平和福利制度。

三是建议对集体办园和普惠性民办园的教职工，在业务上由教育部门实行统一管理，加强民办园所师资队伍的管理和保障情况的监督，在培训和进修、各种评比活动中，提供均等机会。

四是认真考虑师范院校改革，将原来培养学前师资的三级师范体制改为新三级师范体制。在我国已经迈入高等教育大众化的时代，原来主要由中专学校培养幼儿园教师的体制已经不适应时代的发展了。培养幼儿师资的任务应主要由大专层次的学校所承担，中专层次学前教育应定位于培养保育员，本科层次学前教育专业应以培养学前教育骨干师资以及中专学校师资为主，而研究生层次的学前教育专业培养学前教育研究人员和高校学前教育专业师资。

五是建议实行学前教育师范生免费政策和定向培养政策，实施农村幼儿教师“特岗计划”。每年安排一定比例的名额用于招聘农村和民族地区学前教育教师，逐年增加名额。

六是幼儿教师职称评定单列，制定保育员、卫生保健员任职标准和职业资格。幼儿教师的职称评定长期附属在小学教师的职称序列，其特殊性难以体现，容易产生的小学化趋向。

七是构建各类幼儿教师专业成长体系。加强对职初教师、非学前教育专业教师、骨干教师等不同对象的培养培训，搭建多元、有效的专业发展平台，整体提升专业素质和保教能力。建立健全教师继续教育经费以财政拨款为主，实行政府、学前教育机构和教师个人共同分担机制。

## 七、着力规范办园行为，提高学前教育质量

随着“入园难”问题的逐步缓解，幼儿园的保教质量问题逐渐凸显，社会上的各种批评声音不断。特别是在前几年学前教育资源急速扩大过程中，部分原来的“黑园”、不规范幼儿园获得了新生。保教质量问题主要集中在三个方面：一是幼儿园中长期存在的小学化倾向；二是保教行为不规范；三是部分幼儿园安全管理方面存在隐患。因此，在今后学前教育改革试点中，必须把质量问题作为重点加以解决。

一是要加强对《3—6 岁儿童学习与发展指南》的学习与宣传。将试点地区普遍纳入省教育部门的《指南》实验区，以《指南》的学习、培训和宣传为抓手，不断提高幼儿教师的专业素质和教育技能。与此同时，应加强对全社会，尤其是对幼儿家长的宣传工作，使科学的学前教育理念深入人心。有条件的地方，要把握好扩大规模与内涵发展的关系，把如何提高保教质量作为下一步继续试点的重点。

二是要强化对学前教育机构办园行为的检查与指导。推动地方各级政府建立学前教育督查机制，及时纠正违规现象。教育行政部门要强化对所有学前教育机构的统一管理。目前，制约这方面工作最大的问题是缺乏一支有经验、有权威的专业团队。针对这一情况，可以考虑由教育行政部门选聘一批在职或离岗不久的优秀幼儿教育工作者，特别是一批优秀的园长，组成督导团队，赋予相应的职责，提供一定的待遇，对学前教育机构定期开展督导工作。

三是要加强学前教育保教研究工作。教育部门要根据学前教育事业发展需要，加强学前教育教研人员的配备，发挥对学前教育机构的业务指导作用。同时，鼓励支持学前教育机构结合实际，开展园本教研活动，不断提升保教质量。

## 八、加大对农村地区和贫困地区扶持力度，关注城市流动和农村留守儿童等人群的学前教育问题

一是国家要继续加大学前教育投入，坚持扩大资源与完善体制机制并重，实施相应发展项目，支持地方建立城市和农村学前教育投入保障机制。中西部试点地区普遍建议国家进一步加大对贫困地区扶持力度，并将中小学“营养餐计划”扩大到民族地区学前教育。西藏等地建议对民族地区学前教育实行免费政策。

二是地方政府要高度重视并努力解决农村学前教育问题。在经费方面对于农村学前教育给予专项支持。在师资方面，在核准基本编制的基础上引入符合条件的教师进入编制，采取有力措施用好人、留住人。彻底改善农村幼儿教师的基本保障条件，在基本待遇、师资配备标准、各种晋级、评奖、培训等方面向农村幼儿教师倾斜。

三是提高闲置校舍改扩建国家资助标准。建议国家将小城镇幼儿园的新建、改扩建工作纳入四大类七个重点项目中给予支持，同时将目前500元/平方米的利用闲置校舍改建资金调整为1000元/平方米。

四是采取专项措施着力解决好集中连片特殊困难地区、人口分散地区、留守儿童集中地区和流动人员子女剧增地区发展学前教育的突出困难。

## 九、关注并重视0—3岁儿童早期教育问题

完整意义上的学前教育应该包含对0—3岁儿童的教育，而且众多研究已经证明这一时期的养育对儿童未来发展的特殊重要性。0—3岁儿童阶段发展的特殊性决定了这一时期早期教育的定位应该是：指导家长和看护人员养育、教育儿童，以提高社区散居婴幼儿家长和看护人员育儿和教育的能力。在现实当中，家长对0—3岁儿童的保育需求也相当强烈。目前，一些商业化运作的、名目繁多的早教中心如雨后春笋般涌出，其科学性以及对儿童发展的影响令人担忧。

从某种意义上说，政府在这方面已经有相应的投入了。比如，计划生育系统的投入，有着很完备的服务网络系统；卫生系统有很完备的新生儿随访制度，有较完善的儿童预防接种服务系统。因此，积极研究开展0—3岁儿童的早期教育有一定的基础。但这些依然远远不够，提出如下建议：

一是建议各级政府主导、协调各有关部门，共同打造以社区为依托，辐射家庭的早期教育服务网络与学习平台。在政府统领下，由教育部门为业务主管，协同卫生、计生、妇联，共同开展0—3岁早期教养指导与服务工作。

二是建议有条件的地区，可以对社区内公办幼儿园、乡镇中心园投入0—3岁早期教育专项经费，使之能提供社区0—6岁儿童亲子活动的环境条件，使之能与计生卫生专业人员、儿保医生协同工作，向散居的0—3岁儿童家长提供科学育儿、科学教育的亲子活动场地和专业性的宣传和指导。

三是建议加快0—3岁早期教育专业培育和建设，培养0—3岁早期教育一线教师这一紧缺人才。目前，我国高等教育还没有0—3岁早期教育专业目录，但有个别院校（如福建幼儿师范高等专科学校）正在进行该专业建设的研究，并以0—3岁早期教育与指导的实践研究为基础，已开设有学前教育0—3岁早期教育方向。

四是建议鼓励有条件的学前教育院校加强对学前教师教育一体化研究，加快0—6岁学前教育一体化进程。

**参考文献：**

[1] 凯西·西尔瓦，等. 学前教育的价值［M］. 余珍有，等，译. 北京：教育科学出版社，2011.
[2] 刘占兰，等. 中国学前教育发展报告2012［M］. 北京：教育科学出版社，2013.
[3] 庞丽娟，等. 中国学前教育发展报告［M］. 北京：北京师范大学出版社，2012.
[4] 郑富芝. 学前教育跨越式发展［M］. 北京：人民教育出版社，2012.
[5] 周兢. 国际学前教育政策比较研究［M］. 上海：华东师范大学出版社，2012.

# 第二章　素质教育*

素质教育是《国家中长期教育改革和发展规划纲要（2010—2020 年）》所确定的我国教育改革发展的战略主题，也是国家教育体制改革试点所确定的专项改革试点中的重点任务之一。国家将素质教育作为教育体制改革试点的重要领域，其目的正是要为进一步深化素质教育领域的综合改革、有效推进素质教育寻求能够起到示范和引领作用的典型经验和做法，并及时发现阻碍素质教育向前推进的因素和问题，以便有针对性地采取改革措施。三年来，试点工作进展比较顺利，成效较为显著，为阶段性总结经验、找准问题、分析成因、研究对策奠定了较好的基础。

## 第一节　改革试点的进展情况

国家教育体制改革试点项目素质教育领域共有 41 个试点项目，涉及五个方面的改革目标：（1）规范中小学办学行为，改进教育教学方法，改进考试评价制度，探索减轻中小学生过重课业负担的途径和方法；（2）深化基础教育课程、教材和教学方法改革；（3）整体规划大中小学德育课程，推进中小

---

* 执笔人：许玉乾。课题组成员：许玉乾，杨艳玲，高艳青，王敬红。

学德育内容、方法和机制创新，建设民族团结教育课程体系，探索建立“阳光体育运动”的长效机制；（4）开展普通高中多样化、特色化发展试验，建立创新人才培养基地，探索西部欠发达地区普及高中阶段教育的措施和办法；（5）研究制定义务教育质量督导评价标准，改革义务教育教学质量综合评价办法，建立中小学教育质量监测评估机制，探索地方政府履行教育职责的评价办法。截至目前，各试点地区和单位基本上能够按照最初制定的项目任务书的要求和计划推进，都设计了总体目标和阶段目标，提出了具体改革措施，并且在德育内容与方式改革、课程结构与教学方式改革、拔尖创新人才培养机制建设、教育质量综合评价改革、减轻中小学生过重课业负担等方面都取得了新的进展和成效，涌现了一些比较成功的改革典型，产生了一些值得推广的经验。

## 一、德育试点项目进展情况

立德树人是教育改革发展的根本任务，德育是素质教育的首要内容。在素质教育的改革试点项目中，虽然与德育直接相关的只有两项：整体规划大中小学德育课程和推进中小学德育内容、方法和机制创新，但其意义却是十分重大的，它们对于整个素质教育的改革试点乃至对整个教育的改革试点都起着重要的引领作用。

### （一）整体规划大中小学德育课程改革试点开端良好，初见成效

“整体规划大中小学德育课程改革试点”项目是由上海市承担的。该项目目前进展比较顺利，基本上在按照预期的目标推进，各项具体措施也都基本上得到了落实，取得了比较好的阶段性成果（具体情况将在后面的成效部分介绍）。该项目所做的主要工作：

一是建立了分工明确的项目组织领导和实施团队，既有得力的领导组织，又有非常专业的专家团队；既有日常的管理团队，也有一线的实践性研究团队和研究性实践团队。市政府分管教育的副市长担任顾问，市教委两位副主任牵头负责，德育处、基教处、高教处、体卫艺科处、学生处、教研室等相

关处室协同参与，专门设立项目办公室，落实专人负责并定期召开工作会议。设立了整体规划组、德育课程组、中小学学科德育组、课外活动组、网络德育组、德育资源库组6个组。同时，在许多著名的大中小学校进行了有教师参与的试点推进。

二是确立了明确的目标并得到了阶段性落实和完成。在实施理论研究方面，以国内外德育比较研究和国内相关课程标准与实施的研究为基础，确立符合不同学段学生身心特点的德育课程目标和内容。在完善课程建设方面，围绕课程和课程标准，兼顾学科德育、课外活动和网络教育，对整体性的德育课程进行了初步建设。在提供课程评价方面，结合上海市课程评价绿色指标内容设立了德育评价内容，并不断完善。在建立课程资源库方面，建立线上课程资源库，覆盖大中小学并搭建互动交流平台，初步实现了德育资源共建共享。

三是认真落实各项组织保障措施，扎实推进试点改革。例如，在最初的任务书中提出将该项目列入《上海市中长期教育改革和发展规划纲要（2010—2020年）》实施的重点项目中，并纳入《上海学校德育“十二五”发展规划》，对方针政策、体制、时间节点明确提出要求。目前，已经在《上海学校德育“十二五”规划》中确定“大中小学德育课程衔接计划”，作为“十二五”期间上海学校德育“六大计划”之首，并列入重点推进项目。特别是在经费保障措施方面，上海教委每年安排500万元专项经费用于试点项目的推进。

### （二）推进中小学德育内容、方法和机制创新，试点稳步推进，进展顺利

该项目由北京市负责，目前进展也比较顺利，基本上在按照预期的目标推进，各项具体措施也都基本上得到了落实，取得了比较好的阶段性成果（具体情况将在后面的成效部分介绍）。具体说来：

一是组织实施的团队已经建立，并按照各自分工开展工作，同时按照项目的需要进行协同研究。由各有关处室和部门共同组成的项目实施工作小组一直发挥作用。市教委主管领导任项目组组长，由基础教育一处牵头，统筹

协调开展试点工作。教科院德育中心、基教研中心、社会大课堂办公室、教育学院、班主任研究会从各自职能出发，承担相应子项目。

二是制定了项目管理制度。目前项目管理制度主要有：年初、年中、年底的各市级有关部门参加的体改项目工作会、中期交流会和阶段总结会；两个月一次的全市各实验区县的工作例会或研讨会。目前，全市16个区县和燕山地区都参加此项目试点工作，但侧重点有所不一样，其中昌平、密云侧重班主任队伍建设；门头沟、燕山侧重社会大课堂，房山、延庆侧重班主任队伍和社会大课堂，其余东城等11个区县涉及此项目所有内容。

三是阶段性目标基本实现。目前，已经基本建立北京市中小学生社会大课堂建设和运行的保障性机制，初步形成学校和社会联动，校内外、课内外有机结合的育人环境。起草了常态化应用的指导性文件，每年稳定经费投入，提出明确教学要求，建立社会资源纳入和退出机制，建立社会大课堂管理平台。班主任队伍建设方面，已经基本形成培养、培训、发展、表彰、激励等机制和平台。

## 二、减轻中小学学生课业负担试点项目进展情况

减轻中小学生课业负担是推进素质教育最明显的一种体现和要求，也是迄今为止推进素质教育过程中最难以推动的一项改革之一。与这项改革直接相关的试点项目有四个，分别是由安徽省教育厅承担的“规范中小学办学行为，减轻学生课业负担”，由辽宁省盘锦市人民政府承担的“推进素质教育，减轻中小学生课业负担”，由江苏省南通市人民政府承担的“推进中考改革，探索减轻中小学生课业负担的途径和方法”和由西安小学承担的“探索减轻学生过重课业负担的途径和方法”。这四个试点项目就其实质而言就是一个项目，即“减轻中小学生课业负担”，只是由于试点单位的不同而分成了四个项目。第一个是由省级教育行政部门承担，第二和第三分别是由东南沿海地区的地级市——南通市和东北老工业区的地级市盘锦市承担，而第四个则是由一所省会城市的小学——西安小学承担。

### （一）规范中小学办学行为的改革稳步推进

就承担该项目的安徽省来说，规范中小学办学行为的改革方面做了许多改革尝试，取得了较为明显的成绩。

第一，推进教育改革，提高课堂教学的有效性。在准确把握教育发展主题和树立全新的教育观念的基础上，创新教学模式和方式，优化教学过程，改革考试评价制度，增强了各项教学活动的针对性。

第二，依法严格管理，加大行政监督力度，提高改革实效性。围绕社会关注的补课、招生、择校、收费、教辅使用等热点、难点问题，经常性地到各地明察暗访，通报检查情况，肯定各地好的做法，对各种不规范办学行为进行严肃批评和处理。

第三，落实政府责任，将减负作为落实国家教育方针的必要内容纳入各级政府重要的议事日程，统筹规划，整体推进。坚持齐抓共管，各级政府及相关部门、学校、家长相互配合支持，形成合力。

第四，加强舆论宣传，大力推广先进典型。安徽省以不同的方式和途径加强素质教育的舆论宣传，努力提高整个社会对减轻中小学生课业负担改革工作重要性的认识，并积极树立相关先进典型，从而形成了减轻学生课业负担改革的良好社会舆论环境。

### （二）减轻中小学生课业负担的各项制度不断完善

承担该项目的辽宁省盘锦市在改革过程中，初步建立了减轻中小学生课业负担的教育行政管理机制、学校管理机制以及减轻课业负担的评价标准，建立了家长、学生、政府、学校共同参与的监督机制，明显减轻了学生过重的课业负担。

第一，认真制定减轻学生课业负担的规定和具体方案，并严格执行。制定了《推进素质教育减轻中小学生课业负担实施方案》和《盘锦市教育局规范中小学办学行为减轻学生过重课业负担工作方案》，建立各项工作制度。同时，与纪检监察部门、新闻媒体联合检查，及时通报，共同营造“减负”的良好氛围。

第二，努力培养学生良好的学习习惯，为减负奠定能力基础。坚持开展“七个一分钟”活动，培养学生“八个良好习惯”。将“学习是享受”的理念融入每一所中小学的教学之中，变被动学习为主动学习。

第三，深化课堂教学改革，为减负提供教学保障。聚焦课堂、全力打造高效课堂。

第四，重视家校合作，形成减负合力。市教委成立家长学校工作小组，校校建立家长学校，有规划、有措施、有活动，收效明显。

### （三）中考改革有序有效推进

承担该项目的江苏省南通市积极探索中考改革，为素质教育创造良好的制度基础。2011 年，市政府印发《基础教育质量保障体系建设实施方案》，2012 年，市教育局制定《初中质量建设评价方案》。县域质量保障体系建设实行先试点、后推开的策略。该考试模式已试点三年，目前正在研究深度改革的措施，其核心是如何建立分类考试制度。多元录取制度初步形成，目前正在开展拓宽性研究。连续开展了四年的“高效课堂建设推进年”活动，高效课堂建设指导意见的研制工作初步完成，已出版和使用《高效课堂：模式与案例》。但受到经费限制，优质课程资源的开发工作比较分散，尚未建立共享平台。同时，下发专门工作意见，并在部分学校开展规范办学行为自律机制建设试点。中招录取信息平台基本建成，已实现网上报名、网上填报志愿、网上阅卷、网上录取；综合素质评价系统、体育考试系统已与招生录取系统实现对接。

在推进试点改革的过程中，南通市已经初步形成综合评价、多元录取的考试招生制度，并积极研究分类考试的合理方式。在通过制度建设规范办学行为的同时，全面推进综合素质评价体系建设；规范办学行为自律机制建设的学校试点工作正在有序进行。目前，已开发南通市中小学德育活动课程、艺术活动课程、科学活动课程，正着手开发综合实践活动课程、学科拓展活动课程，地方性活动课程体系初步建立。中考改革也在稳步推进，并使学校的教育教学行为发生了重要变化，初中学校的素质教育推进工作机制不断完善，以提高教育质量为中心的理念得到有力贯彻，综合评价的措施也逐步落到实处。

## 三、基础教育课程、教材和教学方法改革试点项目进展情况

基础教育课程、教材和教学方法改革是推进素质教育，减轻中小学生课业负担的重要途径。这方面的改革试点项目有三个：一个是北京市承担的“基础教育课程教材改革”试点项目，另一个是深圳市承担的“中小学课程改革”试点项目，还有一个是浙江省承担的“深化普通高中课程改革”试点项目。目前，这三个试点项目都基本完成了任务书中所承诺的目标，落实了任务书中所提出的各项改革措施。

### （一）基础教育课程教材改革试点已经取得阶段性成果

北京市教委承担国家教育体制改革试点项目“基础教育课程教材改革试验”后，成立了市、区县政府领导下的改革和实验工作领导小组，明确市教委基础教育二处作为项目牵头部门，依托北京教育科学研究院等专家团队，确定170所中小学参与项目试验，明确市、区县和学校三级项目实施内容和要求，形成工作推进合力，不断完善首都基础教育课程教材改革实验机制，推动学校内涵发展。目前，项目进展顺利，已经取得阶段性成果：

第一，完成了首都基础教育课程教材改革现状调研，初步修订完成北京市课改实验方案，初步建立起北京市“三级课程整体推进”的制度、理论和实践体系。

第二，完成各区县地方课程的建设规划；全套京版教材在修订送审后，获得教育部审定通过；北京市中小学地方教材开发管理机制、校本教材评价指标体系不断完善；电子教科书开发得到积极推进；积极引进JA、IB等国际优秀课程，并在北京十一学校等进行本土化试验研究。

第三，小学、初中和普通高中学生综合素质评价体系进一步完善，逐步建立和完善了以学生发展为导向的教育评价制度。

第四，实验学校原有教学管理模式均产生了积极地调整与变革。班主任和导师制相结合的学生指导方式逐步推广，学校文化理念体系初步建立。

### （二）中小学课程改革积极推进，三级课程体系基本形成

中小学课程改革试点也取得了阶段性成果：

第一，优化了课程结构。规范、开放、多元的三级课程体系基本形成，涌现出一批在国内有较大影响的学校精品课程。

第二，完善教材选用评估制度。三类课程交融并存。学科课程与活动课程、潜在课程相结合——重视“做中学”，把学科课程与活动课程有机结合起来；重视教风、学风培养和校园文化建设，充分利用潜在课程的积极影响。

第三，加强普通高中选修课程建设和管理。课程结构日趋合理。引进国外和香港地区教材，调整学科比例，部分综合课程改为分科课程。

第四，建立课程研究的保障和协作机制。课程开发和建设获得可持续发展的机制。

### （三）普通高中课程改革进一步深化，课程结构日趋合理

承担该项目的浙江省在普通高中课程改革方面取得了以下进展：

其一，调整了普通高中课程结构，减少了必修，增加了选修；

其二，加强了选修课程建设，为减负奠定科学的课程基础；

其三，科学设置学校课程，确保课程改革沿着正确方向推进；

其四，进一步完善了学生成长记录与综合素质评价的文件，扩大了高考“三位一体”综合评价试点范围。

其他方面如教育质量综合评价、拔尖创新人才培养等改革试点的进展情况将结合成效情况予以介绍。

总结素质教育改革试点的进展情况，各试点地区和单位在推进改革的过程主要具有以下几个方面的特点：一是充分重视政府的主导作用，注重发挥政策的指导功能；二是高度重视改革的理论研究和指导，使试点改革工作具有相当的前瞻性；三是倡导践行求真务实的精神，注重改革的实际效果；四是由于地区和条件等因素，项目进展不平衡，发达地区和欠发达地区在试点成效方面存在较大的差异。

发达地区彼此之间，以及欠发达地区之间由于项目团队的认识水平和工

作能力的差异，其试点进展也存在差异。应该说，这种情况是正常的，但也提醒我们在确定改革试点地区和单位时，要注意地区间的差异，有针对性地给予帮助和支持。

需要注意的是，各试点项目在实际实施过程中的进展速度、推进力度并不相同。有的实施方案做得很全面、细致（如甘肃），有的则比较简单（如北京）；有的有定期的自查（如新疆），有的则缺少定期的自查（如宁夏）；有的是集中推进（如北京），有的则是分散实施（如甘肃、上海）；有的措施落实得比较好（如上海、北京、江苏等），有的则落实得不够全面深入（如宁夏、甘肃、安徽等）。

各试点项目牵头司局所组织的专家对试点项目进行调研总结后给出的评审意见是，建议上述 41 个试点项目中的 4 个项目转为示范项目，它们是：北京市教委负责的“探索拔尖创新人才培养模式”、上海市教委负责的“改革义务教育教学质量综合评价办法”、天津市教委负责的“开展地方政府履行教育职责改革”、辽宁省盘锦市人民政府负责的“推进素质教育，减轻中小学生课业负担”。建议其中的一个改革试点转为动态调整项目，即宁夏回族自治区银川市和石嘴山市负责的“改革基础教育质量监测机制”（即终止试验）。建议其他 36 个试点继续进行。

## 第二节　改革试点的成效

总的来看，素质教育改革项目试点在部分地区、学校取得了较为显著的成绩，主要表现在以下几个方面。

### 一、德育课程整体规划初步建立，德育内容、方法和机制创新效果较为显著

各学段德育内容有效衔接，德育方式实效性得到加强。如上海市依据青少年学生成长发展过程中的共性和个性需求及时代特点，对大中小学德育、

历史课程内容进行了梳理，修订了中小学课程标准和大学教材，形成了既体现不同学段纵向衔接，又在课内外、网上网下横向贯通，具有科学性、针对性和实效性的德育课程体系。北京市有效开发和利用社会资源，创建社会大课堂，构建了包括经费投入、时间安排、课程开发、资源使用、班主任队伍建设、考核评价等要素在内的社会大课堂运行保障体系。

### （一）大中小学德育课程整体规划初步建立

该项目自试点以来，其成效主要表现在以下几个方面。

一是整体规划初步建立。立足大中小学德育的整体实效性，整体把握各学段学生身心发展规律与特点，研究与之相符合的教育规律和特点，注重学生成长发展过程中的共性与个性需求，研究与之相适应的教育内容和方式，构建富有时代特征、满足国家要求的、相互衔接的大中小学德育主要内容。既体现在大中小学不同学段纵向衔接，又在课内课外、网上网下和教师衔接方面实现横向贯通。

二是整体课程内容初步形成。将课程作为主要抓手，认真修订中小学各门学科课程标准，在 21 门学科的课程标准中单独明确德育的具体要求和内容，强化德育要求，为各级各类德育管理和评价提供依据，更好地发挥每门学科的育人功能，使每位教师在传授知识的过程中，注意培养学生积极的情感、态度、价值观，真正实现学科的育人价值。

三是制度上有创新、有实效。在试点工作推进过程中，不断完善工作机制，努力创新制度，包括整体实施意见和内容、课程标准修订和学科德育指导意见、高校和中小学的课外活动手册及资源库等十多个文件和指南，既有很强的工作指导性，又有较强的应用性。

四是多方关注、大家认可。该项目对于全国的德育改革创新，特别是对提高德育实效性的具有非常重要的意义，许多德育理论工作者和一线大中小学德育教师对于该项目都非常关注。教育部有关领导对这个项目也给予了高度关注。

### （二）中小学德育内容、方法和机制创新效果较为显著

该项目试点以来，主要的成效体现在以下几个方面。

一是文化育人、实践育人的教育理念在全社会得到进一步倡导和传递。在市政府统筹下，进一步调动起宣传、文化、文物等各有关部门、社会各有关资源单位、区县和中小学校等教育系统内外的方方面面重视、关注和支持德育工作的积极性。比如，每年要求加入社会大课堂的社会单位越来越多，原有的资源单位育人意识和能力不断增强，主动研究制订学生教育计划书，社会实践越来越受到区县和学校乃至家长的重视。

二是以社会大课堂为抓手初步建立起全社会合力育人的有效机制。建立起全市各有关部门共同参与的社会大课堂建设和应用机制、校外教育联席会机制，社会资源利用纳入了对区县政府的教育督导范畴。比如，12 部门联合发文推动社会大课堂常态化应用；市教委、市文物局合力推动博物馆教育，每年 5 月作为中小学生走进博物馆月。

三是形成了社会大课堂可持续发展和常态化应用的有效机制。特别是在经费投入、时间安排、资源类型、课程开发、考核评价等方面形成了相对稳定和明确要求的方式方法，并有相关配套支撑。

四是规范和完善了初任班主任的培训和班主任校本培训。注重班主任队伍建设，建立了副班主任制度、初任班主任培训要求、班主任校本培训指导纲要。

## 二、中小学课程改革新观念深入人心，基础教育三级课程改革整体推进

### （一）中小学课程改革的新观念已经深入人心

该项目试点以来，江苏省南通市的成效主要表现在以下几个方面。

一是新课改倡导的教学观、课程观、人才观、评价观等基本观念已经深入人心，为广大教师、学生普遍接受；以人为本、全面发展的教学理念，自

主、探究、合作的学习方式等，在课堂教学中得到了广泛探索和实践；教与学方式的转变调动了学生学习的主体性、积极性，培养了学生的学习能力，促进了学生的个性发展。

二是重视和加强创新精神与实践能力的评价，增加心理健康教育、公民教育、道德教育、人格养成教育在课程教学质量评价中的权重，形成体现课程改革和素质教育要求的学生学业评价、综合素质评价指标体系。

三是推进特色学科建设，选择英语、科学、信息技术、法制教育、心理健康教育等学科，加大课程建设支持力度，创新教学模式，提升学科教学质量，进一步强化优势与特色学科，扩大在省内国内的影响力。多途径加强中小学生英语听、说能力培养，10 年内逐步使高中毕业生具备接受全英文教学的基础能力。鼓励中小学引进国际先进教育理念和教材，开设国际课程。推进特色学校建设，支持和鼓励中小学校在教育特色项目和特色课程的基础上加快建设特色学校，以特色发展带动和深化学校课程改革，形成课程改革与特色学校建设、学校内涵发展、优质发展相互促进的良性互动局面。

### （二）基础教育三级课程改革整体推进

该项目试点三年多来，北京市主要取得了以下成效。

一是以三级课程的整体改革为目标，初步构建了具有地域特色的“三级课程整体推进”理论、实践、制度框架体系，逐步体现出了课程整体育人的构想，增强了课程的科学性、逻辑性、整体性，由此也提高了课程的生命力和适应性。

二是以教材为载体，高质量完成了京版教材的修订，并通过教育部的审查，进入到实验期。积极引进国际优质课程资源，整体提升了北京市中小学的课程资源品质。一批区县、学校紧密结合自身实际，抓住有利契机，完善制度，规范管理，敢于创新，在课程改革的一些关键环节上取得了新的突破，形成了一批具有示范引领作用的改革成果。

三是以素质评价为动力，实施了基础教育阶段学生综合素质评价。该项改革引导了各级教育管理者与决策者、学校领导、广大教师形成正确的教育质量观和评价观，带动学校管理、教育模式、学生活动等一系列改革，为学校的进一步发展注入强大动力，同时，广大的中小学教师、学校管理者以及学生家长等教育合力将明显增强，为学生全面、有个性的发展创造良好的环境和氛围。

### （三）深化普通高中课程改革工作已经迈出坚实的第一步

承担高中改革试点的浙江省取得的进展主要是以下几个方面。

第一，育人模式进一步转变，以学生发展为本的教育理念得到比较普遍的树立。启动课改以来，经过各级教育行政的宣传与培训，深化普通高中课程改革目标与理念已为广大教师和学生所认同。据 2013 年 5 月对 47 所普通高中的调查，93.72%的教师认同方案提出的“减必修增选修，将选修学分从 28 分提高到 48 分”，97.85%的学生赞同实行方案提出的减少必修、增加选修、实行弹性学制可以提前毕业等措施。

第二，改革得到各级教育行政部门的高度重视，深化普通高中课程改革工作已迈出坚实的第一步。各市成立以市政府主管教育副市长为组长的深化普通高中课程改革领导小组，统筹规划与领导全市深化课改工作。同时，各市教育局专门研究深化普通高中课程改革相关工作，制订相关方案、政策，召开各类深化普通高中课程改革动员会、推进会和研讨会，统一认识，转变理念，积极推进深化课改工作。通过多种媒体、网站广泛宣传，为深化课改营造良好的社会氛围。

第三，全省积极行动，着手制订高中课程方案和课程建设规划。省里多数普通高中学校都已成立学校课程改革领导小组，大多数学校都在组织学习的基础上，认真分析学校办学理念、培养目标、师资水平、生源状况以及教学设施设备等情况，准确定位，精心研制具有学校特色的学校课程方案和课程建设规划。

第四，着手能力建设，加强课程改革各项培训。为配合深化普通高中课程改革，2011 年省教育厅全面部署深化课程改革的培训工作。通过行政与校长培训，切实转变教育理念，统一思想认识，提升了课程领导能力；通过教研员与教师培训，明确改革重点，把握课程标准，提高选修课程开发开设能力。

第五，充分利用社会资源，开发开设普通高中选修课程。例如，温岭之江高级中学利用社会资源，创造性地开发开设生物知识拓展类选修课程。不少中学选修课程开发开设超过预期。

第六，从实际出发，做好深化课程改革实践推进的文章。浙江省从学校实际出发，从学生实际出发，从教师实际出发，做好深化课程改革实践推进的文章。学校在探索增强课程选择性的同时，高度关注课堂教学模式的改进，关注教师的专业提升，关注学校的多样化、内涵式发展。

## 三、办学行为进一步规范，学生课业负担明显减轻

三年来，试点单位坚持政府主导，不断改善“减负”的外部环境，努力增强改革的内驱力。坚持系统改进，多措并举，整体构建“减负”的有关制度。如安徽省建立了学校教学活动公开公示制、学生课业负担监测公告制、基础教育质量检测制、减负跟踪激励制、教育行政问责制等。坚持重点突破，着重对课堂教学和考试招生进行研究。长期坚持不懈，着力于“减负”长效机制的建立。辽宁省盘锦市以政府为主导，加强协调统筹力度，坚持 26 年执行小学就近入学政策、对口小学直升附近初中政策，16 年来将高中指标 100%分配到区域初中，14 年来不搞小学初中高中全市统考等举措，使“减负”举措得以长期有效。

### （一）规范中小学办学行为成效显著

安徽省承担该项目试点工作以来，取得的主要成效如下。

第一，进一步增强了规范办学行为的意识，初步形成了规范办学的社会环境和氛围。

第二，进一步规范了中小学招生行为，乱招生现象得到较好的遏制。经过治理，全省义务教育阶段学校基本做到了划片就近入学，义务教育城区内的择校生比例控制在 5%以内。其中芜湖、铜陵等地基本消除了义务教育阶段择校。多数普通高中招生能够严格执行招生计划、落实“三限”政策。全省示范高中招生指标 70%以上分配到区域内初中学校。进城务工人员随迁子女与流入地学生“一样就读、一样升学、一样免费”。

第三，进一步规范了中小学办班行为，因择校而导致的大班额进一步下降，乱办班行为有了很大遏制。

第四，进一步规范了中小学教学、收费行为，节假日补课有了较大的遏制。各地积极落实义务教育经费保障机制的各项政策，规范学校收费行为，取消了义务教育学校择校费。继续规范普通高中收费行为，制止同城范围内借读等行为。

第五，进一步加强了中小学教辅材料管理。

第六，进一步规范了幼儿园的办园行为。幼儿园停止使用幼儿教材，受到了新闻媒体的积极肯定。乱办特色班、兴趣班、实验班现象有了很大遏制。实施科学保教，基本纠正了小学化倾向。安徽省的做法得到了教育部的充分肯定和社会良好的评价。

### （二）中小学生课业负担明显减轻

辽宁省盘锦市承担该项目试点以来，主要的成效体现在以下方面。

第一，建立了齐抓共管的执行协调机制。市委市政府领导对试点工作高度重视，特别是2012年省委、省政府召开了全省规范中小学办学行为、减轻中小学生过重课业负担专项工作会议，在全省范围内开展了规范办学行为减轻中小学生课业负担工作，为盘锦市实施试点项目提供了强力保障，创造了良好的政策和舆论氛围。市政府及时召集市纪检监察、教育、新闻等相关部门召开会议，传达文件，提出要求，建立了齐抓共管的执行协调机制。

第二，制定了减轻学生过重课业负担的一系列规定。下发了《盘锦市教育局规范中小学办学行为减轻学生过重课业负担工作方案》（盘教发［2012］16号）、《关于严肃查处在职教师违规补课行为的相关规定》《关于对市直学校及教师乱收费的处罚规定》等文件。市教育局成立八个督导检查组，定期深入学校进行监督检查指导，白天检查学生上、放学时间、在校时间、课程设置和作业量情况，晚间检查是否有上晚自习情况。检查中，新闻单位全程介入，及时宣传和报道。同时，市教育局组建宣传和政策咨询组，认真解答家长的咨询。

第三，注重落实行动，增效减负。全面规范，动作到位，坚持常抓不懈，做到“六严格”：严格控制学生在校学习时间；严格规范教育教学活动；严格规范考试管理；严格规范招生秩序；严禁炒作中考、高考成绩；严格规范非学历教育培训机构的办学行为。同时，聚焦课堂，提质增效减负。

第四，组织编写或撰写了“减负”经验材料。由学校、校长、教师组织编写的“减负”经验材料已出版5本。市高中的“总结经验，加强教研，聚焦课堂，精讲多练，注重细节，追求实效”24字经验效果明显。

第五，学生学习负担明显减轻。市一中从学校管理的整体角度，制定了一系列规范学校办学行为、减轻学生课业负担的规章制度，努力从制度上机制上减轻学生课业负担。市二中开展了分组教学，学生学习兴趣明显提高，自主互助意识显著增强，课堂教学效率提高，学生学习成绩大幅进步、学生学习负担明显减轻，师生关系更加融洽和谐。

### （三）推进中考改革有制度、有方案、有成效

江苏省南通市作为承担该项目的地区取得了以下几个主要成效。

一是调整了考试结构与内容。经过前两年的实验，南通市建立了由初中毕业升学考试、学业水平测试和综合素质评价组成的中考结构体系。其中，将初中毕业升学考试和学业水平测试的命题原则确定为“遵循课标、紧扣教材、重视能力、贴近生活、控制难度”，使中考回归到以水平测试为主兼顾中招选拔这一基本定位上。为了发挥体育考试促进学生经常锻炼、增强体质的作用，对体育考试的内容与形式进行了系统设计。考试内容由必测项目、抽测项目与选测项目组成，考试成绩由初一、初二学年的过程性检测成绩与初中毕业时的终极性检测成绩组成。研制了比较详细的综合素质评价方案，将实验操作考查、艺术学科考查、综合实践活动考核等纳入综合素质评价体系，要求招生学校根据自身的办学定位，提出综合素质评价等级要求，使综合素质评价结果与招生录取直接挂钩。

二是创新了招生录取方式。全面实行中等职业学校招生注册入学。实行师范定向招生，并划出一定的比例由初中校长实名推荐。在普通高中招生方面，实行综合录取、推荐录取和特长生录取相结合的方式，一方面拓宽了学生的入学通道，另一方面扩大了普通高中的招生自主权。

三是提高了招考管理水平。在招考管理过程中，始终将公平公正高效作为的重要标准并贯穿于招生考试的始终。建立了诚信责任制：在分别对学校诚信、教师诚信、学生诚信提出要求和他们分别承诺的基础上，建立了公示制度，举报、申诉和仲裁制度，学校、教师和学生及家长的信用记录，责任追究制度和档案制度。建立了技术保障制：建立了招生考试管理系统，实现了中考的网上报名、网上阅卷和网上录取；建立了初中学生综合素质评价信息化管理平台，实现了综合素质按时评定、评定结果及时录入和对评定工作的实时监控；建立了体育考试管理系统，实现了阶段性体育考试成绩的及时录入和毕业升学体育考试成绩的自动生成。

四是建立了监督评估制度。通过建立市、县、校三级督查制度，使中考工作的规范性要求和各类支持保障制度落到实处。

## 四、拔尖创新人才培养机制改革等方面取得新进展

### （一）试点单位根据人才培养的特点和规律，通过各种“计划”来探索创新人才培养的科学机制

各地坚持以科学方法及早发现拔尖人才，拓展人才成长空间，打破制度壁垒，探索形成了中学与大学、科研院所联合培养拔尖创新人才的新机制。如北京市实施“翱翔计划”，陕西省推进“春笋计划”，让学生在科学家身边成长（详见典型经验的第5部分）。

### （二）教育质量综合评价改革积极推进，评价标准朝着科学化的方向不断迈进

各地着力破除单纯以考试结果为唯一质量标准的传统做法，对教育质量检测标准、教育质量及运行机制进行实验。如上海市义务教育质量教学质量综合评价项目全面关注学生的学习结果、学习状况、学习过程，构建了包括学业水平、身心健康、品德行为、学习压力、学习负担、对学校的认同、师生关系、教师教学方式、校长课程领导力等要素的学业质量绿色指标体系，

体现了关注学生全面健康成长的核心价值追求。

### （三）课程建设越来越受到应有的重视，普通高中多元化改革不断取得新成绩

各地从课程建设、学校文化建设、办学形式等方面促进了高中多元化发展。如江苏省南京市不断明晰学校特色、办学模式，形成了新型特色高中、普职融通高中、跨校联合高中等多元化的办学格局。特别是打破围墙界限，开设普职融通班，构建普职立交桥，让学生有二次选择机会，形成了显著的办学特色。

### （四）教育督导作用不断强化，教育督导体制建设取得新进展

其成就主要集中在督导体制、机制、标准及实施等方面进行了实践探索。如天津市实现了教育督导体制的重大变革，成立了市人民政府教育督导委员会，由分管副市长任主任，下设教育督导室和专家系统。实现“管办评”分离，教育督导委员会独立行使督导职能，对同级财政、规划、人社、发改委等相关部门履行教育职责的情况进行督查，强化了监督问责制。该模式被誉为“天津模式”，在全国产生了很大影响（详见典型经验的第6部分）。

# 第三节　改革试点的典型与经验

## 一、素质教育体制改革试点的典型

### （一）德育试点项目的典型：上海市成功尝试整体规划大中小学德育课程

上海市在推进整体规划大中小学德育课程改革试点的过程中，在提高德育课程的科学性、综合性、针对性的基础上，强调总体把握各学段学生身心发展规律和特点，并以此为根据来整体规划大中小学德育课程，既体现了大

中小学不同学段的纵向衔接，又在课内课外、网上网下和教师衔接方面实现横向贯通。一是实施理论研究。通过国内外德育比较研究、国内有关课程标准研究，确定符合不同学段学生身心特点的德育课程目标和内容，开展顶层设计和科学规划。二是修订课程标准和内容。对中学历史、政治课进行系统梳理，对主要知识点的衔接情况进行对比，研制出版了六本高校思想政治理论课《教师教学指南》；修订完善中小学德育课程标准，已在21门学科课程标准中单独设定德育的具体要求和内容。三是加强课外德育指导。研究出版课外德育的有关文本，如《上海市加强大学生日常思想政治教育工作指南》。四是建立课程资源库。覆盖大中小学，并搭建互动交流平台，初步实现德育资源库共建共享。五是完善评价。结合上海市教育资源综合评价绿色指标内容，设立德育评价内容，不断完善并进行试点。六是建立大中心互访交流机制，从教师队伍方面保证德育课程的整体化实施。构建高校思想政治理论课教师到高中听课制度和互动交流平台，加强大中学之间的沟通交流。

### （二）“减负”试点项目的典型：辽宁省盘锦市深化教育管理体制改革，建立中小学“减负”的长效机制

就地市级政府实施素质教育改革来看，辽宁省盘锦市通过长期实践探索所建立的中小学长效“减负”机制应该说是一个典型。

经过多年的实践探索，盘锦市初步建立了减轻中小学学生课业负担的教育行政管理机制、学校管理机制以及减轻课业负担评价标准，取得了明显成效。其主要做法，一是坚持改革考试招生制度，为“减负”提供关键的制度保障。该市坚持26年小学就近入学政策，小学对口直升附近初中的政策，从而杜绝了小学升初中的学生和家长对初中校的择校，为全面的素质教育和学生减负奠定了一个很好的基础。坚持16年将重点高中招生指标100%分配到区域初中的政策，坚持禁止各初中学校向社会宣传本校或其他学校的中考成绩，从而杜绝初中学校在中考成绩上的攀比，也为避免一味追求考试成绩的应试教育做法提供了政策保证。盘锦市坚持14年不搞小学、初中、高中全市统一考试的做法；坚持高考后不公布各高中的进线人数、分数，坚决不给各高中下达升学指标。二是严格规范办学行为，为“减负”提供制度标准和实践参照。2012年盘锦市教

育局下发《规范中小学办学减轻学生课业负担工作的方案》《关于严肃查处在职教师违规补课行为的相关规定》《关于对市直学校及教师乱收费的处罚规定》等文件。根据这些文件的规定，各中小学校必须严格控制学生在校学习时间；严格规范教育教学活动；严格规范考试管理；严格规范招生秩序；严禁炒作中考、高考成绩；严格规范非学历教育培训机构的办学行为。同时，为了保证这些文件的规定得以很好的执行，盘锦市教育局成立了八个督导检查组定期检查。三是聚焦课堂，提高效率，为减负提供教学质量保证。“减负”并不意味着教学质量的下降。为了保证减负不降质，盘锦市各高中学校加强教师培训，不断提高教师的课堂教学水平和质量，形成了“总结经验，加强教研，聚焦课堂，精讲多练，注重细节，追求实效”的二十四字经验，实践效果很明显。

盘锦市的“减负”改革有力地促进了义务教育均衡发展。盘锦市中小学的学生家长 26 年不交择校费，避免了校际之间的恶性竞争，提高了学生的学习兴趣和学习效率，学生学习成绩大幅度提高，课业负担明显减轻，师生关系更加融洽和谐，对促进素质教育的实施和推进做出了很大的贡献。

### （三）课程改革试点项目的典型：浙江省下放课程自主权的高中课程改革

课程改革是推进素质教育改革的重要环节和措施。在这方面浙江省下放课程自主权的高中课程改革为同行树立了典型。

浙江省在推进课程改革的过程中，从以学生发展为本的理念出发，以促进学生个性发展为目标，给予学生更多的课程选择权力，也给予教师更多的课程开发权，而学校则得到更多的课程设置权。其做法主要有以下几个方面。

一是调整课程结构，减少必修，增加选修，将必修学分从原来的 116 分减少到 96 分，选修学分从 28 分增加到 48 分。同时，加强选修课程建设，把选修课程分为知识拓展类、职业技术类、兴趣特长类、社会实践类四类，分类建设。动员普通高中教师开发选修课程，并进行网络课程建设。

二是减必修总量。通过制定普通高中学科教学指导意见，整合和梳理各学科教学内容，明晰不同层级的教学模块、教学要求、教学评价，减少必修课总量，为选修课腾出时间。

三是优教学方法。积极推进选修课走班制，研究选修课程的教学评价与质量管理制度，改革教学方式，实行弹性学制。

四是改招生评价。浙江省首次将高中选修课程纳入学业水平考试、综合素质评价与统一高考“三位一体”的招生评价体系。

五是积极创造外部条件，争取政府支持。政府的支持是课程改革乃至整个素质教育改革成功的关键。

为此，浙江省在所属各市成立以市政府主管教育副市长为组长的深化普通高中课程改革领导小组，统筹规划与领导全市课改工作。同时，各市教育局专门研究深化普通高中课程改革相关工作，制订相关方案、政策。多数普通高中学校都已成立学校课程改革领导小组等有关机构，部分学校已经开始着手研制具有特色的学校和课程建设规划。选修课课程开设研究取得初步成效。据 2013 年 5 月对 47 所普通高中巡查统计，约有 70%的教师参与了选修课程开发，64.4%的教师兼任了选修课程教学。选修课程开发开设数量超过预期，每个学校平均开设了 102 门选修课程，免费公开的网络课程 262 门，受到了全省普通高中师生的普遍欢迎。学校开设选修课程，实行选课走班后，有 85%的学生表示喜欢。这次深化高中课改也为教师专业提升、高中多样化发展提供了契机，从而有力地促进了当地素质教育的开展。

### （四）改革评价体系试点项目的典型：上海市建立义务教育教学质量的绿色评价体系

义务教育教学质量的评价对于素质教育的改革具有重要影响。在义务教育教学质量评价方面，上海市自承担改革试点的任务以来，积极探索，勇于创新，突破了单纯以学业水平作为评价教学质量唯一依据的传统观念，以全面的、全新的教育质量观构建了义务教育教学质量绿色评价模式。这种评价模式在关注学生学业成绩的同时，更加关注他们的学习负担和效率，将学习结果与取得学习结果的路径代价结合起来。其绿色指标主要包括学生学业水平、学习动力、学业负担、师生关系、教师教学方式、校长课程领导力、学生社会经济背景对学业成绩的影响、学生品德行为、身心健康和跨年度进步十大方面。该评价体系主要用于引导、改进教学，减轻学生过重课业负担，更好地推进素质教育。

目前，上海市已初步形成了义务教育教学质量综合评价办法，探索了综合评价的机制与技术，形成基于数据的行政决策和教学改进的共识与习惯。绿色评价的理念已进入基层校长和教师话语体系，全面的教育质量观正在形成。该评价模式也产生了广泛的社会影响，受到媒体高度关注，为教育部研究制定教育质量综合评价办法提供了借鉴和参考。

### （五）拔尖创新人才培养试点项目的典型：北京市创建和实施高中、高校联合培养拔尖创新人才的“翱翔计划”

根据学生的实际情况，有针对性地培养部分拔尖创新人才对于实施和推进素质教育具有重要意义。这方面北京市高中学校与部分高校联合培养拔尖创新人才的“翱翔计划”是一个很好的典型。

“翱翔计划”自2008年实施以来，以首都丰富的科技资源优势为依托，采取“政府主导、学校实施、社会参与”的工作策略，让学有余力的优秀高中生走进高校、科研院所实验室，在科学家身边成长，积极探索普通高中阶段拔尖创新人才联合培养机制。其具体做法是：一是加强领导，成立专门组织机构。成立“北京青少年科技创新学院”，由北京市教委有关负责人兼任院长，并聘请著名科学家担任名誉院长，负责“翱翔计划”的规划与部署，研究制订项目工作方案。该创新学院下设具有独立编制的办公室，具体负责青少年科技创新教育的日常管理与组织工作。市教委每年安排专项预算经费。二是严格遴选，建立分工合作体系。明确全市305所高中生源校；遴选29所学校为高中阶段拔尖创新人才培养实验学校；遴选在京高校、科研机构100余家实验室作为“翱翔计划”学员研究基地。生源学校、基地学校、高校与科研院所有关实验室分别遴选优秀师资力量，组成联合培养导师团队。三是严格管理，科学设计培养课程。建立学员推选办法、培养方案备案制度、学员学习过程记录与评价制度、探究作品展示交流制度、学分认定办法等，促进生源学校、基地学校、高校与科研院所间的有效合作。生源学校、基地学校、高校与科研院所实验室共同开发“翱翔计划”课程体系。学生在导师指导下，自主选择学习领域、制订个性化的学习方案，组建科研小组建立网络研讨交流平台。基地学校开设选修课程，拓展学生知识面，掌握基本科研方法，提高科学素养，高校、科研院所实验室进行开放式实验教学，让学生在科学家的指导下亲历科研实践过程。

将生源学校、基地的老师、高校与科研院所专家凝聚在一起，共同开发创新人才培养课程，是“翱翔计划”卓有成效的创新。自该计划实施五年来，成效显著，发现和培养了一批朝气蓬勃、富有创新精神的学生。开放的青少年科技创新学院的建立，打破了长期以来优质资源共享的体制性壁垒，实现了穿越不同学校、不同阶段、不同领域的优质资源的共享，带动了诸多学校和地区不断创新人才培养的工作机制和教育方式，为学有余力的学生创造了适宜的学习环境与条件，为国家对创新人才的迫切需求积蓄坚实的后备力量。

### （六）义务教育质量督导评价标准改革的典型：天津市强化政府教育职责的督导体制改革

在推进素质教育改革的过程中，天津市实现了教育督导体制的重大变革。其主要做法：一是创新督导管理体制。组建了天津市人民政府教育督导委员会，由分管副市长任主任，下设教育督导室和专家系统，独立行使督导职能，实行同级督政。原市政府督导室作为教育督导委员会的办事机构，内设处室由 1 个增加为 4 个，编制由 9 人增加为 18 人。二是创新督导评价标准。出台了区县政府履行教育职责、政府相关职能部门履行教育职责的督导检查、区县教育行政部门工作的督导检查等一系列标准，初步形成了完整的教育督导标准体系。三是创新督导检查机制。建立了责任督学制度，实施基础性评价和发展性评价相结合、激励性评价和追责性评价相结合的原则和方法。四是创新督导队伍建设。建立首席督学制度、督学职级制度、督学资格认定制度。

依托教育督导新体制，天津市成立了由市教委、发改委、财政局、规划局、人社局等部门有关同志及专家组成的督导检查组，对政府任期内履行教育职责情况开展督导检查。区县政府的教育职责得到进一步落实，教育的行政管理方式进一步转变，学校素质教育有了进一步发展。天津市在强化政府教育职责的督导体制改革方面确实迈出了很大、很坚实的步伐，为这方面的改革树立了一个很好的典型。这一典型得到了中央有关领导的充分肯定，值得进一步推广。

## 二、素质教育体制改革试点的经验

### （一）德育试点项目的经验：上海市“整体规划大中小学德育课程改革试点”经验

该试点项目的经验主要有以下几点。

一是全市统筹，多部门协同参与。该项目是一个涉及大学、中学和小学全部德育课程的综合改革试点项目，而且是将大中小学原先联系松散的德育课程有机统一为一个整体，如果仅由教委的某一个处室牵头来抓，或者由教委来牵头落实，都会遇到许多难以协调的困难。上海市将该项目作为市政府的项目，由分管教育的翁铁慧副市长挂帅担任顾问，上海市教委副主任高德毅和尹后庆牵头负责，德育处、基教处、高教处、体卫艺科处、学生处、教研室等相关处室协同参与，专门设立项目办公室，落实专人负责并定期召开工作会议。设立了整体规划组、德育课程组、中小学学科德育组、课外活动组、网络德育组和德育资源库组 6 个组。上海市教委在市政府的领导下，统筹全市德育资源，精心挑选德育专家和一线教师，搭建研究团队并邀请国内相关领域专家共同参与。这就为这样一个大中小学德育综合改革试点项目向前推进和完成预期目标提供了组织领导方面的保证。这是完成这样一个综合性改革试点项目的主要基础和前提。

二是目标具体、科学，分头具体落实。面对这样一个涉及面广、综合性很强的改革试点项目，仅仅简单地设定一个宏观性的总体目标是不行的，还必须有能够引导具体操作的具体目标。上海市承担了“整体规划大中小学德育课程改革试点”项目之后，在确立了“整体规划大中小学有效衔接德育课程，制定相应的标准和大纲，充分体现大中小学各年龄阶段德育内容的重点，建立与年龄特征相符合，与时代特点相适应的德育课程体系，更好地推进各学段有针对性地实施社会主义核心价值体系教育”的总体目标的基础上，又设立了实施理论研究、完善课程建设、提供课程评价和建立课程资源库四个具体目标。这四个具体目标不仅是整体规划大中小学德育课程所必需的，而且具有科学的逻辑递进关系。无论是大中小学各自的德育课程本身，还是将其整体规划的目标和步骤，都具有非常强的理论性，尤其是后者更是一种崭新的改革尝试，其理论探索性也就更强。因此，如果不首先对如何整体规划大中小学实施基础性的理论研究，就无法推进改革的试点。上海市在推进整体规划大中小学德育课程改革试点的过程中，首先对其进行深入的理论研究，是具有很强的科学性的。有了科学的具体目标之后还必须及时地分头落实。在落实实施理论研究的目标方面，上海市组织统筹全市德育资源，精心挑选德育专家和一线教师，搭建研究团队并邀请国内相关领域专家共同进行国内外德育教育比较研究，国内相关课程标准与实施的研究，最终研究确立符合不同学段学生身心特点的德育课程目标和内容。在落实完善课程建设目标方面，上海市围绕课程和课程标准，兼顾学科德育、课外活动和网络教育进行，同时辅以专题教育、教师队伍衔接和校外教育进行，努力建设大中小学有效衔接的整体化的德育课程。在落实提供课程评价目标方面，结合上海市课程评价绿色指标内容设立德育评价内容，不断完善并进行试点。在落实建立课程资源库的目标方面，上海市已经将课程资源库上线试运行，覆盖大中小学并搭建互动交流平台，初步实现了德育资源共建共享。

三是科学制订项目推进方案。为了更好地推进改革试点工作的进行，上海开展了本市与东部沿海地区、西部地区德育衔接现状的调研，进行学生思想道德发展状况的调研，明确改革思路。开展国内外德育课程标准与实施的比较研究，开展德育基础理论研究，为建立德育内容体系提供依据。同时，以上海市德育专家为主干，以各级各类课程专家为依托，进行基础性研究和应用性研究，建立德育课程研究资源库。

四是设计德育课程选择模块。根据项目的调研和拓展，从顶层设计到具体细化，形成覆盖大中小学有效衔接的、可供不同学段自主选择的德育课程模块。第一是小学品德与社会课、中学思想政治（品德）课、高校思想政治理论课等第一课堂德育课程和内容的梳理及调研；第二是建设适应当代社会发展需要、符合创新型人才成长规律，体现上海特点和文化特色的选择性相关课程体系；第三是与德育课程相关的班团队活动和社会实践。

五是积极进行试点推广。根据项目进程，分步骤、有计划、多层次地进行调研论证和完善，在各区域和各学段确定试点方案，在实践中不断检验和完善德育课程体系。

六是尝试建立互访交流机制。建立不同学段间学校、教师的互访交流机制，参与调研、讨论、试点教学，促进实施管理的有效衔接，努力使不同学校间、教师特别是大学和中小学教师的相互交流常态化。

### （二）“减负”试点项目的经验：辽宁省盘锦市“减负”的改革试点经验

就地市一级政府来说，辽宁省盘锦市在“减负”方面的改革成绩是比较突出的。其经验主要有以下几个方面。

其一，加强领导，加强督导，加强评估，确保中小学“减负”工作扎实推进。市政府成立了盘锦市深化教育体制改革推进素质教育领导小组；市教育局成立了由魏书生、王太水为组长的试点工作领导小组；建立了专家指导机制；建立了分工协作机制，成立了教育行政管理小组、督导评估小组、干部教师队伍建设小组、教学研究小组、科学研究小组、家长学校小组六个工作小组。

其二，加大对社会实践课的建设力度。新建酷贝拉青少年实践体验基地（完成投资 300 万元）；启动中小学综合实践基地建设，计划投资 5000 万元。盘锦市中小学生素质教育综合实践基地 2012 年正式启动，投资 5000 万元。

其三，及时总结，及时交流，及时推广。该市连续 13 年，每年召开教育科技节；连续 16 年，每年 10 月召开全市培养良好习惯现场会。目前，全市师生已经制作了 20 多万件科技作品，其中 2322 项科技作品已经获得国家专利。

### （三）课程改革试点项目的经验：浙江省下放课程自主权的高中课程改革经验

其一，重视结构调整，适当减少必修，切实增加选修。减少必修课程，大幅度提高选修课程的比例，选修课程占总学分的比例由原来的19.4%提高到33.3%。把选修课程分为知识拓展类、职业技术类、兴趣特长类、社会实践类四类，分类建设选修课程。

动员普通高中教师开发选修课程，鼓励普通高中与高校、职高、企业、社会机构合作开发选修课程。征集普通高中选修课程网络课程，在浙江省教育资源网上建立网络课程平台，供教师与学生免费使用。

其二，削减课程总量，增加选修课程安排的时间和空间。针对学生课业负担过重、过度应试依然明显的问题，在确保普通高中必修课程基本、基础性知识要求的前提下，组织浙江省基础教育课程改革专业指导委员会专家，制定《浙江省普通高中学科教学指导意见》（2012年版，11门学科约125万字），减少面向全体学生的必学内容及学习总量，梳理与整合各个学科的必修与选修内容，明晰不同学科不同层级的教学模块、教学要求、教学评价，形成各个学科结构合理、层次递进的课程格局，以满足不同兴趣、不同水平学生的学习需求，让学生可以在高中三年宝贵的时间里学习自己喜欢学的、学得会的、符合生涯规划的选修课程，让教育在过程中显示最大的公平性。

其三，不断加强方法创新，积极推进课堂教学改革。加强学校教学管理制度改革研究，积极推进选课走班制度；优化课堂教学模式，提升课堂教学质量，研究选修课程的教学评价与质量管理制度；制定《浙江省普通高中研究性学习指导意见》，促进研学渗透的有效实施。坚持以人为本，遵循教育规律，规范办学行为，改革教学方式。严格控制教学进度和难度，关注学生学习过程，优化课堂教学模式，推进轻负高质，提升课堂教学品质。实行弹性学制。学生完成各项学业任务、可以提前毕业，这为一些具有特殊才能的拔尖学生实现自主学习、超常学习、创新学习，提前进入大学创造了很好的条件。

其四，建立和完善科学的评价标准，建立学业水平考试和完善综合素质评价等制度。建立普通高中学业水平考试制度，考试科目为语文、数学、英语等11门必修课程，各科目每年开考两次。学生可以根据自己的课程修习计划，自主选择参加考试的时间和科目，学生参加同一科目考试次数最多两次，以最好成绩记入档案。进一步完善学生成长记录和综合素质评价制度，进一步完善高考、学业水平考试和综合素质评价“三位一体”的高校招生制度。

其五，积极创造条件，整合各种有利于推进深化课改的资源。各地通过各种途径向当地政府积极宣传深化课改重要性，争取政府支持，设立课改专项经费，为深化课改提供有力保障。逐步实行普通高中学分制收费。以不增加学生经济负担为前提，将学费分为注册学费和学分学费两部分，实行学分制收费。

## 第四节　改革试点面临的困难、问题及其成因

下面将素质教育改革试点的困难和问题分别加以介绍和论述。困难主要指试点地区、单位所面临和遇到的阻碍其试点推进的客观因素。问题主要是指试点地区和单位在推进试点改革的过程中，由于主客观的原因做得不好或不足的方面，以及影响试点推进的人为因素。

### 一、困难

概括地说，素质教育改革各个项目在试点过程中，反映出来的困难和问题主要有以下几个方面。

一是观念转变上的困难。素质教育是与应试教育完全不同的教育。我国推进素质教育二十多年来，之所以困难重重，效果不显著，最根本的原因还是人们教育观念的难以转变。所谓“素质教育轰轰烈烈，应试教育扎扎实实”反映的正是人们在观念转变上的困难。

二是改革考试评价制度方面的困难。大家都知道实施素质教育必须改革考试评价制度，但是这方面的改革始终步履维艰。与素质教育相适应的考试评价制度改革严重滞后。现行考试评价制度与实施素质教育的要求存在一些相脱节的地方，如高中课程改革注重选修课程建设，满足学生个性发展的需要，但选修课内容较少列入高考内容范围；中小学推进学生综合素质评价改革，以引导和促进学生的全面发展，但高校招生没有将学生综合素质评价作

为招生录取的重要依据；政府考核学校只看升学率，不看学生全面发展的情况。考试评价制度改革的相对滞后影响着素质教育理念向教育教学行为的转化。一些地区和学校在减轻学生过重课业负担上被动应付，口头上讲素质教育，实际上抓应试训练，注重抓考试分数的提高，忽视学生高尚道德情操、健全人格的培养，较少关注学生终身发展的需要。

三是缺乏有效的动力机制和良好的社会环境。学校作为实施素质教育主阵地，校长和教师在教育教学改革上缺乏明确的责任和权力，也缺乏实施素质教育的激励机制。学校的内动力、创新力和生机活力尚未得到有效激发。校外教育和社会实践缺乏制度保障，社会各方面还不能为素质教育提供强有力支持。公益性设施向学生开放还缺乏制度保障，企事业单位缺乏承担校外教育的义务，学生的公益活动、生产劳动、社会实践、岗位实习往往面临无处可去的窘境；学校开展教育活动面临巨大的安全压力；社区功能尚在发育之中，校园周边环境仍然存在很多问题，这些都影响到素质教育的有效推进和青少年的健康成长。

四是教师队伍适应素质教育要求的困难。各类学校教师不适应素质教育要求的现象还较为普遍地存在。部分地区、学校教师缺编，学科结构性失调，音、体、美等学科教师严重短缺，影响国家课程方案的全面落实。中小学教师职称评定缺少班主任系列，项目试点单位反映与新时期德育工作要求相适应的骨干班主任队伍建设比较困难。教师培养培训侧重于单一的学科，对综合素质教育水平的提高重视不够，与提高学生综合素质的要求不相适应。提高教师本身的素质教育，使其能够适应素质教育的要求，是推进素质教育的一个必要条件，而这一条件却不是能够轻易实现的，因为使教师适应素质教育的要求，不仅是提高其教学水平，而且更为重要的是要转变其教育观念。

五是教育管理部门统筹管理方面的困难。教育管理部门权责不明、统筹不力。学校在课程设置、人员聘用、经费使用等方面缺乏自主权，很难因校制宜，学校与政府的关系有待理顺。一些地方中小学管理政出多门，缺乏统筹。如不同部门对学校进行检查，导致学校疲于应付，难以适应。一些试点单位和学校反映教育教学改革得不到政府有关部门的支持。

下面结合各试点项目的实际，对素质教育面临的困难加以介绍和论述。

### （一）德育改革试点面临和遇到的困难

改革本身也是一个克服困难的过程，其目的就是要通过克服阻碍事业发展和目标实现的各种困难，来努力实现事先预定的目标。只要改革在继续，这些困难就总是或多或少、或大或小地存在着。就德育改革而言，其最终的目标是提高德育的实效性，而这些年来我国大学和中小学德育实效性难以提高的主要原因，也是主要困难之一，是大中小学的德育课程和教学几乎完全脱节，没有形成一个完整的有机整体，从而使学校的德育教学缺乏科学性和逻辑统一性和一贯性，进而严重影响了德育的实效性。再一个主要原因和困难是大中小学德育的教学方式和方法不能适应现代德育内容的教学，从而影响了德育实效性的提高。因此，目前德育改革的第一层次的困难还是实效性不高的问题。尽管近年来从党中央、各级党委和教育行政部门以及各类学校等从不同层次、不同角度对提高德育实效性都多次、反复提出要求和改进措施，但其效果依然难以令人满意。提高德育实效性成了我们德育改革的最大目标，也是最主要的、第一层次困难。而德育改革第二层次的困难正是整体规划大中小学德育课程和教学，以及创新大中小学德育方式方法。克服这个层次的困难正是上海市承担的试点项目“整体规划大中小学德育课程”和北京市承担的试点项目“推进中小学德育内容、方法和机制创新”所要做的事情。第三个层次的困难是推进上述两个试点项目中面临和遇到的困难。

1. 整体规划大中小学德育课程改革试点的困难

从目前试点地区反映上来和我们调查的情况来看，“整体规划大中小学德育课程”项目在推进过程中的困难主要有以下几个方面：一是整体规划大中小学德育过程中在内容设计和分段安排上的困难；二是统筹领导、整合队伍上的困难；三是教师队伍建设上的困难。

2. 推进中小学德育内容、方法和机制创新改革试点的困难

该项目在推进过程中的困难主要有以下几个方面。

一是德育内容创新与政治要求相符合的困难。无论是大学的思想政治理论课，还是中小学的德育课，其内容都具有很强的政治性，必须与党中央的理论、方针和政策保持高度的一致性，否则就失去了德育的意义。而这种很

强的政治性给中小学德育内容的创新带来了相当的困难。它要求中小学德育内容的创新者必须既对党中央的有关理论、方针和政策有非常全面的了解和非常深入的理解，又要有相当的德育理论的创造性，能够将创新后德育内容与党中央的理论、方针和政策相符合。

二是德育方法创新得到学生认可接受的困难。德育如果仅满足于使用一些新方法并不困难，困难在于中小学德育使用的新方法能够得到学生的认可，取得更好的教学效果。

三是德育机制的创新具有可持续的困难。虽然北京市在中小学德育的机制方面进行了一些创新，如在经费投入、时间安排、资源类型、课程开发、考核评价等方面形成了相对稳定和明确的要求，但这些要求的权威性和约束力都是令人怀疑的，特别是在今后较长一个时期中，这些要求能否得到落实谁也无法保证。

### （二）“减负”改革试点面临和遇到的困难

实事求是地说，中小学减负已经进行了二十多年，其效果只能说“甚微”。就在中小学的减负作为国家教育体制改革试点项目由不同的地区和单位分别进行的过程中，教育部于 2013 年 8 月 22 日公布了被称为“史上最严减负新规”的《小学生减负十条规定》征求意见稿。意见稿包括：严格实行免试就近入学，严禁分重点和非重点班，教学不得拔高要求和加快进度，不留书面家庭作业，一至三年级不举行任何统考，全面取消百分制、采取分级评价，教辅材料“一科一辅”，严禁违规补课，每天锻炼一小时，教育部门每学期公布督导报告等。基本涉及了小学生负担过重的方方面面，而且态度严厉。但是，就是面对这样一个所谓的“史上最严减负新规”，社会上并没有因此而对减负增加多少信心。

事实上，近二十多年来，教育部已多次出台减负措施。早在 1988 年，当时的国家教委就发布规定，减轻小学生课业负担；2000 年，教育部再次下发《关于在小学减轻学生过重负担的紧急通知》，要求“切实把小学生过重课业负担减下来”；2004 年，教育部再次提出新形势下的减负措施——“五坚持、五不准”，要求各地教育行政部门和中小学严格执行。其中就包括了坚持义务教育阶段公办学校一律实行免试就近入学，不准占用学生休息时间组织集体补课等规定；2010年出台的《国家中长期教育改革和发展规划纲要（2010—2020年》将减负作为教改的重要目标；2011年的全国两会上，减负首次写进政府工作报告。事隔两年，教育部又出台了现在的“史上最严减负新规”，这本身就表明减负是改革试点的最大困难。改革试点的目的就是要迎难而上，通过各种努力克服或解决这一困难。而在解决这一困难的过程中，试点地区和单位无疑又会遇到和面临新的困难。这是减负本身所衍生出的下一层次的困难。下面我们分别加以介绍和说明。

1. 安徽省减负改革试点面临和遇到的困难

中小学不规范的办学行为是长期形成的，原因错综复杂，有些矛盾和问题是日积月累起来的，需要逐步解决。当前中小学办学行为仍然还存在很多问题和困难，以规范办学来实现减负的任务仍然十分艰巨。

一是转变认识的困难。相关部门、单位和人员思想认识还存在较大的差距，规范的意识还没有牢固树立起来。一方面，部分市县政府和教育主管部门对规范中小学办学行为的重要性、紧迫性认识不够，缺乏主动自觉意识，有的甚至持消极态度，工作处于被动、应付状态，重部署、轻检查，常常是上面要求严格就行动一下，工作时紧时松。有的校长对规范办学行为持“怕吃亏”等思想，甚至错误地认为规范办学行为将会降低升学率，为不规范办学行为寻找借口。另一方面，社会、家庭对规范办学行为也存在种种模糊认识，包括一些党政领导干部持片面的态度，有的甚至有抵触情绪。有的市县对存在的问题整改不力，工作被动。部分家长不理解，认为孩子课业负担减轻，考试成绩不理想，以致影响升学。

二是由政策“规范”向实际“规范”转变的困难。虽然出台了规范办学的政策文件，但中小学办学行为不规范的情况仍然不同程度地存在。部分地区和学校招生行为还不够规范。有的地方义务教育阶段学校没有做到划片就近入学。部分地区小学升初中仍然在举行选拔性考试、测试等。少数示范高中招生秩序比较混乱。一些民办学校为了获得生源不择手段，擅自扩大招生计划，有的买卖学籍，挂靠学籍。节假日补课，学生课业负担过重问题社会反映依然强烈。有的学校改换形式，以晚自习的形式进行补课，有的改变场所进行补课。在高中补课有所遏制的情况下，一些农村义务教育阶段补课问题有所抬头；一些民办学校乱补课加重了学生负担，义务教育阶段招生考试等现象对于整体推进学校减负工作有着一定的冲击和影响。少数示范高中仍然变相地在校内举办复读班。部分义务教育阶段学校仍在分重点班。中小学收费行为还需要进一步规范。有的学校经费预算和支出不够规范。乱收费的举报时而发生。部分中小学教师行为不够规范，有的教师仍然在体罚、变相体罚学生。有的学校教材、教辅管理混乱，不按照省评议公布的目录乱订、滥订教辅材料，搞“一科几辅”。农村地区、民办的幼儿园小学化倾向还比较突出。

三是建立规范中小学办学行为的长效机制的困难。规范中小学办学行为的长效机制没有完全建立也很难建立起来。部分地方和学校规范办学行为责任不落实，对不规范办学行为，常常视而不见，听而不闻，既不监督，也不查处。规范中小学办学行为的监督检查渠道不够通畅，方式不够有效，手段不够完善，惩处不够严格。

2. 辽宁省盘锦市减负改革试点面临和遇到的困难

其一，科学监测学生课业负担的困难。学生课业负担的监测与评价研究不够，缺少专家和资金支持。

其二，推动减负的基础设施建设面临困难。使家长放心、学生舒心的适合学生课余活动的基础设施、场所不足；学生休息时所能开展的活动项目范围需要进一步拓宽，教育基础设施投入不足。

其三，增加和扩大优质教育资源的困难。优质的教育资源，特别是优质的高中资源不足，升学率仍是家长、学校领导评价一所学校办学水平的主要标准。

其四，有效改革考试评价制度面临困难。目前，改进考试评价制度的进展依然较慢，而且一时拿不出令大家满意的方案。

其五，校外违规补课现象的综合治理依然比较困难，需建立联动、常态机制。

## 二、问题

总的来看，素质教育的改革试点尽管进展比较顺利，也取得一些预期的效果，但项目试点工作本身仍然存在一些不足或问题。

其一是一些项目设计的目标较大，重点不够突出，过程指导没有完全跟上。

其二是一些项目在试点过程中重设计、轻落实，重局部、轻全局。

其三是一些项目的可持续性较弱。有些项目的部分措施的落实是凭借部分领导人的个人素质和能力而建立和执行的，缺乏长效机制和可持续性。

其四是几乎所有素质教育改革试点项目都存在重理论研究、轻实践指导，重专家队伍建设、轻教师队伍建设等问题。

其五是许多项目存在重政策制定，轻政策宣传和落实的问题。一些项目的政策和文件仅停留在部分教育行政部门的有关领导和专家那里，而广大一线教师，甚至校长都不甚了解，更谈不上掌握和执行。

其六是很重要的一点，就是各试点地区缺乏国家层面的有效指导、有力督查纠错和相应的惩处。“减负万里行”督查活动有查，但纠错尚跟不上。而且即使部分地区、单位暂时纠错，如何防止反弹，依然是一个难题。目前，国家层面在全面而长期有效地督查纠错上显得力不从心。

下面重点介绍一下德育方面的项目和减负方面的项目存在的问题。

### （一）德育改革试点存在的问题

就整体规划大中小学德育项目来看，主要存在以下几个方面的问题。

一是高校与中小学的衔接十分缺乏，更谈不上整体规划，应当有专门的部门或机构进行科学的研究和顶层设计。

二是课程体系的设计应该更多地考虑学生的实际情况，遵循学生成长规律和接受意趣，科学合理地设计安排，目前重复和错位的情况还是客观存在。

三是大学和中小学课程体系的衔接，不仅包括教学内容、教学方法的衔接，更需要教学理念特别是教师队伍的衔接，目前教师队伍的现状还不能完全适应试点项目成果转化的迫切需要。

就推进中小学德育内容、方法和机制创新项目来看，问题主要有：

一是试点工作区县推进程度不平衡。由于各实验区县区域教育发展程度、领导重视程度等因素的影响，试点工作推进不平衡，部分区县缺乏系统设计和整体安排，在项目重点领域和关键环节上突破比较有限。

二是部分目标没有完全实现。虽与市人力社保局等部门积极沟通，但由于受整个人事制度、职称评定政策的限制，还是未能建立市级骨干班主任制度和市级班主任带头人制度。这在一定程度上影响了教师长期从事班主任岗位的积极性，不利于班主任队伍的长远发展和整个队伍建设。

三是部分问题的研究有待深化。比如，对学生社会实践的评价的科学性、有效性、可操作性等问题都需要进一步研究。如何建立起对社会资源单位的激励评价机制，以充分调动他们服务教育的积极性，也有待进一步探索。

四是班主任队伍建设与促进德育工作的开展没有很好地结合起来。以班主任队伍建设为抓手来提高中小学德育的实效性是非常必要和可行的措施。但目前看来，北京市在试点中只是单纯地抓班主任队伍建设，而没有将班主任队伍建设与促进德育工作的开展结合起来。班主任队伍建设如果仅仅限于提高其业务管理水平和能力，而不对班主任工作与德育工作紧密结合，并在班主任培训中着重提高其将学生德育工作有机融入日常的班级管理，那么这种班主任队伍建设对于中小学德育工作的创新和发展就没有什么意义。

五是社会大课堂虽然是一种很好的德育形式，但目前北京不少中小学的社会大课堂并没有像试点任务书所设计的那样普遍开展起来，同时，其内容和环节基本上还是停留在多年前的水平，缺乏与时俱进和科学化的创新。也缺乏专家的指导。再有，其常态化运行水平也有待提高。因害怕学生出事，教育管理部门不愿审批，有些学校不愿申报和组织社会大课堂，学生正常的德育活动被取消。

### （二）减负改革试点存在的问题

从减负试点改革的过程来看，主要还存在以下问题。

一是人们对减负以及与减负相关的一些措施，如规范办学行为等重要性的认识还不到位。2013 年 10 月 15 日教育部通报的“减负万里行”活动督查情况也表明了这一点。通报认为，虽然各地工作取得了一定成效，但不规范的办学行为在一些学校仍然存在。在督查中发现，个别地方教育行政部门、学校和教师对规范办学行为重要性的认识还不到位，仍然受“应试教育指挥棒”的影响，还不能自觉遵守相关法律法规和遵循教育规律，国家对规范义务教育办学行为的要求需要进一步落实。例如，违规补课、违规考试和分班、作业量大、国家课程方案未落实的现象还大量存在。

二是以地（市）一级政府或教育行政部门为主体（如盘锦、南通），特别是以某一所学校（如西安小学）为主体进行减负改革，其推进从一开始就存在着先天的困难。减负是一项涉及面很广，任务十分艰巨，也需要大量人力、物力做基础，更需要政策支持的改革，以某一地市，某一所学校为主体进行改革，其政策影响力极其有限，改革的人力、物力难以得到真正的保障。例如，这次承担减负试点的西安小学就明确表示：“各级政府对项目实施极为关注，有一定的政策、设备支持，但经费支持力度不够。”此外，其减负改革容易受到其他地市、学校应试教育实践的冲击。

三是违规补课现象依然存在。安徽省蒙城县第七中学等学校违规组织学生周末或假期补课已经受到了教育部的点名批评。

四是个别学校存在违规考试和分班现象。例如，安徽省歙县歙州学校违规招生，通过考试方式录取初中阶段不同年级的学生。

五是部分学校存在作业量大的情况。上海市虹口区第二中心小学每天布置大量的抄写作业，孩子们往往做到深夜还不能完成，睡眠严重不足，体育和活动课均被语文、数学、英语等科目占用。

六是一些地区国家课程方案尚未落实。一些地区学校的音乐、体育、美术等学科专业师资力量薄弱，难以开齐课程、开足课时。另外为了升学考试而占用音乐、体育、美术等课程的现象在一些学校特别是初三年级还不同程度地存在。

## 三、成因

之所以出现或存在上述困难和问题，其原因概括起来主要有七条。

一是认识不到位。任何改革的困难究其最深层的根源，通常都是认识上的问题。表面上，许多人都在高喊素质教育的口号，但实际上，其思想深处依然是应试教育的观念。目前，一些地区和学校的领导、教师对全面实施素质教育的重要意义依然缺乏充分的认识，致使在改革过程中没有能够全心全意、聚精会神地投身于素质教育的改革。认识上的不到位导致了实践上的拖延、滞后和继续违规。例如，即使在素质教育比较先进的安徽省，一些地区和学校对减负以及与减负相关的一些措施如规范办学行为等重要性的认识依然还很不到位。不规范的办学行为还时常出现。这可以说既是问题的一种表现形式，也是许多其他问题的根源。

二是系统不协调。素质教育是一项涉及社会方方面面的系统工程。要把系统推进、形成合力作为策略和保障，将素质教育贯穿于各级各类教育，贯穿于学校教育、家庭教育和社会教育等各个方面。只有形成多方协同作战，共同推进素质教育的局面，才能不断深化素质教育领域的综合改革，也才能使素质教育的实际成效越来越大。但遗憾的是，素质教育推行了这么多年，尽管提出了“全面推进”的口号和要求，但实际工作中，与实施素质教育有关的社会的方方面面根本就没有真正“心往一处想，劲往一处使”，系统的协调性还很差。从社会教育方面来说，还没有为学校的素质教育创造出一个较好的舆论环境；就家庭教育来看，家长们往往是在推着学校往应试教育的方向走，而不是推动学校实施素质教育。就学校教育自身来看，也没有能够很好地向社会和家庭借力来推动素质教育的实施。

三是制度不配套。众所周知，招生考试特别是高考以及与此相关的评价制度对实施素质教育具有重要的导向作用。三十多年来，高校招生规模迅速扩大，关于高考改革的探索也一直在进行，但激烈的考试竞争并没有得到有效缓解，高考给学生和家长带来的压力也从未减轻。大量的调查研究表明，高考制度改革不是单纯的教育改革，牵涉方方面面的利益，牵一发而动全身，受多方面的制约。以往的一些改革措施如建立高中会考制以促使学生全面学习，减少考试科目以减轻学生负担，设立保送生制度以增加选择性等，都没有取得预想的效果。在这样的条件下，素质教育的改革自然还会有许多的阻力和困难。此外，素质教育不仅需要教育内部的制度如考试招生制度等的保障和推动，同时还需要社会用人制度、企业用工制度等的配套支持。目前，社会的用人制度是不利于素质教育的实施和推进的。仅就教育系统内部而言，大多数地区的中考、高考制度与学校所确立或要达到的素质教育目标依然难以协调配套，形成方向完全一致的力量。

四是动力尚不足。改革终究需要一定的动力驱使。对于推进素质教育这样多年的老大难问题，如果缺乏足够的动力驱使就更难以产生明显的效果。但目前一些试点地区还缺乏足够的动力真心实意地推进素质教育的改革。可以说，很长时期以来，学校作为实施素质教育的主阵地，其内动力、创新力和生机活力都没有得到有效激发。校长和教师在教育教学改革上缺乏明确的责任和权利，教育行政部门缺乏促使其实施素质教育的激励机制。学校的内部管理、教学组织仍然受到升学率的影响和制约，有些地方甚至通过层层考核的办法将升学率细化到教育教学的每一个环节。教师作为规模最大的专业技术人才群体，承担着教书育人的责任，对其师德和专业化都有特殊的要求，其特点在整个人事制度改革中考虑得还不够充分。

五是措施效率不高。一些改革试点的改革措施特别是规范办学行为和减轻学生课业负担方面的措施虽然提出了不少，但在实践中却难以奏效，或者效率不高。这种情况在许多地区和学校都程度不同地存在。即使在安徽省和盘锦市这样素质教育搞得比较好的省和市，许多措施也往往达不到应有的效果。可以说，目前还没有哪一个地区在素质教育改革方面能够完全实现“令行禁止”的。以某一地市，某一所学校为主体进行减负改革，其政策影响力极其有限。此外，某一地市，某一所学校为主体进行减负改革容易受到其他地市、学校应试教育实践的冲击。

六是执行不得力。迄今为止，素质教育的阻力和困难有相当一部分是人为的。也就是说，从党和政府来说，已经制定了相当多的素质教育方针和政策。对素质教育几乎是“年年讲、月月讲”，乃至“天天讲”，但是，实施素质教育的主体——校长和教师，甚至包括教育行政部门的官员，对这些方针和政策并没有不折不扣地去执行，甚至说的是一套，做的是另一套。任何方针和政策离开了实际的执行当然就只是一纸空文。而目前一些地区和学校的改革措施表面上很可行，但在实际生活中根本得不到有力的执行，从而使这些措施或规定相当程度上流于形式。

七是督查不坚决。在素质教育普遍缺乏有效动力的情况下，指望人们积极主动自觉地去实施和推进素质教育是非常不现实的，必须严格根据有关方针和政策，由上级相关部门进行有力的督查。督查是否得力，直接影响着素质教育的实施质量。目前，之所以在素质教育改革的推进过程中总是有人明知故犯，一再违反相关规定，一个很重要的原因是上级的监督和检查、惩处的力度不够，不足以震慑那些违规的人们。一些地方虽然有督导评估检查，但对于违反素质教育规定的事情和人员并没有严厉的纠错措施。于是，就出现了你查你的我做我的现象。前不久教育部开展了“减负万里行”活动，这无疑是国家级的全面督查行动，但对于这样的督查行动的效果，许多基层的教育行政领导和中小学校长并不看好，认为其结果仍然逃不了“隔靴搔痒”的命运。

## 第五节　深化改革的意见与建议

针对调研中发现的问题和试点地区遇到的困难，我们提出以下意见和建议。

### 一、总体意见和建议

#### （一）努力转变教育观念，使素质教育真正深入人心

从素质教育改革所涉及的41个试点项目的进展情况来看，影响改革试点推进的首要因素依然是人们思想深处的教育观念。无论是学生、家长，还是

学校的校长、教师，抑或教育行政部门的管理者和工作人员，不少人的思想深处依然没有真正树立起素质教育的观念。我们在认真研究和分析改革试点过程中所制定的有关素质教育的政策措施和这些政策措施的执行情况就可以发现，虽然中小学的校长、教师在参与素质教育改革试点的过程中，会积极地提出各种意见和措施，但是一到实际工作中，这些意见和措施要么被抛到一边，要么大打折扣。所谓“素质教育轰轰烈烈，应试教育扎扎实实”的现象并没有从根本上得到扭转，有些地方甚至“依然如故”。这表明素质教育的观念并没有在人们的思想深处真正树立起来。有的试点单位如盘锦市在阶段总结提交的建议中，希望进一步加大教育投入，合理规划教育布局，扩大优质教育资源，还希望加大规范办学行为监督检查力度，进一步强化“规”的科学制定和“范”的引领示范作用。这些无疑都是需要的。但是，我们认为，如果人们轻视、甚至忽视了教育观念的转变，不能使教育工作者，包括广大家长在内心深处真正树立素质教育的观念，那么无论我们的教育投入多大，也无论我们的监督检查力度有多大，应试教育的各种“招数”依然会想方设法、甚至轻而易举地击败素质教育的政策和措施。所以，有关素质教育的各种改革，当务之急和能够发挥根本性作用的措施依然是转变人们的教育观念，使素质教育的观念真正深入人心。当然，素质教育的观念转变绝不是依靠简单的理论教育、宣传和灌输能够解决的，必须配以必要的政策措施，特别是必要的惩处措施。要在教育政策和教育管理上使人们深刻地感受到党和政府全面实施和推进素质教育的决心。要使真心实意实施素质教育的地区和学校及其领导和教师受到全社会的普遍敬重，同时也要使那些以素质教育之名行应试教育之实的学校及其相关校长、教师受到必要的惩处，并且不敢继续阻碍素质教育的实施。

### （二）加强素质教育实施过程的系统性、协同性

党的第十八届三中全会通过的《中共中央关于全面深化改革若干重大问题的决定》指出，全面深化改革必须更加注重改革的系统性、整体性、协同性，这对于素质教育改革同样适用。如前所述，素质教育是一项涉及社会方方面面的系统工程。要把系统推进、形成合力作为策略和保障，将素质教育

贯穿于各级各类教育，贯穿于学校教育、家庭教育和社会教育等各个方面。要形成多方协同作战，共同推进素质教育的局面。要深化素质教育领域的综合改革。素质教育不能只是哪一类学校自己的事情，也不能单纯看作学校教育的事情；相反，素质教育与家庭教育、社会熏陶、文化传承等息息相关，因而是全社会的事情。要提高党和政府科学领导教育工作的能力，动员社会各方力量共同推进素质教育，并统筹协调好各方面在育人工作中的角色和职责。

### （三）积极推进考试和评价制度改革，彻底扭转考试指挥棒对素质教育的影响

一直以来，在实际生活中对素质教育影响最大的直接因素就是考试，特别是高考、中考的指挥棒。过去的减负行动每每声势浩大，政策出台了不少，措施提出了很多，检查也持续不断，但是三令五申比不上“一分两分”，考试成绩一直是学生、家长、学校、教师心目中的“硬道理”“硬指标”。在考试特别是高考指挥棒的作用下，面对任何减负政策，学校都可能阳奉阴违，家长甚至可能变本加厉。减负很容易一阵风。对于高考制度改革而言，由于社会诚信的观念与制度建设跟不上，改革的相关配套措施和管理手段还跟不上，高考还是至今为止老百姓最为认可的公平选拔制度。为确保教育公平，高校招生不得不更多地采取分分计较的办法，素质教育的很多要求难以体现。因此，要加快推进分类考评、综合评价、多元录取的招生考试改革，引导家长、学生树立全面发展观。

### （四）改革社会用人制度，发挥其对素质教育的导向作用

素质教育的最终目的，是培养社会需要的各类高素质人才。社会用人制度和人才观念，对于高校的人才培养、基础教育的目标与教育方式、家长的教育观念起着重要的导向作用。实际上，应试教育之所以屡禁不止，一个重要的原因是当今的社会用人制度使得家长和学生不能不高度重视应试成绩，以便考取好大学，至少是本科院校，因为职业院校的毕业生通常是得不到社会重用的。由此可见，社会用人制度对学生和家长的影响很大，并极大地影

响着素质教育的改革。要改革过度追求高学历的社会用人制度，对于全面实施素质教育具有极其重要的导向意义。改革社会用人制度，最重要的是建立起多元化、差异化的、以能力为评价核心的人才选拔机制，同时要全面推进户籍、社会保障制度等相关领域的改革。而教育要对社会用人制度的改革作出呼应，为社会培养充满个性的多样化人才。要建立按照岗位需要用人的制度，引导全社会注重人的品德和能力。只有在这样的用人制度和环境下，学生和家长以及学校、教师才能逐渐淡化通过各种应试来追求学习成绩的做法，素质教育也才能获得相应的发展空间。

### （五）加强教师队伍建设，着力提高教师适应素质教育的综合素质

据课程改革的需要，加强紧缺学科教师的培养、配备和培训，着眼于立德树人、提高学生综合素质的需要，注重中小学教师综合素质的提高，特别是提高教师的道德水平和教育教学的能力。要通过研究制定考核、监督与奖惩相结合的师德建设长效机制，引导广大教师履行职业道德，潜心教书育人。加大教师教育学院在培养目标、专业设置、课程体系、培养模式等方面的改革力度。加大教师培训力度，改进培训模式，组织开展行之有效的教研活动，促进教师的在岗学习、研究与交流。加快教师管理制度改革，完善教师资格制度和教师绩效评价机制。推进中小学教师职务（职称）改革试点工作。

### （六）依法治教，改进中小学教育管理

要扩大学校课程教学的自主权，为教师因材施教、教学创新提供空间，提供专业支持；同时还要进一步强化政府、学校在实施素质教育中的法定责任，切实保护学生的合法权益。要建立课程实施监测制度，定期对课程实施和教材使用情况进行评估，分布监测报告，规范教育教学行为。建立健全课程实施责任追究制，对不落实国家课程方案的学校及其主管教育行政部门进行问责。地方政府要通过一定方式（如通过媒体）作出不给学校下达升学指标的公开承诺。公布民众监测和举报方式，启动民众监测与问责机制。

### （七）深化课程与教学改革，落实立德树人

组织修订和完善课程标准，研制学业质量标准，明确学生学什么、学多少和学到什么程度。充分发挥课程标准的统领作用，依据课程标准编写教材，开展教学，实施评价考试。充分调动广大教师开展教育教学改革的积极性和创造性，鼓励和支持从实际情况出发，进行教学方式方法的改革和实践探索，不断提高育人质量和水平。

### （八）在国家政策的支持下，以省（市、自治区）一级政府为主体来开展实施和推进素质教育

“减负”是一项涉及面很广、任务十分艰巨的改革，需要大量人力、物力做基础，更需要政策的支持，因此，坚持政府主导应该是一个基本前提和保证条件。以某一地市，特别是某一所学校为主体进行改革，一是改革的人力、物力难以得到真正的保障；二是其政策影响力极其有限；三是容易受到其他地市、学校应试教育实践的冲击。因此，最好是在国家政策的支持下，以省（市、自治区）一级政府为主体来开展。建议西安小学负责的“探索减轻学生过重课业负担的途径和方法”试点转为动态调整项目（即终止试验）。由一所小学在缺乏政府统筹设计和安排的条件下，独立地去试点减负的改革，即使成功也没有推广意义。

### （九）加大国家层面的指导和督查纠错

尽管各改革试点地区和单位在改革的不同阶段都安排了自我检查和总结，试点省也对下面的市、县及其学校进行了检查，但其力度和指导水平毕竟有限，需要加大国家层面的指导和督查纠错。要通过这样一种国家层面的指导和督查纠错，使素质教育改革最终形成全国一盘棋，全社会齐抓共管的局面。国家层面的督查必须建立相对稳定的行政领导和专家队伍，不能总是随时随地抽调一些人员到下面去走马观花式地看一下，简单地开几个座谈会，问几个问题，提几条不痛不痒的指导意见就算完成任务了，而要制订具体的督查方案，对发现的问题要认真研究，提出对策，对发现的违反规定的做法，要

坚决有力地予以惩处和纠正。

## 二、具体意见和建议

### （一）关于德育改革项目的建议

1. 认真做好五个统筹。立德树人是一项系统工程，要做好五个“统筹”：即统筹设计品德、语文、历史、体育、艺术五个学科；统筹不同学段的学科知识体系；统筹课标、教材、教师、教学和考试五个环节；统筹教育专家、教育管理干部、教研人员、一线教师、社会力量等资源；统筹课堂、校园、家庭、社会等教育环境。

2. 进一步加强理论研究和顶层设计。要设立专门机构和建立专门的专家队伍，对整体规划大中小学德育课程进行系统研究，从“学理研究”、“实践研究”、“政策研究”三条路径协同推进，做好顶层设计，并紧密配合项目的推进，避免为研究而研究的现象。

3. 进一步深化机制建设，研究大中小学德育管理的有效衔接机制。要整合教育系统资源和社会教育资源，提出一体化推进的政策建议，发挥实施学校德育工作的合力。

4. 进一步加强大中小学德育教师队伍的培训培养。要围绕全体教师的师德水平、专业能力和人文素养，着力整体提升教师的育德意识和育德能力。要通过各种形式，包括进修培训，使广大教师牢固树立立德树人的思想观念，把立德看作树人的前提和最根本的树人。

5. 建议加大国家层面的政策导向力度和省（市）级政府统筹力度。涉及人事、财政等方面的体制、机制，受国家的政策限制比较多，宜从上往下推动。许多政策的调整和改革涉及多个环节和部门，由教育部门牵头推动比较困难。

6. 深化全员育人机制的研究和建设。无论是社会大课堂建设还是班主任队伍建设，都涉及全员育人的问题，在当前全员育人理念还没有完全落实、全员育人机制还没有完全建立的情况下，还特别需要建立对社会资源单位服务教育的激励机制和约束机制，需要建立激励所有教师都来当班主任、所有班主任都愿意长期从事班主任岗位的机制。

7. 大力加强大学与中小学德育教师的沟通和交流。整体规划大中小学德育课程，离不开一线教师的交流和沟通，但长期以来，由于各种原因包括工作的不同特点，大学教师与中小学教师之间几乎没有业务或专业的交流。但在整体规划大中小学德育课程的背景下，这种交流是不可缺少的。因此，大学与中小学的教师沟通交流如何进行需要认真研究。德育课程的整体建设必须与大中小学德育教师的有效沟通交流紧密联系起来；否则，德育课程就只能进教材而进不了课堂，更进不了学生头脑，改革试点的意义也就完全丧失了。

8. 对社会实践大课堂的内容和操作环节要进行科学的设计和认真地执行。社会实践大课堂从理论上说的确不失为推进素质教育的一种重要形式和载体，但是，其内容和操作环节的设计是否合理直接影响着其实际效果。同时，在具体的实践过程中社会实践大课堂的组织者必须严格认真地按照科学的设计进行操作，绝不能应付了事；否则，社会大课堂只能流于形式，并不能起到立德树人的作用。再有，要高度重视社会实践大课堂的可持续发展，不能想起来了就组织几次，事情多了，就搁置一边。因此，要进一步提高社会大课堂常态化建设的水平和质量。

### （二）关于“减负”改革项目的建议

1. 进一步转变观念，提高认识，增强推进素质教育的内在动力。规范中小学办学行为是一项长期艰巨的任务，必须解决好思想认识与观念问题。一些地方中小学办学行为之所以问题很多，乱补课、乱办班、乱收费等现象严重，屡禁不止，重要的原因就是教育观念陈旧、思想认识模糊，需要将采取多种措施进一步提高思想认识，推动解决这些认识问题。

2. 突出重点，进一步规范中小学办学行为。要结合教育部提出的开展义务教育阶段学校“减负万里行”活动，进一步规范各种办学行为。认真执行招生政策，维护正常的招生秩序。规范招生行为，是促进义务教育均衡发展，推进教育公平的重要手段。要严格执行国家规定“一科一辅”政策要求，加强对中小学教辅材料使用的管理。

3. 健全相关的制度，建立长效的工作机制。要建立规范办学行为督查通报与月报制度，落实规范办学行为的责任。要按照“属地管理”和“谁主管、谁负责”的原则，负责本地区规范办学行为工作，履行规范所属中小学幼儿园办学行为的职责；定期分析研究本地区中小学办学行为情况，制定和完善规范中小学办学行为措施和办法，做到有章可循，执行有力；统筹协调和组织实施本地的规范中小学办学行为工作，指导和督查本行政区域的学校管理，及时纠正本行政区域内各种不规范的办学行为。

4. 进一步深化改革，创造良好的工作环境。要进一步完善义务教育经费保障机制，组织实施中小学办学条件标准化建设，重点解决县城义务教育资源缺乏、城区优质教育资源不均的矛盾，为规范中小学办学行为提供物质保障；建立正常的教师数量补充机制，加强教师的职业道德和教学业务培训，提高教师专业化水平，落实教师待遇的正常措施，努力改善教师的工作和生活环境，为规范中小学办学行为提供队伍保障；强化管理、责任、制度和教育，加强校舍安全检查，保证校舍安全，为规范中小学办学行为提供安全保障。进一步推进课程改革，更新教育理念，转变教育观念，将立德树人放在首位，提高课堂教学效果。

5. 加大查处的力度，提高规范工作的实效。要进一步加大对各地各校违规办学的查处力度，加大对相关单位和人员的责任追究力度。对督查出来的问题，要及时采取措施解决，对各种违反规定的行为要尽快有效地纠正。这一点虽然大家都容易认识到，特别是基层的改革试点单位更会有深切的感受，但真正做起来是有相当难度的。这首先需要国家教育体制改革试点领导层高度重视检查惩处对于推进素质教育改革乃至整个教育体制改革的重要性，从立法、定规、队伍建设、实践模式、激励机制等方面进行认真的研究并尽快落实。

6. 加强舆论宣传，坚持齐抓共管。加强对规范办学工作的宣传，通过正确的舆论导向，统一社会的思想，引导社会各界和学生家长转变落后观念，树立正确的成才观，理解、支持、参与规范办学行为，营造良好的社会氛围。各级教育部门、学校、家长相互配合支持，形成合力。通过家长会、家长培训班、家访等形式，宣传规范办学行为的重要意义和规定要求，引导社会、家庭对学校进行正确评价，理解支持学校采取的措施，树立正确的教育观念，掌握科学的教育方法，加强与学校的沟通配合。

7. 进一步合理规划教育布局，扩大优质教育资源。优质教育资源对于学生和家长具有很强的吸引力，这是一个客观事实。优质教育资源的缺乏给素质教育的推进带来了明显的困难。因此，政府在力所能及的前提下，在认真落实其他各项措施的同时，依然要进一步合理规划教育布局，扩大优质教育资源。

8. 强化责任追究。各试点地区的教育行政和督导部门对经查实违规的学校，应视其情节对相关责任单位或责任人给予责令整改、通报批评、诫勉谈话、取消荣誉称号、追究行政责任等处理，坚决做到“有报必查，有错必纠”。同时，要配合教育部，继续开展专项督查，督促存在违规办学行为的学校认真落实国家有关规定，并将其列为今后监督检查的重点对象。对于违规办学的学校，要加大曝光、查处力度，严厉追究相关负责人的责任。

9. 宣传推广典型经验。当今时代榜样的力量虽然并不能到“无穷”的地步，尤其是对于素质教育来说，榜样的作用更是有限，但毕竟对于那些真心想实施素质教育、减轻学生课业负担的学校和校长、老师来说，先进的经验依然是进步的重要动力。因此，在推进素质教育试点的过程中，要继续做好义务教育学校“减负”经验的收集、整理工作，科学论证、深入挖掘、及时总结先进典型，要采取多种形式，积极开展先进经验的总结交流与推广工作。

10. 积极推进教育改革。要继续推动试点地区、单位结合当地和本单位实际，研究制订中小学教育质量综合评价改革方案，组织实施中小学教育质量综合评价改革，积极探索以完成本学段国家规定教育目标为基本标准、以学业水平测试和学生综合素质等为主要指标的综合评价体系，科学评价中小学教育质量，逐步扭转单纯以考试成绩和升学率评价教育质量的倾向。积极推进中考制度改革，完善综合素质评价，鼓励用等级制呈现中考成绩，扩大优秀初中毕业生保送人数。深入推进教学改革，整合课程资源，提升教学效率。

## 参考文献：


[1] 顾明远，张民生．推进素质教育［J］．教育研究，2010（7）．

[2] 国务院办公厅：《关于开展国家教育体制改革试点的通知》。国办发［2010］48 号。（内部资料）

[3] 教育部综合改革司：《国家教育体制改革试点分领域阶段总结报告汇编》。2013 年 6 月。（内部资料）

[4] 续梅．素质教育系统调研：进一步加强素质教育刻不容缓［N］．中国教育报，2006-08-20．

[5] 叶莺，等．用人制度：期待与教育良性互动［N］．中国教育报，2005-11-09（11）．

[6] 袁贵仁．中国教育咨询报告（一）（二）［M］．北京：高等教育出版社，2012．

# 第三章　义务教育均衡*

根据国务院2010年发布的《关于开展国家教育体制改革试点的通知》，义务教育均衡改革试点是其中最重要的改革试点内容之一。

义务教育制度从1986年开始建立到2011年全国全部通过“普九”验收，历时25年，从而在中国历史上第一次解决了人人“有学上”的问题，这为义务教育制度奠定了基础。但实现普及之后的义务教育，依然面临着巨大的区域、城乡、校际差异，教育公平问题日益凸显出来。义务教育均衡也成为今后一段历史时期教育公共政策的焦点，也是解决“上好学”问题的关键。正因为如此，义务教育均衡是基础教育面临的最重要主题，义务教育均衡改革试点事关教育的全局。

## 第一节　改革试点的总体情况

国家教育体制改革试点项目之中，有国家级的试点，也有一些省区如福建、浙江等省推出了地方试点项目。在国家层面，根据国务院公布的改革试

---

* 执笔人：司洪昌。课题组成员：司洪昌，李改，高政，蒋园园，忽杰，韩烨。

点通知，推进义务教育均衡发展改革试点的项目和地区见表 3-1①：

“推进义务教育均衡发展，多种途径解决择校问题”改革试点的内容与地区：

**表 3-1　改革试点的内容与地区**

| 试点内容 | 试点地区 |
| --- | --- |
| 推进义务教育学校标准化建设，探索城乡教育一体化发展的有效途径 | 北京市部分区县，天津市，山西省，黑龙江省部分县市区，江西省，安徽省，湖南省，四川省成都市，新疆维吾尔自治区 |
| 创新体制机制，实施县域内义务教育学校教师校际交流制度，实行优质高中招生名额分配到区域内初中学校的办法，多种途径推进义务教育均衡发展 | 北京市部分城区，天津市，河北省，山西省晋中市，辽宁省大连市、本溪市，吉林省通榆县，上海市，江苏省，浙江省嘉善县，安徽省，福建省部分市县，山东省，河南省，湖北省，广东省广州市、惠州市、佛山市南海区，海南省，四川省 8 个县，云南省，甘肃省庆阳市、酒泉市，青海省 6 个自治州 30 个县的 478 所学校，宁夏回族自治区，新疆维吾尔自治区 13 个县的 100 所学校，新疆生产建设兵团农八师石河子市 |
| 完善农民工子女接受义务教育体制机制，探索非本地户籍常住人口随迁子女非义务教育阶段教育保障制度 | 北京市，上海市，安徽省，广东省，云南省，新疆维吾尔自治区 |
| 完善寄宿制学校管理体制与机制，探索民族地区、经济欠发达地区义务教育均衡发展模式 | 广西壮族自治区凭祥市、龙胜各族自治县，贵州省毕节地区，甘肃省酒泉市，青海省海南州 |
| 建立健全义务教育均衡发展督导、考核和评估制度 | 北京市，上海市，安徽省，云南省 |

但根据后来教育部综合改革司内部统计，各个试点项目、试点单位与以上公布的情况略有调整，并且在实施上更为明确具体化了。根据综合改革司的统计，义务教育均衡试点涉及 26 个省区，其中国家级试点项目有 43 个，

① 国务院：《关于开展国家教育体制改革试点的通知》。国办发［2010］48 号。（内部资料）

包括的几个方面见表 3-2。

**表 3-2　义务教育均衡组试点项目一览表①**

| 组织实施部门 | 试点地区/学校 | 试点项目名称 |
|---|---|---|
| 山西省 | 全省 | 推进义务教育学校标准化建设 |
| 黑龙江省 | 牡丹江宁安市、大兴安岭地区新林区等 13 个县（市、区） | 推进省内边远中部地区义务教育学校标准化建设 |
| 甘肃省 | 酒泉市 | 完善寄宿制学校管理体制与机制 |
| 北京市 | 部分郊区县 | 探索城乡教育一体化发展的有效途径 |
| 北京市 | 部分城区 | 推进城区义务教育学校均衡发展 |
| 天津市 | 全市 | 推进义务教育均衡发展改革试点 |
| 河北省 | 全省 | 推进义务教育均衡发展改革试点 |
| 山西省 | 晋中市 | 统筹推进义务教育均衡发展 |
| 辽宁省 | 大连市 | 推进义务教育均衡发展 |
| 吉林省 | 通榆县 | 推进义务教育均衡发展 |
| 上海市 | 全市 | 均衡配置义务教育资源 |
| 江苏省 | 全省 | 优化配置义务教育师资 |
| 江苏省 | 苏锡常地区 | 苏锡常区域整体联动推进义务教育优质均衡发展 |
| 浙江省 | 嘉善县 | 推进义务教育教师流动 |
| 安徽省 | 全省 | 完善农民工子女接受义务教育体制机制 |
| 安徽省 | 全省 | 推进义务教育均衡发展 |
| 福建省 | 闽侯县等 11 个县（市、区） | 实施县域内义务教育学校教师校际交流制度 |
| 福建省 | 厦门市 | 推进义务教育均衡发展 |
| 江西省 | 全省 | 创新基础教育公共资源共享机制 |
| 山东省 | 威海市 | 推进市域内义务教育高位优质均衡发展 |

① 教育部综合改革司：《国家教育体制改革试点分领域阶段总结报告汇编》。2013 年 6 月。（内部资料）

续表

| 组织实施部门 | 试点地区/学校 | 试点项目名称 |
| --- | --- | --- |
| 河南省 | 全省 | 推进义务教育均衡发展 |
| 湖北省 | 全省 | 推进义务教育均衡发展 |
| 广东省 | 广州市 | 依托教育信息化促进区域教育均衡发展 |
| 广东省 | 佛山市南海区 | 推进基础教育高水平均衡发展 |
| 广东省 | 惠州市 | 推进义务教育均衡发展 |
| 广西壮族自治区 | 凭祥市、龙胜各族自治县 | 推进民族地区教育均衡发展 |
| 海南省 | 全省 | 实施教育扶贫移民工程、促进义务教育均衡发展 |
| 四川省 | 成都市 | 深入推进城乡教育一体化，促进“全域成都”教育优质均衡发展 |
| 四川省 | 8个县 | 推进县域内义务教育均衡发展 |
| 贵州省 | 毕节地区 | 探索经济欠发达地区义务教育均衡发展模式 |
| 云南省 | 全省 | 以政府为主导，优化资源配置，促进义务教育均衡发展 |
| 甘肃省 | 庆阳市、酒泉市 | 实现“四个集中”，促进区域内城乡教育均衡发展 |
| 青海省 | 海南州 | 探索民族地区教育协调均衡发展模式 |
| 宁夏回族自治区 | 银川市贺兰县、吴忠市利通区、固原市彭阳县 | 推进义务教育均衡发展 |
| 新疆生产建设兵团 | 农八师石河子市 | 推进义务教育均衡发展探索 |
| 北京市 | 部分体制改革试点校 | 深化基础教育学校办学体制改革 |
| 辽宁省 | 本溪市 | 加快推进教育信息化改革试点 |
| 上海市 | 全市 | 探索非本市户籍常住人口随迁子女非义务教育阶段教育保障制度 |
| 上海市 | 全市 | 推进医教结合、提高特殊教育水平 |

续表

| 组织实施部门 | 试点地区/学校 | 试点项目名称 |
|---|---|---|
| 青海省 | 6个自治州30个县的478所学校 | 推进民族地区教育信息化 |
| 宁夏回族自治区 | 示范普通高中和县（区）所属优质普通高中 | 优质高中招生名额分配到区域内初中学校改革 |
| 新疆维吾尔自治区 | 哈密等10个地州13个县的100所学校 | 推进农村学校教育信息化 |
| 上海市 | 全市 | 完善义务教育均衡发展督导、考核和评估机制 |

为了推动义务教育均衡试点工作，教育部2011年9月召开了专门会议来推进改革试点，同时成立了义务教育均衡试点的专家工作组，印发了《国家教育体制改革试点项目义务教育均衡发展专家指导方案》，对改革试点项目的进展进行总体的部署动员和督促。教育部基础教育一司的阶段性总结报告认为，当前义务教育均衡试点项目总体情况进展良好，形成了“上下结合、全面联动的义务教育改革局面①”。

上述局面的形成，原因在于各级政府机构高度重视并推动义务教育均衡改革试点工作，主要体现在以下几个方面。

第一，国家和地方政府都成立了相应组织机构来统一协调改革试点。中央政府成立了国家教育体制改革领导小组，由国务院领导和相关部委负责人担任领导小组成员。在地方，一般都成立了相应的省级组织机构来推进改革试点。为了督查指导改革试点，国家层面成立了国家教育改革咨询委员会，以作为指导、督查改革试点的咨询机构，各地也成立了相应咨询机构。

第二，改革试点涌现出了一批典型经验，有些典型经验已经上升为国家政策文件，改革试点达到了阶段性预期目标。各地在试点过程之中，对集团化办学、教师与校长交流、教师人事制度改革、优质高中招生名额的分配、

① 教育部综合改革司：《国家教育体制改革试点分领域阶段总结报告汇编》。2013年6月。（内部资料）

小学初中对口招生、初中高中分设、义务教育布局调整等方面都形成了成熟经验，并被国家上升为政策，如《国务院关于深入推进义务教育均衡发展的意见》、《国务院办公厅关于规范农村义务教育学校布局调整的意见》、《关于县（区）域内义务教育学校校长教师交流的若干意见》等政策文件，都吸收了基层教育改革试点的成功经验[①]。

第三，义务教育均衡改革试点具有政治优势，其“搭便车效应”明显。在各个试点项目之中，义务教育均衡试点取得的成绩超出了一般的试点项目，是最具实质性的试点项目之一。义务教育均衡试点占据了政策话语主流，具有政治上的合法性和政策上的先天优势。总体而言，义务教育均衡试点效果较一般试点项目而言，具有强大的政策与政治优势：义务教育均衡作为十六大以来主流的政策话语体系，是中央和地方政府着力推进的重点领域，这也是当前义务教育均衡试点所占的政策先机。

本次义务教育均衡试点项目，虽然在中央政府层面并没有相应的资源配置，但义务教育均衡试点基本是县域、市域和省级教育的重中之重，是教育行政部门推行的最重大政策议题与内容之一。如果说在学校内部的政策主流话语是素质教育和“减负”的话，那么在教育外部环境和政策之中，其主流话语一定是义务教育的均衡发展。这也是地方政府教育政绩的主要着力点。因此，义务教育均衡试点在某种意义上实现了“搭便车效应”。这一“搭便车效应”决定了义务教育均衡试点阻力较小，便于顺利推行。退一步而言，即使没有试点项目，义务教育均衡也将是地方政府着力推进的重大现实政策目标。

## 第二节　改革试点的主要内容

在国家层面的改革试点中，义务教育均衡试点的主要内容涵盖以下几个

① 教育部基础教育一司：《“推进义务教育均衡发展，多种途径解决择校问题”专项改革试点阶段总结报告》。（内部资料）

方面。

## 一、探索城乡教育一体化发展的有效途径

当前，义务教育失衡主要表现在城乡教育差距明显。这是一种全国性的趋势，也是历史累积的城乡二元化社会的产物。各地在推进城乡义务教育一体化发展过程之中，主要采取了三种途径：第一是城乡学校标准化建设，以促进学校硬件和设施的基本均衡；第二是城乡学校的对口支援和结对发展，以促进教育质量的均衡；第三是城乡教育布局的调整，以相对集中办学资源来提升教育效益。

### （一）学校标准化建设是实现义务教育均衡的基本前提，也是城乡学校基本条件均衡的物质基础

学校硬件均衡是义务教育均衡的前提条件之一，也是实现城乡教育一体化的基本途径。这一政策目标的实现主要依靠义务教育学校标准化建设来完成。

1. 省级政府的统筹在义务教育均衡试点的中显示了强大的组织领导作用

在本试点项目中，很多省份和地区进行了积极的探索。通过几年试点，明显改善了教育的城乡差异和校际差异，实现了学校硬件建设的基本均衡。其中，省级政府的重视是实现上述硬件均衡的重要基础。

宁夏回族自治区大力投入财政资金来促进办学条件标准化。按照基本公共服务均等化原则，宁夏近三年实施了“校安工程”、“农村薄弱学校改造计划”等重点工程，投资达26亿多元，主要投向农村学校和薄弱学校[①]。河南省政府出台了《河南省义务教育学校办学条件基本标准（试行）》、《河南省义务教育学校办学条件标准化规划（2011—2015）》等文件，强力推进办学条件的标准化[②]。安徽省将义务教育均衡发展列入党委

① 宁夏回族自治区教育厅：《推进义务教育均衡发展改革试点工作阶段总结》。（内部资料）

② 教育部基础教育一司：《“推进义务教育均衡发展，多种途径解决择校问题”专项改革试点阶段总结报告》。（内部资料）

政府年度工作重点，坚持义务教育全面纳入公共财政保障范围，大幅度提高义务教育经费投入，坚持省级统筹义务教育经费投入，为保证学校标准化建设奠定了坚实基础。在2010年，安徽省投入“校安工程”财政资金达55亿元。在学校标准化建设之中，安徽省级财政投入占到了68%，在2012年年底，全省建成义务教育标准化学校6026所，学校标准化覆盖率提升到43.4%[①]。云南省将义务教育均衡作为“一把手”工程，确立了“省级统筹，以县为主，城乡一体，全面推进”的原则，极大改善了基层学校的面貌。天津市在义务教育学校标准化建设中，累计投入达120亿元，建设和改造了1190所中小学校，并开始实施新一轮的义务教育阶段学校的现代化工程[②]。山西省提出到“十二五”末期，全省80%的县域完成学校标准化建设，2020年全省全面实现学校标准化建设[③]。黑龙江省推进省域中边远与中部地区义务教育阶段中小学标准化建设工程，截至2012年年底13个试点县域中共有272所义务教育阶段学校需要进行标准化建设，其中完成标准化建设262所，占到了96%以上[④]。福建省大力加强义务教育学校标准化建设，着力推进义务教育均衡发展：第一，教育经费投入高。从2001年起，全省预算内教育经费占财政支出比重连续10年居全国首位。2011年全省代编预算教育支出336.59亿元，占财政性支出的20.88%。自2010年以来，每年仅安排用于农村义务教育经费保障、中小学“校安工程”、农村寄宿制学校建设等方面的省级以上专项资金，就达40多亿元。第二，加快薄弱学校改造，实现在硬件设施方面的均衡。其中新建、改扩建农村寄宿制学校学生宿舍103.8万平方米、校舍860万平方米，投入近13亿元添置教学设备、图书等，全省已通过评估验收的义务教育标准化学校占总数的49.5%。对其余学校也已制定出推进的“时间表”与“路线图”[⑤]。

---

① 教育部基础教育一司：《“推进义务教育均衡发展，多种途径解决择校问题”专项改革试点阶段总结报告》。（内部资料）

② 国家教育体制改革领导小组办公室：《国家教育体制改革试点进展情况通报》。（内部资料）

③ 国家教育体制改革领导小组办公室：《国家教育体制改革试点进展情况通报》。（内部资料）

④ 国家教育体制改革领导小组办公室：《国家教育体制改革试点进展情况通报》。（内部资料）

⑤ 国家教育体制改革领导小组办公室．标本兼治，促进公平，福建从源头上破解义务教育择校难题［J］．教育体制改革简报，2012（21）．

2. 地市级政府作为一个承上启下的教育治理单元，其现实角色和作用在以往被有意无意地淡化了

在实际中，地市一级政府和教育部门在义务教育均衡工程中起到了规划的制定和统领角色，具有比县域政府更有力的统筹协调作用。

除了省级的大力统筹，实际上作为地市级的政府在学校标准化建设和城乡义务教育一体化中具有不可替代的角色，发挥了非常明显的作用。其中突出的地市有山西省晋中市、四川省成都市和福建省厦门市。

山西省晋中市明确提出，2015 年实现全市义务教育城乡一体化，2018 年实现全市县域教育之间义务教育的基本均衡，2020 年实现全市义务教育高水平均衡。在学校标准化建设中，晋中市提出了“千校达标”工程。政府投入达 50 亿元，实现了学校标准化建设的这一目标，基本实现了学校基本硬件的标准化与城乡一体化的目标①。

四川省成都市在全国率先实现了学校硬件的城乡一体化，形成了“成都模式”，并在全国形成了较大影响。成都推进学校标准化的着眼点是推进城乡教育“起点公平”，其目标是实现城乡教育硬件资源的一体配置，其主要做法是②：其一，实施农村中小学标准化建设。早在 2004—2007 年，市县两级财政共投资 14.5 亿元来新建、改扩建农村中小学校 415 所，覆盖 214 个乡镇，占全市 223 个乡镇的 96%，受益学生近 60 万人，超过农村学生总数的 85%。其二，在户籍制度方面，进行一元的户籍制度改革，破除身份的城乡二元分割制度。成都市从 2004 年开始逐步建立起了户口登记地与实际居住地统一的户籍管理制度，保障了城乡受教育者自由迁徙。其三，在资源配置方面，成都市实行无差别的城乡标准，破解城乡教育的二元差距。以一个标准配置城乡教育软硬件设施，使城乡每一所中小学都拥有大体均衡的物质条件和师资队伍。其四，在教育管理之中，构建一元化的公共教育体制，破除城乡二元结构的管理理念。在政策制定和管理之中，将全域成都的理念运用在

① 晋中市教育局：《创新教育机制，探索均衡发展之路——晋中市统筹推进义务教育均衡发展试点工作总结》。2013 年 5 月 31 日。（内部资料）

② 佚名．成都加大市域推进力度，深入推进城乡义务教育一体化［J］．教育体制改革简报，2012（6）．

教育的所有领域，不断优化市域统筹的教育公共治理结构，均等地向成都辖区所有居民提供教育公共服务。

福建省厦门市提出了推进义务教育阶段学校办学条件、师资配置、教育质量、就学机会四个方面的均衡，在教育投入上建立城乡一体化的保障机制。在2012年9月共完成了332所中小学和14个教学点的标准化学校建设目标，率先在福建实现了城乡义务教育阶段学校标准化建设目标①。

江苏省苏锡常地区联动推动义务教育均衡试点，学校标准化和城乡教育一体化实现了高度融合，在全国学校的硬件建设中居于领先地位，城乡办学条件基本实现了一体化。目前，在学校标准化完成之后，这些经济发达的沿海地区在探索后均衡时代的学校发展愿景。

### （二）城乡学校的组团发展或者强弱校的对口支援，是当前城乡义务教育一体化的基本模式

为了促进义务教育的均衡发展，各个地方都在探索在一定范围内强校和弱校联合的组织模式，以促进学校的组团式发展。各地的探索模式虽然有差异，但基本是将强弱校捆绑发展，将它们组合在一个教育集团和组织内来协同发展，这样强校和弱校就形成了一个政策利益共同体，这也是学校城乡一体化的制度保障和政策目标。由于各地试点在实践中形成的特点不同，主要涵盖以下几种模式。

1. 成都的捆绑发展、扬峰填谷、共同发展等模式②

成都市改革教育管理体制，消除了村小建制，同时实施中心校与校区（分校）统一管理、同步管理、统一考评制度，干部教师轮换、交流制度。以名校集团发展、城乡互动联盟、学校跨区域结对、城乡师徒牵手、网络全域覆盖等途径，打破县域和行政管理界限，构建优质教育资源“全域成都”覆盖体系。

在破解校际差距时，成都的主要探索有以下几点：（1）“捆绑发展”模

① 国家教育体制改革领导小组办公室：《国家教育体制改革试点进展情况通报》。（内部资料）

② 国家教育体制改革领导小组办公室．成都加大市域统筹力度，深入推进城乡义务教育一体化［J］．教育体制改革简报，2012（6）．

式。2003年，武侯区将原属乡镇管理的18所中小学划归区里直管，并将城区12所品牌小学与12所乡镇小学进行“捆绑”，实行“两个法人单位、一个法定代表人、一套领导班子，独立核算、独立核编”的管理机制。在此基础上，不断探索扩大优质教育资源的发展模式，通过探索“捆绑—松绑—脱绑”方式和机制，到2010年，已有6所城郊学校实现了独立、自主发展。（2）“扬峰填谷”模式。以优质学校带动农村学校、薄弱学校，同时为优质学校发展提供空间。2004年，成都市锦江区进行“名校+弱校”、“名校+新校”的“教育链”探索，到2010年已组建11条独具特色的“优质教育链”。（3）共同发展模式。2003年，崇州市通过“片区联组”的形式整合和重组城乡教育体系。2004年，高新区结合农村学校撤并，探索城市发展“九年一贯制学校”模式，并于2007年探索九年一贯制学校共同发展体模式。2007年，郫县进行“集群”发展模式试验，到2009年，已组建11个集群，各级各类学校参与面达到了60%以上。（4）师生流动模式。2005年，龙泉驿区实施“金凤凰”工程，吸纳山区初中学生进城就学、小学学生进镇就学，所有经费由政府提供，到2010年，该工程总受益学生达9616名。

2. 广东省惠州的学校结对模式、名校托管模式①

广东省惠州市从内涵发展入手，推进义务教育均衡发展，采取的主要举措包括：城乡学校结对一体联动，校长队伍一体打造，促进学校管理水平基本对等。其基本模式有：（1）组织城乡学校结对帮扶，以先进带后进学校。（2）实施大学区名校托管模式，实施一校多区的发展战略。对地理位置相邻的学校，强校实施“一校多区”的实质性兼并，强校作为总校，被兼并的学校作为分校区，接受总校的领导，原分校校长改任总校副校长，总校实行校长一元化领导、教师一体化配备、教育教学一体化管理、财务一体化结算、教育资源一体化共享。（3）选派骨干教师挂职培养校长后备人才。以公开竞招形式，从优质学校选派骨干教师到农村中小学担任副校长兼任教育督查员，传播先进教育教学和管理经验，督查农村学校各项工作落实情况。挂职期满

① 国家教育体制改革领导小组办公室．广东惠州强化“软件”建设，走内涵推进义务教育均衡发展之路［J］．教育体制改革简报，2012（7）．

后可留任重要职务。（4）突破教研活动覆盖面窄的难题，实行城乡学校教研联盟活动制度。各县区按照城市优质学校帮扶带动相对薄弱学校以及区域就近原则，合理划定3—4个镇所在学校组成片区小学和初中教研联盟，以城市优质学校为龙头，在县区教研室统一指导下开展教研活动。

3. 福建省和厦门市的小片区模式①

福建省推动义务教育均衡方面主要是推行了小片区模式，推动学校特色发展。其基本目标是通过龙头学校的带动角色，使学校彰显特色，从而有效提升一般学校的管理水平，最终实现教学质量的逐步提升。将城区划分为若干个小片区，以片区内优质校为龙头，捆绑周边一般校，通过校长联校例会、教师联组教研、班级联谊结对等途径，实行“师资互派、资源共享、统一教学、捆绑考核”，促进优质教育资源共享。

福建省的政策最初来自厦门市的教育探索。厦门市在义务教育均衡方面推行“三种学校共同发展体”，主要包括以下三个模式：第一是指“联姻”模式，这种模式类似于捆绑式发展与对口支援。其做法是推进优质校和农村校、薄弱校的“联姻”，发挥优质学校的辐射带动作用，全市以分校、附属校、合作校等形式共建立三十多个合作办学关系；第二是“委托”模式。实施小城镇教育综合改革试点，开展农村薄弱学校委托管理试点，全市共有18所学校建立9个委托管理关系；第三是“小片区”模式。优质学校为龙头在全市建立65个小片区，实现城区所有义务教育学校小片区全覆盖，推行小片区管理，促进片区均衡发展。通过这三种模式，推进优质校和农村学校、薄弱学校的合作办学，有效地提高了教育整体管理水平和教育质量。

4. 山西晋中太谷县与河北邯郸邯山区的盟校模式：一种业务上弱链接模式

山西省晋中市太谷县建立了城乡教育“六大盟区”管理模式，整体提升了县域内义务教育发展水平。盟校的管理模式按照“强校引领、资源共享、捆绑考核、互动发展”的工作思路，根据学校教育水平与地理位置等情况，把全县学校划分为一、二、三类，坚持学校类别、乡镇数、学校数、学生数

① 国家教育体制改革领导小组办公室．标本兼治，促进公平：福建从源头上破解义务教育择校难题［J］．教育体制改革简报，2012（21）．

基本均衡的原则，组建了三大初中盟区和三大小学盟区。每一个盟区都以一个盟主学校为龙头，带动盟区内的学校发展。每个盟区都由城区优质学校、城区薄弱学校、农村学校、边远山区学校等不同层次的学校构成，盟主学校设区长，盟区实行区长负责制，旨在统筹推进盟区内校际间教研一体化、管理一体化和捆绑式考核。盟区各学校仍实行校长负责制，负责本校教育、教学、经费、财产和教职工日常管理、考核工作。

为缩小城乡教育差距，从2009年开始邯山区创立了联盟体机制，在“资源共享、优势互补、促优补弱、共同发展”等原则指导下，创建了12对城区学校和农村学校对口帮扶的联盟校；在主城区之间强弱学校之间建立了3对联盟校，并跨区建立了两对联盟校。在联盟体内，实行统一的教学计划，统一的教学进度，统一的管理制度，统一的教科研引领，并开展教师交流。城区学校在教育设备和教学资源上实行送教下乡的活动，支援了乡村学校的发展①。

5. 大连的四大组团模式：城乡学校的区际对口支援模式

大连推行了区际组团办学来促进城乡一体发展②。从2010年起，大连将教育相对发达的主城区与涉农地区等10个地区组成“四大组团”，建立相对稳定的区域间教育对口帮扶合作关系。依据“区际组团办学、全域资源共享、城乡对口帮扶、全面均衡发展”的工作思路实施了对口帮扶，每年财政投入1000万元来支持教师支教、送教下乡、教研培训等。组团办学、对口帮扶项目的实施为农村中小学注入了活力，推动了城乡教育一体发展。

6. 合肥庐阳区强弱学校捆绑发展的强联合组织模式：撤销乡镇学校，捆绑发展

合肥市积极鼓励机制创新，庐阳区在全省率先撤销所属的乡镇中心学校，推行乡镇和城区学校“捆绑办学”，采用“两个法人单位，第一校长负责，独立核算，独立核编”的管理办法，城区学校校长担任乡镇学校的第一校

① 教育部基础教育一司，中国教育科学研究院，国家教育咨询委员会义务教育均衡发展工作组. 2010—2012义务教育均衡发展·县域实施［M］. 北京：教育科学出版社，2012：261.

② 教育部基础教育一司，中国教育科学研究院，国家教育咨询委员会义务教育均衡发展工作组. 2010—2012义务教育均衡发展·县域实施［M］. 北京：教育科学出版社，2012：28-29.

长，拥有对两所学校人、财、物管理权，可以对两所学校的教师进行调剂、交流，实现城区学校和乡镇学校一对一的帮扶。

7. 北京顺义区“示范校带动、组团式发展”模式①

顺义区组建联盟和组团，搭建共享平台，主要是一种业务上的交流机制和对口支援模式，其采取的主要措施有：（1）“城乡联动”，主要指以高中校带动义务教育学校、以城区学校带动农村学校、以规范达标学校带动薄弱校。在地域相近、优势互补、资源共享的原则下，全区创建了3大联盟9大组团，形成了联盟内包括小学、初中、高中3个学段，组团内包括城区学校和农村学校的联动布局态势，实现各校在合作基础上的共同发展。（2）以课题为抓手，推进改革实验。确定8个联盟级课题和9个组团级课题，以此带动城乡学校资源融通共享，实现联盟和组团内人力资源的科学开发与合理流动。（3）以学校组团为基础，优化资源配置。在三所示范高中建立交互式信息资源共享平台和视频点播系统，方便中小学就近使用。学校间的设备设施相互开放，小学科实验设备、小学生动手操作实践基地，集中建设多校共用。（4）以交流活动为载体，充分共享资源。在联盟和组团内部召开多种形式的座谈交流会，建立了交流活动“三个一”机制：每学期召开一次校长联席会议，每个组团每季度召开一次教育教学主管领导工作汇报交流会，每个联盟和组团每月安排一次联合学习交流活动。

8. 吉林省通榆县推行的城乡学校联合体

通榆县采取了“城乡联动、以城带乡、以强带弱、共同发展”的战略，将县城的9所学校作为龙头校，农村学校作为协作校，实行1+3或者1+4的组合形式，组成了9个城乡联合体。在联合体中制定了联合体办学章程和实施方案，开展了管理、教学和教研方面的交流互动，充分发挥龙头学校的示范和辐射作用。同时，以联合体为载体，开展教师和学校管理干部的内部为期一年的双向交流②。

① 国家教育体制改革领导小组办公室．北京市部分区县创新体制机制，促进区域义务教育均衡发展［J］．教育体制改革简报，2012（20）．

② 教育部基础教育一司，中国教育科学研究院，国家教育咨询委员会义务教育均衡发展工作组．2010—2012义务教育均衡发展·县域实施［M］．北京：教育科学出版社，2012：283-284.

9. 上海市浦东新区的委托管理模式：管办分离

在上海市浦东区，为了促进薄弱学校的发展，政府引进了具有管理能力的社会中介机构来管理相对薄弱的中小学，以提升整体的教育质量。目前，已经委托20家中介机构对一些薄弱学校进行了运营管理，取得了良好的效果。目前，上海市已经在全市推广委托管理的经验，全市共推出一百多所城郊薄弱学校实践委托管理。

从委托管理的受托方来看，目前主要分三类①：第一类是公办的大学或者中小学，如华东师范大学、上海师范大学、上海市实验学校；第二类是民办中介机构，如上海成功教育管理资讯中心、上海浦模教育发展服务中心等；第三类是行业学会，如浦东新区学前教育协会、浦东新区成人教育协会、普通教育学会等。

10. 昆明五华区的模式：城乡联动、结对同行与联片教研活动

昆明市五华区积极探索“城乡联动、结队同行、捆绑考核、共同发展”的工作机制，即一所城区学校与一所农村或城郊学校结为帮扶对象，充分发挥城区学校的优势，带动农村学校管理水平和教育教学质量不断提高。这种“手拉手”交流帮扶主要包括管理制度、课程、教学、干部对口联系、干部和教师培训和交流、送课下乡、教研等。在一个区域之内，昆明五华区推动了“联片教研，以强带弱”。全区所有小学按区域划分为7个片，组成7个片区教研组，片区组长学校的校长是第一责任人。片区每月组织一次学科专题研究活动，始终抓住课堂教学这个重点，通过进城观摩、送课下乡、送训下校等做法，着力解决教师在课堂教学中存在的问题，促进义务教育质量的均衡。

县域或者市辖区之内的义务教育均衡，是在一个行政治理区域内的均衡这一区域保障了均衡政策实现的基本环境条件。在以上的几种城乡对口支援或者所谓联盟之中，除了大连的一些跨区之间的对口支援与强校弱校联合之外，对口支援的基本模式都是在一个行政辖区之内的城乡联合或者强弱校之

① 教育部基础教育一司，中国教育科学研究院，国家教育咨询委员会义务教育均衡发展工作组. 2010—2012义务教育均衡发展·县域实施［M］. 北京：教育科学出版社，2012：99.

间的联合，因为一旦超出行政治理的区域范围，离开了行政力量的强烈干预和大力扶植，校际之间的对口支援很难推行，也很难持续维系。因此，以上模式的对口支援或者扶植的模式，都是在外界政策诱导之下的一种组织行为，是外界压力之下的一种行为模式。作为参与主体的学校，其本身的动力和自发性如何，将影响到交流与互动的质量，也影响到教育支援的质量，最终发生改变还是在外界压力之下的一种主体自身的主动变革，以此带来教育行为的改变，影响到教育政策的实施。

### （三）城乡学校的布局调整是义务教育均衡和城乡教育一体化的重要举措，各县域和市域一般根据人口和学生数的变迁对学校布局进行调整，以适应城镇化的需求并通过适当集中办学来改善办学条件

学校布局调整是义务教育城乡一体化和城乡义务教育均衡试点中一个突出的政策实践。为了促进义务教育均衡发展，近十年来中国的基层学校布局进行了天翻地覆的改变，学校布局调整的力度和范围都是历史性的大范围变迁，学校数量和布点急剧减少，学校布局迅速向城镇集聚。

在学校布局调整中，在城市和乡村采取了两种截然不同的调整策略，其改革试点的一个基本思路：在农村地区，通过减少学校的数量和增加学校辐射的范围来增加每一所学校的办学规模和师资规模，同时改善学校的办学条件和师资队伍，这一切都是为了提升办学质量和缩小城乡教育的差距，促进城乡学校的基本均衡；在县城或城市非农业区，大量新建和扩建学校，增加县城和城市学校的学生规模，使更多的学生享受到城市学校的教育。

第一，学校布局调整中要整合人口、城乡与地域的因素。

福建省在试点改革中提出优化中小学布局，其基本的出发点是统筹考虑城镇化发展、人口变动趋势和人民群众现实需要，以方便学生就近入学为原则，有效整合“校安工程”、农村寄宿制学校建设、城区中小学扩容工程，积极稳妥推进中小学布局调整。福建省提供的数据显示，目前走读生单程步行上学时间在 20 分钟内的占 84%，保留三年级以下教学点 2287 个。在农村学校撤点并校必须征得当地村民同意。去年全省新增学位 9.1 万个，今年计

划新增4.5万个[①]。

第二，县域城区新建、合并、扩容与乡镇的撤并集中办学相结合。

吉林省通榆县[②]作为一个改革试点县，大力调整了学校的布局。其基本原则是：在县城合并和扩容薄弱校，兴建新学校；在农村撤并学校并适当提升学校的规模，集中到乡镇所在地和人口密集的地区办学。

县政府积极调整城区中小学校布局。县城分铁东与铁西区两部分，原有义务教育学校13所，铁东区6所学校质量高，超负荷运转，而铁西区是弱势群体聚集区，学校条件差，学生都往铁东区流动，学校生源锐减。通榆县从教育均衡出发，于2006年将铁西区的三所中学合并成一所中学，将铁西区的两所小学合并成一所新的小学，同时将铁西区民族中学组建成一所十二年一贯制民族学校。通过学校的合并和调整，铁西区学校生源明显增多，县城内义务教育大致均衡发展。

在农村地区，通榆县一是逐步撤并了村小和教学点，把每个乡镇中心校逐步建成寄宿制学校；二是保留大乡镇独立初中，对规模较小、靠近县城或大乡镇的中学并入县城或大乡镇中学；三是对规模较小、距县城或大乡镇又较远的乡镇的中小学进行合并，建九年制学校。从2006年到2013年，共整合学校29所，全县义务教育段中心校以上的学校由52所减少到36所，累计减少学校16所，全县村小和教学点总数由2006年的384个减少到现在的37个，累计减少347个。通过有效的资源整合和布局调整，实现了办学的规模效益，为推进全县义务教育的均衡发展奠定了基础。

第三，合肥市学校布局调整中的名校扩张模式[③]。

通过布局调整与名校扩张是合肥推进教育公平的重要举措。合肥市从2007年开始，市政府投入近20亿元将合肥一中、四十六中、师范附小3所老城区名校整建制迁入滨湖新区，3所新校区办学条件大大改善，招生规模

① 国家教育体制改革领导小组办公室．标本兼治，促进公平：福建从源头上破解义务教育择校难题［J］．教育体制改革简报，2012（21）．

② 国家教育体制改革领导小组办公室：《国家教育体制改革试点项目阶段性总结表（义务教育均衡发展改革，吉林省通榆县部分）》。2013年5月。（内部资料）

③ 教育部基础教育一司，中国教育科学研究院，国家教育咨询委员会义务教育均衡发展工作组．2010—2012义务教育均衡发展·市域推进［M］．北京：教育科学出版社，2012：147-149.

是以前的 3 倍。2008 年，该市又投入 5.5 亿元把省示范高中合肥八中整建制迁入政务新区办学，新校区建筑面积扩大，招生规模由以前的 600 人增加到 1650 人。近三年来，合肥累计撤并整合中小学 130 所，仅 2010 年撤并整合中小学数达 36 所。名校迁址扩大规模，薄弱学校撤并整合，有效解决了优质教育资源过度集中的矛盾，带动了新城区教育质量的整体提升，使义务教育形成了新老城区并驾齐驱、均衡发展的良好态势。

第四，山东省威海市通过集中办学来实现布局调整。

威海市较早推进了学校布局调整，农村学校由原来的 1800 所减少到 2006 年年底的 207 所，基本形成了每个乡镇 1—2 所学校的布局。为了解决布局调整后的问题，威海市实行了“食暖行工程”，2010 年基本解决了农村学校中午用餐、冬季取暖和上小学交通问题。威海市为此累计投入 1.86 亿元，完成农村学校食堂改造 134 处，取暖改造 65 处，投入运营车辆 592 辆①。

第五，铜陵市的学校布局调整：城区新建扩容与农村撤并并举的布局模式。

铜陵市是义务教育均衡最早受到关注的地级市，也是学校布局调整的开创者，其基本经验是集中办学，以此来改善乡村学校的办学条件，在城区也是采取了扩容来增加学额的思路。这一经典的布局调整思路成为后来许多地方效法的滥觞。

作为矿山资源性城市，铜陵市的学校分布呈点多、线长、规模小的特点。伴随着矿山资源枯竭和城市化的进程，铜陵市企办学校和城乡接合部的学校走向衰败，形成了环城周边的乡村学校微型化和教育质量低下，教师和学生人心浮动，大量流向城区学校，造成了主城区学校生源爆满、大班额现象突出。为改变这种状态，铜陵市没有简单地采用行政命令来硬性封堵城郊外围学生向市区流动，而是较早在全国对全市教育布局进行了大调整，政府结合区划调整和城区改造，制定了《铜陵市教育布局调整规划》，大规模地整合资源，调整优化教育布局。如通过置换将铜陵市第一中学整体搬迁重建，原

① 教育部基础教育一司，中国教育科学研究院，国家教育咨询委员会义务教育均衡发展工作组. 2010—2012 义务教育均衡发展 · 市域推进［M］. 北京：教育科学出版社，2012：101-103.

址改为初中，化解了市中心城区“小升初”的压力。在布局调整中，铜陵市通过老校拍卖、房屋开发配套、争取外援、专项投入等方式，撤并133所中小学（其中城市13所，农村120所），在市区新建了5所中小学、改扩建17所中小学。这些布局调整和改革都是在10年前就完成了，为铜陵市实现义务教育均衡和“就近入学”创造了最为基本的条件。近年来，铜陵市在学校建设和资金流向上重点向薄弱学校倾斜，向薄弱学校投入教育附加资金占全市教育费附加的75%，在薄弱学校硬件达标上的投入共1.5亿元，使薄弱学校的校容校貌发生了根本性变化。

第六，甘肃省的义务教育布局中的“四集中模式”。

甘肃省金塔县和庆阳市西峰区，提出了基础教育布局调整中的“四集中模式”：高中阶段学校向县城集中、初中向城镇集中、小学向乡镇集中、教学点向行政村集中。通过布局改革试点，其目标是到2015年金塔县中小学总数调整撤并为30所，幼儿园调整撤并为17所；西峰区中小学总数调整撤并到31所，城区建成10所幼儿园，市区初级中学办学规模控制在2000人左右，小学办学规模控制在1500人左右。目前，按照“四个集中”的要求，金塔县全面形成高中向一校归集、初中向大片区归集、小学向乡镇归集，高中与初中分离、初中与小学分离、小学与幼儿园分离的办学格局[①]。

第七，成都市义务教育布局调整的方式。

成都市提出着眼于建设1.24万平方千米现代都市区，不断完善城乡中小学布局规划，做到城乡一体、全域覆盖。在农村地区，成都市优化农村中小学布局。2004年，在实施农村中小学标准化建设工程时，把全市农村初中、小学建设全部纳入城乡教育一体化发展规划，将学校布局与城乡基础设施建设同步规划、同步实施。按照“学校选址与重点镇、中心村建设相结合，规模扩大与人口集聚相适应，资源配置与教育需求相统筹，校舍调整与功能划分协调”的原则，制定《成都市普通中小学（公办）布点规划（2006—

---

① 国家教育体制改革领导小组办公室：《实现“四个集中”，促进区域内城乡教育均衡发展》。2013年5月24日。（内部资料）

2020）》，合理布局城乡中小学，统筹城乡各级各类教育协调、可持续发展①。

第八，四川省自贡市大安区义务教育布局调整的“三积聚”模式。

从解决城乡教育二元结构矛盾入手，通过改扩建、新建等方式进行校点布局调整，共建成了11所农村寄宿制学校，实现了“高中向城区集聚、农村初中向中心镇集聚、新增教育资源向农村集聚”的新格局。

第九，山西省晋中市学校相对集中办学模式。

自1999年以来，晋中市启动了两轮大规模的中小学布局结构调整工程，将义务教育学校由3998所整合为985所。通过实施布局调整和“校安工程”，城镇薄弱学校得到了扩容改造，农村学校布点分散、规模偏小、浪费资源等问题得到了解决，极大地缩小了城乡、区域和学校之间的办学差距。同时，晋中市开展了图书仪器配备、中小学暖气安装、音体美器材补充、农村远程教育装备、教育信息化攻坚等“系列配套年”活动，把布局调整后保留下来的近千所学校全部建成标准化学校。

第十，湖南省岳阳县的“学区一校”模式：特殊地形区的学校布局。

在湖南省岳阳县，推行“学区一校”模式：将位于山区、湖区的偏远学区内的多所学校或多个教学点合并成一所学校，由学区中心校统一管理。这是一种基于当地农村偏远山区的学校布局原则，也是一种在多湖区的山区、人口相对较少的湖南乡镇特点的一种模式。在湖南省的许多山区农村乡镇，许多乡镇人口一般在1万—3万人，学生居住分散而学校规模狭小，教学质量低下。通过“学区一校”的布局调整，打破了乡镇区域内的学校之间的壁垒，实现了学区内的教育资源的共享，推进了学区内的义务教育均衡的发展②。

不管各地采取的措施如何，在中国这样一个高度同质化的社会行政体制中，各地在义务教育布局调整之中采取的政策出现了很大的相似性。在平原

① 成都市教育局：《深入推进城乡教育一体化，促进“全域成都”教育优质均衡发展》。2013年5月。（内部资料）

② 教育部基础教育一司，中国教育科学研究院，国家教育咨询委员会义务教育均衡发展工作组. 2010—2012义务教育均衡发展·县域实施［M］. 北京：教育科学出版社，2012：58-65.

地带，特别是华北和长江流域，由于人口的密集造成了学龄人口的集聚现象，因此布局调整和学校的相对集中，改变了几十年以来一直以行政村为单位的办学格局，一村一校的模式出现了衰退，联村办学成为一种新的趋势。这些调整在平原地带并不会带来学校辐射半径的急剧扩大，但在西部和人口稀疏的地区，上述的布局调整不仅带来上学半径的急剧扩张，出现了上学难的问题，同时也因此导致了寄宿制学校的大量产生。学校辐射半径的急剧扩大带来的后续效应应该进行持续的关注。

## 二、创新体制机制，实施县域内义务教育学校教师交流制度

校长和教师的交流是实现教育质量均衡的基本条件，特别是城乡学校和城市学校校际之间的均衡的基本条件。根据统计，全国已有 22 个省（区、市）出台了关于推进教师流动的相关政策，并开展了改革试点。目前，教育部已经将义务教育阶段的校长和教师交流作为一种普适性目标提出来，正在研究出台《关于县（区）域内义务教育学校校长教师交流的若干意见》，其政策目标是用 3—5 年时间实现县（区）域内义务教育学校校长教师交流的制度化、常态化，将建立“县管校用”的义务教育教师管理制度，让教师从“学校人”变为“系统人”。这一政策目标的推进，正是在各地县域、市域中校长教师交流的经验基础提出的，是将改革试点的成果上升为国家的政策。

校长和教师的交流，在目前的政策和制度框架之内，基本都是局限在县域或者城市一个下辖的行政区域之内的。这一基本的行政区域，也是目前我国教育基层治理的最基本的区域。在探索县域教师交流之中，一些试点地区已经取得了较好的试点经验。

1. 湖北省与大连市对农村教师的扶助政策

湖北省实施“城镇教师援助农村教育行动计划”，建立教师交流的制度性保障。为破解城乡教师优质资源配置不公等难题，2006 年湖北实施“城镇教师援助农村教育行动计划”，组织特级教师讲学团赴农村县域巡回讲学、建立中小学校长定期交流和城镇教师和管理干部定期支教制度、农村学校校

长到城区或其他教育发达地区挂职等措施，加强城乡教师的双向交流。从2012年起，还实施“湖北省农村学校启明星计划”，每年在全省范围内从城镇学校选派500名左右优秀干部和骨干教师组成150个左右启明星团队，到农村乡镇以下学校任职任教。在农村教师补充聘任方面，湖北省建立了“农村教师资助行动计划”，采取政府出资购买阶段性服务的做法，每年吸引、遴选一批应届大学本科毕业生到乡镇学校任教三年。到2012年年底，2万多名“资教生”和“特岗生”已充实到全省近100个县（市、区）的乡镇学校任教，60%以上服务期满后自愿留在农村中小学校继续任教。从2012年起，在“行动计划”的基础上，建立省级统筹的中小学教师补充新机制，全面实施“国标、省考、县聘、校用”的教师管理制度，农村新聘教师年薪3万—3.5万元①。

大连市通过“五百一千工程”，扩大教师交流。从2010年起，大连市将主城区与涉农地区和先导区等10个地区组成“四大组团”，全面实施了“五百一千”对口帮扶项目：市、区两级财政每年投入专项资金1000万元，安排100名教师到农村支教1年；100名市内学校骨干教师每年2次送教下乡；100所市内学校对口帮扶农村薄弱学校；100名教研人员到农村地区教师进修学校指导、跟踪教研培训工作；100名大学生到农村学校顶岗、支教；农村1000多名教师到市区学校跟班培训1个月②。

2. 成都市的教师城乡交流经验

成都市主要从以下几个方面进行试点：第一是健全“倾斜农村”教师补充机制，每年招收30名免费师范生，学生毕业后将到农村学校服务5年。第二是实施“常青树——名优退休教师下乡兴教”计划，遴选24名“常青树”教师，并派往灾区及基层农村学校工作。第三是深化“城乡交流”的干部教师配置机制。从2010年起，每年从城区选拔40名校长到农村学校任职3年，从农村学校选拔40名后备干部到城区挂职锻炼1年。第四是推进干部管理的

① 湖北省教育厅：《湖北省推进义务教育均衡发展国家试点项目阶段总结报告》。2013年5月。（内部资料）

② 教育部基础教育一司，中国教育科学研究院，国家教育咨询委员会义务教育均衡发展工作组. 2010—2012义务教育均衡发展·市域推进［M］. 北京：教育科学出版社，2012：19-31.

一体化。全市实施中小学校长定期交流轮换，实行城镇学校校长到农村学校服务制度、农村学校校长到城区学校挂职锻炼制度。从2010年起，每年从城区选拔40名校长到农村学校任职3年，从农村学校选拔40名后备干部到城区挂职锻炼1年。市级财政设立专项经费，每年对选派到农村学校任职的城镇学校校长每人奖励1万元①。

3. “区管校用”的教师管理体制试点

“区管校用”的教师管理制度是当前一些地方主要的试点政策，也是教师交流的体制保障。

2008年，成都市温江区实行“区管校用”教师管理机制，成立教职工管理服务中心，建立农村教师补贴机制，促进城乡教师流动。

大连市在人事管理上，为了均衡教师资源配置，将教师的管理和使用权上移到区教育行政部门，建立区统筹的教师管理和调配机制，推进教师尤其是骨干教师、学科带头人在区域内校际流动。近五年，共交流教师6820人，占专任教师总数的19.3%，交流骨干教师1894人，占交流教师总数的27.8%②。

福建省构建“以县为主”的教师管理体制。将农村、县镇义务教育的学校编制标准提高到城市水平，县域内公办学校教职工人事关系收归县管，推行“县管校用”管理方式，捆绑使用片区内人员编制数、岗位数，编制互补余缺，实行义务教育学校教师工资待遇、编制标准、岗位结构比例、招考聘用、考核办法、退休教职工的管理和服务“六个统一”，将教师由“学校人”变为“区域人”。在推进县域内教师校际交流中，强调在小片区内依靠组织体系，开展片区内的教师校际交流。把组织选派与个人自愿结合起来，通过指导性交流、岗位竞聘交流、校际协作交流、自愿申请交流等形式，重点引导优秀校长、骨干教师向薄弱学校、农村学校流动，超编学校教师向缺编学校流动。2011年，11个试点县参与交流的教师均达到应交流人数的10%以

① 成都市教育局：《深入推进城乡教育一体化，促进“全域成都”教育优质均衡发展》。2013年5月。（内部资料）

② 教育部基础教育一司，中国教育科学研究院，国家教育咨询委员会义务教育均衡发展工作组. 2010—2012义务教育均衡发展·市域推进［M］. 北京：教育科学出版社，2012：19-31.

上。2013 年，全省全面推行义务教育学校教师校际交流。福建省率先实施中小学新任教师全省统一公开招聘工作，建立健全 5 年一周期的教师全员培训制度。实施农村紧缺师资代偿学费计划、经济困难县补充农村学校教师资助计划等，将长期在农村任教的教师住房纳入当地保障性住房建设体系，加大薄弱地区和紧缺学科师资补充力度。

福建省厦门市为促进教师流动，在实行同城同薪同编的基础上，进一步完善“以区为主”的教师管理体制，推行教师“区管校用”机制，刚性地规定了义务教育阶段教师在一个学校工作满 6 年，校长任职满 10 年，必须流动，教师的流动比例每年不低于应流动教师的 10%，目前全市教师流动率已达 20%以上，有效地提升薄弱学校、一般学校的师资水平[①]。

山东省威海市在教师管理上，实行“县管校用”的教师人事管理政策，打破了学校间教师固定的管理模式，使教师由单位向系统人转变，由教育行政部门统一调配和管理使用。每年教师交流比例不低于 10%的比例[②]。

4. 晋中的“万人交流”与“交流圈”概念

晋中市推进“万人交流”工作。2008 年，晋中市在山西省率先推行了干部教师交流制度，要求在同一所学校工作满 6 年的校长、教师参与交流，并把交流经历与评模评优、职务晋升、职称评聘挂钩。交流对象是男 50 周岁以下、女 45 周岁以下，在同一学校任教满 6 年并完成一轮教学任务的教师。交流比例为专任教师的 10%，期限一般为 3 年。截至 2013 年年底，全市 4 年共交流教师超过 1.2 万人，公选和交流校领导 1300 人。在教师交流中，该市始终建立健全以人为本的交流制度，比如提出了城市“一刻钟”、农村“半小时”交流圈的概念，即交流教师骑车一刻钟或半小时可以到家。这样的“人性化”交流，既不会给教师的生活带来大的困难，同时克服了干部教师在一所学校长期工作的职业倦怠，均衡了师资配置，减少了“择校”现象[③]。

① 教育部基础教育一司，中国教育科学研究院，国家教育咨询委员会义务教育均衡发展工作组. 2010—2012 义务教育均衡发展·市域推进［M］. 北京：教育科学出版社，2012：54-56.

② 教育部基础教育一司，中国教育科学研究院，国家教育咨询委员会义务教育均衡发展工作组. 2010—2012 义务教育均衡发展·市域推进［M］. 北京：教育科学出版社，2012：97-98.

③ 晋中市教育局：《创新教育工作机制探索均衡发展之路》。2013 年 5 月。（内部资料）

5. 苏锡常的教师交流制度化

江苏省苏锡常加大教师轮岗交流力度，教师交流形成了制度。三市均按照不低于专任教师总数15%和不低于骨干教师总数15%的比例，制订并落实了教师轮岗交流工作计划。2012年，苏州市共有2093名教师和258名校长参加了城乡交流，实现了干部与校长流动的制度化、规范化和常态化。通过向相对薄弱学校输入先进的教育思想、教育方法和管理经验等，变“输血”为“造血”，进一步缩小了校际师资差距①。

6. 惠州市学校干部交流

在广东省惠州市，为促进学校干部交流，教育部门选派骨干教师挂职培养校长后备人才。选聘以公开竞招形式，从优质学校选派骨干教师到农村中小学担任副校长兼任教育督查员，传播先进教育教学和管理经验，督查农村学校各项工作落实情况。挂职期满后可留任重要职务。同时，校长管理上实行轮岗交流制度。惠州市规定校长初任为五年，可以连任，但原则上在同一所学校连任不超过十年，超过十年的进行轮岗交流②。

7. 合肥市通过余缺教师调剂制度来促进交流

安徽省合肥市为了促进义务教育均衡，在市属学校实行了余缺教师调剂制度，跨校交流教师127人次。2010年6月，合肥市教育局出台了《关于合肥市义务教育阶段学校教师交流工作的指导意见》，对于各县（区）教师定期交流做出明确规定，当年县、区即有1018名教师参加了交流。合肥市规定，凡在一所学校任教满六年的教师，就需要进行交流，教师交流的比例应达到符合交流条件教师的15%③。

8. 浙江嘉善县教师交流的整体性教师交流制度与政策

浙江省嘉善县的教师流动是全国试点的典型，形成了一定影响，也是一个经济发达的小型县域教师交流的试点典型。嘉善县地处长江三角洲核心地

---

① 江苏省教育厅：《“苏锡常区域整体联动推进义务教育优质均衡发展”项目试点转示范支撑材料》。2013年5月。（内部资料）

② 惠州市教育局：《“推进义务教育均衡发展”国家试点项目申请转示范项目典型材料》。2013年5月21日。（内部资料）

③ 教育部基础教育一司，中国教育科学研究院，国家教育咨询委员会义务教育均衡发展工作组. 2010—2012义务教育均衡发展·市域推进［M］. 北京：教育科学出版社，2012：149-150.

带，是全国综合实力百强县，面积506平方千米，本地人口不足40万人，是一个经济发达的小型县域。这样一个县域的教师交流试点具有经济、交通等各方面的优势。

嘉善县制订了教师流动实施方案，确定了校级领导、中层干部、名教师和普通教师不同类别多元流动模式。教师流动主要形式有：第一，通过转岗型流动，将不适合原任用岗位的教师由学校做出相应调整，每所学校均有1—2人从一线教师转为图书管理员等后勤工作人员。第二，嘉善县对教师实施了分类流动，主要有：（1）竞聘型流动：2011年流动24人，2012年流动16人。（2）服务型流动：2011年流动98人，2012年流动16人。（3）互动型流动：2011年流动65人，2012年流动36人。第三，在职称评聘方面，明确规定申报中级及以上职称，须农村任教二至三年。2012年7月底，参加流动的教师已达396人，占18%，其中31名校级领导流向农村及基础薄弱学校，占23.5%，24名名师流入农村学校和薄弱学校，使12所没有名师的农村义务教育学校，都至少有一名名师引领，103名骨干教师流向农村学校，为农村学校输送了大量优质师资。

在干部流动方面，嘉善县有效地推动了学校中层以上干部流动。38所义务教育学校的66名校级领导进行了流动，占校级领导一半，31名校级领导流向农村及基础薄弱学校，占23.5%，22所学校的校长进行了交流，还有54名学校中层干部合理流动，占23%。

嘉善县义务教育学校教师流动主要成效表现为如下方面：一是促进了学校干部队伍优化组合。校级领导合理流动有效增强了农村学校和薄弱学校的管理力量。二是促进了城乡骨干教师合理分布。有24名名师流入农村学校和薄弱学校。实现了全县义务教育学校名师全覆盖，也实现了农村学校基本学科都有县级以上名师引领的目标。同时全县共有103名骨干教师由城镇学校流入农村学校。三是解决了教师的职业倦怠问题。流动教师自身工作环境的改变，被关注度提高，新的岗位带来了新的动力，同时很好地起到了“鲶鱼效应”激活了整体教师群体。四是促进了城乡学校均衡优质发展。教师流动增加了校际之间的交流互动，实现了优质资源的共享，促进了城乡义务教育学校之间的良性竞争，缩小了校际之间的差距，推进了学校之间的均衡优质发展①。

9. 吉林通榆县教师校长交流的试点：经济落后与大面积县域的教师交流试点

吉林省通榆县是一个区域范围较大的县域，全县面积8496平方千米，人口只有36万人，财政收入只有5亿元左右。教师和校长交流也比较突出②，代表了区域面积巨大的人口和经济小县教师交流的积极探索。

在校长管理方面，通榆县实施了“三制一交流”③，即校长公选制、聘任制、任期制和城乡校长交流制；教师管理建立了交流机制，建立了校际间联动机制，开展了城乡学校联合体活动，以城镇学校为龙头校，以农村学校为协作校，定期开展活动促进共同发展。自2006年以来，以城乡联合体为载体，每年都有一定数量的城镇教师下乡支教和农村学校教师上派研修。城镇龙头学校下乡支教的教师和农村学校上派研修的教师，均在每年8月份开学时到岗工作，工作时间为一年。要求下乡支教的教师必须是骨干教师、学科带头人或协作校急需学科的教师。2012年，除了继续坚持联合体下乡支教外，教育局制定下发了《通榆县义务教育段学校城乡教师交流工作实施方案》。对教师实施实质性的岗位交流，交流时间一到三年，要求支教教师除任教一个主教学科外，每学期做示范课一次、业务讲座一次、主持集体备课一次，每学期听课、评课、导课不得少于30节。教育局还依据路途远近对下乡支教教师每年给予8000元到10000元的奖励。

## 三、实行优质高中招生名额分配到区域内初中学校的办法，多种途径推进义务教育均衡发展

铜陵市划片招生的先导在全国具有较大影响。早在1987年，铜陵市在全

① 国家教育体制改革领导小组办公室：《国家教育体制改革试点项目实施方案汇编》（卷1—卷5）。2013年。（内部资料）

② 国家教育体制改革领导小组办公室：《国家教育体制改革试点项目实施方案汇编》（卷1—卷5）。2013年。（内部资料）

③ 教育部基础教育一司，中国教育科学研究院，国家教育咨询委员会义务教育均衡发展工作组. 2010—2012义务教育均衡发展·县域实施［M］. 北京：教育科学出版社，2012：283-285.

国较早取消了小学及初中阶段重点校，取消了小学升初中招生考试。市区小学和初中学校的招生，一律实行“划片招生，就近入学”政策。自1997年起，铜陵市开始实施高中招生制度改革，实行省示范高中招生定向分配制度，将省示范高中的部分招生指标按初中在校生人数直接定向分配到各初中，并逐年加大定向分配指标的比例。目前，省级示范高中定向指标的比例已占计划的75%。实行省示范高中招生定向分配意味着每所初中每年都有固定比例的初中毕业生进入省示范高中就读，此举既调动了每一所初中学校的办学积极性，又缓解了初中学生的升学竞争压力，减轻了学生的过重课业负担，同时也从根本上消除了家长的择校心理，为“划片招生，就近入学”政策的实施奠定了基础。

晋中市采取两项政策来促进义务教育的均衡①。

第一，阳光招生均衡编班。为真正实现义务教育阶段学生“免试、就近、划片、分配”入学，2009年晋中市开始实行“阳光招生均衡编班”：一是全市统一设计，以县为单位严格实行，改变以往学校自主招生，学生无序流动的乱象。二是坚持科学规划，阳光操作。以县为单位做好生源摸底、划片公示、教师均衡编组等前期工作，组织阳光招生均衡编班仪式，在“两会”代表、纪检、新闻媒体、家长代表和师生代表监督下，实行学生随机配位和教师抓阄定班。2012年，确定8月28日为“均衡编班日”，全市统一时间、统一程序，完成了均衡编班工作。三是编班结果全部公示不得更改。结果由市县教育局、学校、监督部门分别存档，作为学籍备案和监督检查依据，对擅自改动者严肃查处。对领导、教师子女和农民工子女一视同仁，全部纳入均衡编班序列，切断了择校择班的途径。

第二，优质高中招生指标100%到校。指标到校开始于2000年，比例从5%逐年提高，2011年、2012年为80%，2013年是100%。这项政策要求学生必须在片区内学校就读、建有正式学籍、连续就读3年的应届初中毕业生，才允许享受到校指标，择校生不能享受到校指标。政策的核心是到校指标分配方式：80%的基础性均衡指标与学籍备案数和实际中考参考人数挂钩，

① 国家教育体制改革领导小组办公室：《教育体制改革简报》。（内部资料）

20%的评估性奖励指标与学校教育质量评估结果挂钩。这些改革缩小了城乡之间、学校之间的师资差距，促进了义务教育均衡发展。

宁夏回族自治区在招生制度方面做出了很多探索。这些政策总体指向择校热和大班额现象，试点提出：从 2010 年起，将自治区示范普通高中或县（市、区）优质普通高中招生名额的 50%，按一定比例分配到农村初中学校和城市薄弱学校。2012 年，将自治区示范普通高中或县（市、区）优质普通高中招生名额扩大到 55%，促进区域内义务教育阶段学校发展基本均衡。2015 年，自治区示范普通高中或县（市、区）优质普通高中招生名额达到 65%以上，实现区域内义务教育阶段学校均衡发展。

广东省惠州市将优质高中教育资源平衡分布，扩大优质高中招生指标直分初中学校的比例，缓解义务教育阶段择校热。优质高中招生指标以每年 5%的增幅均衡直分到初中学校。2011 年扩大到 35%—45%，2012 年扩大到 40%—50%，2013 年扩大到 45%—55%，最高达到 60%。

大连市开展优质高中招生指标到校的政策探索积累了丰富经验。2012 年，省示范性高中指标到校招生比例平均达到 84%，比 2011 年提高了 10 个百分点。重点高中指标到校政策旨在鼓励优秀学生在本学区学校就读，促进生源结构常态化。通过实施这一政策，初中择校现象得到进一步控制，校际学生学业差异系数整体呈持续下降态势①。

吉林省通榆县不断调整优质高中指标生比例。2011 年制定并出台了《通榆县关于第一中学招收指标生实施方案》，在名额分配的计算上采取了更为科学合理的方法。全县公费生分配比例达到了 80%，预计到 2015 年，比例达到 85%。

江苏省苏州市在招生指标的分配上采取了较大力度，2012 年，苏州市热点高中指标生比例均已超过 50%，其中吴江市达到 90%以上。无锡市部分热门高中招生指标已经提高到 60%以上，2013 年将提高到不低于 70%，2014 年起将实行除自主招生外的计划内招生指标全部分配，以引导全市小学和初中

① 教育部基础教育一司，中国教育科学研究院，国家教育咨询委员会义务教育均衡发展工作组．2010—2012 义务教育均衡发展·市域推进［M］．北京：教育科学出版社，2012：25-26.

生源的合理分流。常州市热点普通高中统招名额分配到各初中的比例逐年扩大，2012 年已达 70%[①]。

## 四、完善农民工子女接受义务教育体制机制，探索非本地户籍常住人口随迁子女非义务教育阶段教育保障制度

安徽省全面消除了随迁子女在义务教育阶段流入地入学的障碍，实现了一样就读、一样升学、一样免费的入学要求。同时，创新了教育经费管理办法，实施了随迁子女教育券办法，财政部门将流出地补足的公用经费划拨到流入地进行管理，实现了 95%的随迁子女在流入地公办学校就读，在流入地参加中考，并可以依据成绩升入当地高中阶段学校。

上海市按常住人口配置教育资源，为随迁子女提供合适的教育。2011 年 12 月，《上海市基础教育改革和发展“十二五”规划》明确“以常住人口为基数，优化配置教育资源”。制定了《上海市基础教育“十二五”基本建设规划》，2011—2015 年全市拟建义务教育基本建设项目共 462 个。通过扩大公办学校招收比例，将符合基本办学条件的简易学校纳入民办教育管理，政府委托其招收随迁子女，2012 学年，上海共有 53. 8 万名随迁子女全部在义务教育阶段公办学校或政府委托民办小学免费就读[②]。

福建省保障随迁子女和留守儿童就学。对于进城务工人员随迁子女实行电脑派位或摇号进入公立小学，就近升入初中。2011 年全省共接收随迁子女 67. 8 万名，其中 88. 5%在公办学校就读。同时，允许省内进城务工人员随迁子女异地高考，晋江市等地开设与省外生源地教学相衔接的教学班。

大连市保障进城务工人员子女平等接受义务教育[③]。按照国务院“以流入地为主，以公办学校为主”的原则，确保农民工子女全部进入公办中小学

---

① 教育部基础教育一司，中国教育科学研究院，国家教育咨询委员会义务教育均衡发展工作组. 2010—2012 义务教育均衡发展 · 市域推进［M］. 北京：教育科学出版社，2012：41.

② 国家教育体制改革领导小组办公室：《教育体制改革简报》。（内部资料）

③ 教育部基础教育一司，中国教育科学研究院，国家教育咨询委员会义务教育均衡发展工作组. 2010—2012 义务教育均衡发展 · 市域推进［M］. 北京：教育科学出版社，2012：28.

就读，同时确保流动人口子女在各项教育教学活动方面平等接受义务教育。从2011年起，将外来务工人员子女纳入普通高中公费录取之列，外来务工人员随迁子女允许填报公办普通高中公费统招志愿，从制度上保障了农民工子女平等接受义务教育。目前，我市义务教育阶段共接收农民工子女近10万人，占全市学生总数的22.3%，其中主城区外来务工人员子女占学生总数40%以上，甘井子区、金州新区外来务工人员子女占学生总数超过50%。2011年10月，教育部中小学学业质量测评显示，随迁子女与本地学生在学业成绩方面无显著差异。

成都市高度关注弱势群体，一是坚持“同城待遇”，解决好进城务工劳动者子女入学问题，2010年，在成都市接受义务教育的外来流动人口子女约有26.9万人。二是坚持“城乡覆盖”，确保“不让一个学生因家庭经济困难而失学”，2010年，对学前到高中教育阶段的城乡低保家庭学生及特殊困难家庭学生实施学杂费、课本费、作业本费和生活补助等项目的资助，全市资助学生15.3万人次，资助总额约2258.1万元。

厦门市对进城务工人员随迁子女就读公办学校问题进行了探索。一方面，公办学校公开报名方法、招生计划，所有符合条件的随迁子女机会均等，通过电脑派位决定能否就读；另一方面，挖潜扩容不断增加学位，扩大外来孩子就读公办校的比例。2012年，进一步新建了一批学校，并适当增加办班规模、班生额，让更多的外来孩子能进入公办学校读书。全年随迁子女进公办校接受义务教育的比例从2011年的70.08%上升至2012年的80.8%。在经费方面，建立经费保障机制，先后于2011年、2012年推行“两个完全、一个提高”，即全市城乡公办和民办义务教育完全免费、全市义务教育公用经费标准完全统一、进城务工人员子女接受公办义务教育比例进一步提高。在校内待遇方面，注重教育过程的平等，对进城务工人员随迁子女在学校就读实行完全一样的市民待遇。

广东省惠州市推动“同城同教”的教育均衡目标，以解决外来务工人员随迁子女和本地弱势群体的教育问题。在不同社群（外来务工人员子女与户籍人口子女等社群）之间和不同人群（困难家庭学生群体、特殊群体）之间的教育资源均衡配置，打破户籍限制，推行实行随迁子女同城同教，主要措施是：第一，推行电子公共教育券制度。自2012年9月起，仲恺区试行电子公共教育券制度，对符合一定条件的外来务工人员随迁子女入读义务教育民办学校的，均通过公共教育券给予补助。第二，实行“六个统一”管理。将外来务工人员随迁子女接受义务教育纳入全市教育发展规划和财政预算，对符合条件的随迁儿童，与户籍子女一样实行统一学位规划、统一入学程序、统一学籍管理、统一成长指导，提供义务教育入学、转学和升学“一条龙”服务，让随迁子女享受“同城待遇”①。

## 五、完善寄宿制学校管理体制与机制，探索民族地区、经济欠发达地区义务教育均衡发展模式

在广西壮族自治区凭祥、龙胜、忻城等县市在学校布局调整中逐步实现了小学集中乡镇办，初中、高中集中县城办、利用富余校舍和教师资源大力发展学前教育和职业教育，促进了学校的正规化和制度化建设②。

凭祥市在学校布局调整中实行“集中办学”的思路，这也是很多经济欠发达地区采取的政策。在布局调整中，调整合并初中学校，将原有5所初中并为3所；每个镇集中建设一至两所寄宿制小学，将各村3—6年级学生集中到寄宿学校就读，把各村小学的剩余校舍用于发展农村学前教育。

龙胜县提出的学校布局调整“小学集中乡镇办，初中集中县城办，扩大学前教育规模，大力发展高中和职业教育，全县统筹规划，分步合理推进”的总体思路。在小学阶段，撤并所有村完小（现有村完小保留为教学点），将全县小学合并成10所中心小学和1所县直小学，建设标准化寄宿制学校。全县村完小3—6年级学生和县城、乡镇所在地的1—6年级学生集中到县城小学、乡镇中心小学就读。全县有70%上的小学生可在标准化寄宿制学校就读，余下的1—2年级学生集中村小或片区小学就读。在初中阶段，将原有的10所初中合并成2所县城初中学校（县民族中学、县初级中学），各乡镇初

① 国家教育体制改革领导小组办公室：《教育体制改革简报》。（内部资料）

② 国家教育体制改革领导小组办公室：《教育体制改革简报》。（内部资料）

中生全部集中县城2所初中就读，校学生人数均在2000名左右。合并后的乡镇初中校舍和资产留给乡镇中心小学使用。

对小学高年级集中乡镇，初中、高中集中县城办学以后，三县（市）政府高度重视学生食宿、卫生、安全等方面的问题，充分发挥布局调整的整体优势，扎实做好新建及合并学校的后期管理，努力提升办学效益。学校结合低龄寄宿生的特点，在人员安排、组织程序、制度设计等方面，对学生食、住、行、学、医及安全等进行精细化管理：一是重视解决学生上学交通安全和减轻群众负担问题。龙胜县政府针对学生出行远，交通安全问题突出，每年从县财政中拿出76万元用于全县初中学生上学、放学交通费补助。凭祥市给农村义务教育阶段学校寄宿学生提供交通补助，标准为每生每个星期一次往返补助4元，一年按9个月算，可获补助144元，凭祥市本级财政为此每年需投入近50万元。二是为寄宿制学生提供免费营养餐，积极改善学生食宿条件。凭祥市每年财政安排500万元，基本实现义务教育在校寄宿学生一日三餐免费就餐。忻城县投入419万元在全县有条件的九年义务教育阶段寄宿制学校实施“学生免费营养午餐工程”。三是建立教学生活管理制度，强化寄宿制学校管理，杜绝食物中毒和其他安全事故发生。

对于布局调整后的办学格局，广西的教育体制改革简报认为，学校布局调整后，生源相对集中，班额相对规范，师生配比更趋合理，将有一部分教师从教学第一线转向教学辅助工作岗位和学前教育岗位，同时专任教师逐步走向专业化。对学生而言，少数民族学生走出了本民族生活和学习领域，打破故步自封的少数民族思维状态，融合到多民族汇聚的学校进行寄宿学习，在寄宿制教育、民族团结交流、民族文化传承等方面以及普通话、英语、民族语言教学方面开展相应的机制创新，全面提高了少数民族地区教育教学质量，提高了少数民族人口素质。

## 六、建立健全义务教育均衡发展督导、考核和评估制度

成都市深入推进评估标准城乡一体化。在监测评价中，实行城乡一体的动态监测和公告制度，建立教育发展的动态预警和政策干预机制。以促进均

衡发展为重点，完善义务教育校际均衡监测及公告制度、城乡教育一体化监测及评价制度；以提升区域发展水平为重点，建立区（县）教育现代化监测评价制度、区（市）县推进国际化工作水平监测制度；以促进学生综合发展为重点，完善学生学业质量监测、学生体质健康状况监测、学业负担监测制度和公告制度。

威海市实施了市域统筹的监测评估，用以巩固和督促义务教育均衡发展的成效。威海市制定了《关于推进市域内义务教育高位优质均衡发展的意见》与《威海市市域内义务教育高位优质均衡发展主要指标及评估体系》。根据该制度的规定，威海市建立了义务教育均衡发展的督导考核和公示制度，市里每年将对各市区开展一次全面督导评估。在市级指导下，各市区正在逐步建立和完善义务教育均衡发展监测制度，将定期对辖区内义务教育均衡发展情况进行监测和分析。

湖北省出台了义务教育均衡评估的标准，省级统筹制定了《湖北省县域义务教育均衡发展评估认定办法》、县域义务教育均衡发展评估认定指标体系及权重、数据监测指标体系与权重、评估工作规程等文件，作为检验各地开展改革试点和推进均衡发展成效的标准和依据。此外，湖北省为鼓励各地以体制机制创新推进均衡发展，省教育厅设立了“地方教育制度创新奖”。从 2010 年开始，每两年评选一次，对于获得一、二、三等奖的县（市、区），分别给予 100 万元、50 万元、30 万元的奖励。在 2010 年评选中获奖的 9 个创新项目里，有 8 个是以体制机制创新推进义务教育均衡发展的项目，起到了较好的导向作用。在全省 103 个县（市、区），已有 48 个通过省级义务教育均衡发展评估验收，其中 15 个被评为义务教育均衡发展示范县。在义务教育督导方面，湖北省制定了《湖北省人民政府关于进一步推进全省义务教育均衡发展的意见》，在各地试点基础上出台了《湖北省县域义务教育均衡发展评估认定暂行办法》、《湖北省县域义务教育均衡发展督导评估方案》、《关于做好全省义务教育均衡发展督导工作评估的意见》等文件，组织修订了县域义务教育均衡发展督导评估方案，研究起草了“湖北省义务教育均衡发展督导评估工作规程”，在全国率先建立了义务教育均衡发展督导评估制度体系①。

## 七、教育信息化在义务教育均衡之中的角色和作用

威海市突出市域统筹的“共建共享”教育信息化建设。威海市教育城域网实现了无缝覆盖，市教育局与各市区及市直学校实现了网络链路光纤高速互联互通，完成了市、县两级教育数据中心建设任务，中小学“校校通”达到100%、多媒体“班班通”达到95%，全市共建设录播教室62个，已有1550个普通教室改造成了交互式多媒体教室。各市区都对网络中心机房进行了升级改造，为教育资源公共服务平台和教育管理公共服务平台的应用和市域范围内的网上教研做好了硬件保障。在全市遴选1600余节优质学科课时视频上传到网络资源平台，供广大教师参考使用。此外，还建立名师在线、虚拟教研室、教师博客群、远程教学评估中心、双向视频教学系统、电子录播教室等，实现了农村教师与名校名师的“跨区域交流”、“零距离对话”。从2013年开始，威海市又启动实施市域范围内的教育信息化“三年行动计划”。通过三年行动计划，其目标是2015年实现教育信息化网络的“市域一体，开放互通，共建共享”打破县域和学校的限制，实现市域一体的跨区县域融通的目标②。

辽宁省本溪市在教育信息化建设方面进行了大力投入，目前，全市144所学校及教育事业单位全部实现了100M光纤入网，中小学班班通工程全面完成，全市144所学校3108个教学班都配备了“抽拉式黑板、电子白板、短焦投影机、多媒体教学一体机、实物展台、无源音箱”等多媒体教学设备。同时，打造分布式云资源服务平台，全面完成了云资源服务平台的建设任务，满足全市中小学及幼儿园教师同时备课和3108个班级的并发多媒体授课，建

---

① 国家教育体制改革领导小组办公室：《国家教育体制改革试点项目实施方案汇编》（卷1—卷5）。2013年。（内部资料）

② 教育部基础教育一司，中国教育科学研究院，国家教育咨询委员会义务教育均衡发展工作组. 2010—2012义务教育均衡发展·市域推进［M］. 北京：教育科学出版社，2012：108.

成了目录集中管理、资源分布存储的教育教学云资源库群[①]。山西省晋中市在教育信息化建设中重点实施了包括宽带网络校校通、优质资源班班通、网络学习空间人人通及教育资源和教育管理两个公共服务平台的“三通两平台”建设。城乡学校的校舍、装备、环境等硬件要素全部达标升级。在打造数字校园过程中，网络信息化条件下的双课堂模式、异地授课、网络教研、名师工作室、网络协作组、数字化管理等，实现了教育资源开放式、零时空共享。2012 年晋中市被确定为全国教育信息化试点地区。同时，在盟校的建设中，教育信息化起到了巨大带动作用，在促进盟区学校内部的资源贡献方面发挥了巨大作用[②]。

## 第三节 改革试点的典型经验

第一，义务教育均衡是“一把手”工程。

义务教育均衡是政府行为，政府“一把手”重视是实现义务教育均衡的基本前提条件。这是教育义务教育均衡改革试点地区的普遍经验。

云南省、福建省、湖北省都明确提出政府主要领导的重视问题，是义务教育均衡发展的重要基础。常州市承担多项国家教育体制改革试点项目，常州市各级领导高度重视，将试点项目列入了政府重点工程。常州市把基础教育体制改革试点工作放到全市经济社会发展和教育事业改革发展的大局中系统规划、整体安排，将创建省义务教育优质均衡发展示范区纳入全市 60 项重点工程之一的教育惠民工程。在山西省晋中市，传统上由市委常委、常务副市长分管教育并分管财政，在重要的教育决策之中市政府高度重视和财力投入是义务教育均衡的基本保证。在四川省自贡市大安区，强化“四大班子”定期研究教育工作的机制，实行政府领导和相关部门教育工作目标责任制。在吉林省通榆县，县政府成立了以县长为组长，以常务副县长和主管教育工

① 国家教育体制改革领导小组办公室：《教育体制改革简报》。（内部资料）

② 国家教育体制改革领导小组办公室：《教育体制改革简报》。（内部资料）

作的副县长为副组长，以教育、财政、发改、人力资源、编制、住建等单位主要领导为成员的义务教育均衡发展试点改革工作领导小组，具体领导试点改革工作。同时，成立了1个办公室，5个工作推进组，把试点改革工作任务分解到具体单位和人头。在浙江省嘉善县，政府高度重视试点工作，政府专门研究试点工作，如2011年5月19日，《嘉善县义务教育学校教师流动工作实施意见（试行）》经嘉善县十四届政府第50次常务会议讨论通过，由嘉善县人民政府办公室发文，教师流动的序幕正式被拉开。

第二，作为一个义务教育均衡的试点区域，市域是实现义务教育均衡的基本行政治理单元。

在人们常识或者经验层次，往往认为县域是义务教育均衡试点成功的一个基本行政区域，但市域的均衡往往出现了更多的典型，这需要深入研究和高度关注市域在推进义务教育均衡中的角色，研究市域在教育的整体规划和推进中所采取的策略。

无论在推进义务教育均衡的试点过程之中，还是在义务教育均衡的实践之中，现实之中涌现出来的义务教育均衡的典型经验，诸如成都模式、晋中模式、铜陵模式、邯郸模式、威海模式、潍坊模式、大连模式、厦门模式、惠州模式等，都是在一个地级市范围内进行的有效实践。这一现象需要引起研究者和政府机关的高度关注，因为这些现象表现出一种趋势：市域范围内的义务教育均衡是一种反复出现的现象，其蕴含了市域政府在推进义务教育均衡中的突出角色和功能。

广东省惠州市将推进义务教育均衡的经验总结为：必须坚持市级统筹、以县（区）为主的推进策略。在义务教育均衡的实践中，市级层面重在强化顶层设计，即完善相关政策环境、统筹项目经费、推进项目实施、推广典型经验、开展督导评估等，县区层面重在执行实施。这种有效推进策略，既形成了一个外部的压力督促的体制和空间，又充分发挥了县区政府的积极性、主动性，并为各县区进行多元化新探索、新实践留足了空间。

甚至在某些地方，义务教育均衡的试点超出了市域的范围，如江苏省苏锡常地区，是跨市域的一个试点单位。各地往往都是以县为单位促进义务教育均衡发展。苏锡常顺应苏南现代化建设的需要，不仅仅拓展到地级市层面探索义务教育均衡发展，而且三地联动共同探索和推进义务教育高位均衡，为促进更大区域义务教育均衡发展，最终实现教育公平，发挥了探索性的引领作用。袁贵仁部长充分肯定苏锡常区域探索，是全国第一个跨区域联合探索义务教育均衡发展的地区。

在目前的义务教育管理体制中，特别是农村义务教育管理基本上是以县为主的体制，县级政府在义务教育的人财物资源的调配中具有独立自主性权力，这一体制形成了县级政府独特的权力空间。一般而言，在探讨义务教育管理体制时，县域是一个最基本的单元，也是决定义务教育质量最关键的政府环节。但义务教育均衡是一个复杂的系统工程，涉及方方面面的因素和社会关系，不仅是一个教育内部的权利和资源的调整，因此需要在一个更大范围内的配合与社会环境的营造。在义务教育阶段，县际之间的社会经济文化和教育的差异，往往导致县级生源之间的流动，特别是高中生源的全市甚至全省流动已经成为一种社会趋势和现象。在这样的社会条件下，单靠县域的独立推进，特别是教育和经济文化相对后进的县域，一般难以取得成效。在县级的义务教育改革试点中，如张家港、嘉善县等，都是社会经济文化相对发达的县域，其教育和经济文化在周边社会经济环境中处于一个相对优越的地位，教育体制改革的试点推进相对较易，不会出现生源的流失和教育的失衡。但对于经济文化相对落后的县域而言，在教育改革试点之中很难整体推进，只能在某些试点之中取得单项的成就，如广西壮族自治区龙胜县与凭祥市、甘肃省金塔县、吉林省通榆县的义务教育布局的调整就取得了相对较好的成绩，但整体的义务教育均衡很难取得大的突破。县域的整体经济文化条件和外部的社会文化空间，限制了义务教育均衡的实现。

第三，体制机制创新和政策环境空间是义务教育均衡试点成效的基本条件。

在教育的管理之中，晋中市长期以来一直实行市委常委的副书记或者常务副市长分管教育的领导体制，这一打破行规和行政惯例的领导体制是晋中教育保持长盛不衰的重要制度保障。晋中市的阳光招生均衡编班实现了义务教育阶段学生“免试、就近、划片、分配”入学，在义务教育招生和学校内部的教学资源均衡中就是一个政策上的创举。

在广东省惠州市，体制机制改革创新是义务教育均衡改革试点的原动力。在体制机制创新中，惠州市大刀阔斧进行了改革，改革“以县为主，分级管理”的教育管理体制，推行“以县为主，市级统筹”的全市“一盘棋”管理；改名校“一枝独秀”管理为“实质兼并，一校多区，强弱共管”管理；改革义务教育阶段教育质量“分段割裂”管理机制为全市实施系列化义务教育质量监测等。在安徽省铜陵市的义务教育均衡中，推行划片招生和集中办学的改革，也是闯出了一条新的义务教育均衡发展的道路。

浙江省嘉善县在教师交流试点中在政策上确立了激励机制，明确城镇义务教育学校教师申报高级职称，必须具有 3 年以上农村任教经历，申报中级职称必须具有 2 年以上农村任教经历，在校级领导干部提拔任用、名师评聘等方面必须有多校任职经历。在教师交流之中进行了制度创新，建立了城乡教师多元流动模式：流动的层次上，学校中层以上领导干部、名师、特长教师以及新教师五大类别的多元流动；流动范围有片域流动、县域流动；流动的类型，有服务型流动、培养型流动、互动型流动、竞聘型流动等；流动的方式有城市流向农村的服务流动，有农村流向城市的对等培养流动，有农村到农村的互动流动，有学校发展特色需要的特长流动等。

第四，财政和投入保障是基本的外部条件。

义务教育均衡试点关系到方方面面的因素，其中财政是一个基本的影响因素。在目前义务教育均衡的试点之中或者典型模式之中，大部分市域经济发展处在一个相对较好的位次，如成都、苏州、威海、厦门、大连、上海、天津等市。基本的办学条件需要保证，这是教育和学校均衡发展的一个基础性条件。

每一个地方的义务教育均衡试点都涉及经费的保障到位。为促进城乡教育一体化和学校标准化建设，天津市和区县两级财政共计投入专项资金 120 多亿元，全市 1200 多所义务教育学校达到了阶段性的现代化建设标准，全方位缩小城乡之间、区域之间、校际之间的差距，基本形成城乡义务教育一体化的发展格局。山西省晋中市的千校达标工程，政府共投入了 50 亿元进行硬件建设。

吉林省通榆县出台了《通榆县义务教育经费保障机制改革实施方案》，

把教育作为财政支出重点领域予以优先保障，认真落实各级财政分项目、按比例分担的义务教育经费保障机制，大幅度增加教育投入。保证了“三个增长”，按省定标准落实了公用经费，落实和完善家庭经济困难学生资助体系，及时足额将义务教育公用经费、取暖费、住宿生生活补助金等各项资金落实到位[①]。浙江省嘉善县县财政每年安排不少于400万元专项经费，用于流动教师的奖励、培养和农村教师的交通费用等。制定和完善了县名师的评创体系。名师待遇方面，在农村任教的名师津贴标准是城镇的3倍，参与流动的名师可优先享受一年一次的学术休假等激励政策。

第五，教育传统和文化氛围对义务教育均衡具有内在的深层影响。

教育和文化具有历史的遗传性，传统文化和社会氛围对教育发展具有深层的影响。这一点是教育强市强县的深层文化基础。教育具有悠久的历史遗传的惯性，传统上教育文化发达的地区一般会延续下来，这是教育文化强盛不衰的文化环境，即所谓的尊师重教的传统。在晋中市和潍坊市，尊师重教具有悠久的历史和文化的积淀，教育外部环境非常好，读书升学是社会上的主流文化氛围，政府重视教育也顺理成章。

在浙江省嘉善县，教师流动具有良好的氛围。近几年来，嘉善县深化“效能工程”、“班长工程”和“强师工程”，全县两年的教师流动，大家都达成了共识。嘉善县依托每月一次的教育系统干部“双休日大课堂”，开展了以“教师流动”为主题的校长论坛，召开不同层面的座谈会、恳谈会、动员会，征求意见、宣传引导，努力在全县上下形成教师合理流动的共识。通过两年来的实践，实现了政府、学校、教师、家长（学生）共赢，有效转变了观念，使教师流动成了教师的自觉行动。两年来，报名参加流动的教师达739人，占专任教师的35%，实际流动396人，占18%，其中城乡互动230人。

第六，教师和学校布局调整是关键，因为这涉及硬件和软件的最基础方面。

---

① 教育部基础教育一司，中国教育科学研究院，国家教育咨询委员会义务教育均衡发展工作组. 2010—2012义务教育均衡发展·县域实施［M］. 北京：教育科学出版社，2012：281-282.

义务教育阶段的学校布局调整和标准化建设，成为义务教育均衡发展改革试点的硬件基础，是均衡的物质基础。这一点成为很多地方在义务教育均衡起步阶段着力解决的问题。为达到硬件的基本均衡，学校的集中办学和布局调整就成为实现这一目标的现实基础。学校质量的差异主要是软件，如教学质量和学校管理等，其中教师是教育质量差异的最基础的因素。义务教育均衡关键是师资的均衡配置。

第七，县域是落实义务教育均衡的最基本区域，是义务教育均衡政策落实到位的基层单元，要高度重视“以县为主”的义务教育政策的实施。

虽然出现了大量的以市域为单位的义务教育均衡的典型地区，如成都模式、邯郸模式、晋中模式等，但即便在这些地域范围，仍然强调的是市域的统一规划和统筹，但县域的贯彻实施依然是影响市域规划实现的最基本因素。在这些市域之中，市域的统筹规划和县域的强力贯彻是实现义务教育均衡的基本经验。同时，也应该看到，这些市域均衡的县域，其基本的实现或者衡量单元都是以县为主的区域，义务教育均衡的最终衡量目标或者政策贯彻都是在县域之内实现的。国家义务教育均衡政策提出的目标，也是在一个县域之内为单位实现的。县域或者一个市区下辖区域之内的均衡，基本是在一个行政治理区域内的组织体系，保障了这一政策实现的基本环境条件。任何一项义务教育均衡政策的落实，如学校标准化建设、教师交流、示范性高中指标的定向分配等，都是在一个县域的行政辖区之内进行的，因为一旦超出行政治理的范围，离开了行政力量的强烈干预和大力扶植，政策不可持续。因此，义务教育均衡政策是在中央和省市的政策诱导之下的一种县级教育组织的行为，是外界压力之下的一种行为模式。县域政府和教育行政部门的执行和贯彻情况，决定了这一政策的有效性。同时，传统上中国的县域是一个相对狭小的行政治理区域，一般而言在2000平方千米之内的一个国土面积，与此同时，县域社会历史、经济文化具有高度的同质性，决定了县域的教育文化的高度同质性。在这样的一个小型的治理区域，义务教育均衡也容易实现。一旦超出县域的范围，经济文化的异质性增加，同时教育文化的差距也在扩大，义务教育均衡政策很难在一个更大的范围内落实到位。即使在一个市域范围内，如晋中市、成都市、天津市、大连市、潍坊市等，义务教育均衡虽然达到了很高的程度，但县际的差异还是非常明显，县域之内的均衡还是基本着眼点。

第八，防止人亡政息或者人去政息的现象。

这就需要高度重视义务教育均衡发展与教育领导者之间存在的人身依附现象，特别是在市域层次。魅力型的教育领导在义务教育均衡中起到了至关重要的角色。晋中模式中的强力组织领导体制与教育局长的强势与作为，都是义务教育均衡发展不可或缺的因素。在晋中市义务教育均衡发展之中，市域一级教育政策在县域社会的落实和贯彻，除了强势的政府领导的组织因素之外，作为教育局长鹿建平的总体思路和在教育界的影响，也是教育政策贯彻到位的关键因素。这一因素是依附于领导者个人的人格和领导风格，是一种个性化的人格因素，具有不可复制性和难以推广性。

这一人身的依附现象是一种中国式的非制度化的个人魅力因素。这一现象并非晋中独有，盘锦教育与魏书生的关系，成都的成功与分管副市长的关系，潍坊的实践与教育局长李希贵和继任者张国华的关系等，都是在现实教育发展之中的一种独特现象，一种因人而异的教育发展路径。这些懂教育的管理者，都是中国政治文化环境之中的特色和人治现象。

在市域这样一个教育治理的单元，市域教育局虽然具有统筹规划和业务指导的权限，但在人事任命、财政、资源配置（人财物）等关键的领域，都不具有实质性的决定权限。这样一个治理的单元，市域教育局长从本质上对县域教育局的影响，从正式制度设计上而言，远远处在一个县域的县委书记和县长之下。因此，市域教育局在推进义务教育均衡的试点之中或者任何一项教育政策之中，都需要综合运用自身的影响力和个人魅力的因素，来影响或者达到政策的贯彻实施的作用。这一点是一种非正式的影响力，是一种道德领导力。

第九，义务教育均衡试点在不同地区具有不同的侧重点，难以出现普世的模式，义务教育均衡试点要因地制宜，因经济文化发展阶段而异。

在义务教育均衡试点之中，出现了许多省域与市域为单位成功的典型模式，特别是地级市为单位的成功典型更多，但也出现了少量县域典型，如江苏省苏州市的张家港与太仓、浙江省嘉善县、吉林省通榆县等。江苏省张家港市与太仓市是位于长三角的经济发达地域，政府有足够的财政来支撑义务教育硬件建设城乡一体化与标准化，同时对于城乡教育软件的差异，特别是师资队伍的差距实行了经济补贴政策来推进优秀教师到乡下任教。这些经济发达县域思考的问题是在软硬件都大致均衡之后，义务教育均衡究竟走向何方？即后均衡时代的义务教育发展问题。对于经济相对落后的吉林省通榆县而言，义务教育均衡主要着眼于义务教育阶段学校的标准化建设和学校布局调整，通过学校的集中办学来实现城乡大致相同的办学条件，但学校内部软件的差异还难以在短期内实现，这也是义务教育均衡最难以推进的领域。而处于二者之间的浙江省嘉善县，经济文化相对发达，已经实现了学校硬件的基本均衡，需要通过校长和教师交流来实现教育管理和教学质量等软件因素的基本均衡。这样一个因地域经济文化差异而呈现出的梯级化的义务教育均衡的试点，正是义务教育均衡在不同经济文化区域面临的问题。

第十，义务教育均衡与其改革试点是一个复杂的政策内容体系，是一个综合政策效应的结果，单项试点难以起到均衡的作用。

在义务教育均衡试点之中，单项的改革政策可能短期内就会出现成效，但对于区域整体的义务教育均衡目标的实现并不具有决定性影响，正因如此，县域的义务教育均衡的典型模式难以出现，而市域模式的均衡甚至多于县域模式。这从一个侧面表明了义务教育均衡试点影响因素的复杂性，单项的改革措施很难收到成效。

在义务教育均衡的试点的典型模式之中，如晋中模式、成都模式、威海模式等，其申请试点的内容虽然是单项的，但这些地区在推进义务教育均衡之中的政策都是一个整体的、系统的体系，并非一种单项的改革试点或者单项政策在其中发挥了决定性作用。

义务教育均衡的考核目标是一个复杂多指标体系，其衡量的目标涵盖了环境、师资、硬件、设备、管理等方面因素，其中教育的城乡差异、校际差异是最重要的不均衡。推进这些软硬件的完全均衡是一个十分理想的愿景，因此单项的改革政策难于起到均衡的作用，需要有一个系统的政策体系来应对这些不均衡的现实。

第十一，除了义务教育之外，要重视义务教育的“出口效应”：高中教育质量。

在义务教育均衡的试点的典型模式之中，除了社会经济文化的因素之外，一个单项的因素不容忽视，那就是高中教育的质量影响到义务教育均衡试点。

省级示范高中校招生名额到校是义务教育均衡试点的一个基本内容，其试点隐含了一种假设：高中教育质量影响义务教育均衡的实现。县域作为义务教育均衡试点的基本单位，其中示范性高中招生名额到初中校是一个基本的政策试点，也是被认为具备了带动县域义务教育均衡的一个实质性因素。在学校校际差异之中，生源的不均衡分布被认为是一个关键因素，也是影响教育质量和学校声誉的关键环节。

义务教育均衡试点的典型模式之中，高中教育质量较高是一个基本的经验。在山东省潍坊市与威海市、山西省晋中市、安徽省合肥市、辽宁省大连市等，其高中质量特别是高考的成绩在全省都是位于前列。有人提出，在义务教育均衡和高中质量之间存在一种明显的相关性①，这一观点显然具有一定的道理。

高中质量是影响一个县域和区域教育生态的最重要因素，没有稳定的高中质量，往往导致县域初中毕业生的大量流失，甚至从初中阶段导致大量择校甚至跨地区的择校现象的产生，导致一个县域或者地区教育生态的失衡，影响到基础教育体系的稳定性和完整性，最终导致教育的失衡。因此，义务教育均衡之中，高中作为基础教育生态的顶端对基础教育稳定和均衡具有实质性的影响。

## 第四节　改革试点面临的现实问题与建议

第一，在市域范围内，市级政府作为一个推进义务教育均衡试点的行政单位，各地在推进义务教育均衡试点之中面临着如何实现教育体制机制的突破与协调。

---

① 2013 年 10 月 19 日，张卓玉在中国教育学会教育行政专业委员会年会上提出了类似的观点。

目前，我国农村义务教育实行“以县为主”的教育管理体制，县级政府对全县教育的人、财、物具有管理支配的权力，而市级教育局只有业务的管理权。但在现实中，市域的统筹协调对实现义务教育均衡具有现实意义，出现了一系列典型的经验。为突出市域的统筹协调，就需要进行体制的创新。在这一体制下，围绕实现市域内义务教育优质均衡发展，地市级政府如何突破现有教育管理体制、突破县域间经济社会发展的不平衡、突破我国现有的城乡二元结构等，使市级政府和市级教育、财政、编制、人事等部门的教育管理职能得到强化，进一步增强市及各市区财政经费、教师编制、师资调配、优质资源等方面的市级统筹力度，都需要国家、省里给予相关的政策支持。

第二，义务教育均衡试点是一种“搭便车”的试点，无论义务教育均衡试点的成功与否，从理论上而言都无法证明这一试点实际的推广价值如何。

作为当前中国基础教育的主流政策话语体系，不管是否进行试点，义务教育均衡发展都是基层政府和教育机关着力推行的一个重大现实政策，是国家层面强力推行的一个政策目标，并被写进国家的战略性文件系统。这样，义务教育均衡及其试点就被作为一个公共政策在推进，试点有无专项资金都不会实质性影响到试点的实际推进与进展。从这种意义上而言，义务教育均衡试点是义务教育公共政策的一个副产品，其成功可能与试点相关，也可能与试点无直接的关系。

第三，各地的试点积极性有待提升，改革试点缺乏激励导向的资源支持。

许多地方的试点出现了主要停留在文件层面的推动，缺乏配套的措施和资金的支持，表面的试点内容和实际推进的政策实践出现了分离现象，这样造成了义务教育均衡政策试点出现了失真现象。这一现象出现也是由于缺乏资金的支持，义务教育均衡试点缺乏外部的资源诱导和支持，缺乏实质性的评估机制，基本上成为基层试点单位的一种口头与表面行为，如各地在优质高中招生指标到校、教师交流等方面的试点中，都存在实际执行之中的政策变形。

第四，高度重视义务教育均衡试点中的城乡一体化问题，特别是义务教育城乡差异问题，将是中国义务教育不均衡的一个公共问题，也是将长期制约中国义务教育均衡的结构性问题。

义务教育均衡试点的内容，基本上只能在县域为单位来具体落实，试点的基本区域难以完全突破行政的治理区域限制。在目前，县城重点初中和小学"大班额"现象突出，大部分县域的重点中小学的班额达到了50—60人，极端地出现了70—80人、甚至100人的规模。而在农村地区，农村小学面临生源枯竭的危机，甚至一些地方师生比例严重失调。研究者在2012年调查了150多个县域，90%以上出现了村小生源流失的问题。对于人口规模巨大、经济发展落后的县域，教育城乡差距明显，城乡之间的教育均衡问题是困扰县域教育的一个基本的结构性问题。如河南省泌阳县，作为一个百万人口规模的贫困县，教育经费不足，严重限制了学校建设和布局调整，教育不均衡主要体现在城乡之间：2012年全县7800名教师中，只有1400名在县城，县城中小学生有4万人，但一些学校的班额已近100人。

第五，在经济发达地区，硬件的均衡和学校标准化建设解决相对较容易，而教育管理与教师交流等问题相对来讲更加困难。

对于经济欠发达地区而言，实施学校标准化硬件建设及完善设备、设施及运动场馆等建设还需要大量资金，资金缺口加大。如吉林省通榆县与广西的试点县市，这些国家级的贫困县域，建设资金筹措困难很大，实现高质量的均衡还有很大的资金缺口，是县级政府难以承担的。但对于经济相对发达县域，软件如教师校长交流、教学质量等的均衡与提升，是一个需要长期努力的过程。

在教师交流之中，要特别重视教育的外围因素，如城乡教师交流之中存在的单向流动问题：城市教师不愿到农村去。原因在于，其一，农村教师工作、生活环境及子女上学等方面相对县城还有很大差距。其二，城乡教师交流由于政策保障不到位，落实不好，生活补贴、交通补助资金难以筹措，调动不了城市交流教师的积极性，影响了农村学校办学水平的提高。其三，农村学校公用经费偏低，运转困难。目前公用经费标准很难维持学校正常运转。在城乡教师交流中，要避免教师流动中学科的不平衡问题，造成学校学科的偏差和短缺。同时，避免流动的随意性问题，明确各学校流动的指标，学校之间的人数要对等平衡，要避免学段中途流动教师，造成学生家长不接受，原则上安排在学段起始年级为宜。

第六，国家和省级政府应设立义务教育均衡发展改革试点专项资金，支持改革试点工作。特别是对贫困地区，要有具体的扶持政策。

义务教育均衡改革试点的“搭便车”效应，造成试点的成效很难检验，同时试点内容的真实性和推广性也存在质疑。在经济发达地区，义务教育均衡作为一项公共政策是义务教育中的重中之重，地方政府会调动资源来保证试点的顺利推进。但是在经济不发达的县域与市域，改革试点只限于局部的一个试点，全面推进比较困难，特别是中西部贫县与贫困连片地区，义务教育均衡之中的城乡与校际差距十分明显。对这些经济文化欠发达的地区，政府责任到位和资源投入是义务教育均衡的基本保证。在这些地域，一方面需要进行转移支付以保证基本的办学条件标准化；另一方面也需要在实际中施行专项试点经费的诱导性支持政策，鼓励地方进行改革试点，这样亦有利于实质性试点内容的推进。

第七，对于不同的地形区，如平原、山区、草原、丘陵等地貌的地区，其人口和学校布局可能差异极大，这对学校布局和管理模式都有极大影响，建议建立差异化的因地形制宜的改革试点机制，以使改革试点更具针对性和推广价值。

在不同的地理区域，义务教育均衡试点及其影响因素也呈现出不同的特点。在平原地带，特别是华北平原地区，由于人口的密集造成了学龄人口的集聚现象，因此义务教育布局调整和相对集中办学，虽然改变了几十年以来一直以行政村为单位的办学格局，一村一校的模式出现了衰退，联村办学成为一种新的趋势。但这些调整在平原地带并不会带来上学半径的急剧扩大，但在西部高原和草原地带等人口稀疏的地区，上述的布局调整不仅带来上学半径的急剧扩张，可能导致了寄宿制学校的大量产生。

在不同的地形区，义务教育均衡呈现不同的状态。根据研究者对全国200多个县域的调查，在平原、丘陵、山区和草原地区的学校，因人口的密度非常不同，一所学校所辐射的地理范围与人口数出现了很大差异：在平原地带，一所学校辐射周边大约8727人，面积为50.49平方千米。上学半径达4千米。而在丘陵、山区和草原地区，一所学校辐射的人口数出现了下降趋势，辐射的面积和上学的半径出现了大幅增长，具体如表3-3所示。

**表 3-3　地形与学校分布**

| 学校分布 | 面积（平方千米） | 人口数（人） | 上学半径（千米） |
|---|---|---|---|
| 平原 | 50. 49 | 8727 | 4 |
| 丘陵 | 78. 74 | 7067 | 5 |
| 山区 | 109. 62 | 4451 | 6 |
| 牧区 | 3845. 27 | 4945 | 35 |
| 其他 | 190. 74 | 4472 | 7. 79 |
| 总计 | 430. 49 | 6226 | 11. 7 |

这一因地理区域而发生的学校辐射人口和上学半径的变化，也说明了义务教育均衡试点在不同的地理区域会出现不同的试点主题，各地面临的问题也不尽相同。这样，义务教育均衡及其试点的内容也会因地形区不同而出现差异。

研究者注意到在不同的经济区域，国家采取了不同的试点改革措施，如在广西等地的学校义务教育均衡和营养餐计划，在甘肃省“四集中”的学校布局调整模式，是义务教育改革试点在不同经济发展水平地域的一种调试，具有积极的意义。但这样的一种试点方式，其是基于东中西部所谓经济发展水平而设定的，是一种大一统的认知模式；但实际上在东中西部的各个省区的县域，其经济发展和文化千差万别，其人口和地形也千差万别，因此这一模式具有先天的不足。这一认知模式往往牺牲了具体县域的个性化特点：如在西部省区，也有大量的全国百强县，在东部和中部地区，也有大面积的国贫县。这样一种以超出省域单位的东中西部试点，往往会反映大一统的治理模式的典型弊端。反而在某种意义上，不同的地形区的人口和学校布局大致相似，在不同地形区的县域其义务教育均衡的布局大致呈现出相似的发展困境和问题，这一影响义务教育均衡的典型因素在国家教育体制改革试点之中并没有被关注。

研究者建议体制改革试点之中，应高度重视地形区的影响因素和学校义务教育均衡的关系，采取因地形区制宜的义务教育均衡发展策略和试点策略，促进义务教育均衡的发展。

**参考文献：**

[1] 成都市教育局：《深入推进城乡教育一体化，促进“全域成都”教育优质均衡发展》。2013 年 5 月。（内部资料）

[2] 国家教育体制改革领导小组办公室：《国家教育体制改革试点项目实施方案汇编》（卷 1—卷 5）。2013 年。（内部资料）

[3] 国家教育体制改革领导小组办公室：《教育体制改革简报》。（内部资料）

[4] 国家教育体制改革领导小组办公室：《国家教育体制改革试点进展情况通报》。（内部资料）

[5] 国家教育体制改革领导小组办公室：《国家教育体制改革试点项目阶段性总结表（义务教育均衡发展改革，吉林省通榆县部分）》。2013 年 5 月。（内部资料）

[6] 国家教育体制改革领导小组办公室：实现“四个集中”，促进区域内城乡教育均衡发展。2013 年 5 月 24 日。（内部资料）

[7] 国家教育体制改革领导小组办公室．北京市部分区县创新体制机制，促进区域义务教育均衡发展 [J]. 教育体制改革简报，2012（20）.

[8] 国家教育体制改革领导小组办公室．标本兼治，促进公平，福建从源头上破解义务教育择校难题 [J]. 教育体制改革简报，2012（21）.

[9] 国家教育体制改革领导小组办公室．成都加大市域统筹力度，深入推进城乡义务教育一体化 [J]. 教育体制改革简报，2012（6）.

[10] 国家教育体制改革领导小组办公室．广东惠州强化“软件”建设，走内涵推进义务教育均衡发展之路 [J]. 教育体制改革简报，2012（7）.

[11] 国务院：《关于开展国家教育体制改革试点的通知》。国办发［2010］48 号。（内部资料）

[12] 湖北省教育厅：《湖北省推进义务教育均衡发展国家试点项目阶段总结报告》。2013 年 5 月。（内部资料）

[13] 惠州市教育局：《“推进义务教育均衡发展”国家试点项目申请转示范项目典型材料》。2013 年 5 月 21 日。（内部资料）

[14] 基础教育一司：《“推进义务教育均衡发展，多种途径解决择校问题”专项改革试点阶段总结报告》。（内部资料）

[15] 江苏省教育厅：《“苏锡常区域整体联动推进义务教育优质均衡发展”项目试点转示范支撑材料》。2013 年 5 月。（内部资料）

[16] 教育部基础教育一司，中国教育科学研究院，国家教育咨询委员会义务教育均衡发

展工作组. 2010—2012 义务教育均衡发展·市域推进［M］. 北京：教育科学出版社，2012.

［17］教育部基础教育一司，中国教育科学研究院，国家教育咨询委员会义务教育均衡发展工作组. 2010—2012 义务教育均衡发展·县域实施［M］. 北京：教育科学出版社，2012.

［18］教育部综合改革司：《国家教育体制改革试点分领域阶段总结报告汇编》。2013 年 6 月。（内部资料）

［19］教育部综合改革司：《义务教育均衡试点项目一览表》。（内部资料）

［20］晋中市教育局：《创新教育工作机制，探索均衡发展之路》。2013 年 5 月。（内部资料）

［21］晋中市教育局：《创新教育机制，探索均衡发展之路——晋中市统筹推进义务教育均衡发展试点工作总结》。2013 年 5 月 31 日。（内部资料）

［22］宁夏回族自治区教育厅：《推进义务教育均衡发展改革试点工作阶段总结》。（内部资料）

［23］佚名. 成都加大市域推进力度，深入推进城乡义务教育一体化［J］. 教育体制改革简报，2012（6）.

# 第四章　教师队伍建设*

为了更好地落实《国家中长期教育改革和发展规划纲要（2010—2020年）》，国家将“健全教师管理体制，加强教师队伍建设”作为国家教育体制改革试点的专项改革之一。全国共计21个省、市、自治区以及部分高校参加了教师队伍建设专项改革试点，参与实施的试点项目共计44个。项目实施主体有国家、省（市、自治区）、高校以及部分地级城市，各单位分专项承担了具体的改革任务。其中，国家统筹规划、整体设计教师资格考试和定期注册改革试点任务，目前，河北、上海、浙江、湖北、广西和海南6个省市作为试点具体推进。北京、重庆、湖北、湖南、江西、福建、甘肃、广西等省市着力加强农村教师队伍建设，北京师范大学、东北师范大学、华东师范大学、华中师范大学、西南大学、陕西师范大学以及江苏、浙江等省试点推进创新教师教育体系和人才培养模式改革任务。山东省潍坊、陕西省宝鸡两市试点推进中小学教师职称改革试点，目前该项试点已经扩大到全国31个省市104个地级市。上海市、中山市围绕促进校长专业发展的目标，试点推进校长职级制改革。

该项改革试点已经推行三年了，在国家教育体制改革办公室的指导下，在教育部教师工作司、规划办、民族司的直接组织协调下，在地方党委、政

---

* 执笔人：包金玲。课题组成员：包金玲，李改，高政。

府的具体领导下，各省（市、自治区）、高校、地市试点单位，以实施改革试点为契机，加强组织领导，分工落实，有效保障了各项试点的顺利进展。通过改进和完善教师管理体制机制，各试点地区结合各自实际，实行重点突破，初步形成了具有区域特色的教师队伍建设模式，为今后全面促进中小学教师专业化打下了比较好的实践基础。其中，在改革试点中出现了一些典型经验和模式，同时也有不少问题需要得到及时的解决和改进。

课题组基于对各地教育局局长及对湖南省的实地调研等，对该项改革试点三年来的进展情况作了全面系统的分析，从该项改革试点进展情况、改革取得的经验和成就、改革面临的实际困难和问题以及对今后改革的建议等五方面进行概括分析。

## 第一节　改革试点的基本情况

关于教师队伍建设的改革试点内容比较多，重点涉及农村教师队伍建设、多样化探索教师培训体系、创新教师教育体系和人才培养模式、民族地区双语教师培养培训模式、教师人事管理制度改革等多方面内容，并且每一个试点内容又涉及多个专项，以农村教师队伍建设为例，具体涉及完善农村教师补充机制、制定优秀教师到农村地区从教的具体办法、完善边远地区农村教师特殊岗位津贴制度、推进农村教职工保障性住房和周转房建设、创新农村义务教育阶段教师全员培训模式等。教师队伍建设既涉及教育公平又涉及人才培养质量，从长远来看更关系到国家和民族的发展前途。从改革试点的实际进展来看，各试点地区非常重视该项改革试点，并采取切实措施不断深化改革。从承担试点项目组织的实施单位或机构来看，有以下几个方面的共性特点。

### 一、围绕改革试点，全面推进教师专业化成长

有怎样的价值取向和目标定位就有怎样的教师队伍建设体系。《教育规

划纲要》提出："严格教师资质，提升教师素质，努力造就一支师德高尚、业务精湛、结构合理、充满活力的高素质专业化教师队伍。"这是当前我国关于中小学教师队伍建设的一个较为明确的改革价值取向和目标定位。保障实现教师队伍建设目标，既要转变观念和发展理念，更需要进一步改进和完善我国的教师管理制度建设。因此，本次关于教师队伍建设改革试点的主要内容是健全教师管理体制，目的在于造就师德高尚、结构合理的高素质的专业化教师队伍。创新教师管理制度，保障教师专业化成长，成为当前我国教师队伍建设的一项重要改革课题。

实践表明，该项试点得到了各试点单位的高度重视。综观各地实践探索，试点改革既有区域特色，又有异曲同工之处，即各试点单位基本上采取了围绕教师队伍建设专项试点，实施适合本地区教师队伍建设的综合改革，即重点推进专项改革试点，再结合各自区域内教师队伍建设的实际，采取配套改革措施，由单项改革进而转向综合改革，全面促进教师专业化成长。

上海市围绕校长职级制、教师资格准入考试和定期注册制度试点，开展了一系列关于教师管理制度的改革试点。采取的方式是"先行先试，试点推进"，目前该市主要选取了三个试点区具体推进。除此之外，上海市组建教师专业发展指导团队、教师专业发展实践团队，以及新任教师须见习培训一年后上岗制度等诸多配套措施，全面推进教师队伍专业化成长。

湖南省加强农村教师队伍建设、完善并扩大实施师范生免费教育以及创新教师教育体系三个专项试点，同时在全省试点实施教师职称制度改革，探索优化教师队伍结构，完善面向农村基础教育长期稳定提供高素质师资的长效机制。各试点市县结合改革试点工作，全面推进教师专业化成长。如长沙市实施"英才工程"，与高校合作培养，提升在职教师学历，加快人才培养机制创新，突出高层次创新人才培养。株洲市开展学科基地建设工程，打造普通高中特色发展、多样化发展。湘西州泸溪县通过提高农村中小学教师津补贴、在评优评奖评先、职称评定、调配机制等方面给予政策倾斜以及教师周转房建设等多种举措，着力加强农村教师队伍建设。

## 二、规范化管理，使改革有章可循

教育首先是政府行为，需要将柔性政策化为刚性制度规定。自《教育规划纲要》颁布以来，国家先后制定了《国务院关于教师队伍建设的意见》（国发［2012］41 号）、《关于深化教师教育改革的意见》（教师［2013］13 号）以及《关于大力推进农村义务教育教师队伍建设的意见》、《关于加强幼儿园教师队伍建设的意见》、《关于加强特殊教育教师队伍建设的意见》《职业学校兼职教师管理办法》等，这些文件为地方落实试点项目提供了基本的政策依据。各试点地区结合各自实际，围绕本地区教师队伍建设试点项目目标，制定相应的保障制度，切实加强教师队伍建设。

各试点地区也出台了一系列制度规定，实行规范化管理，有效保障试点工作的顺利推进。上海市仅关于校长职级制评定方案就出台了五个指标体系，即《上海市中小学校长职级评定方案》、《上海市幼儿园园长职级评定方案》、《上海市中小学党支部书记对应校长职级标准评定方案》、《上海市中等职业学校校长职级评估指标体系》、《上海市中等职业学校党委（总支或支部）书记对应校长职级标准评估指标体系》。

仅在 2012 年，湖南省怀化市教育局就先后出台了一系列政策文件，具体有《关于加强中小学教师队伍建设的意见》、《关于加强师德师风建设的实施意见》（怀教发［2012］7 号）、《怀化市中小学特级教师、学科带头人和教学名师评选办法》（怀教发［2012］8 号）、《怀化市中小学优秀校长评选办法》（怀教发［2012］9 号）、怀化市委办公室、怀化市人民政府办公室《关于表彰首届怀化市特级教师、优秀校长、学科带头人和教学名师的通报》（怀办［2012］74 号）等，教师队伍建设正趋向以制度建设保障实践探索的良好改革态势。

## 三、加强组织管理及保障机制，保证改革试点的顺利推进

在试点工作的组织与管理层面上，国家和地方政府分工负责，责权明晰，

层层推进。教师管理制度是关系教师队伍地位、待遇、教师工作热情以及专业发展的关键性环节，因此，国家高度重视教师队伍建设改革试点。首先，在国家层面，在国家教育体制改革领导小组办公室的指导下，教育部建立了由教师工作司、规划司、民族司，以及全国知名专家学者组成的专门工作小组，具体对全国中小学教师队伍建设改革试点项目进行统筹规划、评估指导、总结调整等宏观管理。其次，围绕专项试点工作，各试点地区政府结合“建设教育强省、强市、强县行动计划”，发挥了较好的组织领导、经费保障、督导考核以及宣传引导作用，普遍加大了教师队伍建设力度。21 个试点省（市、区）和 6 个部属高校均成立了领导小组和工作机制，建立各有关部门责权明晰、分工负责的工作机制。

福建省还专门成立了专家咨询指导小组，加强过程咨询指导，并建立考评机制；北京市开展定期跟踪和随机抽查，督促各责任处室不断完善试点方案；湖北省强化过程管理，定期督查，建立信息报送制度；湖南省规定由四家单位分别设立试点课题并分工实施试点工作，在农村教师队伍建设试点项目中，本着“先行先试，因地制宜”原则，该省选了 23 个县市进行试点，建立了由省教育厅教师工作处负责对各试点县市开展定期督查、县级定期汇报的试点项目管理制度。

结合教育发展方式转型，各试点地区明显加大了教师队伍建设的力度。重点从加大经费保障、制订中长期教师培训计划等方面，着重于向教师专业化发展的目标推进。上海市确立了财政专项保障改革试点，地处湘西的怀化市确立了不定期的专项经费保障改革试点。浙江省规定，“各地财政要按每年不少于当地教职工工资总额 3%的比例安排专项资金，用于中小学教师的培训；中小学校要按照不少于学校年度日常公用经费总额 10%的比例，提取教师培训经费。省级每年安排专项资金，用于省级统一培训和补助奖励市、县（市、区）级教师培训”①。从而建立起强有力的中小学教师培训经费保障制度。

① 《浙江省中小学教师专业发展培训若干规定（试行）》（浙教师［2010］175 号），第四章，第十条。

## 第二节　改革试点取得的进展与成效

经过三年的实践和探索，各试点地区形成了具有区域特色的教师队伍建设实践探索模式。根据国家教育体制改革领导小组办公室关于《国家教育体制改革试点进展情况的通报》，“健全教师管理制度，加强教师队伍建设”试点项目主要取得了以下六方面经验：一是率先完成教师资格考试和定期注册改革试点任务。据教育部人事司统计，目前，浙江、湖北、河北、上海、海南、广西6个试点省（市、自治区）已顺利完成了既定任务，已有28.1万人参加了教师资格考试，18.9万在编在岗教师进行了首次注册。二是扩大推进中小学教师职称制度改革试点。潍坊市、宝鸡市已全面完成试点任务，建立了符合中小学教师职业特点和成长规律的职称制度，目前，职称改革试点已扩大到全国100多个地市。三是积极推进教师准入和管理制度改革。福建省在全国率先建立了符合教师职业特点的教师公开招聘制度，上海市、中山市在校长专业标准、校长职级设置与认定、校长任用、培养培训等方面进行了制度创新。四是着力加强农村教师队伍建设，促进基础教育师资均衡配置。江西省、重庆市积极探索了农村教师待遇的有效措施；北京市、湖南省加大农村教师工资待遇、职称晋升、津贴补贴、住房医疗等政策倾斜力度；湖南实施了专科层次全科型教师及六年制初中起点本科层次免费师范生制度，完善了农村教师队伍建设长效机制；湖北省在全国率先实行省级统筹的农村教师补充新机制；云南、甘肃等省依托省属师范院校实施师范生免费教育；广西壮族自治区探索了多渠道解决教师住房问题的新举措。五是改革创新教师教育体系和教师人才培养模式，更好地适应基础教育的实际需要。东北师范大学创建了“师范大学—地方政府—中小学校合作”的教师教育新模式，探索教师教育合作体制；华中师范大学构建了教师教育“一本三化”新模式，探索现代教师教育模式；上海师范大学采取了“1+4”模式，选拔真正适教和乐教的学生免费攻读师范专业。六是合理确定教师编制。新疆维吾尔自治区实行每两年审核一次教师编制制度，实行动态管理；安徽省建立了全省统一的教师编制标准，新进教师采取县（区）聘校用制度。

围绕教师队伍建设试点进展情况，课题组于2013年3月，面向全国参加改革试点的20名地市教育局局长、19名省地督学进行了专题调研；同年9月，对第34期全国地市教育局局长培训班全体学员进行了关于多样化开展教师培训工作的专题调研。同年4月至5月期间，围绕农村教师队伍建设、校长职级制、双语教师培养培训专项试点作了个别访谈调研；同年9月23日至28日，对湖南省关于加强农村教师队伍建设、免费师范生教育制度、创新教师教育体系和人才培养模式试点进展情况进行了实地调研。

基于上述调研基础，课题组认为，关于“健全教师管理体制，加强教师队伍建设”专项改革试点整体进展顺利，在教师资格准入、教师职称评定、教师培训、农村教师队伍建设等方面实现了重点突破，取得了成效。调查表明，占75%的地市教育局局长和68.4%的省、地市教育督学认为教师队伍建设改革试点进展情况比较顺利。具体成效主要体现在以下几个方面。

## 一、多种措施加强农村教师队伍建设

加强农村教师队伍建设不仅是农村教师队伍整体素质提升的问题，更是涉及教育公平、教育均衡发展的问题，整体提升教师队伍素质，是每一个儿童青少年能够平等接受优质教育的重要保障。《教育规划纲要》明确提出农村教师队伍建设是今后教师队伍建设的重点。《国务院关于教师队伍建设的意见》则进一步指出，中小学教师队伍建设要以农村教师为重点，采取倾斜政策，切实增强农村教师职业吸引力，激励更多优秀人才到农村从教。调研结果表明，各试点地区认真贯彻落实《教育规划纲要》，因地制宜，采取切实有效措施加强农村教师队伍建设。

从试点地区进展来看，采取多种措施加强农村教师队伍建设方面主要取得了四方面的进展：一是明显加大了对农村教师的补充力度，进一步扩充和完善农村教师补充渠道，具体从加大引进“特岗计划”教师和免费师范生等途径推进；二是制定优秀教师到农村地区从教的具体办法，探索建立农村教师专业发展支持服务体系；三是创新农村义务教育阶段教师专业成长模式，具体从实行全员培训、激发或激励教师职业情感等方面进行；四是改善农村教师工作生活待遇，具体从加大对农村教师的津补贴，落实教师周转房以及经济适用性保障住房建设等方面改善教师工作生活环境。

### （一）加大了农村教师补充力度，进一步稳定了农村教师队伍

调研表明，近年来，各试点县市新进教师基本上都补充到了农村学校，加大了农村教师的补充力度。湖南、安徽、山东以及广西等省（市）自治区积极探索开展免费师范生教育制度，拓宽了农村教师补充的渠道，有利于农村教师队伍的稳定。湖南省完善并扩大师范生免费教育，免费师范毕业生成为该省最稳定的农村教师补充来源。广西壮族自治区实施农村小学全科教师定向培养计划，对定向生实行免学费住宿费、提供生活补助、到岗后即入编的特殊政策。在 2013 年至 2017 年期间，将定向招录一批初中、高中优秀毕业生，分别按 5 年制、2 年制专科层次小学教育专业培养，计划培养 5000 名左右“下得去、留得住、教得好”能胜任小学各门课程教学任务的农村小学教师。湖南、广西都属于农村人口多、少数民族多、山区多、教学点多且分散的省份，农村教师尤其是优秀农村教师严重不足，实行初中起点免费师范生制度、全科教师免费定向计划将有效补充两省农村教师队伍。

### （二）制定优秀教师到农村地区从教的具体办法，探索建立农村教师专业发展支持服务体系

北京市、重庆市、山东省、湖南省、江西省等试点地区积极探索农村中小学引进优秀人才机制，纷纷出台了有利于农村教师发展的政策措施，已取得可喜的成效。北京市每年选派 1000 名城镇优秀教师到农村中小学全职支教一年、2000 名骨干教师兼职支教，同时遴选 1000 名农村教师到城区优质学校研修半年。山东省组织开展以培训农村中小学教师为重点的“名师送教下乡”活动，形成区域内稳定的城乡“校对校”对口支援关系。湖南省泸溪县对骨干教师和学科带头人实行无校籍动态管理方法，要求骨干教师定期到农村薄弱学校开展教学指导，特级教师和高级职务教师须定期到农村学校服务，时间不少于 1 年。通过这些努力，农村教师队伍建设工作取得了一定成果，

一定程度上缓解了农村教育发展过程中的问题，促进了教育公平，提高了教育质量。

### （三）改善农村教师津补贴、住房等基本生活条件，进一步稳定教师队伍

现阶段农村教师主要面临数量短缺、教师培训保障机制缺乏、老龄化突出、性别结构不合理、结构性学科教师短缺和稳定性差等问题，这些问题的解决都离不开教师待遇的提高。除此之外，目前，困扰农村教师建设的是农村教师津补贴过低、住房紧张两个突出问题。农村教师住房困难的问题由来已久，加上近年来新进教师主要是外地毕业生，更加大了农村教师住房困难，待遇低、住房困难等问题直接关系到农村教师队伍的稳定性。

不少试点地区具体从加大对农村教师的津补贴、落实教师周转房以及经济适用性保障住房建设等方面改善教师工作待遇。作为试点省份，广西壮族自治区制定了《广西壮族自治区农村教师周转房宿舍建设工程专项资金管理暂行办法》，该专项资金是指中央预算内基金支出预算、自治区和各市、县（区）人民政府安排以及其他渠道筹措的专项资金，规范各市、县（区）推进教师周转房建设中的经费使用情况，确保专款专用。重庆市开县是名副其实的教育大县，为了切实解决教师住房问题，稳定教师队伍，留住优秀人才在农村长期从教，终生从教，全县教师系统共建设 35 个公租房项目。目前，已有 6 所学校教师公租房交付使用。

## 二、创新教师教育体系和人才培养模式，探索中小学教师和校长培训新模式

承担“创新教师教育体系和人才培养模式，探索中小学教师和校长培训新模式”国家教育体制改革试点任务的有河北省、吉林省、浙江省、山东省、湖南省、新疆维吾尔自治区、教育部部属 6 所师范大学与西北师范大学。关于教师教育、教师培训实践探索的试点内容主要有：（1）创新教师教育体系和人才培养模式，探索中小学教师和校长培训新模式（如试点地区与高师

院校之间的专项培训合作、高师院校关于校长专业化成长的培训等）；（2）构建区域协作的教师继续教育新体制；（3）建设支撑教师专业化发展的教学资源平台（如通过学区制、联校制等方式实现区域内教学资源共享、远程、省级统筹的培训平台等）。

### （一）多样化加强教师培训制度

浙江省改革中小学培训制度，通过建立以自主选择培训、培训体系开放、覆盖各级各类教育、利用现代教育技术开展网络培训等途径，扩大了农村教师培训的平台和优质培训资源。湖南省建立了湖南省中小学继续教育指导中心，专项推进农村教师培训工作，具体采取了两方面的举措：一是按国家标准落实教师培训经费，即将教师工资总额的1.5%和学校日常公用经费总额的5%用于教师培训。同时设立了省、市两级专项培训经费，中心定期对经费使用情况进行督查。二是制定省、市、县级教师培训规划，规定参加培训的教师需取得培训学分并作为教师晋升职称的必要条件。

### （二）创新教师教育体系和人才培养模式

山东省在构建区域协作的教师继续教育新体制、建设支撑教师专业化发展的教学资源平台等方面开展了一系列创新性的举措，探索出“政府+高校+中小学”的教师培养新模式。2012年，全省原有23所中等师范学校基本完成与高等学校的资源整合，师范教育全部进入高等教育体系。

东北师范大学通过全面开展大学教师发展、优先发展教师教育队伍、完善教师教育实践教学平台建设、深化教师教育创新东北实验区建设、优化教育学科建设与教育研究、积极推进数字化校园建设等途径，积极探索教师教育与培养模式创新。北京师范大学通过理论研究和实践探索，逐步构建了包括“4+0”、“4+2”、“4+3”等多种模式在内的多元化教师培养体系。西南大学确立了“专业基础扎实、教学技能突出、综合素质全面、人文修养深厚”的教师教育人才培养目标，以深化教师教育改革为动力，以提高师范生培养质量为核心，以国家教师教育创新平台建设为依托，着力提升师范生从教能力，积极探索职前—职后一体化的教师教育人才培养新模式。湖南第一师范学院实施初中起点六年制农村小学教师免费定向培养计划，探索农村教师补充新机制。

## 三、完善教师管理制度，保障教师专业化成长

实践表明，教师人事管理问题是影响教师队伍建设中最核心的问题。诸如教师准入、教师编制、教师工资待遇、职称评定、人事管理权限等，这些问题都直接关系到一个地区开展教师队伍建设的质量。当前，教师人事管理改革试点主要涉及教师资格认定、教师准入、职称评定、校长职级制等内容。

### （一）试点探索教师资格考试和定期注册制度，保障了教师专业化发展

教师资格制度是国家对从事教师职业或教育教学活动的人所应具备的条件或身份的一种强制性的规定，是对教师实行的法定的职业许可制度，是对专门从事教育教学工作人员的最基本要求。“开展教师资格考试改革和教师资格定期注册试点”是国家教育体制改革领导小组确定的10项重大专项改革试点内容之一，由国家层面统筹规划和组织实施。教育部相继出台《幼儿园教师专业标准（试行）》、《小学教师专业标准（试行）》、《中学教师专业标准（试行）》等文件，加强教师队伍标准体系建设。2011年，教育部颁发了《关于开展中小学和幼儿园教师资格考试改革试点的指导意见》和《中小学教师资格定期注册试行办法》，制定了《中小学和幼儿园教师资格考试标准》及32个笔试科目考试大纲、3类面试考试大纲，同年，教育部先在浙江、湖北两个省份进行试点，两省分别选择在浙江嘉兴市和湖北宜昌市开展中小学教师资格定期注册制度试点工作。到了2012年，试点工作扩大到河北、上海、海南、广西，共计6个省市参加了试点工作。国家计划该项改革在试点基础上，争取在“十二五”期间推广到全国范围，初步形成“国标、省考、县聘、校用”的教师准入和管理制度。

该项试点主要采取的举措为，教师需参加职业考试，持《教师资格证》上岗，并且每隔5年进行一次资格认证和注册，从师德、教育教学能力和水

平、参加继续教育的时间和质量等方面综合考核，其中对师德实行一票否决制。

2011 年，浙江省教育厅启动了中小学教师资格定期注册制度试点工作，规定将教师定期注册制度与教师参加专业发展培训有机结合起来，即把教师参加专业发展培训作为从事教师工作延续教师资格的重要的必备条件，通过定期注册打破教师资格终身制，激励教师自觉参加专业发展培训[①]。各地中小学校普遍将教师参加专业发展培训列入教师年度绩效考核指标，并将考核结果作为教师聘用、聘任、晋级、评优、奖励的必要条件。通过制度创新和机制创新，强化教师培训激励。

湖北省鄂州市教育局一位负责人指出："本市开展该项改革试点以来，发生的最大变化是教师准入指标进一步科学化，即由原来的虚化指标转变为目前的实际可操作的指标。另外，通过采取计算机辅助手段，使得评委打分更加人性化、合理化，减少了不必要的人情因素的干扰。"

### （二）扩大推进中小学教师职称制度改革试点，激发了教师职业发展内驱力

教师职称改革的效果还需要一段时间才能显现，但改革试点中制定的教师职务新标准，使教师有了努力的方向和奋斗的目标，尤其是正高级职称的设定，极大地激发了优秀教师的积极性。该项试点始于 2009 年，人社部、教育部在山东省潍坊市、吉林省松原市、陕西省宝鸡市先行开展改革试点。2010 年，潍坊市、宝鸡市申报了国家教育体制改革试点。到了 2011 年，经国务院常务会议审议，决定将中小学教师职称改革试点扩大到全国 31 个省（市、自治区）104 个地级市，占全国地级市总数的近 1/3。旨在通过扩大试点，建立统一的中小学教师职务体系，并统一将中小学教师职称扩大到正高级，进一步拓宽中小学教师的职业发展通道。到了 2013 年，潍坊市、宝鸡市试点工作已全面完成，建立了比较健全的关于教师职称评定的制度体系、评

① 《浙江省中小学教师专业发展培训若干规定（试行）》（浙教师［2010］175 号），第四章，第十条。

价标准和评价机制，实现了与事业单位岗位聘用制度有效衔接的预期目标，建立了符合中小学教师职业特点和成长规律的职称制度，激发了广大中小学教师工作的积极性，取得了良好的效果。宝鸡市教育局一位负责人指出："实施职称改革试点进展顺利，实施效果良好。主要采取了以下措施：统一规划中小学教师职称（包括幼儿园），合理规划一级教师和高级教师比例，职称评定向一线教师倾斜，重点突出业绩标准，如到农村任教经历等。实施的效果是极大地调动了教师工作的积极性，目前，不少教师主动提出到农村任教。"

### （三）积极推进教师准入制度、校长职级制改革，为教师专业化严把入口关

实行新任教师公开招聘制度，是深化教师人事制度改革的一项重要举措，也是把好教师入口的重要一关。2009 年，教育部印发了《关于进一步做好中小学教师补充工作的通知》，明确要求从当年开始，各地中小学新任教师补充应全部采取公开招聘的办法，不得再以其他方式和途径自行聘用教师。实践表明，试点地区创新中小学教师准入机制，为教师专业化严把入口关。多数试点省市采取了中小学新任教师"凡进必考、择优聘用"的公开招聘制度和办法，严把教师入口关。并且多数地区采取了公开、平等、竞争、择优的原则，面向全国公开招聘教师。

湖北省农村教师招聘考试实行省级统筹组织，由县（市）做好计划报省级主管部门，招聘合格的教师按县（市）计划补充上岗，上岗三年内由省教育厅统一发放工资，工资标准为 3 万/人/年，工作满 3 年后交给地方，由地方政府来支付教师工资。这种模式最大的成效在于完善了教师补充机制。

上海市在校长职级制改革中，淡化校长行政级别，依据《中小学校长专业标准（试行）》，推进校长专业化发展，提升校长专业管理水平等；中山市校长职级制改革制订了 1+6 政策文件，为构建科学的校长职级考评体制提供了制度依据。上海市、中山市通过试点，先行在校长专业标准、职级设置与认定、校长任用、培养培训等方面进行了有效探索，并建立了特级校长流动、可延长任职期限等制度。实行校长职级制前，校长的调动是非常困难的，

只能上不能下已成为校长管理的所谓定式。自实施校长职级制以来，上海市基本上形成了“职务能上能下，待遇能高能低，流动能进能出”的良好氛围，有效激发了校长的工作热情，促进了校长的专业化发展进程。(见表 4-1)

**表 4-1　上海市、潍坊市、中山市已经制定的校长职级制的相关制度**

| | 制定专业化标准 | 遴选制 | 职级制 | 任期制 | 职级工资 | 人才后备制 | 培训制 | 延聘制 | 资格认证 | 评定委员会 |
|---|---|---|---|---|---|---|---|---|---|---|
| 上海 | ○ | ○ | 5 级 12 等 | ○ | ○ | ○ | ○ | ○ | ○ | ○ |
| 潍坊 | - | ○ | 4 级 6 等 | ○ | ○ | ○ | ○ | ○ | - | - |
| 中山 | ○ | ○ | 4 级 7 等 | ○ | ○ | - | ○ | - | - | ○ |

注：“○”代表已有该项机制；“-”代表目前没有了解到与该项相关的信息。

## 四、民族地区积极探索双语教师培养培训新模式

双语教育教学工作是一项事关“稳边兴疆”政策的政治工作，更是一项利国利民的“民心工程”，是国家和政府关心少数民族教育发展的重大举措，同时也是适应民族地区社会经济发展的现实需要。各试点地区加大了双语教师培训的力度，重点从确立目标、组织领导、经费保障、培训基地、设施设备以及制定考核标准、教育督导等途径全面推进。

新疆以全省为单位积极、稳妥地开展双语教师培养培训改革试点，具体按照区域实际，制定不同的发展目标，分类推进。哈密师范学校明确将学校发展定位于双语教师的培养与培训，探索了一系列有效模式；喀什地区莎车县发挥本地区开展双语教育较早的优势，采取多种措施，进一步加强双语教师的培养培训；青海省海西蒙古族自治州建立了双语教师培训专项经费，建立了双语教师培训基地，规定了中小学少数民族双语教师 HSK 合格标准，并组织专家委员会对参训教师进行考核。

# 第三节　改革试点的典型经验和模式

国家通过试点推动，在加大农村教师的补充力度、多样化探索教师培训模式以及创新教师教育体系和人才培养模式、教师人事管理等改革试点中，涌现出一批特色鲜明的典型做法。这些地区的探索，不仅在稳定教师队伍、促进教师专业化方面发挥了典型示范作用，而且也为今后国家制定教师队伍建设的相关政策提供了有效参考。一些试点地区的经验正通过相互学习和借鉴的途径，在全国产生广泛的影响。

## 一、省级教育主管部门推进改革试点案例

为了实地了解改革试点的进展情况，2013 年 9 月 23 至 28 日，调研组选取了湖南省教育厅教师工作处、长沙市、株洲市、郴州市宜章、汝城两个国贫县以及湖南第一师范学院分别进行了实地专题调研。另外，对地处湘西的怀化市进行了专题问卷调查，对湘西的泸溪县试点情况进行了相关文献分析。本次调研涵盖了湖南省连片贫困县、湘西少数民族地区、地级市、省会城市、高校以及负责教师队伍建设试点项目的省教育厅教师工作处，被调研对象具有不同区域特征、行政划分以及工作职能，一定程度上代表了湖南省实施教师队伍建设试点项目的总体进展情况。调研方法采取了访谈、座谈、发放问卷、实地参观考察、文献分析等多种方法，调研结果具有一定的参考价值或可行性。

调研结果表明，湖南省在加强农村教师队伍建设、完善并扩大师范生免费教育和创新教师教育体系与人才培养计划改革试点方面具有较强的代表性，各试点单位采取了有效举措，并取得了实际进展。省级试点负责单位的主要经验和做法如下。

### （一）省教育厅明确改革试点总体目标，确立试点课题，分工实施

湖南省关于教师队伍建设改革试点的总体思路清晰，即服务教师，提升教师专业素养。湖南省教育厅制定了《关于加强湖南省中小学（幼儿园）教师教育体系建设的意见》（湘教发［2008］65 号），该意见明确了湖南省教师队伍建设的总体目标为：通过十年左右的建设，教师队伍结构明显优化，素质明显改善，学历明显提高，基本适应教育强省的需要，农村边远贫困地区的教师得以重点保证。同时明确了在全省范围内的教师培养体系与培训体系布局，即采取分层负责培养不同阶段的师资，以高校为主改革教师培训体系和人才培养计划。该意见规定分层负责培养不同阶段的师资为：长沙师范学院承担学前教育师资培养；湖南第一师范学院承担小学师资培养；衡阳师范学院承担初中师资培养；湖南师范大学承担高中师资培养。这是该省申报国家教育体制改革试点的主要背景和本次改革试点的方向和主要目标。

承担了教师队伍建设项目后，该省在推进国家试点项目上采取了分工实施的举措，分别规定由以下几个单位设立试点课题并加以推进，即衡阳师范学院推进创新教师教育体系试点，湖南一师试点推进完善并扩大实施师范生免费教育试点，省教科院人力资源研究所试点推进农村教师队伍建设，湖南省中小学继续教育指导中心试点推进教师培训。除省级推动外，在农村教师队伍建设试点项目中，湖南省选了 23 个县市进行试点，各试点单位扎实推进，务求实效，三年来每年上一个台阶，取得了较大成绩。

### （二）省级教育主管部门在改革试点中发挥统筹协调推进的职能作用

湖南省教科院人力资源研究所作为省级推进农村教师队伍建设的试点单位，自 2011 年以来，在加强农村教师队伍建设中，采取了省级、县市区两级协同试点推进措施。

1. 加强农村教师补充机制。一是实施免费师范生补充制度。湖南省现有教师队伍年龄结构老化，按照该省关于教师队伍建设的意见，规定湖南一师面向小学定向培养免费师范生，衡阳师院面向初中定向培养免费师范生，近

年来，免费师范生提供了大量优秀的青年教师，成为农村教师补充的最主要也是最稳定的来源。宜章、汝城是该省两个国贫县，两县的教育主管部门反映，从这两年农村教师补充力度和稳定程度来看，落实省内实行的免费师范生情况最好。二是自 2009 年以来，该省实施“特岗计划”，农村中学教育硕士培养计划，有 75 个县 5316 所学校落实了 1600 名特岗教师。全省“特岗计划”完成率为 77%，三年巩固率为 89%，坚持三年后留下来的为 98%。“特岗计划”有效保障了农村教师队伍的稳定性。三是全面推行了农村教师公开招聘制度。

2. 加强农村教师培训体系建设。一是按国家标准落实教师培训经费，设立省、市两级专项培训经费，定期对经费使用情况进行督查。二是制定省、市、县级教师培训规划，规定参加培训的教师需取得培训学分并作为教师晋升的必要条件。

3. 因为农村中小学校比较分散，集中培训难度大，该省未来将加强校本培训，将现代信息技术与校本培训结合起来，使农村教师培训体系规范化、灵活化。

## 二、制定具体办法鼓励优秀教师到农村地区从教的改革试点案例

多种措施加强农村中小学教师队伍建设是“健全教师管理制度，加强教师队伍建设”专项改革试点的重点内容。北京市、湖南省、重庆市、江西省等试点地区积极探索农村中小学引进优秀人才机制，纷纷出台了有利于农村教师发展的政策措施，已取得可喜的成效。

各试点地区及时废除或修订了不适应农村教师队伍建设的政策，出台了一批有利于农村教师发展的政策，已初步建立农村中小学引进优秀人才机制。其中，北京市、湖南省泸溪县等试点地区在破除制约农村教师队伍建设的体制机制性障碍和难点问题方面有突破、有创新，其改革探索在稳定农村教师队伍、吸引优秀教师到农村从教方面已初见成效。

### （一）北京市吸引优秀人才到农村从教的创新举措

北京市通过完善制度建设，吸引优秀人才到农村从教；鼓励高校毕业生到农村当教师；对农村边远地区实行倾斜政策，建立艰苦山区教师奖励机制，提高农村地区教师实际收入，绩效工资、补助和职称评定等向农村山区教师倾斜；通过专业培训，实施绿色耕耘、春风化雨培训行动计划，每年培训农村中小学教师2000名左右，提高农村校长、教师综合素质。

为加强农村教师队伍建设，北京市教委采取了具体措施，如设立专项指标开展北京市农村中小学骨干教师评选工作，以鼓励优秀教师从事农村教育工作，提高农村基础教育水平。北京市农村中小学骨干教师评选范围为朝阳、海淀、丰台三个区的农村中小学以及门头沟、大兴、昌平、怀柔、房山、通州、顺义、平谷、密云和延庆10个远郊区县乡镇及农村中小学。2013年全市共评选北京市农村中小学骨干教师200名左右，评选向条件艰苦、边远的农村和山区学校倾斜。北京市农村中小学骨干教师纳入北京市骨干教师管理范围，享受北京市骨干教师同等待遇。评选北京市农村中小学骨干教师，对深化农村教育教学改革，全面推进素质教育具有重要意义。

再如，2013年“北京市优秀教师”和“北京市优秀教育工作者”评选表彰工作要求：基础教育的评选要加大向农村地区学校倾斜的力度，对自愿和长期坚持在农村地区任教并做出优异成绩的教师给予重点倾斜；对在城镇教师支援农村教育工作中做出突出成绩的支教教师在同等条件下优先。

为解决农村中小学教师队伍存在结构性短缺的问题，经北京市政府同意，市教委和市人社局制定了《北京市公开招聘农村中小学音体美等学科教师三年行动计划（2013—2015年）》。在门头沟、房山（含燕山）、通州、顺义、昌平、大兴、平谷、怀柔、密云、延庆10个远郊区县（含城镇中小学）以及朝阳区、海淀区、丰台区的农村地区中小学，面向北京地区全日制普通高等学校应届本科及以上学历毕业生公开招聘。2013年至2015年将招聘1000名左右教师。公开招聘的非北京生源毕业生引进工作列入专项计划，按照现行引进渠道办理；受聘的毕业生在本学校本岗位服务期不少于5年，具体服务期限由各区县教委根据实际情况确定。

以上具体措施的落实，使农村教师切实感受到在农村任教更有发展空间，提振了农村教师信心，激发了农村教师的工作热情，切实促进了北京农村教育的发展。

## （二）湖南省泸溪县保障农村教师优先发展的创新举措

与北京市的做法很相似，湖南省泸溪县对农村中小学教师在经济待遇、评优评奖评先、职称评定、调配机制等方面给予政策倾斜，出实招，招招落地，着力加强农村教师队伍建设。一是实行了农村教师岗位津贴制度，鼓励教师到农村任教。绩效工资向农村学校倾斜，设立农教补贴，农村村片小教师每人每月 200 元，农村初中、农村中心完小教师每人每月 100 元。二是在评选优秀教师、学科带头人时，将 80% 的表彰指标投放到农村学校。每年有 300 多名坚守岗位、淡泊名利、无私奉献的农村教师受到表彰和奖励。三是实行了教师职务评审向农村教师倾斜政策。从 2005 年开始，教师中、高级职务晋升指标直接分配到乡镇，分解到学校，农村教师职务晋升的比率和机会超过了城区学校。泸溪县还规定，城镇学校教师晋升高级职务、参评特级教师和县级以上优秀教师，须有在农村学校服务经历，时间不少于 1 年。

与此同时，泸溪县推行“五制度一模式”，在师资调配机制上向农村中小学倾斜。“五制度”是指中小学教师定岗招聘录用制度；教师提前退养制度；乡镇中心完小教师到农村村片小定期锻炼制度；农村学校领导、教师到城镇学校跟班学习、挂职锻炼制度；乡镇音、体、美教师无校籍制度。“五制度”保证了农村中小学教师的及时补充，老龄化教师的有序退出，乡镇教师定期充实到村片小，农村学校领导、教师到省内外教育发达地区的名校、本县城镇学校挂职、学习，村片小有音、体、美教师授课。“一模式”是指“城乡换岗”模式。此模式保证了城镇教师对农村教师的业务帮扶、引导城镇骨干教师有序支教。有 100 余名省、州城区骨干教师和农村学校教师结成了师徒帮扶对子。

泸溪县在加强农村教师队伍建设，吸引优秀教师到农村地区从教、支教的实践经验值得各地学习、借鉴。泸溪县的成功经验主要有以下三点。

1. 强化农村教师队伍建设组织保障。近年来，泸溪县在全力推进教育强县工作中，始终把加强农村师资队伍建设放在突出位置，县委、县政府树立了“抓教育就是抓经济、抓教育就是抓发展”的观念，认真落实国家规定的各项教师工资待遇。此外，泸溪县委常委会议 4 次重点研究提高农村教师待遇及解决住房问题，县政府常委会议 5 次研究加强农村教师队伍建设工作。县人大、县政协定期视察教育，开展了提高农村教师待遇调研活动，并组织人大代表、政协委员积极为加强农村教师队伍建设建言献策。

2. 打组合拳，多项政策倾斜，提高农村中小学教师岗位的吸引力。一是经济待遇上的倾斜，提高农村教师收入。实行了农村教师岗位津贴制度，绩效工资中设立了农教补贴。二是在评优评奖评先、职称评定等方面向农村教师倾斜，提高农村教师受重视程度。三是政策引导城镇教师帮扶农村教师，建立农村教师补充机制、退出机制、培训机制、音体美教师走教制，多措施优化农村教师结构，保障农村教师的专业发展，提高农村教师业务素质。泸溪县出台的一系列向农村教师的倾斜政策，大大提高了农村教师的职业吸引力。

3. 改善农村教师工作生活条件。泸溪县在提高农村教师待遇的基础上，推行了“两项工程”，改善农村教师的工作生活条件，让在农村一线工作的教师安居乐教。一是实施农村教师周转房建设工程。二是实施“校安工程”。着力实施了农村中小学危房改造工程、农村寄宿制学校建设工程、农村中小学布局调整工程、农村中小学远程教育工程、义务教育合格学校建设工程等，极大改善了农村的办学条件，优化了农村教师的生活和工作环境。

目前，泸溪县的农村教育发生了可喜的变化。一是农村教师幸福指数变高了；二是农村村片小不愁没教师去了；三是农村教师的工作积极性提高了。这样的结果正是全国各地“加强农村教师队伍建设”所追求的。

## 三、采取多种措施加强农村教师队伍建设案例

位于湖南省南部郴州地区的宜章县，属于老、少、边、穷、山区县，伴随城镇化进程，出现教师队伍不稳定，生源流失严重，直接影响到了县域教育质量。近年来，结合教育强县计划，该县采取强有力措施加强教师队伍建设。

宜章县针对“教师职业倦怠，如何激活全县教育活力”、“全县教师紧缺，如何挖掘教育内部潜力”、“新进教师难留，如何让教师安居乐教”等教师队伍建设中存在的实际问题，自2012年起，在教育系统开展“三让三归三师”① 集中教育活动，加强“师德师风师能”建设；开展中小学校长竞聘上岗制度，开启校长专业化的第一步；加大农村教师补充力度，实行新进教师编制全部在农村，第一年必须在城区学校跟班见习一年制度。通过上述多项改革举措，有效加强了农村教师队伍建设。

### （一）加强“师德师能师风”建设，让教育回归本位

“三让”是指办出让县委、县政府放心，让学校、学生尊重，让群众、家长满意的教育；“三归”是指校长回归课堂、教师回归教材、老师回归家访；“三师”是指加强师德、师能和师风建设。“三让三归三师”集中教育活动，立师德、强师能、正师风、铸师魂。通过一年多的实践探索，该县师德师能师风有了较大提升，大力推动了教育回归本位，自成体系，成效明显。

### （二）激发教师职业荣誉感、责任感

“三归”活动的出发点是树立教师职业荣誉感、责任感，目的在于提升教师专业水平。为此，县教育局出台文件规定校长“不上课则下课”，全面落实校长回归课堂。全县中小学校长每周人均课时量达到5节。县教育局指导、督促全县各学校广泛开展家访活动，目前，该县教师100%参与家访活动，家访学生达到85%以上。在访谈中，一位中学校长指出：“一个好校长一定是一个好老师，校长回归课堂一方面转变观念，也是树立新的职业心态；另一方面通过上课，即提升了成就感，也在师生当中树立了良好的威信。”校长带头上课，起到了很好的示范引领作用。

### （三）选出身边典型，通过身边的楷模来激发和调动教师积极性

在开展“三师”活动中重点采取了弘扬正气，典型推动，充分发挥榜样

① 《宜章县教育系统2013“三让三归三师”教育活动实施方案》。

作用的举措，评选出了一批中小学师德标兵，县教育局积极宣传他们爱岗敬业、学为人师、行为示范的师德风尚。如迎春镇中心学校原校长李黎明爱岗敬业的感人事迹，曾经得到国务院总理温家宝的高度评价；网络妈妈谭兰霞老师，利用网络成立爱心助学金，结队资助特困孩子六十多人。通过典型推动，来唤醒教师职业责任感和工作积极性。

### （四）实行新进教师在县城实习一年制度，保障教师专业化成长

在县委、县政府重视下，该县加大了补充农村教师的力度。近 5 年内，新进教师 500 人，其中公开招聘 100 名，委培生四百多人，支教六百多人次，新进教师编制全部在农村。为保障教师专业成长，该县要求新进教师第一年必须在城区学校跟班一年，编制 5 年不动。该县教育局负责人认为，新毕业大学生要想成为合格的教师必须先通过将近一年的适应期，这一年的调整期是教师职业心态和基本技能养成的关键时期。通过有经验的优秀教师的传帮带、同伴间相互交流、自主学习等多种途径使新进教师尽快掌握教育教学规律和基本技能。通过一年的跟班学习，力争在 2 到 3 年内培养出一批优秀教师，在此基础上选出优秀骨干教师。

另外，该县县委组织部、县教育局对所有中小学校长实行了竞聘上岗的办法，通过优胜劣汰，激发了校长干事创业的热情，有效加强了教师队伍的管理。

该县通过激发教师职业情感与职业内驱力、公开选拔校长、加大农村教师补充力度、加强新任教师专业指导等多种措施，全面深化教师管理机制改革，为下一步教师的专业成长打下了良好的职业基础和机制保障。

## 四、创新教师教育体系，开展师范生免费教育改革试点案例

2010 年，依托国家教育体制改革试点，湖南第一师范学院在全国率先实施“初中起点六年制农村小学教师公费定向培养计划”，为湖南省县以下农村小学定向培养本科学历的教学和管理骨干，成为“创新教师教育体系、开

展师范生免费教育”的一项新创举。

湖南一师具有全国最大的师范专业，师范生占82%以上。学校定位于培养小学教师，创建国家级特色专业。实行“综合素质+教师基本技能”的人才培养特色；实施“一专多能，模块教学”的教学特色。学校的任务重在师范生培养和促进各学科协调发展。作为实施完善并扩大师范生免费教育的试点单位，目前，湖南一师免费师范生有2000名，其中，初中起点招生的有1500名，高中起点招生的有500名，生源涵盖了湖南省所有的县市区。湖南第一师范学院在教师教育基本制度、培养模式等方面采取了一系列创新举措，取得了积极的成效。

### （一）改革创新免费师范教育的基本制度

1. 学制与学历规定

初中起点六年制农村小学教师公费定向培养计划，采用“二、四分段”的方式进行培养。学生入学后前两年注册中职学籍，两年期满参加当年普通高校招生对口升学考试，考试成绩达到省当年划定录取控制分数线的，升入本科层次学习。

2. 招生标准与程序

在招生程序上，采取“学生自愿报名—学校初审推荐—县市区教育局初选—市州教育局和培养学校综合测试—县市区教育局组织考生体检—市州教育局预录—县市区人民政府与考生签订培养协议书—培养学校录取—省教育厅审核”的程序进行。要求学生必须达到当地省示范高中的最低录取分数线，有效提升了生源质量。

3. 教育与就业政策

县市区教育行政部门根据本地需要，分专业方向提出年度小学教师培养招生需求建议计划，省教育厅据此编制预分计划，根据预分计划确定县市区每年的免费师范生招生计划，实现按需招生。在校学习期间不得转学、转专业，在毕业前和协议规定的服务期内不得报考脱产研究生，要求毕业后回到生源地所在的县市区以下农村学校从事教育教学工作不少于8年，由定向培养的县市区教育行政部门负责落实任教岗位和编制，实现定岗到校，优化农村教师专业结构和资源配置。

### （二）改革创新免费师范教育的培养模式

1. 明确人才培养规格

培养学生的核心能力，通过优化人才培养方案，着力培养学生的课程实施与课程开发能力、教育教学能力、教育创新与教育教学研究能力、终身学习能力、教育技术能力和依法执教能力，使六年制师范生具有未来教师所必需的实施素质教育的能力和水平。在分科培养的基础上，实行主辅修制，实现小学学科（课程）全覆盖。要求学生在主修其中一个专业方向课程的基础上，辅修其他1—2个专业方向的课程，使师范毕业生具备承担2—3门小学课程教学能力，逐步从全科培养向分科培养过渡。

2. 优化课程体系

根据学生核心能力培养要求，科学设置课程体系。课程由“通识课程”、“专业课程”、“任选课程”、“辅修课程”、“实践课程”五大板块组成，融“高等教育共性”、“师范教育个性”、“小学教育特性”和“知识”、“能力”、“素质”为一体的“三位一体”课程体系。

3. 创新教学模式

学校从学生核心能力形成的规律出发，科学设计教学方法和教学基本形式，突出理论与实践相结合的课堂教学方法，强化实践教学，大量采取项目教学、现场教学、案例教学、讨论式教学和仿真教学等教学基本形式，提高教学实效。

### （三）湖南一师取得的成绩主要有三点

1. 生源质量明显优化

六年制农村小学教师公费定向培养计划因为采取公费教育、定向就业和适度缩短学制等措施，有效吸引了具有较大培养潜质的优秀初中毕业生，特别是品学兼优的农村贫困学生，优质生源为培养高水平、高素质的优秀小学教师奠定了良好的基础。

2. 教学技能得到强化

培养过程中，充分利用初中生可塑性强的特点，通过开设“普通话”、“教师口语”、“书法”、“美术基础”、“基础钢琴”、“形体舞蹈”等教师技能课程，对师范生进行严格的职业技能训练，使学生的师范技能教育与学科专业教育齐头并进，教师专业基本功得到非常好的锻炼。

3. 与政府协调创新农村教师补充完善机制

湖南全省小学教师25万，每年约有3万教师退休，而全省师范生每年毕业的只有4000人，因此，进一步扩大师范生免费教育具有很大的空间。2013年，经与省级财政厅协商，湖南一师定向培养免费生计划调整为4500人。

## 五、加强双语教师培养培训改革试点案例

双语教育是民族地区融入国家经济社会发展的现实需要，国家层面也非常重视双语教育的开展工作。除了国家专项援助政策之外，还鼓励地方试点推进。

新疆维吾尔自治区自2004年起开始实施双语教育工程，自2010年起，规定所有民族学校小学一年级都开设汉语课。双语教育工程包括少数民族学前教育，汉语师资培训和建设，师范院校毕业生实习助教，民汉合校，扩大内高班和区内初中班招生规模等。《教育规划纲要》颁布后，新疆维吾尔自治区以全区为单位承担了推进双语教师队伍建设的改革试点。课题组主要对哈密自治州和喀什地区的莎车县进行了专题调研，拟从一个地区和一个县的层面了解当前双语教师队伍建设的实际进展情况。课题组主要通过专题问卷、访谈该区教育局负责人以及文献分析方法，具体以新疆哈密地区和喀什地区莎车县双语教师培训两个案例来说明。

### （一）新疆哈密地区多样化推进双语教师培训

课题组于2013年4月，围绕“完善民族地区‘双语’教师培养培训模式”试点情况，对哈密地区进行了专题调研。调研结果表明，该地区规划了中长期双语教师达标率，制定了一系列双语教师培训制度：（1）制定了哈密

地区《少数民族中小学教师双语培训规划》；（2）各学校成立了双语教学培训工作领导小组；（3）地方政府设立了双语教师培训专项经费；（4）建立了中小学双语教师培训基地；（5）建立了数字语音教室；（6）规定了中小学少数民族双语教师的 HSK 合格标准；（7）将双语教学纳入到教育督导范围；（8）学员在结业前参加国家级 HSK 汉语水平考试。创新培训模式，采取了国培、省培、校培、支援培训等多样化培训模式，按照“分层次、多形式、求实效、重提高”的原则，采用集中培训和实践（包含自学）相结合、脱产与半脱产相结合、民汉校联合搞教研活动等多种培训方式，根据学员掌握汉语水平的程度，通过学习、实践、研究三个途径，按理论、实践、反思三大模块分期同步进行，并组织学员进行教育教学考察、观摩实践等活动，进一步加强了双语教师的培养和培训。

哈密师范学校正确定位于双语教师培训工作，在双语教师培养培训中发挥着重要作用。以哈密师范学校小学理科双语教师培训班数学教学方案为例，主要采取了多读、多说、多写的教学方式，共上十六周课，从小学数学教材中的数学术语及其用法教起，到分组训练、讲课训练、再到学校实地见习、汇报实习情况及撰写培训总结等多个环节进行。

### （二）喀什地区莎车县积极开展双语教师培训

莎车县是喀什地区较早开展双语教育的县，1997 年在佰什坎特镇中心小学开办了第一个双语班，2000 年在佰什坎特镇建成新疆维吾尔自治区第一所农村寄宿制双语小学，同年，在县第二中学（汉语系中学）开设了双语实验班。伴随自治区推进双语教育的步伐，莎车县双语教育实现了从无到有，从小范围试点到大面积推广的跨越式发展，双语教育覆盖面不断扩大，从幼儿园到中小学都有双语教师，全县双语教育呈现出持续、健康、稳步发展的良好态势。为适应自治区关于加强双语教师培训需要，该县积极开展双语教师培训。目前，莎车县双语教师中少数民族教师占 90%，35 周岁以下在职在编教师 5582 名，其中，双语教师占 2158 名，占到了 38.7%。

全县接受各级各类培训的中小学（含幼儿园）教师共计 1207 名，其中，幼儿园 12 名，小学 786 名，初中 369 名；参加国家级培训的有 24 名，自治区级培训的有 279 名，地区级培训的有 120 名，县级培训的有 694 名，援疆省市培训的有 90 名。为了提高农村学校双语教师的综合素质，保障学前和中小学双语教育的有机衔接，该县在选拔教师参加双语培训的名额分配上，注重向农村学校尤其是村小倾斜，目的是通过培训提高农村学校双语教师的综合素质，为学前和中小学双语教育的有机衔接奠定基础。在参训的 1207 名双语教师中，来自农村的教师就占了 1086 名，占到了参训教师总数的 90%。而其中，村小教师占到了参训教师总数的 63%。2012 年秋季，全县接受学前双语教育的幼儿约占少数民族 5—6 岁幼儿总数的 86. 1%；同年秋季，该县通过双语师资内部调剂、大学生顶岗实习、双语骨干教师下乡支教等措施，优先满足小学一年级双语教学师资需求，确保秋季学期双语教育幼小衔接比例从 2011 年的 27%提高到 85%①。另外，该县充分利用现有资源，如充分利用现代信息技术，以及国家、自治区、对口援建省市有关双语教育的资源，加强双语教育资源开发建设。

## 六、校长职级制、教师职称改革试点案例

实行校长职级制改革，为加快实现中小学等事业单位与机关行政级别脱钩，建立适应中小学特点和符合校长成长规律的管理体制而言具有重要的现实意义，这项改革涉及教育行政部门统筹事权与人权，是教育行政机关向学校教育机关适当放权的重大探索，有利于校长专业化、职业化和建立校长人才后备库。

目前，该项试点地区主要有上海市、中山市。本课题组主要针对上海市实行校长职级制改革试点情况进行了专门调研。重点从以下三方面了解：一是了解校长职级认定、评审以及相关保障制度；二是了解区县内实际推进情况；三是访谈个别校长，了解职级制对校长角色发挥带来的影响。课题组通过发放专题问卷调研、个别访谈等方式，进行了深入调研。

---

① 莎车县教育局：《坚定不移、积极稳妥地推进学前及中小学“双语”教育之浅谈》。

### （一）上海市关于校长职级制改革试点案例

上海市按照校长专业化，以及坚持“抓好试点、平稳衔接、有序推进、不断完善”的改革原则，以《中小学校长专业标准（试行）》为基本依据，深化中小学校长职级制改革，逐步形成了校长队伍建设与专业发展的长效机制。

1. 完善制度建设，分别制订了各级各类学校校长的职级制评定方案

2000 年，上海率先在国内实施中小学校长职级制改革。成为国家试点单位后，该项改革得到了进一步加强。近年来，上海市制订了一系列改革方案和指标体系，切实保障校长职级制改革的顺利开展。诸如，制定了《上海市中小学校长职级评定方案》、《上海市幼儿园园长职级评定方案》、《上海市中小学党支部书记对应校长职级标准评定方案》、《上海市中等职业学校校长职级评估指标体系》、《上海市中等职业学校党委（总支或支部）书记对应校长职级标准评估指标体系》等。

2. 逐步完善认定组织机构及程序

上海市关于校长职级制认定组织机构的安排及程序有：一是市教委设立职级制评审领导小组、职级制评审办公室（设在市教委人事处），对全市校长职级制改革进行宏观指导和具体协调；由市职级制办公室组建职级专家评审委员会，负责对特级校长的评审；二是区县设立相应的职级制工作机构，如设立区县职级制评审办公室（设在区县教委组织、人事科）；由区县职级制办公室组建职级制专家评审委员会，负责对一级和二级校长的测评和认定，并推荐特级校长；三是市教育评估院在市教委领导下，组织成立中等职业学校校长职级评审办公室和中等职业学校校长职级专家评审委员会，负责对中等职业学校一到三级校长职级评审的具体实施，并推荐特级校长人选。区县评委会一般由 9 人至 15 人组成，设主任 1 人，副主任 1 人至 2 人，区县（中职校）评委会由党政领导、名校长、专家各三分之一组成，名校长和专家人数的二分之一须聘请外区县人员。

3. 健全管理制度

一是完善校长工资管理制度，将校长职级工资中的级等工资和能级工资

纳入绩效工资管理。校长的绩效工资由区县教育局依据校长职级、工作量、考核结果等因素确定。并且校长的绩效工资在区县绩效工资总量内统筹安排，不占所在学校绩效工资总量。二是建立特级校长奖励制度，促进特级校长的可持续发展，即根据区域和学校发展需要，有条件的区县可试行延长特级校长的退休年龄，继续聘其担任校长。

4. 各区县形成自己特色，深化校长职级制改革

浦东新区成立了校长职级制改革试点专项指导委员会，并确立了财政专项经费，建立了校长职级评审专家委员会以及关于职级制的专门研究机构。嘉定区试行校长准入制度，长宁区每两年推荐一次校级后备干部，形成后备干部储蓄库，并对后备干部进行培训、专题研修，校长的选拔采取民主推荐，从校长后备干部中产生由组织任命，或公开招聘。

### （二）上海普陀区推进教师职称改革试点的案例

职称是中小学教师职业道德及业务水平的一种外显、物化的标志，是对其教书育人能力的一种客观衡量。目前，国家倡导的中小学教师职称改革试点的主要内容有：一是统一中小学教师职称系列；二是完善评价标准，把师德作为评聘教师职称的首要条件，树立正确的用人导向；三是创新评价机制，靠同行专家，主要是一线教师来评价中小学教师的水平和能力；四是实现与事业单位岗位聘用制度的有效衔接，明确中小学教师职称评审在核定的岗位结构比例内进行，促进中小学教师的合理使用和跨校流动。各试点地区结合各自实际，推进该项改革试点。目前，除了潍坊、宝鸡两市作为国家试点推进职称改革外，全国已有 104 个市区在进行探索，有些地区的做法具有一定的借鉴意义，对此，课题组对上海市普陀区试点情况作了专题调研。

普陀区是上海市教师职称改革三个试点区县之一，2013 年 4 月 8 日，该区制订了《普陀区深化中小学教师职称制度改革试点工作方案》，该方案明确了改革的主要内容为，建立统一的中小学教师职务制度，统一职称（职务）等级；按照《中小学教师水平评价基本标准条件》完善评价标准；创新评价机制，采取同行评审、量化赋分评价模式、讲课说课、面试答辩、专家评议等方式，建立了申报材料和评价结果“双公示”制度；实现与事业单位

岗位聘用制度的有效衔接，通过评审结合、跨校评聘、完善考核、聘后管理等方式加以保障。通过先行先试，目前该区已平稳完成该项试点任务。其主要做法：

一是领导重视，注重宣传。区委、区政府领导多次听取试点工作推进情况的专题汇报，并及时做出相应指示，分管教育的区长参与讨论正高级教师推选工作。区人社局和教育局联合下发文件，向教育系统各单位的党政领导详细解读了职称过渡和正高级职称评审两项工作的指导思想、基本原则、实施范围、工作要求、推进程序、时间节点等。教育系统各单位对该项改革的政策进行了充分的动员和宣传，确保政策传达到每一个教师。

二是周密部署，组织保障。该区制订了《普陀区深化中小学教师职称制度改革试点工作方案》和《普陀区教师正高级职务评审工作方案》，教育系统多次召开人事干部会议，听取改革过程中的意见，及时解决问题。为了保障改革的平稳顺利进行，该区从区到校建立了层层组织机构，确保改革平稳推进。如建立了普陀区中小学教师职称制度改革试点工作领导小组（由分管区长任组长，人社局、教育局负责人组成）、普陀区中小学教师职务评聘纪律监督委员会（由区纪委副书记、监察局局长任组长，区人社局、教育局监察部门、教育工会和基层教师代表共同组成）、各相关学校成立了改革试点工作小组和教师职务聘任委员会。另外，成立了由区人社局、教育局行政领导，以及属下中小学教育教学工作且具有高级专业技术职称的 10 名专家组成的 2013 年上海市正高级教师职务任职资格普陀区评审推荐工作小组。

三是严格程序，公正公开。严格按照学校审核、个人确认，审核备案的过渡程序和个人申请、区县推荐、专家评审、单位聘任的正高级评审程序开展工作，并做到公开透明，公开中小学教师职务评聘纪律监督委员会名单及联系方式。

四是坚持标准，责任落实。该区在实施职称过渡工作时，制定了全区统一的操作口径，严格了职务标准的相关要求，保证了过渡工作的顺利开展。确立了开展工作的责任主体，区纪委、监察局承担监督工作，区人社局和教育局承担组织实施、指导工作和审核推进，教育系统各相关单位承担政策宣传、具体操作的职责。各责任主体各司其职，确保工作有条不紊地开展。

通过该项试点，教师职务新标准给教师提供了努力的目标和方向，正高级职称的设置与评审，极大地调动了优秀教师的积极性。

## 七、开展教师资格注册制度改革试点案例

湖北省宜昌市于2012年3月1日正式实质性推进教师资格注册制度改革试点，具体通过一个月的学习宣传，半个月的个人申报，一个月的材料审理，5天内完成注册认定工作，使该项试点稳步推进，具体经验有以下四个方面：一是领导重视，成立了中小学教师资格定期注册试点工作领导小组，加强对试点工作的领导，落实专项经费；二是全面调研摸底，通过座谈会、讨论会，摸清实际情况，有针对性地制订实施方案，制订好方案后报请省教育厅批准实施；三是加强人员业务培训，分别对县区教育局领导和具体经办人、市直属学校的领导和具体经办人进行专项培训，稳步推进实施试点工作；四是规范试点工作，做到"五个统一"，即统一实施方案、统一注册条件、统一注册程序、统一档案材料、统一注册印章，加大政策宣传，实施试点工作周报告制度。通过以上措施，形成了系统的操作方案，使该项试点稳步推进。

# 第四节　改革试点中存在的问题及其原因分析

推进教师队伍建设改革试点的确取得了多方面的成绩，但是试点过程中面临的困难与问题也非常实际。需要国家和地方及时分析和研究改革试点进程中凸显出来的困难和问题，进一步改进策略，寻求改革试点更为顺畅的体制机制环境。

## 一、改革试点进展过程中面临的困难与问题

经过三年的实践探索，各试点单位取得了一定的成绩，并初步形成了符

合新时期中小学教师管理特征的新体制、新机制，为加快全国中小学教师队伍专业化建设积累了宝贵的经验。不过，改革进程中还面临许多困难和问题，需要在今后的试点推进工作中加以解决。

### （一）组织管理过程中存在的主要问题

教师队伍建设作为国家教育体制专项改革试点之一，无论从参与试点的单位地区，还是试点专项内容来看，涉及面大，区域差距大，进展程度也很不一样。从涉及单位看，既有教育部直接负责推进的项目，又有省级单位负责的项目；既有部属高校，又有地方高校；既有发达地区，又有欠发达地区，区域间存在的差距直接制约着试点进展的程度。

从试点组织管理来看，体制改革试点任务下达以后，在某种程度上让各试点地区自行探索，自行解决实际困难。实际上，试点工作是探索性工作，非常需要国家的指导和相应的政策支援和激励机制，更需要专家指导。由于经费、相应激励机制的缺失，不少试点地区还仅限于部分试点市、县开展，没有普及到全省范围内，极大地降低了试点探索的普及性、实效性。

### （二）多途径开展农村教师队伍建设改革试点中面临的困难和问题

试点地区遵循以农村教师队伍建设为重点的改革指导思想，采取多种改革举措，逐步形成了具有地方特色的多样化的教师补充机制和培训模式。不过，从试点地区整体进展情况来看，由于历史遗留的问题，受城镇化过程中居民人口流动的变化以及社会转型过程中人们生活观念的变化等因素的影响，农村教师队伍建设形势依然很严峻，具体体现在农村教师总量不足、结构不合理、待遇过低、招聘难度大、培训效果不明显等困难和问题。

在培训层级上各地区之间存在很大的差距。一般来说，省会城市、中心城市或经济发达地区教师培训的经费、层级都远高于经济欠发达地区，尤其是边远贫困县，这使教师职后教育之间的差距还在拉大。以某省一个经济发达的地市和一个贫困县为例，发达地市 2013 年的培训经费为 900 万元，而同一省内的某贫困县 2013 年的培训经费仅为 80 万元。

国培计划每年国家投入很多，但实际上并没有产生整体效益。以某国贫县为例，每年国培名额落实到该县里只有几个名额，名额非常少，省级培训名额也不多，大部分依靠县级教师培训机构。但是，该县教师进修学校专业结构不合理，师资薄弱，职责不清，很难有效担负起实际的培训任务。据该县一位校长说，作为校长，他本人得到培训的机会就非常少，国培、省培，该校一个名额都没有，市培也只有30—40人，主要是靠校本培训，具体以讲座、说课、派教师到外校挂职锻炼等形式进行。

试点地区在加强农村教师培训过程中还面临培训经费不能满足长远需要、工学矛盾突出等现实困难，这些都迫切需要通过具体政策和制度改进加以完善。

### （三）创新教师教育培养体系和人才培养模式改革试点中面临的困难和问题

就当前创新教师教育培养体系和人才培养模式，2013年9月，课题组对全国地市教育局长培训班进行了相关调研。调研表明，各试点地区在多样化开展教师培训环节中主要面临如下几方面的问题：一是尚有一半的培训机构师资不能满足中小学教师培训工作实际需求，培训机构师资队伍建设亟待加强。二是被调查地区中还有一半以上地市未开展教师培训模式创新，即使开展创新的地区，对教师培训机构的整合与统筹培训资源的力度有待加强。通过访谈发现，一部分地市存在培训机构重复建设或者资源闲置浪费现象，需要加强相关政策支持力度，促进地方创新的积极性，提高统筹资源的力度。三是大部分地区教师培训效果不高。调研表明，认为自己所在地教师培训效果一般的地市教育局局长有50.9%，培训效果较差的20.7%，培训效果较好的仅有28.3%。共有71.6%的地市教育局局长认为所在地区教师培训效果一般或较差，这与“教师培训经费得到较好保障、教师培训机构建设进一步加强、地方尝试开展教师培训模式创新”的总体判断形成鲜明对比，亟须引起教育行政主管部门和教师教育相关研究者的高度重视。

### （四）双语教师培养培训试点过程中面临的困难和问题

双语教师培养培训试点工作在组织规划、多途径探索培养培训模式方面有了实质进展，不过，试点整体进展速度过慢，效果不够显著，有个别试点地区还面临停滞不前的困境。课题组于 2013 年 4 月和 10 月，以专题问卷调查方式先后对新疆哈密地区和喀什地区的莎车县、青海海西自治州进行了调研。调研表明，莎车县全县双语教师（含中小学、幼儿园）2437 人，仅占全县学校教职工总数的 23%；35 周岁以下、HSK 达到六级以上，基本具备双语授课能力的教师仅为 1170 名，占该年龄段少数民族教师总数的 21%。哈密、海西州也面临同样的问题，即双语教师比例过低。（见表 4-2）

**表 4-2　哈密地区、青海海西自治州规划双语教师在全体教师中所占比例**

（单位:%）

| | | 2010 年 | | 2011 年 | | 2012 年 | | 规划目标 | |
|---|---|---|---|---|---|---|---|---|---|
| | | 哈密 | 海西 | 哈密 | 海西 | 哈密 | 海西 | 哈密（2020 年） | 海西（2015 年） |
| 小学 | 城市 | 28 | 21 | 29. 1 | 21 | 29. 98 | 20 | 35 | 20 |
| | 农村 | 23. 5 | 29 | 26. 5 | 29 | 27. 83 | 25 | 31 | 25 |
| 初中 | 城市 | 11. 9 | 18 | 14 | 18 | 19. 8 | 17 | 26 | 17 |
| | 农村 | 10. 01 | 20 | 12. 7 | 20 | 13. 9 | 23 | 20 | 25 |
| 高中 | 城市 | 20. 73 | 7 | 21 | 7 | 22. 34 | 10 | 28 | 10 |

双语教师培训改革试点同样面临配套综合改革的现实问题。高中阶段教育的高效普及是确保各学段双语教学的有机衔接，以及保证少数民族学生高中毕业时达到“民汉”兼通，促进少数民族地区跨越式发展，保持和谐稳定、长治久安、实现小康社会的重要的人才保障。实践表明，民族地区双语教育发展还面临许多困难和问题，这说明仅仅通过双语教师培养培训试点很难实现预期的改革目的，改革必须实施相应的配套政策，进行综合推进。以莎车县为例，该县 2010 年、2011 年、2012 年秋季的高中双语入学率（含内高班学生数）分别为 38%、36%、46%，而在这三年内初中双语班毕业学生的流失率分别为 62%、64%、54%，从这个数据可看出，该县近几年为发展义务教育阶段双语教学而做出的努力近 50%已前功尽弃，这值得深思。在试点推进过程中，必须强化双语教育配套改革，确保民族地区双语教育的健康

持续发展。

### （五）推进教师人事管理改革试点过程中面临的困难和问题

虽然各专项改革试点领域都取得了实质性进展，但从教师专业化的制度性保障环节来看，试点推进过程中还面临着很多实际困难和问题。

首先，实施教师资格认定和注册制度是要打破教师终身制、探索教师退出机制的有效途径，旨在激发教师的职业内驱力。不过，教师资格认定和注册制度的实施离不开内外部环境的影响。调研表明，目前，教师队伍职业倦怠非常明显，职业成就感和幸福感在下滑。2013 年 4 月，课题组对全国 115 名县市教育局局长的调研表明，占 88.7%的局长认为自己所在地区教师存在职业倦怠现象。在这样的背景下，推行教师退出机制改革需要慎重对待，否则会适得其反。调研表明，推进教师资格认定和注册制度试点的县市一级教育主管部门认为，该项试点效果还不很明显，尤其在注册手续等环节上还不够熟悉，需要进一步的专业指导。另外，在注册环节中对教师不同学历、专业、科目条件、内容等细节的关注度还不够，需要进一步完善。

其次，教师职称改革试点是激发教师工作积极性的重大举措，试点地区的实践也在一定程度上证明该项举措是行之有效的。目前，改革中面临的主要问题有以下两方面：一是教师职称改革涉及的横向部门之间的配套改革不到位。目前，教师职称评定基本上是由人社局、编制办、教育局三家单位共同组织实施，各横向部门之间缺乏内在协调机制，不利于职称评定工作的合理有效开展。二是正高级职称比例的确定过于严格，影响了教师积极性的发挥。

校长职级制改革是保障校长专业化的有效探索，从几个试点地区的效果看，在一定程度上淡化了校长行政级别，减少了繁重的行政事务，保障了校长听课、讲课的时间，有利于校长的职业化和专业化。但受综合因素影响，仅仅通过校长职级制单项改革，还未达到教育家办学的目标，需要配套实施相应的制度加以进一步完善。

## 二、改革试点问题原因分析

课题组综合分析改革试点面临的主要困难和问题，认为制约当前教师队伍建设改革试点的主要原因具体体现在以下几个方面。

### （一）教师身份缺乏强有力的法律保障，很难吸引优秀人才从事教育事业

在我国，教师身份不仅缺乏强有力的法律保障，而且教师社会地位和工资待遇缺乏吸引力。在社会转型过程中，教师生活尤其是农村教师生活相对贫困化，难以吸引优秀人才从教，在市场经济冲击下，教师这一曾经被誉为“太阳底下最崇高的事业”，渐渐已无往日色彩。迄今为止，我国关于教师地位的相关法律主要有《教师法》、《义务教育法》。《教师法》第 25 条规定：“教师的平均工资水平应当不低于或者高于国家公务员的平均工资水平，并逐步提高。”《义教法》第 30 条规定：“教师应当取得国家规定的教师资格”；第 31 条规定：“各级人民政府保障教师工资福利和社会保险待遇，改善教师工作和生活条件；完善农村教师工资经费保障机制”；第 32 条规定：“县级以上人民政府应当加强教师培养工作，采取措施发展教师教育。”由此可见，我国关于教师身份与地位的法律仅限于工资待遇、教师培养以及资格准入等方面，而且这些法律规定还比较笼统，缺乏具体操作程序和保障措施。教师身份因缺乏明确的法律保障，因此，在现实当中，政府愿意加大对学校硬件建设的投入，却不愿意投入到教师队伍建设中来，因为教师队伍建设的效益体现具有滞后性。在缺乏法律保障的环境下，教育行政部门也无法有效统筹教师队伍建设。

教师队伍建设在现实当中比较突出的问题就是教师职业发展内驱力不足，教师职业更多时候被视为谋生手段，教师职业吸引力在不断下降。一位省级教师队伍建设试点项目的负责人不无担忧地指出：“当前我国教师队伍建设整体状况有如‘温水煮青蛙’，缺乏相应危机意识和强有力的改进措施。如果国家不拿出强有力举措解决教师职业吸引力问题，将会影响到国家和民族

的发展前途。”

教师身份缺乏法律保障，教师职业吸引力下降，是制约稳定农村教师队伍、吸引优秀人才从事教育事业的最根本的外部因素。

### （二）教师结构不合理，性别结构失衡突出

教师结构不合理，是制约教师队伍整体素质提升的一个重要因素。

首先，教师年龄结构不合理。以某县为例，全县教师平均年龄为 46 岁，边远山区教师平均年龄则在 50 岁以上。全县 50 岁以上教师 800 人，约占全县教师总数的 1/3。教师老龄化带来的弊端主要有两个方面，一是思想比较保守，固化，不灵活，缺乏创新意识和理念，而缺乏创新理念的教师培养不出具有创新理念的学生。调研中我们发现，农村地区教师队伍建设面临的最大困难是，教师思想观念落后，不少教师不支持新课改，不接受现代化教学技术手段。二是教师年龄老化，加大了年轻教师的工作量。有位教育局局长打了一个非常形象的比喻，教师工作量满 10 分的话，那么 50 岁以上教师也就只能出 4 分的力，剩余工作量在无形间就转嫁到了年轻教师身上。

其次，学科结构不合理。音体美教师不足，不少学校只能是跨年级授课。这一现象主要在农村地区、边远贫困地区、少数民族地区比较普遍。

最后，性别结构不合理。近年来，新进“特岗”教师中，女性比例过大这一现象特别突出，并且大部分是未婚女教师。《中国教育报》2013 年 9 月登载了一篇关于湖南省平江县女“特岗”教师“愁嫁”的新闻报道。该县教育局一位负责人指出，“该县‘特岗’教师 80%为女教师，其中 80%又是外县人，最远的有黑龙江、宁夏等省份的，她们大学毕业两三年后，年龄都大了。由于大多是外地人，又没有父母亲友介绍，她们的婚恋问题便成了教育局始终牵挂的事”①，这一现象不只是湖南省存在，而且不少地区都存在。据湖南省教育厅教师工作处的负责人介绍，湖南省出于对“特岗”教师的关心，鼓励各地区因地制宜，创造多种途径为女教师牵线搭桥，但仍然无法从

① 阳锡叶，等．湖南一些地方女特岗教师难找对象缘何“婚恋难”？［N］．中国教育报，2013-09-28（9）．

根本上解决问题。

分析出现女“特岗”教师愁嫁的问题，原因应该是多方面的，这里既有传统观念问题，如农村男青年出于学历等因素考虑不愿意娶女教师，也有“特岗”教师多外地，缺乏熟人社会的关照，更深层次的原因还是“特岗”教师待遇过低，而且还有一个三年后重新选择去向的问题。调研表明，一个贫困县的“特岗”教师，月工资为2000元左右。

### （三）教师职业缺乏吸引力，教师队伍不稳定

近年来，地方政府加大了教师补充力度，但是仍未从根本上改变教师总量不足的局面。这是因为，第一，在市场经济条件下，社会上各行业之间收入差距拉大，在社会消费水平持续上涨的背景下，很多人希望选择收入较高或工作相对轻松的职业岗位。教师职业是育人工作，实际上教师工作中很多工作是无法量化的，加上近年来，独生子女教育问题、社会媒介影响、物质化、功利化等多种因素的影响，想当教师的人越来越少了。教师工资太低，成为吸引优秀人才的主要制约因素。第二，区域间教师收入水平之间的差距，也影响了教师队伍的稳定性。调研表明，某省教师平均工资，县城与地市之间相差1000元/月，地市与省会城市之间相差1000元/月。县城教师平均工资要比省会城市教师平均工资低约2000元/月。第三，“特岗”教师队伍也不稳定。调研中发现，“特岗”教师政策有利也有弊，“利”在于该政策成为补充当前农村教师队伍的最为快捷的途径，“弊”在于这项措施带来“3个比例过多”的现实问题，即非师范生比例过多，外地生比例过多，女性比例过多。

教师职业缺乏吸引力，使教师补充机制还不能深入开展，很难稳定教师队伍。

### （四）教师工作量太大，教师职业倦怠非常明显

教师工作压力大、一人多岗的现象比较普遍，制约了教师职业内驱力的发挥。2012年，湖南省人力资源部对农村人力资源现状进行了大型调查，调查结果表明，一是农村教师职业吸引力连年下降，偏远地区更缺乏吸引力；二是农村教师职业倦怠感比较突出。因为教师总量不足，因此，现实当中，

教师一人多岗现象比较普遍。教师工作量在加大，工作难度也在增加，教师职业倦怠感非常明显。

班主任津贴标准过低，很大程度上影响了班主任工作的积极性。当前的班主任工作环境已大不同从前，主要面临如下五方面的困难：（1）独生子女学生越来越难管，与家长之间的沟通合作越加复杂化；（2）班主任工作津贴标准很低。1979 年教育部、财政部、国家劳动总局颁布的《关于普通中学和小学班主任津贴试行办法》规定办主任津贴为：中学每班学生人数在 35 人以下发 5 元，36 人至 50 人发 6 元，51 人以上发 7 元；小学每班学生人数在 35 人以下发 4 元，36 人至 50 人发 5 元，51 人以上发 6 元。到了 1988 年，人事部、国家教委、财政部下发了《关于提高中小学班主任津贴标准和建立中小学教师超课时酬金制度的实施办法》规定：中小学提高的幅度和教师超课时酬金的具体数额，均由各省、自治区、直辖市结合实际情况自行确定。各地区基本上按照 1979 年的国家标准增加了一倍，即班主任津贴最高标准为 14 元/月。直到今天，有些省份还按 14 元/月的标准执行，这在很大程度上限制了教师担任班主任工作的积极性；（3）社会上横向部门对学校的干涉过多，使很多不属于教育教学的任务都转嫁给了班主任，加重了班主任工作负担；（4）有的班主任工作量远远超过规定的八小时工作制。早自习、课间操、晚自习都要求班主任在场，另外，寄宿制学校班主任还要夜间值班巡视等，很多老师到家都是晚上九点以后了；（5）很难落实教育部规定的班主任工作量可按 50%的教学工作量统计的办法，因为，师资不足，减少不了班主任实际的教学工作量。由于班主任工作任务繁重，津贴过低，因此每年选班主任成为学校最头疼的事情，有些学校校长和副校长因实在没有教师担当班主任，只好自己亲自担当班主任。

教师不仅工作量大，而且相应的福利待遇不高。以体检为例，由于国家缺乏统一的规定，教师体检缺乏长效机制。某县一位教育局局长在采访中提到，该县曾经组织过全县教师进行统一体检，体检费一次性财政支出 40 万元，因资金过大，县财力有限，就不再组织体检了。在全国，个别有实力的区县和学校才能做到每年组织教师进行体检。

### （五）教师人事管理体制不畅，成为教师管理制度改革的主要障碍

教师人事管理是教育行政管理的重要组成部分，同时也是教育行政管理运行中最为艰难的部分。如何保障属于事业单位编制的教师走专业化道路，取决于外部整个社会大环境的改革。改革试点中，主要面临的困难是对教师队伍管理，存在教育部门、人社部门、组织部门、编制部门多头管理的情况，教育主管部门无法统筹教师管理，以及教师评价机制不够健全。具体体现在当前的教师管理制度，多数地区教师招聘权并不在教育局，而是由组织部作规划，由人社局计划实施招聘环节，教育局只能起到协助或落实计划的职责。还有采取省级或地市一级政府统一招聘教师这种探索方式，有可能限制了县市级政府自主招聘教师的权限和积极性。

因此，如何制定职级评定、职称评定评价标准、评定机构及其评委的资格认证标准，如何有效协调教育、人社、编办、规划等部门之间的职责，实现职称正常评定与事业单位岗位聘用制度的有效衔接、保障教师准入制度的科学性等，这些人事管理制度中存在的问题必须得到有效改进和完善；否则，试点工作很难有实质性的突破。

# 第五节　改革试点的具体建议

鉴于上述改革试点所取得的经验与成效，面临的实际困难与问题，课题组对“健全教师管理体制，加强教师队伍建设”改革试点提出如下几点建议。

## 一、加大国家对改革试点的指导并建立相应激励机制

当前开展的所有改革试点都是在探索中前行，而教师队伍建设的改革试点关系教师资格标准、评价指标、职务职称、培训方式以及教师专业成长等多方

面的专业指导过程。随着改革的进一步深化，各试点地区正面临着如何通过学习和借鉴兄弟省市区有效的经验和探索，来进一步丰富和深化本地区教师队伍建设的内容和方法，以及如何调动试点地区持续稳定地推动教师队伍建设的改革积极性等问题，这些问题的解决亟待国家层面给予专业指导和激励保障。

### （一）国家给予专业指导，建立全国试点经验交流平台

一是在现有的教育部组建的有关教师队伍建设的专家团队基础上，吸纳各试点省（市、自治区）、高校，甚至地级市试点单位的专业人士参与，形成中央与地方共同谋发展，共同协商推进机制。同时，建议国家层面或省级层面对试点地区开展经常性诊断和指导，以便及时发现问题，及时改进相关政策制度。二是建立全国统一的改革试点经验交流共享平台。目前，各试点地区进展情况很不统一，亟须一个共享平台，相互学习，相互促进，增强改革的实效性。

### （二）建立激励机制，奖励改革试点取得成效的地区

改革试点已经推进三年了，国家对改革试点取得的成功经验及时给予肯定或在全国范围内推广等相应举措力度不大；同时缺乏有效的投入机制，规范性文件也很少。建议教育部加强相关法律规定，并建立长效机制。国家设立试点专项经费，表彰和奖励那些取得成效的试点地区。目前，县市一级开展改革试点最大的困难是财政困难，所以，从整体效果来看，以省为单位推进专项试点的地区效果不是很明显。所以，建议国家采取以奖代补的激励措施，促进各地区改革试点的积极性和主动性。地方也要在本省内建立相应的激励机制，采取以奖代补的激励措施，鼓励地方自行探索，形成良好的激励机制。

## 二、提高教师待遇，鼓励教师终身从教

“健全教师管理体制，加强教师队伍建设”改革试点，体现出政府开始转变教育管理职能，即从注重规模发展开始关注教育内涵发展，尤其是开始重视教师队伍整体素质提升，重点从教师准入、教师教育、教师培训、教师

职称、农村教师待遇等领域深入推进。经过三年的改革探索，各试点地区积累了经验，探索出具有区域特色的教师队伍建设实践模式，对今后教师专业化建设奠定了良好的基础。但不容忽视的是，教师职业吸引力在逐年下降，农村教师结构性缺编仍很严峻，区域之间教师工资待遇差距较大，这些实际存在的困难和问题，仅仅通过改进和完善管理改革是很难解决问题的，需要从教师的法律保障、社会地位、工资待遇等多方面进行改进和完善。

### （一）改进和完善关于教师地位、工资待遇以及教师人才培养的相关法律法规

十八届三中全会提出了构建法治政府和服务型政府的改革设想①。法律具有规范、保障和促进行政行为的作用，转型时期的公共教育改革迫切需要建立和完善教育法律法规。要想发挥教师在教育教学过程中的根本作用，在促进教育公平、提高教育质量中起到关键作用，就必须加强和完善有关教师地位、工资待遇以及人才培养的相关法律法规，这是确保教师队伍稳定、结构合理、敬业爱岗的重要制度保障。

为了切实解决教师职业倦怠、职业缺乏吸引力的问题，在现阶段，国家有必要制定相应政策，普遍提高中小学教师经济待遇。经济待遇在某种程度上反映着某种职业的社会地位，因此，只有大幅度提高教师的社会地位和经济待遇，才能让教师有尊严地生活，很自豪地工作；才能增强教师职业吸引力，吸引优秀人才从事教育，并终身从教。可以说，提高教师的社会地位和经济待遇，是当前解决教师职业吸引力下滑、教师职业倦怠的最直接、也是最有效举措。

有了国家主导的教师政策，还要将这些政策纳入相关教育法律法规当中，确立教师在社会中的法律地位，即在现有法律规定之上，国家有必要增加制定《教师工资待遇法》、《教师人才保障法》、《教师资格法》等法律法规，以确保教师具备较高的社会地位和待遇，吸引社会上优秀的人才从事教育

---

① 中国共产党第十八届三中全会审议通过：《中共中央关于全面深化改革若干重大问题的决定》。

事业。

### （二）大幅度提高农村教师待遇

农村地区缺乏教师，尤其是缺乏优秀教师，最根本的原因在于，城乡二元背景下的农村教师待遇比城市教师待遇相差很多、社会地位也低。因此，要稳定农村教师队伍，吸引优秀人才愿意到农村从教的最有效办法是大大提高农村教师的待遇，要高出城市教师待遇水平。安居才能乐业，切实改善农村教师工作生活条件，在提高农村教师经济待遇的前提下，切实改善其工作生活环境，才能留住优秀教师，才能使农村教育可持续发展。通过提高农村教师待遇，本着公开、自愿的原则，吸引教师到农村工作，充分发挥其工作的积极性和主动性。

2013 年，教育部提出将采取七项措施提高农村教师待遇，即一是重视免费师范生教育，吸纳更多优秀青年进入教师队伍；二是重视培训，通过“国培计划”、“省培计划”、“县培计划”等提升广大教师教学水平；三是统一城、镇、乡教师编制标准；四是推行中小学教师绩效工资制度，向多劳多得、优劳优酬倾斜，让每个教师收入都有增长；五是加强班主任队伍建设；六是加强教师周转房建设；七是中央财政按以奖代补形式予以补助。另外，2013 年 9 月 13 日，教育部、财政部联合印发了《关于落实 2013 年中央 1 号文件要求对在连片特困地区工作的乡村教师给予生活补助的通知》。根据该通知，国家决定对国家连片贫困地区农村教师发放生活补贴，补贴标准由各地方自己制定，今后连片贫困地区教师工资将每月增加 700 元至 1000 元。这项决定是国家关于加强农村教师队伍建设的一个有效举措，同时也是改革试点探索取得成效的现实表现。据教育部有关负责人介绍，该项决定是通过对当前 600 多个县探索实施农村教师补助经验基础上的决策（如湖南省泸溪县对乡村教师实施生活补助，有效激发了县域内教师良性流动、稳定发展）。

国家正通过上述有效措施，不断改善和提高农村教师工作生活待遇，这些举措对稳定农村教师队伍建设具有重要的现实意义。除此之外，课题组建议，为了进一步加强农村教师队伍建设，还需要加强以下几个方面的工作。

1. 设立农村教师特殊岗位津贴，特级教师、优秀骨干教师评选向农村教师倾斜，加大农村教师培训力度，增加农村教师参加国培的名额。

2. 创新培训模式。农村中小学校比较分散，集中培训难度大，因此，建议各试点地区加强校本培训，将现代信息技术与校本培训结合起来，使农村教师培训体系进一步规范化、灵活化。

3. 改革教师人事管理制度，构建农村教师均衡配置模式。很多县市农村教师“超编但现实缺编”，很多地方存在有编不补的现象，不得不聘请代课教师来上课，农村学校缺教师，更缺乏优秀教师，这些现实困难的存在，使农村教育成为教育改革中的重点和难点。建议推广湖南省泸溪县在加强农村教师队伍建设中推行“五制度一模式”，即中小学教师定岗招聘录用制度；教师提前退养制度；乡镇中心完小教师到农村村片小定期锻炼制度；农村学校领导、教师到城镇学校跟班学习、挂职锻炼制度；乡镇音、体、美教师无校籍制度等“五制度”和“城乡换岗”模式。这些举措保证了农村学校有足够的教师并逐步优化教师队伍结构。通过教师人事制度改革，盘活全县教师资源，保证农村学校有足够的师资开足开齐课，使优质师资惠及农村学校。

4. 完善农村教师生活福利待遇。设立“农村教师大病救助”制度，加大教师周转房建设，并纳入保障性住房统筹实施，使农村教师安居乐教，终身从事于农村教育事业。

## 三、对创新教师教育体系，开展师范生免费教育改革试点的具体建议

### （一）师范生职业认同教育课程亟待开发

调查发现，因教师的职业崇高性而选择教师职业的学生仅占38.59%，多数学生是出于家庭经济状况、父母亲人的建议或是完全没有任何想法就选择了进入师范生的行列。还有少部分学生明确表示，毕业后不愿意回到协议地农村小学工作。因此，加强职业信念教育，提升学生对教师职业的认同感极为必要。目前，从全国范围来看，师范生的专业认同与职业信念都亟待提高，但是这方面的课程开发与教材建设相对薄弱。湖南一师教育科研实力有限，

在课程开发和教材建设方面难度较大，建议教育部组织科研实力较强的部属师范大学加强师范生职业认同教育课程的开发。

### （二）生均经费有限，影响教育质量提高

由于免费师范生教育的特殊性，其教育成本远远大于了一般本科教育。但是财政拨款生均每年却仅有 6600 元。远低于全国一般本科院校的生均经费（包括生均公用和学费之和）。财政经费不足限制了高水平师资队伍与相关实训基地建设，也在一定程度上制约了师范生教育质量的提高。

### （三）学籍管理制度瓶颈有待突破

目前，师范生培养采用二四分段分专业方向模式。学生入学后前 2 年按中职学生注册学籍，2 年期满后进行学籍转换考试，成绩合格者升入本科层次学习 4 年。学籍转换考试命题由省教育厅统一命题，其考核内容与培养目标相契合程度不高，分散了学生的学习精力。如果能在学籍管理制度上有所突破，增强对口考试与培养目标的契合度，对提高师范生教育质量会有很大帮助。

## 四、对健全教师管理制度改革试点的具体建议

中小学教师人事管理范围包括从教师资格准入到师资调配、从考核评价到职称评定、从工资到待遇、从培训到奖惩等，是教育行政管理运行中最为艰难的部分。基于目前改革实际，提出如下几个方面建议。

### （一）国家要加大对教师准入管理力度

硬性规定新进教师必须具备教师专业资质，进一步细化各学段教师资格标准，深入研究定期注册对教师职业带来的深刻影响。从课题组的调研情况来看，试点地区部分教育局局长认为，从减少教师职业压力的角度看，学历已达标的教师可以实行 10 年注册登记为更合适，学历还不合格的教师可实行 5 年注册登记。另外，出台教师退出机制，对不合格教师采取分类培训等措

施，确保教师具有一定的职业稳定感和人文关怀。

### （二）制定有效措施，处理好岗位设置与职称指标之间关系，确保聘上职称就能立刻兑现相应的待遇

针对县级（尤其是乡镇学校）教师职称数过少的现实问题，建议进一步合理规划制定职称指标。教师职称评定到底由哪个层级教育行政部门统筹规划管理需要进一步深入研究，因为这涉及地方尤其是县市一级政府的自主权与积极性的问题。还有，正确制定正高级职称指标，以便最大限度激发优秀教师的工作积极性。

### （三）校长职级制改革最大的突破是建立了校长退出机制

要想更好地实现校长队伍的专业化，就必须深化校长资格认定、取消校长行政级别以及校长职级评定机构资质的认定等环节，以实现真正意义上教育家办学的目的。

## 五、对完善民族地区双语教师培养培训模式改革试点的具体建议

调研表明，完善民族地区双语教师培养培训，需要不断加强和完善双语教师培养培训的力度，增强培训的针对性和实效性。具体建议如下几个方面。

### （一）加大双语教师队伍的配备力度和培训力度

增加国家级、自治区级双语骨干教师的培训名额，保障参训学员既掌握好国家通用语言文字的授课技能技巧，又能够进一步提高自身的业务水平和能力，真正达到培训效果。

### （二）加强双语教师培训研究，健全管理考核机制

加强定期调研和跟踪调查。为增强培训效果，培训机构必须重视下基层实地调研，通过调研进一步明确了解掌握参训教师的基本需求。同时，培训

机构需要对接受完培训返校教师的培训效果进行不定期跟踪调查，以验证培训的效果。国家或省级教育主管部门应该建立健全少数民族双语教师培养培训管理考核机制和激励机制，以确保培训质量。如建立健全双语教师培养培训考核评价机制、双语教师资格认定等管理办法，不断完善双语教师培养培训管理制度。

### （三）切实采取有效措施解决双语教师队伍不稳定、师资整体水平低、双语岗位无吸引力等问题

调研表明实施双语教学地区，面临的最大困境是缺乏双语教师，尤其缺乏优秀的双语教师。导致双语教师缺乏的原因很多，其中，与国家和政府缺乏持续、稳定、有效的双语教师补充机制、培训制度有很大关系。为此，要加强对双语教学岗位教师的关心和支持，用优惠政策促使优秀师资、人才扎根边疆，为边疆的少数民族双语教育事业做贡献。

### （四）强化国家和政府的职责，严把双语教师入口关

因缺乏双语教师，导致不少民族地区青少年只能运用母语，升入大学继续深造的机会非常有限，多数青少年只能在母语环境下就业和生活。单一民族语言的教育教学，一方面限制了民族地区青少年发展空间，另一方面容易导致民族文化隔阂，引发民族不团结或极端民粹主义弊端。因此，从维护国家统一、民族团结、各民族共同繁荣的前提出发，应加大国家和政府对双语教育教学工作的宏观指导和统筹规划，具体从加大师范类大专院校专业对口人员的补充力度，多培养既实现汉语水平达标，专业能力又过硬的真正的双语教师。

**参考文献：**

[1] 李琼，丁梅娟．国际中小学教师队伍指标建设的新趋势［J］．比较教育研究，2012（11）．

[2] 莎车县教育局：《坚定不移、积极稳妥地推进学前及中小学“双语”教育之浅谈》。

[3] 阳锡叶，等．湖南一些地方女特岗教师难找对象缘何“婚恋难”？［N］．中国教育报，

2013-09-28（9）.
[4]《宜章县教育系统 2013“三让三归三师”教育活动实施方案》。
[5]《宜章县教育系统开展“三回归”活动实施意见（试行）》。
[6]《浙江省中小学教师专业发展培训若干规定（试行）》（浙教师［2010］175 号）。
[7]《中共中央全面深化改革若干重大问题的决定》。

# 第五章　职业教育*

2010年，国务院启动实施了教育体制改革的十大改革试点任务，425项国家教育体制改革试点项目。随着这一系列部署，国家顶层设计与地方实践探索得到了有机统一，构建形成了重点领域和关键环节的协同创新网络。职业教育作为教育体系中的重要组成部分，承担了56个项目的试点工作，试点内容和地区包括：

第一，建立健全政府主导、行业指导、企业参与的办学体制机制，创新政府、行业及社会各方分担职业教育基础能力建设机制，推进校企合作制度化（天津市，辽宁省，吉林省长春市，上海市嘉定区，江苏省，江西省，河南省，湖北省，广东省佛山市顺德区、中山火炬高新技术产业开发区，重庆市，四川省德阳市，云南省部分市州）。

第二，开展中等职业学校专业规范化建设，加强职业学校"双师型"教师队伍建设，探索职业教育集团化办学模式（北京市，天津市，河北省，辽宁省，黑龙江省部分市，安徽省部分市县，福建省，河南省，湖南省，广西壮族自治区，海南省，陕西省，甘肃省，宁夏回族自治区，新疆维吾尔自

---

* 执笔人：邢晖，李玉珠。课题组成员：邢晖，李玉珠，胡嘉木，佛朝晖，李改，赵京，高政，屈潇潇。

治区)。

第三，开展民族地区中等职业教育“9+3”免费试点，改革边疆民族地区职业教育办学模式和人才培养体制，加快民族地区、经济欠发达地区中等职业教育发展（广西壮族自治区，四川省，贵州省毕节地区，云南省部分市州，青海省)。

第四，建立中等职业教育工作督导体系（内蒙古自治区)。

第五，开展地方政府促进高等职业教育发展综合改革试点（北京市部分区，吉林省长春市，上海市，江苏省部分市，浙江省部分市，山东省部分市，河南省商丘市，湖南省部分市，广东省广州市，广西壮族自治区部分市)。

第六，探索建立职业教育人才成长“立交桥”，构建现代职业教育体系（北京市，天津市，上海市，广东省，甘肃省部分市)。

从试点项目所在区域来说，东北地区有 21 个，占 43.75%；中部地区有 10 个，占 20.83%；西部地区有 17 个，占 35.42%。从试点项目牵头主体来说，省政府牵头的有 20 个，占 41.67%；地市级政府牵头的有 21 个，占 43.75%；学校牵头的有 7 个，占 14.58%。从试点项目的方向来说，意在职业教育体制创新的有 12 个，占 25%；以办学模式创新为主要目的的有 13 个，占 27.08%；综合性改革的有 17 个，占 35.42%；其他专项改革的有 6 个，占 12.50%。

时至今日，试点工作已经开展近三年，试点工作实施的动因是什么，试点工作的进展情况如何，各地是否积极落实试点工作，试点工作取得了哪些成效，存在哪些问题，需要哪些支持，是否需要调整试点改革的方向，这一系列问题关系到职业教育体制改革试点是否能够取得成功。因此，本课题对国家职业教育体制改革试点工作进行了实证研究，以期回答上述问题，为国家深入、透彻了解、跟踪、监管各个试点改革提供依据。

## 第一节　改革试点的工作进展

从总体上看，国家的大环境、大背景有利于试点的开展，试点项目与地方需求是相互匹配的。从 2010 年 12 月到 2013 年 10 月，试点工作开展近三年来，改革整体有进展，局部和单项改革有创新。各试点地区和单位比较重视试点工作的实施，认真贯彻《中华人民共和国职业教育法》和《国务院关于大力发展职业教育的决定》，积极落实《国家教育体制改革试点项目实施方案》，建立健全各项保障机制，以开展体制改革试点为契机，围绕区域经济社会发展的迫切需求和人民群众反映的突出问题，紧扣职业教育薄弱环节，坚持问题入手、科研先行、理念创新、实践首创，加强了制度设计和政策保障，推动试点工作取得了明显进展，特别是在制度建设方面形成了一批具有普适性、可推广的鲜明成果，为完善职业教育国家制度提供了丰富的实践案例和典型经验。

## 一、改革试点整体有进展，专项试点有创新

试点工作开展近三年来，整体上变化较大，进展较多，局部和单项也有创新。

### （一）试点改革整体有进展

从整体上来看，试点经过近三年的实践，取得了很大的进展，例如，职业教育发展制度初步建立、政策法规初步完善、职业教育体系雏形显现、基础能力建设得到提高。

职业教育发展制度初步建立，包括职业教育统筹规划制度、人才培养制度、校企合作制度、集团化办学制度、师资管理制度、经费保障制度、督导评估制度等或者突破原有限制，得以初步建立；或者在原有基础上，创新发展，逐步完善，各项制度都不同程度地获得了发展。

职业教育发展的保障政策逐步完善、落实。包括中职免费政策的全面执行，全国大部分地区都已经实施了涉农专业免费和农村家庭经济困难学生免费的政策；经费保障政策逐步完善，各地的财政拨款逐步落到实处，基本建立了专项经费，免除了职业教育体制机制改革的后顾之忧。校企合作的地方性法规、政策逐渐增加。除宁波市出台《宁波市职业教育校企合作促进条

例》之外，重庆、天津、山东、广东等地都纷纷出台了支持校企合作发展的政策、措施，如《浙江省职业教育校企合作行动计划实施办法》《山东省职业教育校企合作促进条例（草案）》《潍坊市人民政府关于大力推进校企合作加快技能型人才培养的实施意见》《天津市关于进一步推进职业教育改革创新的意见》等，职业教育发展的政策逐步完善。

在本次试点改革中，各地纷纷探索了现代职业教育体系的构建，初步形成了中高职有效衔接，中职升本科，高职专升本的纵向一贯的完整体系，有的地区甚至探索了专业硕士发展。

试点项目地区采取加大财政性经费投入、建设开放型实训基地、免除涉农专业学费等方式，保障了学校基础能力建设，提高了职业教育吸引力。

### （二）试点改革专项有创新

此次试点改革，很多专项起到了试点作用，突破了原有局限，做出了体制机制的创新探索。例如，职业教育生均经费拨款首次得到落实、兼职教师难题地方破解、有些试点项目还尝试了职业教育的国际化发展。

职业教育的生均经费让职业教育从业者一向不敢奢望，多年来只有普通高等院校才享有。但在此次试点改革中，多地将职业院校生均经费纳入议程，并做出了实践创新。如江苏省增加高职院校学生的投入，高职院校生均拨款标准为一万多元，已经超过本科生拨款标准；无锡高职生均拨款增长迅速，无锡科技职业学院生均拨款经费由 2010 年的 13120 元提高到 2012 年的 14370 元，增幅为 9.5%，无锡城市职业技术学院由无锡市财政下拨的年生均公用经费由 2010 年的 793 元提高到 2012 年的 5368 元，增长了 5.8 倍；宁波高职院校生均拨款标准目前已接近本科水平；2012 年，拨给上海工艺美术职业生均经费达到 13000 元。

教师队伍是保证人才培养质量的关键。多年来制约职业教育发展的企业优秀兼职教师的评聘和管理问题，在此次试点中也逐步得到了解决，例如，教师流动编制的建立及特聘教师计划，江苏省推进职业院校用人机制改革，设立“流动编制”，采取“定编不定员”、“财政按编拨款”的办法，规范职业学校兼职教师聘用、管理办法；云南省在全国率先实施中等职业学校特聘教师计划，从2007年开始，省级财政每年安排1500万元专款，设立1000个特聘教师岗位，每个岗位每年按15000元标准发放津贴，由学校按程序向社会公开聘请专业技术人员、生产一线有实践经验的能工巧匠到学校任教。这一重大措施有效缓解了中职学校师资数量不足和专业课教师紧缺问题。

为进一步扩大高职教育对外开放、对接国际通用的职业资格标准、培养具有国际竞争能力的高技能人才，经济社会相对发达的试点地区采取不同方式，积极提升高职教育国际化水平。上海市印发《上海市教育国际化工程“十二五”行动计划》，大力促进高职院校开展中外合作办学；北京市选择数控技术等5个高技能人才紧缺专业，在8个学校的11个专业点开展中德合作IHK职业资格证书教育项目；浙江省出台《浙江省高等教育国际化发展规划（2010—2020年）》，确定了未来10年高等教育包括高等职业教育的国际化发展目标；云南省建立中国—东盟国际职业教育基地，充分利用云南与越南、老挝、缅甸三国接壤，毗邻泰国、柬埔寨等国的优势，研究东盟国家的职业教育需求，依托省区域性职教园区，推进云南职业教育的国际化和与东盟国家的合作，建立东盟技能人才培养基地。江苏、广州、天津等地也都进行了职业教育国际化的尝试与探索。

## 二、初步构建了试点工作体系和运行机制

在体制改革的过程中，各试点地区积极组织，从领导重视到政策支持到经费保障等，由上到下都建立良好的试点工作体系和运行机制。

### （一）试点项目领导机制的构建

在试点项目实施伊始，各试点地区大多成立了试点项目的领导小组，有的组成了试点改革项目工作的“一把手”工程，有的由分管领导牵头，成立了统筹领导协调机构。

广东省教育厅将试点改革作为“一把手”工程，由厅长主抓，厅长亲自主持试点项目：主持“现代职业教育体系建设规划编制”的工作会议，后又主持研究现代职业教育体系建设重点工作，确定了“吸收国家精神、体现广

东特色，着重在体制机制改革突破”的工作思路，并指定相关部门具体落实，厅长挂帅为广东省试点项目的顺利开展起到了示范作用。

四川省省委书记、省长也亲自动员专题部署，成立“9+3”免费职业教育计划领导小组，实行“一把手”责任制。四川省德阳市政府建立高等职业教育综合改革试验区建设工作领导小组，由市长任组长，分管副市长任副组长，市教育局、发改委、经信委、财政、建设、国土等市级部门和高职学院、区域部分大中型企业负责人任成员，负责试验区建设组织领导、重大问题研究与决策。

这种试点改革的领导机制在济南、上海、北京等多地都有建立，在此不再赘述。

### （二）试点项目政策先行机制的构建

各试点地区大多都出台了支持试点项目的文件及政策，纷纷在各地区的“十二五”规划中将职业教育体制改革纳入其中，并制订了详细的、可实施的试点改革实施方案。

为了推进试点工作顺利开展，安徽省先后出台了一系列文件，从政策层面提供了改革试点工作顺利展开所需的有力保障。2010 年 12 月，安徽省教育厅印发了《关于进一步促进皖江城市带职业教育发展的政策意见》，2011 年 4 月，又以安徽省政府办公厅名义编制了《皖江城市带承接产业转移示范区职业教育发展规划（2010—2015 年）》，6 月印发《安徽省皖江城市带职业教育办学模式改革及中职改革创新实施方案》。

辽宁省教育厅组织制定并印发了《辽宁职业教育强省建设五年行动计划》。

广东省相继制定了《广东省高等学校学生实习与毕业生就业见习条例》《关于统筹发展职业技术教育的决定》《广东省职业教育改革发展规划纲要（2010—2020 年）》等。

这些政策的制定，为职业教育深化校企合作、教产对接提供政策指引和保障。

### （三）试点工作机制的构建

大多试点地区建立了试点工作机制：跟踪指导制度、信息反馈制度、检查评估制度。试点工作跟踪指导制度，做到专家介入，边实验、边研究、边总结，提升试点工作水平。信息反馈制度，及时收集信息、交流经验、公布成果。检查评估制度，及时发现和研究解决新情况、新问题，不断完善改革措施。

## 三、各界层积极推行试点改革

国家教育体制改革试点项目实施以来，各界层积极推行试点改革，全国逐步形成了部司会议推动、地方文件牵动，行业组织联动、企业部分互动、学校积极行动的有序实施状况。可谓，国家—省—地市—县层层有举措，政府—行业—企业—院校等面面有行动。

### （一）部司会议推动

国家职业教育体制改革是国家教育体制改革系统工程之一，是国家为落实教育规划纲要，推进教育领域综合改革做出的部署。教育部领导及职成司都非常重视体制改革的实施工作，2012 年 8 月，颁布了《关于开展职业教育国家教育体制改革试点项目督查工作的通知》，2012 年 12 月，又组织召开了国家职业教育体制改革试点暨职业教育集团化办学现场交流会，交流了体制改革过程中试点单位的经验、教训，对体制改革中遇到的问题进行了分析、讨论，对下一步要做的工作，要集中解决的问题进行了研究。教育部的会议推动、加快了体制改革试点工作的步伐。

### （二）地方文件牵动

地方政府是国家教育体制改革试点工作的主要推动者之一，地方政府的重视，是体制改革取得成效的前提条件。在试点工作的实施过程中，各地方政府都出台了一系列文件，以保障试点工作的顺利实施。例如，长春市发改委、财政局、人社局和教育局结合长春市职业教育实际状况，相继起草了《长春市推进中、高职协调发展的若干意见》、《长春市职业院校兼职教师聘用与管理办法》、《长春市高等职业院校自主招生管理办法》、《长春市高等职业院校“双师型”教师认定管理办法》、《长春市高等职业院校推行“双证书”制度的意见》、《长春市职业院校师资培训中心工作规划及管理办法》、《长春市促进职业院校开展社会服务的意见》、《长春市职业教育“名师名专家”工作室管理办法》、《长春市校企合作教育基金管理办法》等一系列政策文件。

常州市为支持试点工作的开展，先后制定了《关于加强职业教育校企合作办学的指导意见》、《关于推进常州高等职业教育园区校企合作办学的实施意见（常高职园区发）》、《常州市促进高等职业教育发展综合改革试点实施方案》、《常州市中高职衔接创新工程方案》等19个文件。

### （三）行业组织联动

在试点中，行业企业积极主动加大对职业教育体制改革的支持力度。上海市政府对高职教育的高度重视，极大地调动了上海市行业主管部门或举办企业支持高职院校发展的积极性，如表5-1所示。

**表5-1　上海市部分行业企业支持院校办学情况**

| 行业部门 | 职业院校 | 支持举措 | 用　　途 |
| --- | --- | --- | --- |
| 中海集团 | 上海海事职业技术学院 | 在上海浦东新区书院镇斥资10亿元，购买500余亩土地 | 按照国际海事人才规格打造全新学院 |
| 国家民航总局 | 上海民航职业技术学院 | 第一期投入7亿元 | 高标准建设学院 |
| 上海交运集团公司 | 上海交通职业技术学院 | 无偿划拨120余亩土地 | 改建学院 |
| 上海建工集团 | 上海建峰职业技术学院 | 新征30余亩土地 | 学院原址扩建 |

续表

| 行业部门 | 职业院校 | 支持举措 | 用　　途 |
|---|---|---|---|
| 上海市公安局 | 上海公安高等专科学校 | 10余个警种的人力资源开发与学校的专业建设紧密结合 | 建造国际水准的警务人才研究中心和培训中心 |
| 上海国盛集团 | 上海工艺美术职业技术学院 | 学院的发展纳入企业发展；支持学校在文化创意产业的开拓 | 谋取行、企、校共同发展 |
| 上海仪电控股（集团）公司 | 上海电子信息职业技术学院 | 学院发展纳入集团中长期发展规划；校企合作成为企业的年度目标任务和年度绩效考核指标之一；第一期投入1000万元 | 建立校企合作长效运行机制；支持学院的国家骨干高职院校建设 |

自2010年以来，江苏省进一步突出行业企业发展职业教育的作用，支持行业企业举办职业教育，全省现有行业企业举办职业学校100多所，占全省职业学校总数的20%左右。2010年，江苏省对接教育部的工作机制，在省域范围内成立了职业教育教学改革创新指导委员会，邀请部门和行业企业代表参加，形成行业企业参与职业教育管理的工作机制。

无锡市通过行业主管部门和行业组织动员尽可能多的行业骨干企业加入职教集团，努力将职教集团打造成为中高等职业院校加强合作交流和推进校企合作的载体平台。

### （四）企业互动

在试点项目实施过程中，企业积极行动，校企合作进入了深水区。各地探索了“引企入校”、“办校进厂”、“企业办校”、“校办企业”、“订单培养”、“顶岗实习”、“半工半读”、“学徒培养”等多种校企合作、工学结合的办学模式，创新了人才培养模式。北京电子科技职业学院与相关企业成立协同创新平台，在北京市教委直接领导支持下，与德国戴姆勒东北亚投资有限公司共同建立了国内唯一一家“戴姆勒中国汽车学院”，学院组建了不同形态的校企合作联合体，如“数控设备安装调试及维修培训中心”和“复杂、异形件加工技术研究室”、“西门子小型自动化系统（北京）培训中心”、“药品食品研发中心”和“哈希技术服务中心”、“嵌入式人才培养实训基地”，以及“物流人才培养基地”。这些联合体汇集学校、企业的人才资源、技术资源、设备资源，实现建设主体多元化、运行机制多样化、筹资方式多元化的办学模型和人才培养模式。

另外，在多样化的办学模式中注重技术技能培养和学生素质的整体提升。大连市按照“产业文化进教育、工业文化进学校、企业文化进课堂”的要求，开发校本德育课程，聘请能工巧匠、职业典范、创业能手作为“德技辅导员”，开展德育宣讲和就业指导工作。广西交通职业技术学院将企业精神和企业文化引入校园，打造具有教育文化和企业文化双重特色的校园文化。

### （五）学校积极行动

学校是职业教育体制改革试点项目实施的主体，只有学校积极行动，试点工作才可能得到切实实施。在试点工作中，各试点学校依据自己的优势，结合本地区的条件，进行了积极的探索。如浙江工业职业技术学院，在绍兴市政府的大力支持下，通过公共实训基地建设和组建职业培训联盟，创新了政校企合作机制；杭州职业技术学院通过校企共同体建设，形成了企业直接参与人才培养的新局面；四川航天职业技术学院利用航天企业人才优势，充分发挥技能大师在高技能人才培养、绝技绝招传承、技术攻关和推动产业经济发展方面所起的作用，积极创建航天“技能大师交流协会”，进一步推动德阳职业教育“双师型”教师队伍建设，同时为德阳重大装备制造基地提供高端技能人才支撑。

职业学校不仅在教学上积极与政府、行业联系，而且在集团化办学等方面也几乎成为不可或缺的主体之一，在职教集团建设和发展中发挥着重要的作用。例如，日照职业技术学院牵头，联合当地职业学校及重点企业，组建职教集团，实现区域职教资源共享和优势互补。先后由日照水产集团、职业技术学院等 12 家企业、学校组建校企合作水产职教集团；利用世界知名企业韩国现代汽车集团发动机项目落户日照的契机，促成日照职业技术学院与韩国现代集团联合举办现代汽车学院。

## 第二节　改革试点的成效

### 一、政府统筹规划制度初步建立

国家职业教育体制改革试点工作开展近三年来，各地试点项目中政府统筹规划制度初步建立，各地普遍加强了对职业教育的统筹指导、科学规划和整体部署，实现了职业教育与产业发展全面对接、人才培养与方式转变同步推进。政府对职教资源的统筹协调作用、政府对职业教育政策制度保障作用逐步扩大、政府的资金支持不断增加。

#### （一）政府统筹协调作用凸显

在各试点项目中，政府的统筹协调作用得到凸显，在不同的方面发挥了统筹协调的功能，首先，对现有职能部门进行了统筹协调，例如，青岛市政府对现有职能部门的分工与合作方式进行调整，重新配置相关资源，出台了《青岛市人民政府关于促进职业教育事业优先发展的意见》，详细规定了教育、发改、财政、人社等部门在教育综合改革中的责任，并要求各部门保障各类公共资源优先满足教育需要；福建省政府成立了由副省长担任组长，省发展改革委、财政厅、教育厅、科技厅、人力资源社会保障厅等 20 个部门负责人组成的教育体制改革领导小组，对包括职业教育办学模式改革在内的教育体制各项改革试点工作进行宏观指导和统筹协调，领导小组办公室设在省教育厅；江苏省无锡、常州和南通都成立了以市政府分管副市长为组长、由市发改、经信、教育、科技、财政、人社等相关部门负责人参加的试点工作领导小组，统筹协调和指导督促综合改革试点工作。

其次，对经济发展规划和职业教育发展规划之间做出了资源整合、协调发展的部署，例如，重庆市职业教育主动适应经济发展方式转变和产业结构调整需要，着力优化学校布局，及时调整专业结构，注重加强实训基地建设，改革人才培养模式，努力提高人才培养与产业需求的契合度。山东省印发了《山东省人民政府加快建设适应经济社会发展的现代职业教育体系的意见》，湖南省印发了《湖南省职业教育服务能力提升专项规划》，北京、浙江、广东、宁波等地也制定了相关的规划。以上政府的这些文件都从本地区经济发展的角度对职业教育的发展做出了规划，促进了职业教育与产业发展的融合。

再次，政府的教育主管部门依据本地区职业教育发展的资源，以促进本地区职业教育可持续发展为目标，调整了学校的布局结构。例如，天津市教育委员会和人力社保局、财政局联合印发了《关于进一步支持做好天津市中等职业学校布局结构调整工作的实施意见》，对“十二五”期间，中等职业学校布局调整工作和加强中等职业教育基础能力建设项目提出了明确要求，根据“提高水平、突出效益、服务经济、促进就业”的原则，坚持职业教育资源向优质学校集中，推进职业教育集约化发展。通过调整，天津市中等职业教育资源配置更加科学、结构更加合理、质量和效益明显提高。

### （二）政府政策制度保障

政策和制度是职业教育体制改革取得成效的基本保障，试点项目所在的各地政府积极制定和完善有利于职业教育体制改革与长远可持续发展的政策或者制度，包括税收优惠政策、人才引进政策、资金支持政策、宽松的管理政策等。例如，2010 年 10 月福建省政府出台《关于支持中等职业教育发展的若干政策意见》，在经费投入、税收优惠、人才引进等八个方面提供政策支持，2011 年 1 月福建省政府办公厅又印发通知，把落实支持职业教育政策的工作任务分解到发展改革委、经贸委、财政厅等 20 个部门和单位，进一步明确政府有关部门发展职业教育的职责，形成政府主导、部门分工合作、社会力量积极参与的合力推进职业教育改革发展格局。

北京、上海、江苏、浙江、四川 5 个试点地区分别召开全省（市）教育工作会议，颁布本地《中长期教育改革和发展规划纲要（2010—2020年）》，明确了高等职业教育发展目标与主线，都将职业教育摆在重要位置。各地还相继颁布了一些配套规划，如浙江省制定了《浙江省教育事业发展“十二五”规划》《浙江省高等教育“十二五”规划（2011—2015年）》《浙江省高等教育国际化发展规划（2010—2020年）》《浙江省教育信息化“十二五”规划》。

### （三）政府资金支持

试点项目所在政府采取加大财政性经费投入、落实生均拨款、免除学费、税费保障等措施，对职业教育体制改革进行资金支持。上海市加大对行业所属院校的财政性经费投入，2011年实施“行业高职院校提升计划”，每年投入1亿元专项用于全市14所行业高职院校的专业建设，2012年起又将行业高职院校的教学行政用房、学生生活用房纳入市级财力支持范畴，生均公用经费拨款标准由原来的3000元/生提高到8000元/生；江苏省开展开放共享生产性、综合型实训基地建设，同时率先支持试点城市建设一批数字化、智能化、生产性实训基地，每个基地投入超过1000万元；北京市从2012年起，免除北京农业职业学院、北京农学院两校涉农类高职专业学生学费，市财政年投入补贴经费近千万元。柳州市坚持“两个不低于”保障政策，即农村税费改革专项转移支付补助资金用于教育部分中职业教育的部分比例不低于10%，城市教育费附加、地方教育附加费用于职业教育的比例不得低于40%。

## 二、现代职业教育体系构建显现雏形

构建现代职业教育体系是《国家中长期教育改革和发展规划纲要（2010—2020年）》的基本要求，承担“探索建立职业教育人才成长‘立交桥’，构建现代职业教育体系”试点工作的各单位积极尝试、努力探索。我国现代职业教育体系在这些实践探索中亮点频现，雏形初具。

### （一）以中高职衔接为主的纵向贯通的现代职业教育体系探索

各地以中高职衔接为主，初步尝试了从中等职业教育到专业高等职业教育、应用本科教育、专业硕士教育纵向贯通的职业教育体系。

北京市试行职业教育分级制改革，这项改革试图回到职业教育的逻辑起点，从社会对技能型人才的需求出发，建立职业教育自己的教育标准和资格框架，并在新的制度框架下重新设计人才的培养过程，全面改革职业教育办学体制、学习制度、教育模式和评价制度。改革确定了 8 所高职院校和 10 所中职学校，开展以“3+2”为主体的中高职衔接办学试验及招生考试试点。其中，职业教育的第一、第二级为中等级别的职业教育，第三、第四、第五级是高等级别的职业教育，第五级以上是研究生级别的职业教育。

上海市推动内部贯通，开展中职—高职—应用本科—专业硕士学位有效衔接。上海市自 2010 年开展中高职教育贯通培养试点工作以来，贯通培养的试点范围已逐步从一体化办学的职业院校，拓展到职教集团内的院校。贯通培养坚持以产业发展需求为导向，试点专业全部为上海区域产业发展和能级提升急需的一线技能人才，且为技术含量高、技能训练周期较长、岗位需求稳定的现代服务业和先进制造专业，以及具有较高社会声誉和实力的重点学校和重点专业。同时，上海市开展了“高职—应用本科”的衔接培养试点，选择上海医药高等专科学校和上海杉达学院开展专科护士方向的本科护理专业培养工作。

从以上实践的积极探索中可知，我国现代职业教育体系初步形成，从中等职业教育到专业硕士教育，这样一个层级完备、贯通的现代职业教育体系雏形显现。

### （二）横向融通的尝试

现代职业教育体系不仅是内部贯通的完整体系，而且也应是横向结构合理的体系，各试点项目在现代职业教育体系的尝试中，逐步探索普通教育与职业教育的融通，学校职业教育与职业培训的融通，学历证书与资格证书融通，以及职业教育与行业企业融通等横向多样融通的现代职业教育体系。例如，上海市在技能人才培养改革过程中，采取订单式培养机制，学历证书和职业资格证书并重，据 2011 年 10 月统计，2011 年有 78 家院校参与校企合作项目（涉及 147 个专业项目），培养学生 5.2 万人，参加职业技能鉴定 4 万人，经鉴定考核合格 2.6 万人。另外上海市还积极开展职业培训，实现学校职业教育与职业培训过的融通，例如，依托职教集团，开展校企合作和职业培训，嘉定区职教集团 3 年来开展企业在职员工、来沪务工人员等各类职业培训，共开设 131 个职业技能培训项目，培训职工近 6 万名；职业院校结合自身优势，承担职后培训，上海市交通学校、上海信息技术学校、上海医药学校等每年为企业员工开展各类培训近万人次；依托职业教育开放实训中心，开展面向社会的职业技能鉴定和培训。

## 三、人才培养模式不断完善

校企合作是职业教育发展的一项基本制度，是技术技能人才培养规律的要求。在各地区的试点中，校企合作，工学结合的办学模式呈现出多样化趋势，其中较突出的是集团化办学的广泛推广和现代学徒制的发展。

### （一）校企合作走进深水区

各地探索了“引企入校”“办校进厂”“企业办校”“校办企业”“订单培养”“顶岗实习”“半工半读”“学徒培养”等多种校企合作、工学结合的办学模式，创新了人才培养模式。

职教的“天津模式”——“工学结合”，使校企一体、产教相融，有机融合了工与学两个方面。天津市制定了产教结合委员会的制度，各职业院校普遍建立了校企结合的专业设置指导委员会，由企业、行业的高层管理与技术人员和教育专家共同组成，使专业设置始终紧盯经济发展的走向，紧跟行业发展的趋势。工学结合、半工半读的人才培养模式，依托行业、企业办学，实行“双证书”制，使学生就业与企业需求零距离对接。

黑龙江省创新校企联合培养人才模式，以校企共建和股份制合作等形式，共建产业化实训基地，进行校企课程置换。构建“专业职业能力体系—校企课程置换—教学必备条件标准—教学过程—实践教学—学生专业职业能力考核—办学水平评价—技能大赛—学生就业—扩大招生”的专业设置新系统，将企业岗位需要的能力转化为课程内容，提前置换到学校人才培养的课程体系中，保证专业设置标准制定的科学性、实用性和可操作性。

### （二）现代学徒制成功尝试

现代学徒制作为破解校企合作难题的一个切入点，在本次职业教育体制改革试点项目中有了成功的尝试。例如，江西省新余市承办了教育部现代学徒制改革试点座谈会，制订完善了改革试点方案，出台了相关政策措施，使现代学徒制取得了初步成绩。据不完全统计，江西省共有148所学校与1017家园区企业建立合作关系，校企合作建立了331个实训基地，338个教学工厂（车间），238个专业教师培训基地，1413名专业教师到企业定期实习锻炼，617名工程技术人员到学校任兼职教师，466个“订单班”或企业冠名班，125个职业技能培训站，培训企业员工27.4万人，有近10万学生进入园区就业、实习，有效缓解了园区企业结构性、季节性“用工难”、“招工难”问题。

### （三）园区化办学取得实效

很多试点项目坚持市场导向，突出职业院校地域性特点，依据自身的条件，紧紧依托园区产业发展办学。例如，中山火炬职业技术学院，根据地方产业发展需求和中山火炬高新技术开发区产业转型升级的不断优化，开设了8个教学系、32个招生专业，近年来，各专业基本上保持了招生就业“进出两旺”的良好态势。江苏省苏州工业园区职业技术学院，依托苏州工业园区，构建了有世界五百强知名跨国公司在华企业等单位共同参与的董事会，融合政府、行业、企业和学术等相关资源，真正体现了政府引导、行业指导、企业参与、学校自主的现代职业教育理念，学院一举发展为全国唯一一所民办体制的国家级示范高职院校。四川省德阳市全域支持高职发展，地县两级政府结合产业和经济社会发展需要，在继续引进优质高职教育资源的同时，积极支持辖区高职学院建设产学研园区和职业教育集团，并以此为平台，构建政府主导、行业指导、企业参与的职教办学新机制。

## 四、体制机制改革有进展

### （一）产教结合制度初步形成

产教融合是推进人才链、产业链、利益链有机衔接的重要途径。在试点过程中，对接对话机制建立、集团化办学制度建立、校企合作制度逐步走向成熟。

1. 对接对话机制。重庆市根据区域产业布局，统筹企业和职业院校的用地规划、建设规划和发展规划，实现了职教发展与产业发展有机衔接。辽宁省确定了 91 项对接产业集群的省级示范专业，实现职业教育专业体系与产业体系对接。安徽省面向皖江城市带产业转移和布局需求，建立了专业建设动态调整机制。广西壮族自治区依据区域产业布局，引导中职学校围绕 14 个重点产业和 4 大新兴产业调整优化专业设置。陕西、湖南、安徽等省建立了职业教育与产业对话机制，举办了一系列对话活动。

2. 集团化办学制度。集团化办学是促进院校形成合理治理结构，推动政府建立职业教育科学决策机制，探索职业教育办学国家制度改革的重要举措。目前，全国已建职教集团约 700 个，覆盖 100 多个行业部门、近 2 万家企业、700 多个科研机构和 50%以上的中职校、90%以上的高职校。集团类型多样，范围覆盖较广。目前，全国组建的 700 多个职业教育集团类型多样，有以行业牵头的职业教育集团，有以区域为主职业教育集团，有政府牵头组建的职教集团；当然，还有自发发展后获得政府支持的职教集团。他们共同构成了我国职业教育集团广泛覆盖、行业企业与学校融合办学的局面。建立了集团组织机构，在全国各地纷纷建立的职教集团，一改以往“走形式，少内容”的局面，为了促进职教集团的健康发展，各地、各行业的职教集团基本都建设和完善了集团管理体制和运行机制，成立了集团董事会和理事会。

3. 校企合作地方与行业建章立制。继 2008 年，宁波市出台《宁波市职业教育校企合作促进条例》之后，各地也纷纷出台支持校企合作的政策文件、法规制度，校企合作法律法规实现地方突破，行业先行。

### （二）招生考试制度多样化

招生考试制度改革是教育体制改革的一项主要内容，先前的招生考试制度中，中等职业学校毕业生每年只有5%的学生具有升入对口高职院校的资格，高职院校中每年也仅有5%的学生能够通过专升本，升入本科院校，且高职对口招生中职生的比例也被限定在5%以内，三个5%几乎将职业教育的升学路“堵死”。试点工作以来，各项招生考试制度得以改革，中等职业学校毕业生的升学通道打通，可对口升入高职；高职毕业生对口升入应用型本科的比例也在不断扩大，而且各地还在积极探索中职毕业生直接升入应用型本科的招生制度。各地纷纷尝试了高职自主招生，单考单招；分类考试、分类招生；多次考试，分段学习；注册入学，竞赛保送等多项招生考试制度。

广东省改革中等职业学校招生制度，将初中学业水平考试和综合素质评价作为中职学校招生录取的重要依据，探索春秋两季招生工作机制；推进高等职业教育招生考试制度改革，逐步实施探索应用本科面向高职自主招生，以及应用本科面向中职学校的自主招生制度，重点选拔具有技术技能特长和潜力的中职、高职毕业生；鼓励高职院校与合作企业开展成人专科学历教育单独招生改革，探索建立专业学位研究生多元分类选拔机制。

湖南等地还探索了高等学校分类考试制度，扩大高职院校单独招生试点规模，实施“知识+技能”的高职考核录取办法，开展高职院校面向中职学校的春季招生试点。

### （三）管理制度逐步完善

多年来，职业教育管理体制一直不顺，存在多头管理、职能交叉、统筹乏力的问题。这种都管、都不管的现象严重影响职业教育的发展。试点工作开展以来，各地积极探索职业教育管理体制改革，职业教育多头管理、中职、高职管理分散等问题得到了初步解决。例如，2010年年底，辽宁省率先在鞍山市开展中等职业教育管理体制改革试点工作。鞍山市委、市政府以职教城建设为契机，批准设立了与教育局、人社局平行的正局级单位——鞍山市职教城管理委员会，凡是进驻职教城的各级各类职业学校均由管委会进行统筹管理。目前，进驻职教城的学校既有教育部门所属的职业学校，也有原劳动部门所属的技工学校，彻底打破了部门界限，破解了困扰职业教育多年的各自为政、多头管理难题，初步理顺了职业教育管理体制，为进一步推进全省职业教育管理体制改革提供了可借鉴的宝贵经验。

## 五、内涵建设取得实效

内涵建设是教育教学改革的核心，是职业院校进一步提升质量和效益的必然要求，在职业教育体制机制改革试点项目实施过程中，各试点项目积极提升职教内涵，使职教发展取得了实质性突破。

### （一）专业建设更加科学合理

青岛市出台《中高职专业联盟建设意见》，扩大“三二连读”招生计划和专业覆盖面，促使中高职专业衔接向五年一贯制转变；广州市探索“三二分段”中高职衔接，制定了相关人才培养方案、课程标准并已开始招生。

2010年年底，福建省印发《福建省中等职业教育专业结构调整意见》，指导各地和中职学校根据区域产业发展需要，调整优化中等职业教育专业布局结构，逐步建立人才需求预测和专业设置动态调整的联动机制。建立专业设置年度发布制度，每年在“福建中等职业教育与终身教育网”公布全省中职学校专业设置情况，为各地专业结构调整提供依据。福建省教育厅联合省发改委、财政厅、人社厅下发了《关于推进县级职教中心标准化建设工作的通知》，印发了《福建省县级职教中心建设标准（试行）》，开展县级职教中心标准化建设，使之成为中等职业教育扩大规模的重要支撑，县域经济发展人才供给的主要载体，促进农村劳动力转移的重要平台。

### （二）课程改革逐步深入

随着就业岗位对从业人员素质要求的变化以及生源特点呈现多样性的趋势，多个试点项目进行了课程改革。

江苏省积极促进中高等职业教育课程体系贯通一体，统筹设计课程体系，深化对口单招高职班级课程改革，加强单招班级的课改指导，深化中高职课程的沟通与衔接。

广东省以专业课程标准和等级证书制度为核心，加强基本制度建设。中高职衔接专业课程改革工作进一步深化，专业课程标准研制工作不断推进。

### （三）教师队伍素质有所提升

各地在职业教育教师培养培训制度、人员管理和薪酬制度等方面也不同程度进行了改革。加强了教师培养基地建设，加大了教师培训和企业实践锻炼力度，实施教师素质提高工程建设，健全了教师队伍建设的制度和机制。

### （四）职业教育的基础能力建设得到提高

试点项目所在地区的政府均采取加大财政性经费投入、建设开放型实训基地、免除涉农专业学费等方式，保障了学校基础能力建设，提高了职业教育吸引力。

例如安徽省各市加大中职学校基础能力建设工作力度，通过努力，2012年皖江示范区 10 所中职学校（不含技工学校）被列入国家中职基础能力建设项目；滁州市以“3312”职业院校基础能力建设计划为抓手，加大对各县级职教中心专业和实训基地建设的投入；芜湖市编制了《芜湖市中等职业教育基础能力建设规划》。上海市加大对行业所属院校的财政性经费投入，2011 年实施“行业高职院校提升计划”，每年投入 1 亿元专项用于全市 14 所行业高职院校的专业建设，2012 年起又将行业高职院校的教学行政用房、学生生活用房纳入市级财力支持范畴，生均公用经费拨款标准由原来的 3000 元/生提高到 8000 元/生；江苏省开展开放共享生产性、综合型实训基地建设，同时率先支持试点城市建设一批数字化、智能化、生产性实训基地，每个基地投入超过 1000 万元。

## 第三节 改革试点的典型经验

在项目执行过程中，各级地方政府、行业企业和职业院校各司其职、大力协同，初步形成了具有较强地域性特征，政府与职业院校相互依存、共同发展的职业教育全新局面，为其他地区的职业教育体制改革提供了有价值的经验，并呈现出一些典型案例。

### 一、深化制度改革

职业教育体制改革，制度建设是其主要内容之一，加强制度建设，深化制度改革，是职业教育体制改革顺利实施的保障。各试点项目之所以取得了较好的实效，与各试点项目积极深化体制改革密不可分。校企合作制度的深化、考试制度的改革、督导评估制度的建立、统筹规划制度的建立等等，为职业教育体制改革试点项目的顺利实施，贡献了巨大力量。

**典型案例：校企合作的行业制度突破——《北京市交通行业职业教育校企合作暂行办法》**

在试点改革中，各地尝试出台了支持校企合作的政策文件、法规制度，校企合作法律法规实现地方突破，行业先行。其中，最为典型的是，2011年，北京市教育委员会、北京市交通委员会联合制定并下发的《北京市交通行业职业教育校企合作暂行办法》（以下简称《暂行办法》）。《暂行办法》成为国内第一个由行业制定并组织实行的职业教育校企合作办法，从制度层面上明确了校企合作的范围、主要方式、各方的权责以及合作运行的保障机制等内容，为深化校企合作提供了制度保障。

《暂行办法》明确了在校企合作过程中企业和学校各自的职责，例如，对企业责任方面的规定有："参与校企合作的企业应支持合作院校师资队伍建设，选派管理、技术骨干到合作院校担任兼职教师，有计划地提供实践岗位，接受合作院校教师进入企业实践；参与校企合作的企业应支持合作院校实训基地建设，参与实训基地的设计、论证，并提供技术支持；鼓励企业采取与交通类职业院校合作的方式，对本单位应用技术与管理岗位人员开展在职培训及继续教育；参与校企合作的企业应接受合作院校学生顶岗实习，免收实习费并给予适当的实习补贴。”

《暂行办法》还对行业标准和证书制度做出了规定，将完善交通行业职业标准作为重点任务。例如，交通类职业院校实行“双证书”制，导入职业技能鉴定标准，实现专业课程内容与职业技能鉴定标准对接，并向合作企业优先推荐毕业生。为推进《暂行办法》的顺利实施，北京市逐步建立并完善交通行业新兴岗位、工种的技术标准、职业培训标准，开展了交通类职业院校与企业共同开设新专业、开发培训课程和教材的探索。

北京市交通行业的《暂行办法》在校企合作的发展中，起到了行业先行的作用，对全国各地以及国家层面的基于行业的职业教育校企合作法律法规制度的建立起到了引领作用，充分发挥了行业在职业教育中的指导作用。

## 二、力推产教融合

各试点项目取得成功，与各试点单位或地区加强产教融合息息相关：政府从宏观规划上，将职业教育的发展与产业发展规划相统筹，力促职业教育发展符合产业发展的需要，积极筹建和发展集团化办学制度；职业院校从专业设置上加强与行业企业的合作，共同设置专业级人才培养方案；教学方式注重工学结合、校企合作。可以说从宏观、中观、微观各个层面试点项目都进行了积极的产教融合制度的探索与尝试。

**典型案例：陕西省推动职业教育集团化办学**

为推进职业教育集团化办学试点，2010 年年底，陕西省教育厅印发了《关于加快推进职业教育集团化办学的实施意见》，对职业教育集团建设原则、组建模式、工作程序、主要任务和推进措施做出了全面规定，推进职业教育集团建设的深入。自 2011 年以来，全省新组建成立现代护理、铁路建筑等 2 个行业性职业教育集团和安康、咸阳等 2 个区域性职教集团，全省职业教育集团总数达到 21 个，行业性职教集团基本覆盖陕西省主要行业、产业领域。延安、宝鸡区域性职教集团正在加紧组建。

### （一）陕西国防工业职业教育集团设立校企工作站深度对接合作企业

在推进职业教育集团化办学试点过程中，陕西国防工业职业教育集团大胆实践，建立校企合作工作站，加强与企业深度合作。校企合作工作站作为校企双方在企业内设置的合作办学常设机构，下设教学部、培训部、学生工作部、技术研发部等机构，负责教学、培训、产品研发、技术推广等工作的策划、组织和实施。在运行模式上校企双方采用契约约束形式，按照双方投入核算的方式进行利益分配。职业院校除了每年对校企合作工作站投入日常运行经费外，还将毕业班学生安排在工作站进行现场教学、生产实习和顶岗实习，并把该部分学生的学费作为合作办学的投入。此外，结合专业和培训特点，校企共同投入场地、设备、技术、人员等资源，进行合作办学。企业从中除获得合作办学收益、社会培训收益、技术服务收益外，还获得合作办学的社会效益、人力资源效益和政府政策优惠，提高了企业核心竞争力，调动了企业参与职业院校办学的积极性。目前，该集团已在西安北方惠安化学工业有限公司、陕西宝塔山油漆股份有限公司、西安东风仪表厂、中航工业庆安集团等企业集团设立校企合作工作站 5 个。校企合作站成了衔接学校和企业的纽带，保障了校企合作的常规化发展。

### （二）陕西机电职业教育集团实施“订单式”人才培养

由陕西省渭南工业学校牵头组建的陕西机电职业教育集团充分发挥资源优势，确立“四围绕”、“四对接”人才培养理念，学校围着企业转、教学围着实践转、学生围着机器转、教师围着学生转，实行专业对接产业、课程对接岗位标准、教学过程对接生产过程、校园文化对接企业文化，该职教集团内陕西省渭南工业学校、蒲城县职业教育中心等 8 所中等职业学校共享教学、实习、就业资源，与 35 家大中型知名企业开展“订单式”培养，每年“订单式”招生人数 8000 余名，占集团学校年招生规模的一半左右，校企双方共同制订教学计划，共同参与教学与实训的全程管理，既提升了学校人才培养质量，又为用人单位输送了合格技能人才。

由以上试点院校的改革可以看出，在发展职业教育集团的过程中，陕西省基本建立了校企合作对话机制、加强了行业的指导作用、深入推进了校企一体化办学，深化了人才培养体制改革。

## 三、完善职业教育体系建设

职业教育体系建设，是职业教育技术技能人才培养的有力支撑，是满足技术技能人才职业生涯发展的必然要求。各试点地区结合本地区的产业体系和职业教育发展的实际情况，大胆探索、先行先试，确定了现代职业教育体系建设的总体架构。试点地区的成功经验向我们证明了要增强职业教育吸引力、满足职业学校学生提高技能和继续深造的需求，提高人才培养质量，必须构建和完善现代职业教育体系。

**典型案例：江苏省贯通人才培养体系**

江苏省在职业教育创新发展实验区和高等职业教育发展综合改革国家试点城市，开展中高职“3+2”或“3+3”、中职与应用型本科“3+4”、高职与应用型本科“3+2”或“5+2”分段培养和联合培养模式改革，在完善职业教育体系、构建技能型人才成长“立交桥”方面取得突破性进展。

### （一）试点中高等职业教育贯通一体办学

江苏省选择具备条件的院校和适合连续贯通培养、有利于学生成长、更好地满足社会需要的专业，实行中职、高职分段合作培养、贯通一体办学试点，学生在中等职业学校学习3年，经过资格考核，进入高等院校学习2年或3年。中职、高职联合面向初中毕业生招生，联合制订人才培养方案，推进中等职业教育与高等职业教育课程一体化、专业学历教育与高级职业资格证书教育一体化，系统培养具有专科层次素质的高技能人才。

### （二）试点中等职业教育与应用型本科贯通一体办学

江苏省实行中职与应用型本科联合招生、合作培养，实行7年分段一贯办学。学生完成中职 3 年学习后，由高等学校选拔进入本科专业继续学习 4 年。高等学校与中职学校联合确定招生标准，制订人才培养方案，实行课程教学的贯通衔接，培养本科层次的应用型人才，技术技能达到助理工程师或预备技师的要求。

### （三）试点高职与应用本科分段培养

江苏省实行高职院校与应用型本科联合招生、分段培养，实行 5 年一贯办学。学生完成高职学习 3 年后，由本科院校选拔进入本科专业继续学习 2 年。试点院校共同制订 5 年一贯人才培养方案，系统培养本科层次高端技能人才。

### （四）试点高职与应用本科联合培养

江苏省实行高职院校与应用型本科院校合作办学、联合培养，由本科院校与高职院校联合制定专业理论知识和实践技能课程体系，培养 4 年制本科层次应用型人才。参加试点高职院校为国家示范或骨干职业院校，试点专业选择工科、技术和社会学科专业。

**典型案例：广东省以专业课程标准和等级证书制度为核心构建现代职业教育体系**

广东省从 2010 年 10 月承担探索构建现代职业教育体系的项目试点任务以来，在认真学习研究国家现代职业教育体系规划的基础上，结合广东现代产业体系和职业教育发展的实际情况，大胆探索、先行先试，确定了广东现代职业教育体系建设的总体架构：建立与现代产业体系相适应的人才培养机制，推进职业预备教育、职业教育和继续教育的衔接贯通，促进办学类型、学习形式的多样化，构建开放衔接、多元立交的体系结构和优化服务区域发展战略的空间布局等五个方面。其中，最为突出的成绩表现在专业课程标准和等级证书制度的建设上。

广东省以专业课程标准和等级证书制度为核心，加强基本制度建设。一方面，中高职衔接专业课程改革工作进一步深化，专业课程标准研制工作不断推进。目前，中等职业学校已完成三批 46 个专业教学指导方案（含专业实训中心建设方案）的编制并开展了试点工作；同时依托中英合作项目开展了16个专业中高职专业课程标准的开发设计工作，并制订了《广东省职业教育课程与教材建设改革试点方案》，正式启动了全省职业教育课程与教材建设改革试点研究。另一方面，深化校企合作，改革技能型人才培养考核评价体系，在职业院校中探索推行职业教育学历证书和职业资格证书相结合的职业教育等级证书制度。

这种以课程为纽带、与职业等级证书相结合的教育体系，具有鲜明的时代特色和职业教育特征。

## 四、加强“双师型”教师队伍建设

师资队伍建设是提高教育质量的保障，发展职业教育关键在师资。各地实施职业教育专项和综合改革试点以来，引起地方政府的重视，纷纷将提高职业院校师资素质作为工作的主要抓手。

**典型案例：上海市“双师型”教师队伍建设**

为了促使职业教育更好的发展，提高人才培养质量，上海市在试点工作中，大力加强教师队伍建设，夯实职业教育发展基础。第一，上海市实施“高职院校师资教学能力提升计划”，结合重点专业建设，建立上海高职骨干师资档案，选派优秀教师到企业挂职锻炼、赴国外进修，打造具备实践能力和国际视野的高职骨干教师。第二，制定并颁布《上海市高职高专院校教师高级职务学术水平、技术能力评议的若干意见》，将评审指标单列，重点考察教师的技术应用研发能力、实践指导能力和理实一体的教学能力，更加强调教师的企业工作实践经历和对生产技术、工艺流程的掌握。2011年上海市专门成立了以国家级示范校为班底的高职教师职称评议组，从制度和人员两方面保证了高职师资队伍的双师型方向。第三，成立了名家工作室，发挥行业专家的示范效应，上海市嘉定区在上海工艺美术职业技术学院成立的“沈成旸首饰设计名师工作室”，是第十四家名师工作室，也是嘉定区政府与区内高校联手打造的第一家名师工作室，嘉定区政府为该工作室提供了10万元启动资金。

上海市的“双师型”教师队伍建设工作，完善了对教师的管理，加强了对专业教师的培训和支持，发挥了行业企业专家的兼职教师作用，并从政策上保障了“双师型”教师队伍建设工作的实施，值得借鉴。

## 五、创新督导评价

督导评价是一种激励手段，职业教育的督导评价，不仅应该落到实处，还应该具有职业教育的特色。近三年来，各试点地区完善职业教育质量建设基础制度，着力在适合职业教育的标准建立、规范运行上下功夫。

**典型案例：湖南省建立职业院校学生专业技能抽查制度**

加强督导评估是确保政策落实的重要手段。2009 年，湖南省在全国首创建立了职业院校学生专业技能抽查制度，湖南省教育厅负责抽查高职，市州教育局负责抽查中职，抽查内容为所查专业的核心技能，抽查方式为现场操作测试，抽查的专业及学生随机确定。凡不合格率低于规定标准的院校，该专业下一年必须复查，复查不合格的，该专业停止招生。为使抽查内容与行业企业对技能性人才的要求对接，湖南省组织职业院校和行业企业专家共同开发了 40 个高职专业类学生技能抽查标准和题库，覆盖了 84 个高职专业和 76%的高职在校生。近两年，湖南省教育厅组织了 6 个高职专业 2000 余名学生的抽查，市州教育局组织了 50 个专业近万名学生的抽查，并根据抽查情况，已责令 3 所高职各 1 个专业停止招生，20 所中职 30 余个专业停止招生。

河南省学生专业技能抽查制度的创新与实施，有力带动了职业院校内涵建设，促进了职业院校教育教学质量大幅度提升，学生实践操作能力大面积增强，受到企业肯定与欢迎。这项制度获 2011 年第二届“全国教育改革创新奖”的“优秀奖”。而且，本研究发现，在试点项目中，凡在创新督导评价机制上有所突破的地区，其改革效果都比较好。具有职业教育特色的督导评价方式，以及评价的落实，对衡量职业教育体制改革的成效、对改革切实效果具有深远影响。督导评价创新是职业教育体制改革的引航者，应积极鼓励创新。

# 第四节　改革试点中存在的问题及其原因

虽然试点改革整体上变化较大，局部和单项有创新，但是各试点项目在改革过程中也出现了一些问题，包括试点发展不平衡、试点地区职业教育发展的经济导向有待提升，实质创新突破较少、缺乏制度保障，外部支持体系缺失、内部协调困难，政策缺乏可操作性、实施课题化倾向严重，科研支撑力度不足等多重问题，这些问题的存在严重影响了职业教育体制机制试点改革的进展，应分析其背后的深层次原因，以求解决之道。

## 一、试点发展不平衡

职业教育的 56 个试点项目和 4 个综合改革试点省试点工作进展、实施效果、实施方式等不可能完全相同，出现了试点项目实施不均衡现象。有的试点项目紧扣职业教育体制改革的目标，实施启动很快，进展也比较快；有的试点项目才刚刚启动，有的试点项目正在积极进行。各试点在态度、力度、深度、效度方面均有差异，基本呈现出东部强于中西部，高职略好于中职的局面，而且，各试点改革的重心倾向于基础性建设多于改革性探索。

各试点项目发展不均衡的现象，有客观和主观两方面的原因。从客观方面来说，不同地区的职业教育基础、条件不一样，在试点改革实施过程中，出现不平衡是在所难免的。从主观方面来说，我国很多地区轻视技能和鄙薄职业教育的文化传统，以及劳动就业制度偏失，约束着职业教育改革试点大步前行及均衡发展。整个试点工作考察、研究下来，课题组发现束缚职业教育体制改革的瓶颈之一，就是人们的观念问题，体制改革受到既有教育思想、教学方式、合作方式和教育习惯的影响，体制改革很难在这些旧有思想、观念下彻底实施，并取得实效。适应经济产业转型升级发展需要的职业教育，要解放思想，转变观念，将经济发展需求与职业教育发展规划整体协调规划，放开手脚，大胆尝试。

因此，建议试点项目单位进一步解放思想，勇于创新，真正在体制和机制改革方面发挥先行先试作用，为区域乃至全国职业教育的发展提供经验和示范。改革试点单位还要从省情、市情和行业实际出发，多种模式发展，切忌“一刀切”、“齐步走”。比如职教园区建设，现代学徒制试点，应因地制宜，适应地方经济和百姓需要，不能全国各地全面推行。

## 二、职教发展的经济需求导向有待提升

各地在发展职业教育、整合职教资源时，往往以现有职业教育资源为本进行整合，这本无可厚非。然而，一些试点地区的改革和资源整合仅在职教资源内部，为了改革而改革，为了整合而整合，没有以经济实际、产业特点和学生需求为依据进行改革和整合。缺乏对试点工作的规划设计或职业教育发展的规划设计中对区域产业特点的分析，缺乏对就学人口以及行业分布的分析，这种仅对职业院校内部做规划调整，忽视外部经济发展条件以及外部资源整合的改革，很难取得实效，对职业教育的发展和经济社会的发展也十分不利，很大程度上会带来投入产出的落差，巨大的投入会因不符合外部需求而造成闲置和资源浪费。整合职教资源，进行职业教育改革，首先应当考虑的是当地的经济需求、产业需求、从业需求、行业需求、学生需求，无论是规划还是投入，离开区域实际需求，尤其是经济发展需求都是不能发挥良好作用的。

职业教育发展的经济需求导向不足，与区域发展规划对职业教育的忽视息息相关。职业教育体制改革试点工作的实践表明，地方经济发展到转型期后，对发展中的软实力更具有依赖性。人力资源作为软实力，在很大程度上制约着经济转型与发展的深度与广度，而职业教育正是这种人力资源的巨大输出方，其在地方经济发展中的作用凸显。但是这种作用并未被地方政府所充分认识，经济发展需求所激发职业教育发展动力，也被政府所忽视，政府给予职业教育的支持十分乏力，这也是职业教育从业者只能从职业教育内部进行资源整合的原因之一。政府认识的落后和支持的乏力，使职业教育人士无力整合职业教育外部资源，更不用提将职业教育纳入地方经济发展规划了。

因此，政府应转变意识，充分认识到职业教育的价值，把职业教育作为发展经济的重要途径，将职业教育发展规划纳入区域经济发展规划，建设职业教育改革发展良好的外部条件。

## 三、实质创新突破难，有待制度完善

国家教育体制改革试点项目实施的形式比较丰富，大多数试点项目都展开了各种形式的探索，但是，丰富的形式背后，实质内容的创新突破却比较难。落后地区由于条件本来就差，实质性发展较慢，职业教育发展得较好的地区犹如一个国家到达中等发达水平之后，陷入“中等收入陷阱”一样表现出停滞不前、发展乏力的现象。比如，就校企合作来说，校企合作的形式各试点项目都比较多，但真正制约校企合作持续、健康发展的制度问题，政策问题取得的实质进展比较少。仅有极个别的地区或行业尝试的校企合作促进了政策建设，大部分地区还停留在形式上。再者，对促进校企合作的有力措施，例如，对参与校企合作的企业的税收优惠政策，几乎没有一个试点项目或试点地区进行尝试，尽管校企合作在全国全面开花，但合作的内容较为肤浅、合作的进展缓慢、合作的效果较差。

造成这种现象的原因，本课题认为是一种中央与地方的相互期待的心理，中央希望通过试点改革，以基层首创的方式，打破职业教育发展的制度障碍。而地方，并没有领会到中央的期待，或者没有意识到自己试点的真正价值，而以先前的发展成果，来应对试点改革的各项检查。有些试点地区对试点的政策空间把握不好，不敢大胆尝试，缺乏体制机制创新的勇气。

目前，改革与发展已经成为职业教育的主题之一，进一步改革实施，需要试点地区加大体制机制改革的力度，大胆尝试，突破“中等收入陷阱”问题。从实际情况看，各试点应加强制度层面的建设，特别进行人事管理制度破冰、校企界限突破、升学管理制度改革、就业准入与职业资格证书制度的改革，合理引导资金使用、税收优惠倾斜、产权明晰等方面的改革。

## 四、外部支持体系缺失，内部协调难

职业教育是一项牵涉面广、社会参与主体多、实践性强、协调难度大的综合性教育事业，需要整合社会各方面的资源和力量，需要相关单位和部门、各区（县级市）的支持和配合，需要强大而又全面的外部支持，比如就业准入制度、职业资格制度、金融制度、劳资关系制度、经济发展战略等多方面的支持。只有劳动力市场上具有严格的就业准入制度，职业教育培养的技能人才才能真正发挥自身价值；职业资格制度完善、标准化程度较高，职业教育才能有的放矢；经济发展战略真正面向技术强国，职业教育改革才能有空间；劳资关系制度合理，技术技能人才的待遇提高、社会地位提高，职业教育才能真正有吸引力，改革才会有所突破。

然而上述这些职业教育改革与发展所必需的外部支持，在我国几乎都是缺失的，没有与职业教育发展相互匹配的制度，职业教育发展与改革只能步履蹒跚、笨重前行，职业教育发展与改革任重道远。

由于职业教育内部自身的体制不顺、职业教育体系不完善、发展水平较低等问题的存在，使得职业教育内部协调困难，职业教育体制改革阻碍重重。例如，职业教育体系不完善，尽管中高职衔接目前在全国可谓全面开花，但是由于早先对中等职业学校学生升学的“5%”的限制，使得目前探索中等职业教育与高等专业教育衔接的体制较为困难，中等职业学校的学生升入高职院校相对容易，但是各地积极探索的中等职业学校学生升入应用本科院校这种高等专业院校却困难重重，面临着体制、制度的限制。再比如，职业教育评价机制不完善，对教师和职业院校的评价基本沿用了对普通学校教师和学校的评价方式。现行的评价方式重在评价教师的科研成果、论文数量等，而职业教育的教师是技术技能人才的培养者，其着眼点和落脚点都在技术传承和革新上，对这些教师的评价应该有其自身的标准；现行的学校评价方式是注重学校有多少博士、硕士，而职业院校需要的不是高学历人才而是高技术技能人才，二者不存在正相关的关系。因此，由于职业教育评价机制的不完善和评价标准的缺失，使得职业教育的发展具有“普通化”的倾向，不利于职业教育改革的成功。

职业教育发展的外部支持体系的缺失和内部协调的困难，使得职业教育的发展障碍重重，亟待解决。

## 五、政策缺乏可操作性，课题化倾向严重

在对职业教育试点工作的实证研究过程中发现，各试点地区出台的文件多于政策，部门文件多，政府政策少，教育部门自己的文件多，跨部门的政策少等。而且各试点地区制定的文件显示，有些措施和办法缺乏可操作性，以“力争”、“尽快”、“基本”等词汇指导实际改革操作，没有落实责任部门、没有统筹协调单位，没有实质性的规定，一纸文件难以落实到操作层面。宏观规划非常重要，但措施和办法就要具体、细致、可操作。否则就会产生各自为政、各自为准的分散局面，不利于区域职教的整体改革推进。

造成这种现象的原因也是深层次的，多年来，我国职业教育发展的政策工具一直比较单一。政策工具是为了达到某一政策目标而采取的具体手段和方式。根据政策工具运用的条件，麦克唐纳尔和埃尔莫尔将政策工具分成命令、报酬、职能拓展、权威重组和劝告五种，每一个政策工具都有其适应和不适应之处，它们不独立发挥作用，要与政策环境紧密相连①。从调研情况来看，在各试点出台的支持政策中，使用的工具主要是命令、报酬和职能拓展。命令与管制是规范个人和机构的规则。例如，在“双师型”教师队伍发展中，有些院校将教师下企业实践锻炼作为晋升和职称评定的必要条件，这属于命令的政策工具；有些地方采用从经济上进行补贴，如对兼职教师聘用进行政府补贴，这属于报酬的政策工具；大部分地区都将教师培训作为提升职教师资素质的手段，这属于职能拓展的方式。在试点单位各项政策中，这些政策工具要么单独运用，要么进行一些组合。实际上，促进职业教育体制机制改革，应该将多种政策工具配合使用，出击组合拳，

① 佛朝晖．县域义务教育师资均衡配置政策执行现状、问题及建议［J］．教育发展研究，2011（11）：13-18.

效果才更好。例如，权威重组是将属于自己的部分权力授予其他组织或个人，从而实现政策目标。例如，可以通过跨区域合作的方式，提高西部、农村、欠发达地区和非核心区域职业教育水平，通过支教、代培等方式实现优质职业教育的共享。

另外，通过对试点的实证研究发现，不少学校和单位将改革试点等同于课题研究，弱化了试点工作的地位和作用，没有树立利用试点推动工作的意识。国家教育体制改革试点项目更多的是希望在体制改革的实施层面有所突破，但目前各试点项目的实施情况出现了课题化倾向，实施的步骤、方法等都与课题研究相似，课题更多的是理论研究，即使是实证性课题，也更多地偏重于理论研究，而体制改革试点项目，是实践层面的问题，试点项目的这种课题化倾向，使得试点工作的实践性、可实施性大大降低。追究这种现象背后的深层次原因，本课题认为与我们长久以来对职业教育的评价机制不科学有关，在今后的试点工作中，不仅要警惕这种课题化倾向，也要加强职业教育评价机制的改革。

## 六、职业教育科研支撑力度不足

在调研中发现，各试点地区试点工作对职业教育科研的需求旺盛，而职业教育的科研实力和贡献力又比较弱，我国的国家职业教育科研机构非常少，而地方职业教育科研机构的研究能力又比较弱，缺少敏锐的问题意识和深入的研究能力，职业教育教研工作缺少科研的深度支撑，往往会依赖惯性思维和常规操作，沿袭传统学科体系下的教研模式，停留在常规的经验表层。

这种科研支撑的乏力，已有不少试点地区意识到。例如，安徽省试点项目的负责人反映，安徽省职教研究机构不健全，各市、县教研机构力量也很薄弱，从事职业教育科研和教研的专职人员太少，导致科研在开展试点项目中引领作用还没有发挥出来，因此需要进一步加强科研和教研工作。

# 第五节 未来改革的思路和建议

中共中央十八届三中全会关于《中共中央关于全面深化改革若干重大问题的决定》指出，加快现代职业教育体系建设，深化产教融合、校企合作，培养高素质劳动者和技能型人才。因此，国家和各试点地区，应结合十八届三中全会的要求和试点改革中出现的问题，加强对职业教育的顶层理性设计、调整政府职能、完善立法支撑体系、促进职业教育制度建设、构建和完善职业教育发展的外部匹配制度、加大科研力度，以建设和完善现代职业教育体系，深化产教融合、校企合作，为国家经济社会建设培养高素质劳动者和技能型人才。

## 一、加强国家顶层理性设计

我国职业教育的发展从清末到现在也有一百多年的历史了，但职业教育依然比较弱，存在诸多问题，与我国职业教育发展受政治影响较多和顶层理性、科学设计不足息息相关，因此，建立现代职业教育要加强顶层理性设计。

### （一）职业教育顶层设计要全盘发展职业教育，不能顾此失彼

职业教育的顶层设计包括职业教育发展的各个方面的整体协调设计，如法律的制定、制度的保障、体系的建构、实施及评价机制理性化等，多方面应协调统筹设计，不能顾此失彼。以现代职业教育体系的建立为例，现代职业教育体系的构建，应该与职业教育法律制度的构建、职业教育制度的构建、职业教育实施与评价机制的构建等协调发展，不能以构建现代职业教育体系为由忽视或弱化其他方面的建设，只有各个方面的问题都有所解决，职业教育体系才能顺畅发展。

### （二）职业教育顶层设计要立足经济、社会、人的发展

职业教育的顶层设计要立足于经济、社会和人的发展，立足于我国经济发展方式转变和产业结构转型升级的需求，立足于社会民主、法治化需求，立足于人的终身发展、自由发展的需求，从宏观上科学设计，理性规划。依然以现代职业教育体系的构建为例，现代职业教育体系的顶层理性设计应坚持服务经济发展原则。依据经济产业结构规划职业教育的结构，依据经济发展水平规划职业教育办学层次，依据技术水平规划职业教育的办学规模，并提升办学质量，使我国现代职业教育体系与我国经济发展阶段相适应，与区域经济发展水平相适应。现代职业教育体系的顶层理性设计应坚持适应并推动社会、文化发展的原则。现代职业教育体系要适应社会发展越来越民主化的趋势，培养具有民主精神、人格完善的技术技能人才，要适应文化多元发展的趋势，培养具有开放、包容精神的技术技能人才。现代职业教育体系的顶层理性设计还应保障人的持续、自由发展。人的持续发展要求现代教育体系的构建要具有终身教育的理念，人的自由发展，要求现代职业教育体系的构建要能够与普通教育融通、且转换灵活，使学生来去自由，自主性发展。

### （三）明确职业教育的“一把手”责任

加强职业教育制度创新的顶层设计，应确立职业教育是党政一把手工程的制度。职业教育体制改革需要全社会的合作、需要教育与产业的全面合作。明确发展职业教育是党政一把手的责任。要“合作”就需要“统筹”，职业教育体制改革实质是全社会的合作，统筹的实质是对全社会的统筹，积极打破行政部门间壁垒，探索多个行政部门协调联动，系统整合学校、企业、行业、研究机构等多个主体、多种资源协同推进体制改革。把职业教育纳入各级党政教育实绩考核，强化各级党委、政府统筹本区域内职业教育发展的职责，把职业技术教育发展纳入市、县两级党政领导工作目标管理，作为考核党政领导干部抓教育实绩的主要考核指标之一，并作为教育强市、强县（市、区）考核的指标。

强调一把手责任，是因为日益重要的职业教育面临的难题和瓶颈，其复

杂性事关社会全局，没有统筹和主导全局的能力就无法取得职业教育体系和制度改革的突破，就会沿袭以往职业教育改革的非系统化、片段化、零散化的特点。强调政府主导，应突出政府的宏观统筹协调和公共服务功能，但是应避免政府过多干预，出现职业教育的行政化，危害职业教育校企合作中的育人规律和经济规律。

## 二、调整政府机构职能

政府的职业教育职能是国际职业教育领域研究的热点问题之一，“国际劳工组织认为熟练工人所需要的高技能作为一种‘公共商品（Public Good）’，政府具有不可推卸的责任。联合国教科文组织（UNESCO）也认为政府对职业教育负有最主要的责任，包括提供法律框架，主导各方利益等方面”[①]。2012 年 5 月在联合国教科文组织主导下，在中国上海召开的第三届世界职业与技术教育与培训大会达成《上海共识》，进一步推动政府在职业教育发展中的主导作用，尤其是在促进协调合作和工作与生活技能的培养上，并建议推动普通教育与职业教育之间的联系，尊重人的发展[②]。

在课题组对国家职业教育体制改革进行实证研究的过程中，尽管发现政府发展职业教育的职责履行不到位，但课题组认为并非职业教育发展的所有职责，都应有政府一一履行，有些职责不是政府应该承担的，政府应该放权；有些职责政府责无旁贷，应当积极努力办好。

那么，政府究竟应该承担哪些责任呢？

### （一）各级政府的职业教育责任分工

1. 中央政府和省级政府职责：根据对我国职业教育理论和实践的研究，本研究认为在发展职业教育的过程中，中央政府及省级政府应该加强统筹规划职能、立法职能、整合资源职能、经费投入等职能。

---

① 和震．联合国教科文组织的职业教育政策研究［J］．中国职业技术教育，2012（6）：23-29.

② 第三届国际职业技术教育大会．职业技术教育与培训的转型：“培养工作与生活技能”建议书［J］．中国职业技术教育，2012（16）：56-60.

发展职业教育是惠及全民的事情，需要中央政府的宏观科学规划、设计，正如上文所述应该依据我国经济发展方式转变和产业结构转型升级的需求，依据社会民主、法治化需求，依据人的终身发展、自由发展，从宏观上科学设计，统筹规划。

立法职能主要是中央政府和省级政府的职责，地市政府应配合上一级政府在法制、制度制定过程中的工作，将一线的切实需求反馈给上一级政府，将中央和省级政府的政策法规落到实处。

职业教育的良好发展需要整合各类社会资源，包括政府的教育部门、经济管理部门以及企业、行业、社会组织、科研机构等的各种资源。需要中央政府和地方政府的共同努力。

从某种程度上说，教育是公益事业，经费保障是各级各类教育稳定、持续、健康发展的前提条件和重要基础，职业教育也不例外，职业教育经费投入不足直接影响职业学校的教育质量，政府财政拨款是职业教育经费的主要来源，作为中央和省级政府应充分保障职业教育发展的经费。经费投入是中央和省级政府发展职业教育、构建现代职业教育体系的重要职责。

2. 地市级政府的职责：地市级政府对促进职业教育发展具有规划职业教育发展目标、调整学校布局和专业结构、整合资源、落实经费等职能。

职业教育具有为区域经济发展服务的职能，为区域内各行各业培养所需的高技能人才。因此，地市级政府应将发展职业教育纳入本地发展战略目标，根据区域经济发展的产业结构、各行各业的人才需求来制定本地区的职业教育发展规划，使之与本地区的经济发展规划协调一致，使职业教育能够更有针对性的为区域经济发展服务，避免职业教育的人才培养结构与区域经济发展所需人才结构相脱节。

政府应协调区域内经济发展与增长率结构调整的统一，不仅要看到经济社会发展的今天，还要看到经济社会发展的明天。根据经济发展的明天，也就是地区经济社会发展的人才需求预测，来统筹规划职业教育和普通教育的发展规模，来统筹规划职业教育中学校的布局，调整区域职业院校的专业设置，努力提高办学效益，切实发挥职业教育为区域经济服务的能力。

地市政府对于上级部门对职业教育的拨款一定要落到实处，本级政府部门应承担的政府拨款也要实额拨付，并积极开拓经费来源渠道，发动社会力量对职业教育进行扶持。

总之，切实发挥政府对职业教育发展的主导作用，应建立中央政府、省级政府、地市级政府分工合作、责任共担的政府职能体系。

### （二）政府部门之间的职能分工

尽管政府发展职业教育的职责履行不到位，但有些职责却又不是政府应该承担的。应建立政府、学校、企业、社会机构分工合作、责任共担的职能体系，以转变职能和简政放权为重点，积极推动职业教育管、办、评分离，更合理地分权、放权、归权。

一要明确政府的责任和义务，通过统筹规划、立法、制定标准、整合资源、经费投入、督导等手段加强职教管理，要特别注意教育、人社、发改、财政、编办等不同职能部门的分工与协同。政府还要调动社会力量，发挥市场作用，鼓励企业、社会和公民投资举办职业教育。二要发挥职校办学主体责任，增强办学自主权，完善内部治理结构，建立现代学校制度，同时引导企业承担作为办学主体之一的责任。三要分权评价职能，发挥社会专业评价机构，尤其是行业组织的评价职能。四要适当归权，针对学历教育和职业培训分离、职业教育供给资源分散、教育部门管理和人社部门管理分立等情况，有些地区发出归口管理或另设专门机构统一管理的呼吁，但是否要自上而下或做出全国性的管理体制调整，必要性和可行性值得研究。

综上所述，构建现代职业教育体系，进行中国职业教育体制机制改革，应该加强顶层理性设计，调整政府机构职能，从宏观、整体上保证职业教育的顺畅发展。

## 三、完善立法支撑体系

试点地区的经验和发展困境表明，现代职业教育体系的建立一定要有完善的立法支撑，没有立法支撑的职业教育是无力的、断续的，不能满足经济社会发展的需求，不能满足人的持续、自由发展。

目前，我国职业教育法律建设比较薄弱，国家级别的职业教育法律只有颁布于1996年的《中华人民共和国职业教育法》（以下简称《职业教育法》）一部。该法强制性不足、缺乏实施细则，很多规定无法落实，如我国的《职业教育法》规定："鼓励通过多种渠道依法筹集发展职业教育的资金"①；"各级人民政府、国务院有关部门用于举办职业学校和职业培训机构的财政性经费应当逐步增长。任何组织和个人不得挪用、克扣职业教育的经费。"② 作为强制性法律，此种描述明显强制力不足，对不执行、违法行为没有相应的惩罚规定。

我国《职业教育法》修订工作不及时，缺乏下位法和实施细则，使得《职业教育法》的法律效力较弱。我国缺乏单项法，比如校企合作是职业教育发展的重要人才培养方式，但一直没有单项法律支持。

进行职业教育体制机制改革，应重视职业教育的立法，完善职业教育的法律支撑体系。第一，根据经济发展需要，适时不断调整与修订相关职业教育法律法规，制定各种实施细则，为职业教育改革发展指明方向。第二，以立法形式把国家政府对职业教育的基本方针和重大政策固定下来，或者将国家实施过程中有利于职业教育发展的利好政策或规定上升为法律形式。第三，依据社会经济、教育发展需要，建立《职业教育法》的下位法以及各种单项法，完善法律保障体系，保障职业教育的规范化、法制化，使职业教育有章可循、有据可依，提高执行的效率，减少失误。

完善职业教育法律支撑体系，加强立法和法律的实施，可以采取多种方式实现制度变迁。"在正式制度实施的过程中，制度变迁有两种运行方式，即诱致性制度变迁（指一群人或个人为追逐利益所进行的自发性的变迁）和强制性制度变迁（由政府法令引起的变迁模型）。"③ 美国的《莫雷尔法案》开启了美国政府借助诱致性制度变迁方式，推动职业教育法案实施的模式。

① 国家教育改革与发展委员会．教育体制改革文献汇编［M］．北京：人民教育出版社，1988：27.

② 国家教育改革与发展委员会．教育体制改革文献汇编［M］．北京：人民教育出版社，1988：27.

③ 林毅夫．再论制度、技术与中国农业发展［M］．北京：北京大学出版社，2000：37.

该法创设以向各州赠地为条件，诱导各州在接受捐赠的同时，自觉地遵照联邦政府的要求，推进各类职业教育政策的制定。而我国目前仅有的《职业教育法》等法规制度采用的是强制性制度变迁的运行方式，强制性制度变迁以政府命令等国家强制力保证实施，可以在较短的时间内促成某种措施的实施。但是，目前《职业教育法》作为强制定法律的强制力不足，在实施中出现打折扣、盲目性和低效率的现象。在增强《职业教育法》强制力的同时，新制定的下位法和单项法，可以尝试采用诱致性制度变迁方式，以从强制、诱因等两方面确保法律的实施。

## 四、促进职业教育制度建设

全面推进职业教育改革，既要加强顶层设计，又要尊重群众和基层的首创精神。特别是对于牵一发而动全身的重大问题，选择部分地区和领域开展试点，鼓励试点地区和单位先行先试、积累案例，为改革攻坚提供鲜活经验和实践标杆，是推进改革的有效机制。今后一个时期，各试点地区和单位应该站在服务完善职业教育国家制度的高度，加强对试点工作的全面总结和深入推进，着力开展先行先试，突破体制机制障碍；着力推动综合改革，形成一批典型经验；着力完善基本制度，保障职业教育科学发展。

改革试点应进一步突出以下制度建设重点：深入落实招考制度改革；扎实推进产教融合制度建设；加快完善集团化办学制度；不断强化经费投入保障机制；建立和完善人才需求预警与服务制度；创新职业院校的考核评价机制等。

### （一）深入落实招生考试制度改革

实施高考分类改革，是教育领域牵一发而动全身的重大制度设计，是人民群众关注的焦点。目前，教育部正在制订新的高考分类改革方案，完善和推广高等职业教育“技能+知识”考核方式，逐步扩大高等职业院校单独招生、对口招生的规模和范围。招考制度是教育教学改革的重要引领，各试点地区应在先有成绩的基础上，继续加强和完善招生制度改革，提早谋划、精心设计，深化考试内容和形式改革，并以此带动技术技能人才培养模式改革，把全面实施素质教育的要求落到实处。

### （二）扎实推进产教融合制度建设

产教融合制度建设最基本的制度是校企合作的制度，因此应从制度层面推动校企合作。职业教育体制改革离不开行业企业的参与，但目前我国行业企业参与职业教育的积极性、主动性仍然很低，产教融合、校企合作很难深入。因此，建议国家尽快制定促进校企合作办学的法规，出台《职业教育校企合作条例》，促进校企合作制度化，建立校企合作长效机制。制定国家层面鼓励行业企业参与职业教育的优惠政策，健全产教融合制度。要制定产教融合、校企合作框架和课程标准，通过课程内容明晰企业和学校的责任和义务；利用财税杠杆，探索合理的产教融合、校企合作的企业利益补偿机制；建立校企合作人才培养考核制度等配套制度。

### （三）加快完善集团化办学制度

要进一步推动集团化办学的实践探索，处理好政府与市场、与社会的关系，形成合力推动职业教育改革发展的运行机制。各试点地区已经取得了一些阶段性成果，应该进一步创新和丰富集团化办学的模式，健全政府、行业、企业、学校、科研院所和社会组织组成的理事会、联席会、董事会等多种形式的组织结构、治理结构和决策模式，形成以校企合作为基础的现代职业院校制度，巩固和继续发展集团化办学制度，并积极探索产权制度改革，推进职教集团由松散型向紧密型发展。

### （四）加强职业教育经费保障机制建设

我国职业教育投资渠道单一，办学经费仍然短缺。因此，应加强职业教育经费保障机制建设，建议改革职业教育公共财政投入方式，逐步探索建立职业教育经费政府、企业和社会多元投入的机制，设立职业教育基金会，鼓励社会各界捐助职业教育，出台《职业院校生均财政经费标准指导性意见》等。以校企合作经费为例，各级政府以经济的形式提供职业教育校企合作的专门经费、补贴和税收减免优惠等支持，组织教育、财政部、发改委、人社和工会等部门会同职业学校和行业企业共同研究制定支持职业教育校企合作的各种切实可行的经济手段，加大经费投入力度。建立国家和地方职业教育校企合作专项经费，运用公共经济资源适当补偿企业参与职业教育所提供的公共服务的人力成本和物力消耗。

建议设立国家教育体制改革试点专项基金，建立激励机制和动态调整机制，对于改革突出、成效显著的地区和项目予以鼓励，态度不积极和效果不明显的给予撤销。

### （五）建立和完善人才需求预警与服务制度

建立人才预测、预警机制，对技能型人才资源状况和需求动态进行科学统计和预测，为决策提供参考；建立和完善有利于职业教育发展的服务体系，为校企双方牵线搭桥，搭建企业合作多样化的平台，促进学校和企业的合作。

### （六）创新职业院校的考核评价制度

职业院校的评价包含对职业教育硬件设施的评价，教师的评价和学生的评价，应减少职业教育硬件设施在评价体系中的份额，建立职业教育教师评价机制和学生评价机制。建议政府部门、行业企业和职业院校共同参与职业院校学生的技能资格鉴定，多渠道促进人才培养质量提升。

## 五、构建和完善职业教育发展的匹配制度

一些西方政治经济学家认为，一个国家政治经济制度或多或少地是一种综合体系，其中各种各样的制度安排（劳资关系制度、金融制度、职业教育和培训体系及企业治理体系等）通过种种途径密切地黏合在一起，这就是政治经济学家所定义的“制度匹配”。霍尔和金杰里奇通过分析不同发达国家的数据，已经令人信服地证明了制度体系之间相互匹配的确是存在的[①]。从历史

① 凯瑟琳·西伦．制度是如何演化的：德国、英国、美国和日本的技能政治经济学［M］．王星，译．上海：上海人民出版社，2010：252.

上来看，对于一个领域中特定制度安排，如果在相邻领域中存在着一套与之兼容或匹配的制度安排，那么将会“提高制度的回报”。这可能也正是西欧各国在发展职业教育的过程中都比较重视立法建设和相关制度建设的原因。

因此，在我国发展现代职业教育，实施职业教育体制机制改革，应重在“制度匹配建设”。职业教育体制改革，不仅仅是职业教育内部的事情，涉及经济领域、政治领域等，涉及教育部、发改委、人社部、科技部等多个部门，只有各方面的政策、制度与职业教育发展的政策与制度相互匹配，职业教育才能获得长足的发展。例如，协调的人事关系制度，稳定的金融制度，健全的职业资格制度，严格的就业准入制度，有效的行业指导制度，等等。就我国具体情况来说，应优先制定或完善如下制度：

第一，要加快改革劳动制度和用工制度，包括工资协商制度。一方面监管企业行为，严格企业用工标准，惩罚因用工标准不合格或用非技术工人而发生安全事故的企业，以及企业的恶意“挖人行为”；另一方面保障技术工人的权益，让他们能够体面地用其所学。

第二，构建可信承诺的实习/培训合同制度。制定一个实习/培训合同以保证企业与职业院校、企业与受训者相互间达成可信承诺关系，一可保证企业很好地开展培训工作并阻止他们剥削职业院校的学生；二可约束职业院校的学生，尤其是订单培养的学生或学徒工为企业服务足够长的时间以补偿企业的投资成本；三可保证职业院校切实提高教育质量，不得在企业和学生之间谋取不当利益。否则参与现代职业教育的企业会面临竞争对手的“挖人效应”，也可能使职业教育，尤其是参与学徒培训和顶岗实习的学生，退化为企业剥削非技术的廉价劳动力的工具。

第三，建立技能资格认证体系。在这个体系中，国家、企业、行业协会分工合作设定并执行技能资格的评估和认证程序。这些资格认证程序能够规范企业行为，保障企业参与职业教育产教融合、校企合作的质量。如果学生的技能资格标准化考试失败，则剥夺企业提供培训的资格，使其失去低工资实习生从事生产给企业带来的收益。如果职业院校学生，尤其是学徒工因为没有为企业服务应有的时间而拿不到资格，则无法在将来的工作中得到较好发展（前提是第一项劳动制度和用工制度要严格执行）。

只有这些与职业教育发展相互匹配的制度建设完善，职业教育才能获得持续、健康的发展，才能真正发挥职业教育的经济功能。

## 六、加大职教科研力度，有效指导实践

坚持科研先行，是推进职业教育实践创新、理论创新、制度创新，实现事业科学发展的重要基础。因此，建议：

第一，加强对试点项目及其重点热点问题的科学研究，指导试点工作不断取得新的进展。当前研究的重点是：现代职业教育内涵外延及国家制度、体系和发展路径研究；现代职业教育与现代产业新体系研究；职教发展中政府与市场、与社会关系研究；产教融合中的学校发展战略研究；多元主体办学与产权制度改革研究；产教融合、校企合作国家分配政策研究；中高职衔接是现代职业教育体系基础的研究；集团化办学制度多元主体作用及政策研究；职业院校国家技术技能积累地位、作用研究；建设形成尊重技术技能人才的文化价值观研究。通过对这些问题的研究，指导试点工作不断取得新的进展。

第二，加强各地区的科研力量。密切与教育行政部门、基层学校等方面的联系，整合普通高校、学术团体、行业企业等方面的力量，形成以教育部门职业教育教研机构为主体，行业企业和高等院校等职业教育研究机构为补充的，既统一合作又分工协作的运行格局。建立职业教育教研机构与行业企业和高等院校等部门定期沟通、相互交流的对话机制，确保地方职业教育教研机构在宏观理论上有国家、省级职业教育教研机构和高等院校职业教育研究机构的指导，在实践上有行业企业研究机构的参与，努力探索“产学研一体化”的职业教育教研新路，提高职业教育教研工作的针对性和实效性。

**参考文献：**

［1］第三届国际职业技术教育大会．职业技术教育与培训的转型：“培养工作与生活技能”建议书［J］．中国职业技术教育，2012（16）．

［2］佛朝晖．县域义务教育师资均衡配置政策执行现状、问题及建议［J］．教育发展研究，2011（11）．

[3] 国家教育改革与发展委员会．教育体制改革文献汇编［M］．北京：人民教育出版社，1988.

[4] 和震．联合国教科文组织的职业教育政策研究［J］．中国职业技术教育，2012（6）.

[5] 凯瑟琳·西伦．制度是如何演化的：德国、英国、美国和日本的技能政治经济学［M］．王星，译．上海：上海人民出版社，2010.

[6] 匡瑛，石伟平．职业教育集团化办学的比较研究［J］．教育发展研究，2008（3）.

[7] K. 金．教育大百科全书·职业技术教育［M］．重庆：西南师范大学出版社，2011.

[8] 林毅夫．再论制度、技术与中国农业发展［M］．北京：北京大学出版社，2000.

[9] 刘春生，柴彦辉．德国与日本企业参与职业教育态度的变迁及对我国产教结合的启示［J］．比较教育研究，2005（7）.

[10] 鲁昕．履行政府职责，完善国家制度，大力推进中国职业教育的改革与发展［J］．中国高教研究，2011（3）.

[11] 石伟平．境外职业教育集团化办学的经验及启示［J］．职业技术教育，2008（11）.

[12] 邢晖，许玉乾．中国职业教育跨区域合作的政策分析［J］．中国职业技术教育，2011（4）.

[13] 邢晖．多方“合力”，方能“给力”——中职跨区域合作办学现状调查［J］．教育与职业，2011（1）.

[14] 杨金土，等．对技术、技术型人才和技术教育的再认识［J］．职业技术教育，2002（8）.

[15] 余祖光．职业教育校企合作的机制研究［J］．中国职业技术教育，2009（4）.

# 第六章 职业教育综合改革*

2010年年底，国务院办公厅印发《关于开展国家教育体制改革试点的通知》（国办发［2010］48号），确定了10个专项改革试点，4个重点领域综合改革试点和1个省级政府教育统筹综合改革试点。职业教育综合改革试点是4个重点领域综合改革试点之一，试点省市为天津市、辽宁省、河南省和四川省，且河南省、四川省、辽宁省的沈阳市及天津市同时也是国家职业教育改革实验区。试点省市的选择考虑了东、中、西的区域平衡，考虑少数民族地区特点，具有典型性。职业教育综合改革试点突出“综合”二字，内容有：强化省、市级政府统筹发展职业教育的责任，促使职业教育与经济社会发展需求相适应，促进中等职业教育与高等职业教育协调发展；健全多渠道投入机制，加大职业教育投入，加快基础能力建设；改革职业教育办学模式和人才培养模式，探索部门、行业、企业参与办学的机制，推进城乡、区域、校企合作；积极推进学历证书与职业资格证书“双证书”制度，完善就业准入制度，提高技能型人才的社会地位和待遇，增强职业教育吸引力。本报告围绕三年来4省市职业教育综合改革试点进展情况、成效、经验与模式、问题与原因分析展开，并对未来改革提出政策建议。

---

* 执笔人：佛朝晖。课题组成员：佛朝晖，冯文宇，杨颖。

# 第一节　改革试点的进展情况

经过三年的改革试点，四个职业教育综合改革试点省市认真贯彻落实《教育规划纲要》和《关于开展国家教育体制改革试点的通知》（国办发［2010］48号）精神，按照“坚持以人为本，着力解决重大现实问题；坚持统筹谋划，确保改革协调有序推进；坚持因地制宜，鼓励各地各校大胆试验”的原则，结合各省市实际，加强组织领导，突出重点工作，落实工作措施，改革试点取得有效进展。下面将对四个省市改革试点目标、任务、组织、经费、政策等方面进行分析。

## 一、四省市职业教育综合改革试点的目标

天津市、辽宁省、河南省和四川省在《国家教育体制改革试点项目任务书》中都为各自的职业教育综合改革制定了详细的总体目标和阶段性目标。4个职业教育综合改革试点省市综合改革工作任务突出了现代职教体系构建的重点领域和关键环节，如集团化办学、园区化办学、股份制办学、中高职衔接、双证融通、经费投入和信息化建设等。下面，我们将各自综合改革试点目标和任务主要内容进行归纳。

**表6-1　4个职业教育综合改革试点省市的目标与任务**

| 省市名称 | 目标与任务 |
| --- | --- |
| 天津市 | 1. 制定职业教育相关标准。按照职业教育办学规律和技能型人才培养模式，在编制职业院校建设、师资、经费、设施等基本标准和示范标准方面进行试点探索。<br>2. 构建职业教育人才成长立交桥。围绕国家实施产业振兴规划，发展战略性新兴产业，产业结构调整升级，以及天津市高端制造业和现代服务业发展对高素质技能型人才培养规格、数量和质量提出的新要求，在职业院校的结构布局、专业设置、课程衔接、人才培养路径等方面进行改 |

续表

| 省市名称 | 目标与任务 |
| --- | --- |
| 天津市 | 革探索，并围绕滨海新区开发开放和天津市支柱产业、新兴产业、特色产业发展需要，通过教育资源整合和现代信息技术手段，依托优势专业群，在园区内职业院校之间搭建课程互选、教师互聘、设施互用、学分互认的资源共享平台，实现集约化办学，使海河教育园区职业院校聚集效应更加明显，人才培养效益更加突出，产教合作机制更加稳固。 |
| 辽宁省 | 1. 形成政府统筹、部门配合、行业企业与社会各方深度参与，公办与民办共同发展的局面。省教育厅将中、高等职业教育业务划归职业教育与成人教育处，实行统一管理。打破界限，理顺管理体制，打破中专、技校等校际界限，职教资源共有、共享、共用。<br>2. 建设具有中国特色的“职业教育信息化平台与体系”。<br>3. 启动《沈阳市职业教育校企合作促进条例》调研、立项工作。<br>4. 选择部分校企合作紧密、效果好的职教园区或职业院校，试点建设以生产项目为纽带，以教学功能为主体，集教学、实习、生产功能于一体的共享型生产性实训基地。<br>5. 根据产业发展对人才的需求，选择部分专业类别，由示范性院校牵头，将相关企业和职业院校联合成校企合作联合体。 |
| 河南省 | 1. 改革职业教育办学模式，探索公办民助、股份制办学模式。探索“学校集团化、专业产业化、课程技能化，专业共建、教材共编、课程共担、资源共享”的“三化四共”办学模式，实现校企一体化办学。<br>2. 建立多渠道经费筹措机制，改善职业院校办学条件。<br>3. 改革人才培养模式，实现人才培养与岗位需求零距离对接，加强对职教集团的政策支持和规范管理、投入机制和人才培养模式，实现由政府投资向社会多元化投资的转变。 |
| 四川省 | 1. 到 2015 年，建立健全统筹有力、权责明确、切实履职的职业教育管理体制，形成“政府统筹，部门、行业、企业参与办学”的有效机制。<br>2. 建立中、高等职业教育相互衔接、协调发展的现代职业教育体系。<br>3. 健全多渠道投入机制，加强基础能力建设。<br>4. 建立健全教育与行业合作、学校与企业一体推进的职业教育办学模式和人才培养模式。<br>5. 探索民族地区职业教育发展新路，总结适合藏区学生的教育管理制度。 |

## 二、四省市职业教育综合改革试点的组织管理

各实验区与试点省都成立了以行政高层挂帅的改革领导小组。政府及教育主管领导高度重视改革试验或试点工作，分别与教育部签订项目协议，制订实施方案，从总体目标、阶段目标、改革措施、配套政策、保障条件、进度安排、风险分析及应对预案等方面做出全面工作安排，为推进试验区（试点省）工作提供了组织保障。（见表 6-2）

**表 6-2　国家职业教育改革试验区（试点省）领导小组**

| 地区 | 领导小组名称 | 领导小组主要成员 | 组织制度 |
| --- | --- | --- | --- |
| 天津 | 天津市职业教育体制改革试点工作领导小组 | 市长、教育部长及相关人员。 | 研究制定《教育体制改革试点项目管理办法》，建立了项目负责人制、年度检查和中期推动机制、信息通报制度、经费保障机制等。 |
| 辽宁 | 辽宁省职业教育办学体制改革试点工作领导小组 | 以辽宁省政府主管省长和教育部主管部长为组长，省政府相关部门和教育部相关司、局负责同志为组员组成工作领导小组，试点工作办公室设在辽宁省教育厅。 | 1. 建立领导小组会议制度和试点单位定期汇报制度。领导小组每半年召开一次试点工作会议，听取试点单位试验工作汇报，研究试点建设的重大政策和重点工作，把握试验方向、推进试验进程、评估试验效果，解决存在的突出问题等。<br>2. 结合试点工作所涉及的建设项目，建立了工程管理机制、质量检测机制、责任追究机制、奖惩机制及工程建设联席会议制度。 |

续表

| 地区 | 领导小组名称 | 领导小组主要成员 | 组织制度 |
| --- | --- | --- | --- |
| 河南 | 河南省职业教育攻坚工作领导小组 | 由主管教育的副省长、省教育、发改、财政、人保、编办等有关部门的负责同志组成，并成立了办公室，设在河南省教育厅，负责日常工作。 | 建立领导小组会议制度。领导小组每半年召开一次试点工作会议，听取工作汇报，研究试点的重大政策和重要工作，把握试点方向，推进试点进程，评估试点效果，解决存在的突出问题等。 |
| 四川 | 四川省教育体制改革试点领导小组 | 分管副省长任组长，教育、人社、发改、财政等部门负责人任成员参与。 | 建立了省、市、县三级政府的职业教育部门联席会议制度，在统筹规划、资源整合、布局调整、资金投入等方面发挥了积极作用。 |

投入是保障职业教育综合改革试点工作有效进展的重要支撑和强有力的保障。从中央层面来看，教育体制改革试点没有专项经费投入，四省市在保障经费投入方面显现出不同的做法，如表 6-3 所示。

**表 6-3　四省市职业教育综合改革试点投入情况**

| 省份 | 投入情况 |
| --- | --- |
| 天津 | “十一五”期间，市政府设立 5.5 亿元的专项资金，支持职业院校基础能力建设。投入 5300 多万元设备经费，在海河教育园区建公共实训中心。“十二五”期间，天津市财政用于职业教育基础能力建设的专项资金将达到 11.5 亿元，是“十一五”期间的 2.1 倍，其中 4.2 亿元已拨付到 18 所高职示范校和 5 个优质专业特色校开始建设。 |
| 辽宁 | 近三年来，辽宁省人民政府共筹措职业教育专项建设资金近 16 亿元，其中省本级财政专项资金投入 6 亿元左右，争取省以上支持资金近 10 亿元。在上级投入下，教育部共支持辽宁省职业教育立项建设的国家级实训基地 63 项、示范性院校 42 所、高等职业学校提升专业服务能力项目 70 项、职业院校师资国家级培训 1200 余人次，累计获得中央财政专项资金 7.19 亿元。在省本级财政投入中，2010 年投入 1.2 亿元；2011 年省本级财政共安排职业教育专项经费 2.3 亿元，比 2010 年的 1.2 亿元增长近了一倍；2012 年共安排职业教育专项经费 2.35 亿元，未来几年或将保持逐年递增趋势。 |

续表

| 省份 | 投入情况 |
| --- | --- |
| 河南 | 自2010年以来，各级财政投入资金42亿元，教育费附加投入38亿元，吸引社会投资120亿元，职业院校学费投入45亿元。 |
| 四川 | 四川省建立了省、市、县财政职教专项资金投入制度，并在规划、土地、税收、基建等方面制定了优惠政策；建立了以财政为主的多元投入体制。全省城市教育费附加用于职业教育的比例不得低于30%，职业院校收入的学费用于职教攻坚比例不得低于30%，各级财政努力增加职业教育投入，引导并建立民间资金投入职业教育机制。实施中职学校基础能力建设工程以来，全省投入160亿元，仅2012年就投入16.7亿元，300多所公办中职学校及部分民办中职学校办学条件明显改善，并涌现出一批办学条件基本达到国家设置标准的中职学校和国家级、省级示范重点中职学校。在学术资助方面，四川省已出台《关于全面实行中等职业教育免学费政策进一步完善国家助学金制度的通知》，并实施对全省中职学生免除学费和对涉农专业学生及家庭经济困难学生提供助学金政策。 |

## 第二节　改革试点的成效

教育体制改革是一个复杂的系统，具有多层次性和多领域性，《教育规划纲要》第三章即为“体制改革”，就人才培养体制、考试招生制度、现代学校制度、办学体制、管理体制和扩大教育开放六个问题进行了论述。经过试点改革，四省市在自己设定的改革目标下基本完成试点任务，加强了省级政府对职业教育的规划，提升了服务经济社会发展能力，探索建立符合技术技能型人才培养需要的考试招生制度，在人才培养、办学体制、管理体制等体制机制方面取得了一定创新。

### 一、省（市）政府加强对职业教育统筹与规划

综合改革的目的是：加强省（市）级政府统筹发展职业教育的责任，促进职业教育与地方经济社会发展相适应，促进中等职业教育与高等职业教育

协调发展。改革试点省市为加强政府统筹设计职责，将职业教育发展纳入国民经济社会发展规划中，制定了切实可行的政策方案。

### （一）省（市）政府将职业教育纳入地方经济社会发展规划

改革试点的实践表明，地方经济发展到转型期后，对发展中的软实力更具有依赖性。人力资源作为软实力，在很大程度上制约着经济转型与发展的深度与广度，因此，职业教育在地方经济发展中的作用凸显出来，地方政府发展职业教育的动力被经济发展需求所激发，主动将职业教育纳入地方经济发展规划，把职业教育作为发展经济的重要途径，使职业教育改革发展具有良好的外部条件。天津市加强对职业教育的统筹规划，将职业教育改革试验区、示范区建设和职业教育综合改革试点工作纳入全市“十二五”经济社会发展规划纲要，并以市政府文件形式印发了《关于进一步推进职业教育改革创新的意见》，强化了各相关部门的责任。天津滨海新区的建设和产业化的发展带来技能型人才紧缺的矛盾，政府重点扶持34个技能型紧缺人才培养培训基地，通过职业院校与对口单位联合共建，培养经济发展所需人才，解决经济发展中的人力资本困局，促进经济的高效良性发展。河南省承担国家职业教育综合改革试点项目以来，各级政府树立了“职业教育既是当务之急又是长远大计，既是民生又是发展，既是经济又是稳定”的理念，高度重视职业教育工作，很多市、县政府把职业教育列入政府重要议事日程，社会对职业教育的认知得到了显著提升。改革试点经验表明，经济转型发展对职教有迫切需求，职教在经济发展中的地位越来越重要，纳入地方经济发展规划成为必然。职业教育应以适应经济转型发展需求为根本，做好职业院校内部改革。

### （二）省（市）政府制定了切实可行的职业教育政策和改革方案

改革试点经验表明，省市级政府在发挥统筹主导职业教育改革时，必须重视立法和制度建设。四个试点省（市）政府分别出台一系列条例、办法、意见、计划和方案，在区域经济发展规划中纳入职业教育改革发展的内容，对职业教育的体制机制、资金保障、运行模式、资源优化、管理方式、各方责任、协调布局等进行整体规划，使职教发展成为“交响曲”，大职教理念在制度设计层面中体现出来。天津市政府自签订改革试点协议以来，出台了《天津市职业教育条例》《关于进一步推进职业教育改革创新的意见》等9个相关文件，涉及人才培养模式改革、本科院校和高职院校联合培养技术应用型、高端技能型人才培养、教育资源共享、基础能力建设、布局结构调整、提升办学水平、教学评价指标体系和学校评价等方面工作。辽宁省系统谋划与设计了职业教育改革发展的目标与任务，制定并出台了《中共辽宁省委 辽宁省人民政府关于加快教育改革和发展的若干意见》，其中明确提出到2015年，中等职业学校调整到260所左右，校均规模2000人左右；剥离或取消本科高校附设的高等职业学校，独立设置的高等职业学校校均规模须达到5000人。支持校企双方通过资源共享、企业参股入股等多种形式开展合作，支持大型企业独立举办职业学校。到2015年，建设10个以示范性高等职业学校牵头的职业教育集团。支持学校和企业采取股份制等多种形式合作建设实训基地，政府设立专项资金支持实训基地建设。辽宁省教育厅制订并印发了《辽宁职业教育强省建设五年行动计划》（以下简称《计划》）。《计划》围绕本省职业教育强省建设，从体制机制创新、现代职教体系构建、学校及专业结构布局调整、示范学校和专业建设、人才培养模式创新、师资队伍素质提升、基础能力和信息化建设等方面提出了十项行动计划，24个建设项目，并制定了职业教育经费投入、加强科学研究、创造良好的政策环境等保障措施。河南省近年来以政府名义印发了有关职业教育工作的文件9个，构建了推动职业教育改革发展的政策体系，形成了落实职业教育攻坚计划各项政策的工作机制。自2010年以来，河南省先后出台了《河南省人民政府关于加快推进职业教育攻坚工作的若干意见》（豫政［2010］1号）、《河南省人民政府关于创新体制机制进一步加快职业教育发展的若干意见》（豫政［2010］49号）、《河南省人民政府关于印发河南省职业教育校企合作促进办法（试行）的通知》（豫政［2010］48号），构建了推动职业教育发展的比较完备的政策体系。四川省出台《四川省人民政府关于实施职业教育三年攻坚计划的决定》和《四川省中职学校机构编制管理暂行规定》，试点职业院校制定中高职衔接试点有关招生录取办法。《四川省中等职业教育督导评估标准》和《四川省职业教育布局调整建立现代职业教育体系意见》将于近期出台，并开展全省合格中职学校评估工作。

## 二、职业教育服务经济社会发展的能力得到提升

职业教育以服务为导向，与经济社会发展关系紧密。地方经济发展和产业转型升级离不开职业教育培养的技术技能型人才；职业教育必须符合社会发展趋势，服务产业发展需要，加快专业结构调整和人才培养模式变革，提升服务经济社会发展的能力。试点改革省市通过专业改造对接产业；通过教学和课程改革，满足企业对人才需求；通过跨区域合作，服务国家发展战略。

### （一）提升专业服务产业发展能力

专业是职业学校联系社会、服务社会的纽带，是职业教育与社会需求的结合点，是保证人才培养产销对路的关键环节。职业教育专业结构要与当地产业结构调整相适应，专业设置围绕产业发展。天津市贴近全市产业结构升级，调整专业结构，在“十一五”建设的基础上，继续推进国家中职示范校和高职骨干校建设项目及国家高职普惠项目，形成了良好的专业布局，为滨海新区开发开放提供人力支撑。天津市还加强特色专业建设，围绕重大项目和重点工程，以及支柱产业、新兴产业、特设产业发展需要，调整职业教育专业布局结构，突出发展重点专业组群，鼓励职业教育集团（学校）根据产业发展灵活设置专业，拓展专业方向，压缩长线专业，发展短线专业，打造一批国家级和市级特色专业。辽宁省服务产业发展，组织开发了 22 个中等职业学校主体项目、15 个高职院校主体项目。这 37 个主体项目对接了辽宁省 75%以上主体产业、75%以上核心岗位，覆盖了辽宁省职业院校 85%以上专业，85%以上在校生。面对辽宁经济发展和现代产业体系建设新形势，辽宁省紧密对接产业集群建设省级示范专业（群），为提高职业教育服务产业结构调整和产业集群建设的能力，辽宁省研究设计了对接产业集群省级职业教育示范专业（群）建设项目，与省财政厅联合下发了《关于开展对接产业集群省级职业教育示范专业建设的意见》。指导并支持各职业院校依托地区产业优势，建设紧密对接重点产业集群建设与发展需求的省级示范专业，带动

专业群整体水平的提升。目前，辽宁省已遴选确定了省级财政支持的对接产业集群的职业教育省级示范专业建设项目188项，建设工作现已陆续展开。

### （二）改革人才培养模式，满足企业对技术技能型人才需求

改革人才培养模式，使课程内容与职业标准对接，教学过程与生产过程对接，才能培育出符合企业需要的人才。天津市贴近滨海新区开发开放，紧抓技能型紧缺人才培养，与教育部共建8个“滨海新区技能型紧缺人才培养基地”，按照滨海新区重大项目建设要求，超前培养技能型紧缺人才，满足重大项目实施需求。天津市从2012年开始重点建立政府主导并提供资助，行业企业根据职业标准和实际需求开发“培训包”，职业学校依照“培训包”要求开发课程、开展培训的教育模式。天津市将以天津八大支柱产业和战略性新兴产业为基础，配合相关部门和行业，重点选定100余个工种，根据职业资格证书对专业知识和专业技能的要求，借鉴澳大利亚等国外先进职业教育与培训经验，按照不同级别要求，有针对性地开发系列“岗位技能培训包”。第一批46个职业的202个职业培训包已经开始全面建设。“培训包”的开发和实施体现了职业教育服务经济社会发展的功能。

### （三）跨区域职业教育合作办学，服务国家发展战略

天津市不断加强与西部地区的对口交流合作，探索出一条东部地区与中西部地区合作共赢的有效途径。为加强与中西部联合招生合作办学，不断加大与西部省区合作办学工作力度，天津市先后与陕西、甘肃、宁夏、贵州签署了合作办学协议。目前，天津市职业院校招生已辐射到全国30个省（区、市），在校生外地生源已接近50%，其中80%来自中西部地区。“十一五”期间，天津中职学校为中西部省区培养学生近4万人，高职院校培养学生8400余人。2011年6月，教育部举办的“东西部职业教育合作办学签约仪式”在天津市举行。全国23个省（自治区、直辖市）和计划单列市参与签约活动。以天津、辽宁、上海、山东、江苏、浙江、广东等为代表的东部省份和以重庆、贵州、云南、陕西、宁夏、甘肃为代表的西部省份教育部门之间签订了招生、送生合作办学协议，招生、送生各为7.35万人。为统筹城乡发展，四

川省充分发挥大、中城市优质职业教育资源和就业市场的优势，积极推进城乡职业院校联合招生、合作培养、联动发展，积极探索中等职业教育的两个“三段式”办学模式。为服务“三农”，河南省在全国首创了“职教强县”评比，有效地推动了县级政府发展农村职业教育；探索职业教育服务新农村建设的新模式，逐步实行农村学生免费接受中职教育，培养大量的“有文化、懂技术、会经营”的新型农民。

## 三、探索符合职教人才培养需要的考试招生制度

考试招生制度改革是教育领域综合改革的重点领域和关键环节。《国家中长期教育改革和发展规划纲要（2010—2020 年）》中提出，要完善中等学校考试招生制度，改进高中阶段学校考试招生方式，发挥优质普通高中和优质中等职业学校招生名额合理分配的导向作用；中等职业学校实行自主招生或注册入学。完善高等学校考试招生制度，逐步实施高等学校分类入学考试，高等职业教育入学考试由各省（自治区、直辖市）组织。2013 年 4 月，教育部出台《关于积极推进高等职业教育考试招生制度改革的指导意见》（以下简称《意见》）。《意见》明确要求，高等职业教育考试招生制度改革，逐步与普通高校本科考试分离，重点探索“知识+技能”的考试评价办法，为学生接受高等职业教育提供多样化入学形式。逐步形成省级政府为主统筹管理，学生自主选择、学校多元录取、社会有效监督的中国特色高等职业教育考试招生制度。2013 年 11 月，十八届三中全会《决定》提出，加快推进职业院校分类招考或注册入学；逐步推行普通高校基于统一高考和高中学业水平考试成绩的综合评价多元录取机制；试行普通高校、高职院校、成人高校之间学分转换，拓宽终身学习通道。试点省市以改革高职考试招生制度为重点，逐步建立了具有职教特点的高职招生考试评价机制。

### （一）职业学校入学考试评价推行“知识+技能”模式

2013 年，河南高职招生考试改革推行“知识+技能”模式，技能竞赛成绩等可作为“技能”成绩成为录取依据。此外，河南省将制定《河南省对口

升学考试改革方案》，研究以技能竞赛成绩、平时技能考核成绩和职业资格证书等折合成绩作为对口升学及应用型本科招生“知识+技能”考试改革中“技能”成绩的办法。四川省在对口高职、五年制高职强化了“知识+技能”的考试办法。天津市的试点院校单独招生考试不再测试学生文化水平，进行综合能力测试和专业技能考试。综合能力测试由试点院校联合组织，主要考核语言能力、逻辑推理能力、通识基础、数量关系和职业素养五个方面。专业技能考试由各个试点院校自行组织，采用口试、面试、操作等形式，主要考核学生动手操作能力、分析能力、职业心理三个方面。

### （二）为学生提供多样化录取形式

高职院校招生录取方式包括自主招生、注册入学、免推入学、对口升学、春季高考、单考单招等多种方式。天津市实行了对中职技能大赛获奖选手免试进入高职院校学习，对高职院校获奖选手免试升入本科院校学习的政策，极大地调动了职业院校学生学技能、比本领的积极性和主动性。通过中高职教育“3+2”对接、面向“三校生”的春季高考、自主招生、专升本等多种途径，初步探索出了一条高端技能型人才培养结构完整、内涵衔接、外延联系广泛的体系，为下一步体系的完善奠定了坚实基础。河南省从 2008 年就已经在中职学校中推行免试注册入学。应往届初高中毕业生可以持初中或高中毕业证到中职学校注册入学，不需要再通过考试。河南省推进高校招生制度改革，开始逐步实施高等学校分类入学考试，实现高校招生工作多元化机制，探索形成符合职业教育特点和规律的高职招生考试评价机制，完善具有中国特色的高等职业教育体系和高等教育多样化选拔录取机制，逐步扩大高等学校办学自主权。

### （三）高职招生考试与本科分离

高职与普通本科人才培养方向不同，高职院校更侧重于考察学生的应用能力和操作能力，分开考试有利于选拔出各自需要的人才。单独招生是国家授权高职院校独立组织的一种考试录取方式，考生参加单独招生考试，如果被录取，就不用再参加高考了。没有被录取的考生，可继续参加高考。单招录取考生学费标准、毕业证书、就业政策等与高考录取考生完全相同。天津市从2008年起开始实行自主招生，到2011年，共有14所高职院校开展了自主招生改革试验。河南省自2010年开始试点“高职单招”，先在示范性高等职业院校进行单独招生改革试点。2012年有7所院校面向省内单招4872人，2013年已增加至39所高职院校单独招生22452人。高职单独考试与一般高考不同，考试将不同专业分为A类和B类，报考两类专业考生除了都需参加包括语文、数学、外语（满分共100分）在内的文化基础考试，还需要参加分别为笔试和面试的职业基础综合考核。四川省单招高职学校自主制定了招生政策，扩大了高职学校招生自主权；根据上述工作经验正在制定全省中高职衔接相关政策。

此外，辽宁省结合职业教育招生工作，以市为单位每年举办各具特色的职业教育成果展示周、职业教育开放周。同时，充分利用辽宁教育宣传期刊、各类媒体、辽宁教育和招生就业网站集中宣传推介全省职业教育新成就、新成果，营造有利于职业教育发展的社会氛围。

## 四、注重改革综合性，创新体制机制

教育体制改革是一个复杂的系统，包括培养模式、办学体制、管理体制和保障机制四个方面，4个试点省市在这些领域都进行了有益探索。

### （一）构建“工学结合、校企合作、顶岗实习”的人才培养模式

培养高素质的技术技能型人才是当前国际现代化建设的迫切要求，更是全面提高职业教育质量的有效措施。《教育规划纲要》提出，转变职业教育人才培养模式，实行工学结合、校企合作、定岗实习的人才培养模式。试点省市以校企合作和中高职衔接为抓手，积极探索人才培养机制改革。

天津市职业学校依托行业办学，创新职业教育人才培养，建立工学结合的“天津模式”。“天津模式”使校企一体、产教相融，有机融合了工与学两个方面。一是制定了产教结合委员会的制度，各职业院校普遍建立了校企结合的专业设置指导委员会，由企业、行业的高层管理与技术人员和教育专家

共同组成，使专业设置始终紧盯经济发展的走向，紧跟行业发展的趋势。二是组织高职院校与行业企业共同开发 894 门课程、403 种教材。三是严格落实中职学生到企业顶岗实习 1 年、高职学生到企业顶岗实习半年的教学要求。四是进一步转变人才培养模式，着力深化“双证书”一体化教学改革。四川省实施“工学结合、校企合作、顶岗实习”的职业教育人才培养模式，全面推行两个“三段式”培养模式，即“学基础、学专业技能、定岗实习”各一年或“农村学习、城市学习、企业实习”各一年。德阳市试点高等职业教育集团建设，组成融产学研功能为一体，中职高职相互衔接的区域大型职教集团，形成资源的共建共享，实施人才一体化培养模式。四川省民族地区实行中等职业教育“9+3”免费培养模式，并制定帮助中职“9+3”学生就业与帮扶政策。

### （二）探索多元化职业教育办学体制

办学体制解决“谁来办和怎么办”的问题。《教育规划纲要》中明确提出，建立健全政府主导、行业指导、企业参与的办学机制，制定促进校企合作办学法规，推进校企合作制度化。为健全职业教育办学体制机制，试点省市探索了多元化的办学体制。天津市深化职业教育办学体制改革，促进职业教育发展由主要依靠政府推进，向构建政府主导、行业主办、教育主管、全社会共同参与的机制转变。支持公办职业院校吸纳民间资本和境外资金，鼓励职业院校开展股份制办学改革试验，探索以公有制为主导、产权清晰、多种所有制并存的办学体制。2010 年，河南省印发了《关于开展多元化办学模式改革试点工作的通知》，支持公办职业院校采取“公办民助”、“民办公助”、股份制等多种形式进行改革。截至 2012 年，全省已有 88 所试点学校，吸纳社会资金 26. 4 亿元。河南省大力发展民办职业教育，对符合规定的民间资本独立举办或参与公办中等职业学校改制给予划拨土地等优惠政策。对实力强、规模大、声誉好的民办职业院校给予重点扶持。四川省大力发展民办职业教育，形成公办、民办职业教育共同发展的格局。

### （三）创新职业教育管理体制

长期以来，我国职业教育存在教育与劳动等其他行业部门多头管理和教育体系内部高职与中职分开管理的问题。为改变长期困扰职业教育多头管理、条块分割的问题，试点省市对职业教育管理体制改革进行有效尝试。河南省信阳市和辽宁省鞍山市都将职业教育纳入教育部门统筹管理；天津市 2011 年 4 月成立了海河园区管委会，代表市人民政府对园区实行统一行政管理，统筹管理园区公共图书馆、公共实训中心、体育场馆等公建设施，促进职业教育资源共享。辽宁省从教育内部理顺职业教育管理体制，于 2010 年年底，将中、高等职业教育业务划归职业教育与成人教育处实行统一管理，对促进各类职业教育统筹管理、系统衔接和协调发展，构建现代职业教育体系打下了良好的基础。2011 年 2 月，教育部人事司印发《关于职业教育与成人教育司处室调整的通知》，决定将高等教育司的高职与高专教育处、远程与继续教育处的职能、编制和人员一并划转到职成教司，并增设教产合作处。

### （四）加强基础能力建设，营造良好环境

天津市坚持把加强职业教育基础能力建设纳入全市 20 项民心工程，一是建设海河教育园区，推进海河教育园区资源共享。二是加强公共实训中心建设。天津市委、市政府在海河教育园区建成了由 11 个实训室和 1 个教学工厂组成的职业技能公共实训中心。同时，全市各有关部门、各行业企业所属技能实训基地在政府的统筹下，实行开放式管理，面向社会承担技能培训任务。三是在“十二五”期间，高水平建设 18 所高等职业教育示范院校（骨干院校），25 所优质特色学校；重点建设 80 个实训基地、200 个校企合作的校外实训基地。四是对接产业发展需要，实行“订单培养”，进一步提高滨海新区技能型紧缺人才培养基地建设水平。五是加快职业院校信息化基础设施建设，搭建公共管理平台和资源服务体系，构建智能化数字校园。“十一五”期间，天津市政府设立 5.5 亿元的专项资金，支持职业院校基础能力建设。投入 5300 多万元设备经费，在海河教育园区建公共实训中心。“十二五”期间，天津市财政用于职业教育基础能力建设的专项资金将达到 11.5 亿元。其

中4.2亿元已拨付到18所高职示范校和5个优质专业特色校开始建设。辽宁省职业教育基础能力得到较大提升。近几年来，省财政累计投入近6亿元专项资金支持职业教育实训基地和专业建设。目前，全省共立项建设以“教学产品”为纽带的生产性职业教育实训基地202个，对接产业集群的省级职业教育示范专业（群）188个。全省共成功申请立项中央财政支持的中高等职业教育实训基地63个，获得中央财政专项资金1.03亿元；申请立项中央财政支持的高等职业学校提升专业服务能力项目70项，获得中央财政专项资金近1.5亿元。四川省实施中职学校基础能力建设工程以来，全省投入160亿元，仅2012年就投入16.7亿元，300多所公办中职学校及部分民办中职学校办学条件明显改善，并涌现出一批办学条件基本达到国家设置标准的中职学校和国家级、省级示范重点中职学校。

## 第三节　改革试点典型经验和模式

### 一、试点改革典型经验

#### （一）省市政府加强统筹，合理布局职业院校与专业结构

2010年颁布的《教育规划纲要》中明确提出：政府切实履行发展职业教育的职责。把职业教育纳入经济社会发展和产业发展规划，促使职业教育规模、专业设置与经济社会发展需求相适宜。强化地方政府在统筹职业教育方面的责任，是贯彻落实党的教育方针和职业教育政策，建立现代职教体系，促进职业教育更好地为地方经济社会发展服务的有力保障。天津市统筹职业院校布局结构调整。一是按照“推倒围墙搞调整，打破界限抓重组”的思路，将全市430多所中职学校调整为100所，高职学院调整重组为26所。二是“十二五”期间将按照“一个行业、部门集中办好一所中等职业学校；一个行政区、县集中办好一所中等职业学校”的原则，将中职学校调整到50所以内，全日制在校生校均规模达到2000至2500人。三是重点支持建设40所

天津市中等职业教育示范学校和20个优势特色专业，积极构建布局结构合理、专业覆盖本市主导产业、主动服务经济社会发展和滨海新区开发开放的新格局。辽宁省教育厅指导各市，以满足地区经济和支柱产业发展对生产、服务一线高素质劳动者和技能型紧缺人才的培养需求为基础，以提高职业院校专业设置与区域产业发展的契合度为核心，以经济开发区、产业园区建设和城区集中改造建设为契机，以职业教育园区建设为牵引，整合、优化市域内和城际间各类职教资源配置，强化区域内各类职业教育资源的统筹和综合利用，坚决调整撤并规模效益小、办学条件差、专业设置重复、办学质量低、社会声誉差的学校，实现同一地区职业院校错位发展和特色发展。截至2012年年底，全省中等职业学校由2008年初的541所调整到463所，立项建设国家中等职业教育改革发展示范学校39所。沈阳、鞍山、丹东、锦州、朝阳等地职教城（园区）已投入正常使用，并逐步成为紧密对接装备制造业等支撑辽宁经济社会发展相关产业的人才培养基地；大连职业教育基地、本溪职业教育园区、盘锦职业教育“一城两基地”已基本完成初步论证和前期规划，将陆续进入实施阶段。

### （二）推动中高职衔接，加快现代职教体系建设

推进中高职衔接和高职与本科衔接是建设现代职教体系的突破口。试点省市按照体系建设“三步走”战略，以推进中高职衔接为重点，在学制改革、专业对接、校际合作和课程衔接等方面进行积极探索。天津市从2011年秋季开始，在天津百利机电职业教育集团和天津中环电子信息公司职业教育集团，进行职业教育人才培养模式改革实验，开展五年制试点，两年来实验班共招生近千人；从2012年起，天津科技大学与天津职业大学等12所高校的6个联合培养项目10个联合培养专业，开展联合培养技术应用型、高端技能型人才试点。试点得到了社会认可，2012年共实现招生491人。辽宁省起草了《关于加快推进辽宁现代职业教育体系建设的若干意见》的征求意见稿。目前，建设辽宁省现代职教体系所涉及的“立交桥”搭建、中高职衔接等项工作已经在同步进行。现已根据本省经济建设和社会发展的现实需求，完成辽宁省技术本科（指本科层次的职业教育，下同）教育专业点布局，制

定了与现代职教体系建设相适应的“中职对口升学”、“专科升本科”招生考试制度；正在组织开发技术本科教育和中高职一体化相关专业人才培养方案，同时在鞍山市正在规划建设“辽宁省现代职教体系实验园区”。河南省以推进中高职统筹与衔接为重点，开展了一系列探索，如扩大中职对口升入高职、高职对口升入本科的规模；部分高职院校实行了中高职一体化办学；扩大“3+2”和“五年一贯制”高职的招生规模；开展了中高职课程体系衔接的研究与探索，逐步建成较为完善的外部开放、横向融通、纵向贯通、具有河南特色的现代职教体系。四川省统筹中高等职业教育协调发展，构建人才成长立交桥，促进职业教育规模、结构、质量与经济社会发展相适应，逐步形成适应四川经济发展方式转变和产业结构调整要求的现代职业教育体系。德阳高职试验区探索现代职业教育体系建设，探索中高职衔接试点工作，8 个国家示范建设专业中高职衔接的人才培养方案、课程体系和质量评价体系，实行“单独招生”，促进中高职协调发展。试验培养从初职到中职到高职乃至职业教育应用型本科及以上高端人才，完善高等职业教育结构。

### （三）加强集团化办学，促进体制机制创新

集团化办学是我国适应社会主义市场经济体制，创新职业教育管理体制、运行机制和办学模式的战略选择。集团化办学是职业教育推进校企合作的一种重要形式，通过集团将校企合作双方利益链、产业链、岗位链、教学链融为一体。2010 年颁布的《教育规划纲要》中指出，建立健全政府主导、行业指导、企业参与的办学机制，制定促进校企合作办学法规，推进校企合作制度化；建立一批示范性职业教育集团学校，促进优质教育资源开发共享，推动职教集团化办学深入发展。目前全国有职教集团 700 个，覆盖 100 多个行业部门、近 2 万家企业、700 多个科研机构和 50% 以上的中职学校、90% 以上高职院校。4 个试点省市都推进了职业教育集团化办学。天津市市委、市政府在始终坚持行业办学为主的基础上，积极推进职业教育集约化发展。组建了以“行业组构集团式”、“企业集团带动式”、“城市郊区结合式”、“社区联合组合式”、“面向农村网络式”等五种模式为主的 17 个职教集团。在职业教育集团内部，将学生培养、职工培训、技能鉴定融为一体，统筹使用

校舍、师资、经费、设备，极大提升了教育资源效能。实施行业办学优化计划，着力完善职教集团内部管理体制，积极促进校企一体化办学，形成跨部门、跨领域、跨专业协作的良性运行机制。辽宁省启动示范性职教集团建设，积极推进职业教育集团化办学。根据行业或区域内产业发展对人才的需求，由示范性职业院校牵头，联合相关企业和职业院校组建职教集团。目前，辽宁省已经组建了汽车服务业、现代农业和仪器仪表、城市建设等四个省级示范性职教集团，为促进学校、企业、行业、区域之间的职业教育资源共享、优势互补、合作发展搭建了省级平台。沈阳、阜新等地市级职教集团建设已初具规模并逐渐发挥作用，大连、本溪、锦州、辽阳等地已完成市级职教集团建设方案的编制工作，并陆续进入实施阶段。省财政每年投入 1000 余万元专项资金，用于职业教育师资培训基地建设和培训工作的开展，贯彻并落实职业院校教师企业实践制度，年均完成职业院校校长、专业带头人、专业骨干教师等国家级培训近 400 人次、省级培训 2000 余人次。河南省目前成立了 60 个职教集团，职业教育集团化办学水平较高，多次在教育部会议上作典型发言，河南省农业、化工、医药和建筑四大职业教育集团的典型材料被收录到国家职业教育体制改革试点暨职业教育集团化办学现场交流会的会议材料——《职业教育集团化办学案例汇编》中；颁布的《校企合作促进办法》是全国首个省级政府层面推动校企合作工作的文件，成立了由省教育厅、人力资源社会保障厅等部门和部门行业协会、企业、职业院校参加的职业教育校企合作促进委员会。四川省积极探索职业教育集团化办学，已建立职业院校与产业企业对话协作机制，形成了校企合作机制，大力推动职业院校与企业密切合作。全省已建成职教集团 32 个，覆盖 350 个中职学校、27 个高职学院、10 个本科院校和 549 个政府机关、行业企业、科研机构及其他组织，涉及大中专学生 100 万人。

### （四）加强对外交流合作，推动职业教育国际化

国际化是职业教育现代性的重要特征，四省市在职业教育对外交流与合作中发挥着引领作用。天津市两次举办“职业教育国际论坛”，与来自美国、英国、德国等职业教育发达国家的专家、学者交流与对话，开阔了眼界，逐

步走向国际化；引进发达国家优质职业教育资源，在海河教育园区合作举办1—2所高水平国际职业院校；在重要产业领域，引进一批国际公认的职业资格认证机构，开展国内外资格证书“双认证”培训；创新合作交流模式，引进一批国外先进的职业教育培训课程和教材，目前已经完成50个国际化专业教学标准的开发。辽宁省指导并支持各职业院校积极探索并实践中外合作办学新模式。辽宁林业职业技术学院、辽宁省交通高等专业学校分别与加拿大岗昆应用文理与技术学院、百年应用文理与技术学院合作开办了酒店管理和汽车检测与维修技术专业。辽宁职业学院与荷兰朗蒂斯集团合作开办了园艺和畜牧兽医专业，并引入了其BTEC3级职业资格。四川省加强职业教育的国际合作与交流，借鉴其他国家和地区职业教育的先进经验，引进国际优质职业教育资源。2012年，四川省开始首个对外高等职业技术教育合作项目，成都市现代职业技术学校与澳大利亚北墨尔本高等技术学院签订合作协议，从2012年起至2016年，每年招收至少50名学生，完成澳大利亚标准的“幼教三级证书和英语语言发展课程”。学生完成学业并经考核合格，不仅可获得中方学校颁发的毕业证书，还可获得澳方颁发的“幼教三级证书”。

### （五）加快信息化建设，带动职业教育现代化

2010年出台的《教育规划纲要》为“教育信息化”专设一章，列为10个重大发展项目之一，形成了以应用为导向，以促进信息技术与教育教学融合为核心理念，从顶层设计到重点工作的推进思路。在教育信息化战略的指引下，职业教育信息化成为职业教育改革创新和教育信息化工作的重要内容。2012年《关于加快推进职业教育信息化发展的意见》印发，明确了“十二五”时期职业教育信息化建设的任务目标和政策措施。

辽宁省在职业教育信息化建设方面走在全国前列，主要有以下几个方面的经验：一是建立了强有力的组织领导。为保障信息化建设工作的推进与实施，辽宁省成立了以主管省长为组长的职业教育信息化平台与体系建设领导小组，并设立辽宁省职业教育信息化建设工作办公室。二是加强信息化人才培养和专家队伍建设。在实施职业教育信息化建设工作中，辽宁省组建了以省内高等学校、职业院校、IT企业知名信息化专家组成的信息化建设专家团

队，目前辽宁省职业教育信息化建设专家库拥有专家近百名。这些专家以各自所擅长的专业为重点，分别参与并指导相关专业骨干教师开展项目研发与建设工作。这种建设模式实现了在专家指导下对专业骨干教师以研代培、以建代训的目的。在专家的具体指导下，教师通过参加项目建设，培养锻炼了信息技术应用能力和水平，成为信息化建设的骨干力量。据不完全统计，自信息化建设项目实施以来，辽宁省已在三十几个专业领域培养了数千名能够在信息化教学资源开发中进行教学设计、稿本脚本编写和独立研制一般教学软件能力的骨干专业教师。同时，在他们的影响和带动下，数以万计职业院校教师学会了信息化教学设计，学会了利用信息技术改变传统教学模式方法，信息化技术用能力和水平显著提升。三是加强信息化教学资源与平台建设。辽宁省将职业教育教学资源信息化建设作为职业教育改革与发展的重要任务强力推进。到目前为止，省级财政共投入引导性资金 5000 万元，各地各校配套或筹措资金约一个亿，组织开发了 22 个中等职业学校主体项目、15 个高职院校主体项目。2012 年年底，“辽宁省职业教育效率平台”正式建成并投入使用，有效提升了该省职业教育管理效率和质量，真正实现了职业教育管理与服务信息化和智能化。辽宁省职业教育信息化建设已基本形成了有理论、有实践、有规划、有投入的建设格局；信息化资源建设前期成果已经在该省职业院校全面推广应用，初步解决了全省职业教育优质数字化资源匮乏问题，数字化资源建设在全国的示范、引领作用大幅提升。

经过几年的组织和建设，辽宁省职业教育信息化建设成效显著。2010 年和 2011 年，辽宁省代表队两度勇夺全国中等职业学校信息化教学大赛第一名。在 2012 年召开的全国职业教育信息化工作会议上，辽宁省作为三个典型单位之一，在大会上做了经验介绍。自 2010 年以来，辽宁的经验在全国职业教育大型会议或活动上做了多达 20 余场次专题报告和现场展示，有 300 多所国内职业院校，上千名院校领导、教师前来辽宁取经；鲁昕副部长曾十几次在不同会议场合介绍辽宁数字资源建设情况，袁贵仁部长在上海、天津等全国性职教会议上，亲自观看了辽宁省职业教育数字资源建设现场展示，并给予了高度评价。

### （六）加强职教教师管理与培养，提高职教师资队伍水平

在教师培养培训方面，天津市做好中职骨干教师国家级培训。依托天津大学、天津职业技术师范大学和天津中德职业技术学院三个国家级职教师资培训基地，扎实开展中职骨干教师培训工作，圆满完成教育部下达的培训任务。“十一五”期间，针对模具、汽车维修、电子技术等技能紧缺专业，共计开展国家级培训1600余人次。辽宁省依托省相关高校和大中型企业建立了相关专业教师培养培训基地和院校长培训基地。目前，辽宁省已经建立了辽宁机电职业技术学院和东北财经大学两个国家级职业院校长和师资培训基地，辽宁省交通高等专科学校和辽宁农业职业技术学院国家级职业院校长和师资培训基地申报与筹建工作正在稳步推进。河南省形成了以省级职业教育专家、教授级高级讲师、学术带头人为龙头，学术骨干为支撑的职业教育师资队伍培养体系。

在“双师型”职教教师队伍管理方面，天津市制定了“双师型”教师制度，一方面学校从企业引进专业人才任教，另一方面教师每年进行不少于两个月的生产实践，确保学校教学与生产实践有机结合。市政府通过统筹优质教育资源，多方筹资1.5亿元，建立了1个全国高职高专教育师资培训基地、3个国家重点建设的职业教育师资培训基地、9个市级重点建设的职教师资培训基地和18个区县培训点，形成了立足天津、辐射全国的职教师资培养培训网络。四川实施职教师资建设计划，加强专业教师培养培训，落实教师到企业实践制度。加强校企合作，向职业院校提供实习培训场所和兼职教师，为中职聘用专业教师提供政策。研究制订中职学校教职工编制标准及编制管理办法，努力建设一支适应职教攻坚目标、专兼结合的双师型教师队伍。河南省加快“双师型”教师队伍建设步伐，职业院校采取“定岗不定人”的原则，通过设立特岗，采取特聘、特邀等方式，从企业及社会广泛选调或聘请中、高级技能人才到职业院校任教或兼职授课。“双师型”教师在职务晋升、职称评审中优先安排。辽宁省依托省级教师培训基地，开展教师专业技能培训，并实施职业学校教师定期到企业实践制度。为了加强“双师型”教师队伍建设，从根本上改变职业教育教师来源，制定并出台相应的政策，建立和

完善职业院校专业教师准入制度，为职业院校从企业录用专业教师提供方便。职业院校的专业教师原则上要从具有本科以上学历，并在相关实践岗位上工作3年至5年的专业技术人员中录用，从而保证职业院校的专业教师具备“双师素质”。

### （七）发挥职业技能大赛作用，拓展职业教育品牌

职业教育技能大赛自2008年开始举办以来，一直受到各界的高度关注。通过定期举办全国职业院校技能大赛，检验和展现了职业教育教学成果，形成“普通教育有高考，职业教育有技能大赛”的局面，发挥了尊技重职的引领和示范效果，是我国教育工作的一次重大制度设计与创新。自职业教育技能大赛永久落户天津市以来，天津市已经成功举办了六届大赛，拓展职业教育品牌。天津市政府高度重视职业技能大赛，成立了由市委常委、教育工委书记和分管教育工作的副市长两位市级领导任主任、有关委办局和职业院校参与的全国职业院校技能大赛组织协调委员会，委员会坚持每年定期召开全体会议，集中研究部署大赛筹备工作及有关问题。大赛的举办始终受到了党和国家领导同志的高度重视，时任中共中央政治局委员、国务委员刘延东同志曾4次亲莅比赛现场、1次亲笔发电视贺，极大地鼓舞了职教战线的同仁们。2012年职业技能大赛凸显了“多方联动、对接产业、产教结合、国际合作”的特点。大赛以天津为主赛区，河北等10个省设为分赛区，比赛过程持续1个月。全国4000余支代表队、6000余名指导教师、近万名选手参加了18个专业大类的96个项目比赛，来自亚洲、欧洲、美洲、非洲的40多个国家和地区的498名代表体验和参与了大赛。

## 二、模式创新

### （一）职业教育人才培养模式创新

**模式一：天津市推进“双证书”一体化教学**

为加快实现学历证书与职业资格证书对接，专业课程与产业、岗位对接，

学生就业与企业需求零距离对接，进一步形成职业院校与行业企业互动融合的机制，天津市开展课程与证书相融合的“双证书”一体化教学改革。“双证书”一体化教学以国家职业标准为依据、以岗位技能要求为导向、以综合职业能力培养为核心，建成一体化教学课程体系。经批准开展一体化课程教学改革试点的职业院校，其一体化专业课程的毕业生学习成绩合格，就视同职业技能鉴定合格，可取得相应职业和等级的职业资格证书，确保90%以上职业院校毕业生取得职业资格证书。

**模式二：四川民族地区“9+3”免费职业教育计划**

为民族地区职业教育开拓新路，四川省2009年以来实施“9+3”免费教育计划，目前已组织近4万名藏区学生在内地90所国家级、省级重点学校免费接受职业教育。藏区学生思想品德和专业学习进步明显，初次就业率达98.3%以上。藏区“9+3”计划的实施，为藏区培养了一大批高素质技能人才和建设者，不但得到了藏区广大群众的衷心拥护，同时也为全省职业教育改革发展发挥了示范和引领作用，促进了全省中职学校教育管理水平显著提升，并得到中央领导的充分肯定，已纳入国家教育体制改革试点项目，在全国推广。

**模式三：中高职衔接的一体化人才培养模式**

四川省德阳市试点高等职业教育集团建设，组成融产学研功能为一体，中职高职相互衔接的区域大型职教集团，形成资源的共建共享，实施人才一体化培养模式。集团制定了8个国家示范建设专业中高职衔接的人才培养方案、课程体系和质量评价体系，实行“单独招生”，促进中高职协调发展。试验培养从初职到中职到高职乃至职业教育应用型本科及以上高端人才，完善高等职业教育结构。

### （二）职业教育办学模式创新

**模式一：坚持行业办学为主的“天津模式”**

行业对市场趋势、产业走向和企业需求把握准确，行业直接举办职业教育，突出职业教育的行业特色，有利于人才培养和毕业生就业，解决了职业教育与社会需求相脱节的矛盾。2011年6月，《教育部关于充分发挥行业指导作用推进职业教育改革发展意见》出台，明确提出大力支持行业主管部门和行业组织履行实施职业教育的职责；鼓励行业企业全面参与教育教学各个环节；充分发挥行业职业教育教学指导委员会（以下简称行指委）的作用；突出重点，在行业的指导下全面推荐教育教学改革，实现“五个对接”；完善机制，探索和构建职业教育行业指导工作体系。天津市坚持行业办学为主。在政府机构改革使行业主管部门退出政府序列的背景下，天津市委、市政府明确提出“两不变、一不减、一加强”的原则，即依托行业企业管理的体制不变，财政性教育经费的渠道不变，经费额度不减，由教育部门加强统筹规划和宏观管理。目前，全市50%以上的中职和85%以上的高职由行业、企业主办。

**模式二：探索辽宁省的股份合作制的校企合作模式改革**

辽宁省引导和支持各职业院校积极探索以股份合作制为主要形式的校企合作办学。辽宁机电职业技术学院与辽宁曙光汽车集团合作创建了二级产业学院——黄海汽车工程学院，曙光集团现已累计投入3200万元用于学院建设和管理，学院现有全日制在校生1200余人，已经成为曙光汽车集团的人才培养基地、企业员工的培训基地和汽车技术应用服务中心。同时，辽宁农业职业技术学院、渤海船舶职业技术学院、沈阳职业技术学院等十余家院校校企合作共建二级院校或专业工作均取得实质性进展。

### （三）职业教育管理模式创新

**模式一：理顺职业教育管理体制**

2010年7月，河南省信阳市成立职业教育管理局，成为全国首个成立职业教育局的地级市。职业教育管理局按照“渠道不乱、性质不变”的要求，从服务入手，搭建服务平台；组织各类职业学校共同开展职业教育宣传周、评先评优、招生信息发布等活动；建成信阳市教育基金会，搭建职业教育发展的融资平台。

2010年年底，辽宁鞍山市开展中等职业教育管理体制改革试点工作。鞍山市委、市政府以职教城建设为契机，批准设立了与教育局、人社局平行的正局级单位——鞍山市职教城管理委员会，凡是进驻职教城的各级各类职业学校均由管委会进行统筹管理。目前，进驻职教城的学校既有教育部门所属的职业学校，也有原劳动部门所属的技工学校，彻底打破了部门界限，破解了困扰职业教育多年的各自为政、多头管理难题，初步理顺了职业教育管理体制，为进一步推进全省职业教育管理体制改革提供了可借鉴的宝贵经验。

**模式二：园区化统筹管理模式**

天津市政府高度重视职业教育，海河教育园区项目已全面完成总体规划和一期建设，二期正在建设中。规划总占地 37 平方千米，规划办学规模 20 万人，居住人口 10 万人。一期规划占地 10 平方千米，规划办学规模 5.8 万人，居住人口 4 万人左右。园区一期入驻七所职业院校，即中德职业技术学院、电子信息职业技术学院、现代职业技术学院、轻工职业技术学院、海运职业学院和仪表无线电工业学校、机电工业学校，二批还有天津商务职业学院、天津铁道职业技术学院、天津青年职业学院三所高职院校入园，入园高职院校全部为本市“十二五”期间的市级示范校。在管理方面，天津市制定了《关于在海河教育园区实施优质教育资源共享 提升高端技能型人才培养质量的实施方案》，从校际合办专业、专业技能核心课程资源共享、公共基础课程资源共享入手实施，推进专业核心课程建设资源共享试点，按照“强强联合，优势互补，资源共享”的原则，由试点开始，完成了园区内思政课程、物联网专业、新能源专业的共建和共享工作，形成职教校区、产业园区和公共社区三区联动的格局。主要工作有：一是搭建园区数字化公共服务平台，开展专业调整、学分互认、师资互聘、组建管委会和创新办学管理体制等。二是实现 3 个专业校际合办、“两课”通选和 4 门国家精品课程网上共选，形成了学校集中园区、学科集群发展、资源集约利用、学生集成培养的优势效应。

## 第四节　改革试点中存在的问题及其原因分析

### 一、体制改革中的难点实质性突破困难

职业教育体制包括培养模式、办学体制、管理体制和保障机制四个方面。

培养模式是核心，位于中心，包括推进普通本科与高职教育分类考试的考试招生制度改革，建设现代职业教育体系、学生顶岗实习管理、委托培养、面向农村的职业教育等方面的职业教育人才培养模式改革；办学体制围绕培养模式，属于第二圈层，包括完善职业教育产教融合制度，建立现代学校制度和扩大对外开放；管理体制包裹着办学体制，属于第三圈层，包括落实省级政府对职业教育统筹和职业教育督导评估；保障机制围绕着管理体制，属于第四圈层，包括双师型职业教师队伍建设、经费投入机制和职业教育信息化建设等。

在培养模式中，考试招生制度是改革的难点，四省市在分类考试和“知识+技能”的考试方式上进行了有益的尝试，但是仅仅是在国家制定政策框架下的少数示范高职的某些专业的试点，没有大胆进行全省范围内所有高职院校的所有专业进行分类高考，更没有将这一改革推广到中考改革和对技术本科或应用本科的试点改革，通过全国统一组织的高考还是考生进入高职院校的主要渠道。河南省提出，职业教育吸引力不够，职教体系不健全，外部封闭、横向脱节、纵向终结，现行招生考试制度也不适于技能型人才培养。

在办学体制中，职业教育产教融合制度和现代学校制度突破不大，缺乏对行业企业支持和参与职业教育办或管理的制度保障。天津市认为，部门和行业协会支持职业教育模式改革缺少制度保障，现行政府部门职能划分中，对国资管理、经贸、人力资源社会保障等有关部门组织企业参与职业教育发展的职责不够明确，议事协调机制不健全，行业协会也认为没有义务指导、推动企业参与人才培养，没有充分发挥行业应有的作用；校企一体化办学大格局尚未形成，校企合作领域比较狭窄，不少还停留在用工层面上，校企合作的丰富内涵和真正活力未能充分发挥，难以实现校企优势互补、合作共赢的局面。辽宁省认为，职业教育综合改革还没有形成有效促进校企密切合作、行业指导的政策制度保障；四川省认为，校企合作缺乏制度保障和激励机制。近年来，全省绝大多数职业学校都在开展校企合作探索试验，但总的来看还是合作形式单一，合作内容单薄，主要是对口顶岗实习，对口输送学生，而且校企合作的稳定性差，企业较普遍缺乏主动性、积极性。

管理体制改革是职业教育体制改革的难点，包括事权、人权和财权的重新分配与重组，因而遇到的阻力最强烈。虽然教育部、辽宁省在教育管理内部实现中职和高职归口职成司（处）统一管理，但是在统筹教育部门和人社部门等行业部门管理中，仅有河南新乡和辽宁鞍山在市级层面进行试点，人权和财权的下放和重组存在困难。辽宁省认为，职业院校编制管理办法、专业师资培养和引入机制还有待于逐步建立和完善。河南省认为，职业院校管理体制和机制尚不完善，政府投资效益不高，有效的第三方评价机制尚未建立。

在保障机制方面，经费投入和教师队伍建设中的问题最多。由于职业学校注重学生动手能力培训，必须配备实训设备和耗材，学生培养成本高于普高，发达国家对职业教育的投入通常是普通教育的 2.5 倍。但是，投入不足在 4 个试点省市仍然存在。四川省提出，职业教育基础能力建设与招生规模的快速增长不相适应。近年来，迅速扩大的学生规模与中职学校资源不足形成突出矛盾，办学条件普遍较差，实训设备、图书资料、师资数量达不到规定要求，极大地制约了职业教育发展。特别是城市与农村中职学校办学条件差距较大。生均拨款落实困难，1996 年颁布的《职业教育法》第四章第二十七条明确规定“省、自治区、直辖市人民政府应当制定本地区职业学校学生人数平均经费标准；国务院有关部门应当会同国务院财政部制定本部门职业学校学生人数平均经费标准足额拨付职业教育经费”。但是到目前为止，仅有 10 个省（区、市）出台了职业院校生均拨款标准。试点省市中的辽宁省职业院校生均财政拨款标准在部分经济欠发达地区还没有得到很好的落实。此外，一些实行涉农专业和农村贫困学生免费后的配套政策落实不到位，配套的生均拨款低于学生的学费。在“双师型”队伍建设方面，河南省提出，“双师型”教师队伍和实训环节比较薄弱，不能很好地解决人才需求的结构性矛盾。

教育体制改革是教育改革深水区，是一块难啃的“硬骨头”，因为它要触动部门利益，甚至牵动敏感的政治神经。从问题本身来看，改革已经进入深水区，以前的方法不再适应当前的发展情况，不能像以前那样“摸着石头过河”；改革直接指向“职业教育体制”，强调综合，体制改革牵涉多方利益，触动必然遭到极大反对，形成改革的阻力。从经济学角度来看，这段改革历程必须付出比前面改革更大的成本。从改革发展的过程来看，目前已经达到了“峰值弧顶区”，也就是说这是改革的过程的一个较高点，继续改革推进的速度和成效将一直保持在这一区域一段时间。

## 二、职业教育综合改革试点管理的统筹协调困难

职业教育综合改革涉及多个部门职责，涉及多种政策配套，涉及多方利益调整。十八届三中全会《决定》，以“深化教育领域综合改革”为题，强调了“必须更加注重改革的系统性、整体性、协同性”的新要求，提出“深化教育领域综合改革，不仅是破除制约教育事业科学发展的体制机制障碍，促进教育体系自身完善，而且要与党的各项事业制度改革相互配合、协同攻关，为解决社会发展、实现‘两个百年’目标提供人才支持和智力贡献”。此次职业教育综合改革试点以体制改革为重点，涉及多方面内容，情况比较复杂。

从四省市试点情况来看，由于规模、经济和发展基础的不同，改革进展和面临的问题不同。天津市已经成为全国职业教育改革示范区，形成了以行业为主的办学体制；辽宁省在职业教育信息化建设方面走在全国前列；河南省是全国职教大省，在建立多元化办学体制、投入机制和管理体制方面积累了有益经验；四川省在统筹城乡职业教育发展、民族地区职业教育改革方面进行了积极探索。就四川省内而言，虽然积极进行了一些职业教育改革试验，但总体来看，还在探索中前进，各地发展不平衡。从内外统筹来看，试点改革涉及外部较少。例如，综合改革试点任务提出，完善就业准入制度，提高技能型人才的社会地位和待遇，增强职业教育吸引力。就业准入制度涉及企业利益和相应监管部门职责。一些企业为降低生产成本招收没有经过培训的人员，影响职业学生毕业生就业；在监管方面，相关政策不能落实。四川省提出，在教育体制改革，就业准入制度和职业资格证书制度的实施尚需进一步突破。在校企合作方面，国家对企业参与职业院校办学的税收优惠和经费补偿政策等激励机制不够完善，现有政策效应对企业引导和推动力度不大，企业缺乏积极性，校企合作普遍存在“一头热、一头冷”的现象。此外，试

点改革还在涉及人事管理、升学管理、职业资格证书、合理引导资金使用等方面缺乏相关制度设计和政策引导。从上下统筹来看，教育体制改革按照顶层设计、试点先行、有序推进的原则，从国家统一实施、地方承担试点和基层自主改革三个层面推挤教育改革。但是有些地方不敢大胆尝试，对中央政策期待较多；而中央又期待地方尝试政策性的突破，形成了上下观望的局面。

出现这一问题的原因是，知与行存在差距，我们可以从政府政策执行价值冲突的角度分析：一方面，地方政府认识到发展职业教育有利于人的全面发展、社会公平和经济发展；另一方面他们不得不被以分数和升学率为考核标准的政绩观左右。这样一来，地方政府已经认识到必须重视职业教育，将职业教育纳入规划中，召开相关会议并发文推动职业教育发展，但是在对职业教育的条件保障方面却不如普通教育，出现了职业教育会议多、文件多，但实践落实困难的局面。

## 三、职业教育满足社会需求的能力有待提高

职业教育服务经济社会发展的功能体现在，职业教育在经济发展、促进就业、改善民生、解决“三农”问题等方面发挥重要作用。但是，各地在整合职教资源时，往往以区域为本进行职教资源的整合，而不是以服务为导向，以经济实际、产业特点和学生需求为依据进行整合。规划设计中很难看到对区域产业特点的分析，对就学人口的分析，对行业分布的分析，大多是对职业院校做规划调整，忽视外部经济发展条件进行职业教育布局规划。很大程度上会带来投入产出的落差，巨大的投入会因不符合外部需求因素而造成闲置。在对学生资助的投入上，也明显缺乏实际数据的支撑。整合职教资源，应当考虑经济需求、产业需求、从业需求、行业需求、学生需求，无论是投入还是规划，离开区域实际需求都是不能发挥良好作用的。河南省认为，职业教育服务力不够，缺乏人才预警机制；专业设置与产业结构、经济社会发展吻合度不够紧密；人才培养数量不足、适应性不强；课程内容与职业标准对接不够，教学内容与生产工艺脱节。

## 四、职业教育综合改革试点保障不完善

职业教育综合改革试点改革落实必须从研究、专项经费或奖励机制等方面进行保障，而《国务院办公厅关于开展国家教育体制改革试点的通知》的48号文件仅从组织领导、实施方案制订、检查指导和宣传引导四个方面提出保障措施。从研究来看，试验区和试点在实践过程中，缺乏从教育理念层面对培养技能型、应用型人才体系的研究。缺乏对职教的投资体制、管理体制、学制研究、课程体系、双师型教师培养体系、集团化发展、校企合作、工学结合、中高职衔等形成完整培养体系的研究。由于理念上的突破有制约，各地对试验的重视基本在操作层面，且重视程度有明显差异，反映在政策出台、投资倾斜、制度突破、统筹规划、实施推进等各方面。职教发展的管理体制、办学机制、投资机制、集团化办学机制、标准确定及评价机制等都需要整体试验研究，并有很大的提升空间。在投入上，此次试点改革没有国家设置的专项，仅有地方投入，对试点工作推进造成难度，很多项目由于经费不足而搁浅。在奖励机制方面，也没有相关文件规定，不利于调动地方试点积极性。从外部环境来看，职业教育综合改革的大环境还有待优化。对推进现代职教体系建设，国家相关政策、措施还有待于进一步明确与加强，还需要方方面面，特别是首先从教育内部进一步解放思想，转变观念，统一认识，真正创设推进现代职业教育体系建设良好的大环境。

职业教育综合改革是一项复杂的系统工程，试点地区遇到的问题具有代表性，从试点改革实施的运行机制来看，体制改革缺少民主协商机制。民主协商是公共政策制定的有效方式，是通过平等讨论、对话、协商，在尊重客观规律的基础上，达成共识，做出符合共同利益的合法决策。缺乏这种决策机制，就会致使政策制定缺乏科学依据，政策落实缺乏群众基础，工作推动困难。

# 第五节　未来的改革思路和建议

根据十八届三中全会《决定》中指出的，当前和今后一个时期，职业教育要加快现代职业教育体系建设，深化产教融合、校企合作，培养高素质劳动者和技能型人才。职业教育综合改革试点工作应以此为指导，进一步深化职业教育体制机制的改革。中央、地方和职业院校都应分工明确，担负起各自应承担的责任。

## 一、对中央一级政府与教育等相关职能部门的建议

中央一级政府与教育部门、人力资源与社会保障部门和其他行业部门应承担统筹协调、顶层设计、标准制定、向地方放权和保障运行的责任。

### （一）统筹协调

职业教育为经济社会发展服务，是与教育外部联系最紧密的一种教育类型，外向性强。因此，教育政策落实也不能靠教育部门单独完成，必须发挥统筹协调职能，联合相关部门，如发改、财政、编办、人社、民委、共青团、妇联、农业、水利、工信等相关行业部门共同完成。2004 年，经国务院同意，教育部等七部门建立了“职业教育工作部际协调会议”制度，加强对职业教育工作的统筹、协调和管理，共同研究推进职业教育的改革与发展。这种“协调机制”不改变原有部门利益格局和管理职能，有利于提高职业教育管理的统筹效率，但使协调机制缺乏硬约束，易流于形式，政策执行表面化。中央一级政府应发挥好对职业教育统筹协调职能，为地方职业教育联席会议制度提供借鉴。例如，四川省提出，理顺国家的职业教育管理体制。虽然各地都建立了职业教育工作部门联席会议制度，但统筹协调作用发挥不够，仍存在多头管理的现象。建议整合政府职能，打破部门界限，对职业教育实行“一元化”管理、“多元化”办学的体制。

### （二）顶层设计

我国属于集权制管理的国家，地方很多政策的出台都依据中央一级政策，中央必须对现代职业教育体系发展进行顶层设计。中央在对职业教育进行顶层设计中应处理好三对关系：上与下、内与外、长与短。“上与下”的关系包括中央与地方、政府与学校、中职与高职、在校学习与顶岗实习这四对矛盾；“内与外”的关系包括国际与国内、职教与普教、职业教育与产业发展、职业院校与行业企业、职业院校与社区、传统文化传承与现代职业教育发展、“三农”问题的解决与面向农村的职业教育、教育部门与人社等相关部门；“长与短”包括突出问题与普遍问题、教育规划与年度工作、试点工作与今后改革、学历教育与非学历教育并举、职业教育学历证书与职业资格证书。辽宁省提出，要切实做好现代职业教育体系建设顶层设计，健全相关政策制度，强化可操作性。一是从教育内部进一步解放思想，转变观念，统一认识，协调配合，理顺现代职业教育体系框架内各层级关系，畅通衔接沟通渠道，推进中高等职业教育、职业教育与各类教育协调发展。二是要切实明晰专科以上层次职业教育人才培养目标定位与技能型人才等级、类别划分的对应关系，真正体现职业教育人才培养的鲜明特色。三是要重点做好本科及以上层次职业教育改革发展的顶层设计与规划，特别是要从理论与制度层面对职业教育与普通教育的沟通衔接予以明确和规范。天津市提出，建立校企合作长效机制，从税收、立法等方面提高企业参与办学的积极性和主动性；鼓励和支持职业教育集团在职业教育发展中发挥更大的作用。

### （三）制定标准

职业教育发展标准是发展和评价职业教育各项改革的依据。当前中央一级对职业教育人才培养、办学和管理缺乏相关标准，不利于职业教育健康发展。教育部应牵头做好标准的制定工作，为地方创新职业教育体制提出参考依据。加强职业标准体系建设。在学校建设、专业建设、教师能力建设、实训教学环境建设等标准建设方面取得突破。例如，发挥国家级行业协会的作用，出台各行业技能型岗位人才准入、培养和评价标准；加快现代职教体系建设，制定学分互换等方面的标准；加强职教教师队伍建设，制定教师编制标准、教师准入、专业发展等方面标准。2013 年 9 月，教育部出台了《中等职业学校教师专业标准（试行）》，针对职业学校教师“双师”素质评定缺乏标准的问题，提出教师既要具备普通教师的职业素质，又要具备相应行业人员的职业素质，能够实施理论教学与技能训练，指导学校实训实习。

### （四）加大放权

转变政府职能是本届政府工作的重要内容，关键是中央向地方放权，政府向市场放权。中央一级政府和教育等相关部委应进一步加大放权力度，例如，允许地方高职院校举办本科和研究生层次职业教育的试点，下放专业审批和招生计划权限。通过基层创新，倒逼中央改革。政府还应进一步向市场放权，鼓励社会力量办学，加大股份制试点，探索多元投入和多元管理的新型职业教育办学机制。例如，河南省希望利用省部共建国家职业教育改革试验区平台，率先实行中职免费教育。他们认为，试点改革取得积极效果，也出现了制约职业教育发展的一些瓶颈问题，即职业教育发展的动力问题。如果在河南这个职业教育在校生规模居全国第一的省份实施了免费的中等职业教育，将对河南省乃至国家发展职业教育产生深远的影响。首先，表明我们把发展职业教育、促进人才结构优化放在了显著的重要地位；其次，这项政策将惠及百万家庭，是一项有效改善民生的政策；最后，这项政策的落实，将有效缓解职业教育招生难，使职业院校将更多精力放在抓教学、抓就业上，有利于改善职业院校办学质量。因此，中央如果能在实施免费中等职业教育项目上给予河南政策支持和一定的资金补助，将对推动河南职业教育发展，为建设好全国人力资源高地创造有利条件。

### （五）保障运行

职业教育综合改革试点保障不完善是制约试点改革顺利进行的主要障碍。一是对试点改革必须加强研究，从专业支持角度进行保障，研究试点工作项目评估标准、产教融合制度建设、招生考试制度改革等；二是加强奖励机制建设，对转为示范的地方给予政策和项目倾斜，如河南省认为，河南职业教育在校生人数一直占全国总数的近8%，但是中央财政支持的实训基地建设项目、国家中等职业教育基础能力建设项目和200所国家示范性高等职业院校和国家骨干高等职业院校中，河南省所占比例都不足8%，建议国家职业教育建设项目，要充分考虑各省招生数量对国家发展职教的贡献，原则上按照在校生规模所占全国8%的比例安排河南的项目；三是加强分类管理、示范推广机制。教育部应根据阶段性总结情况，划分试点转示范、继续试点和不再试点的三种类型，做好示范区的推广示范工作，鼓励继续试点单位继续开展试点工作，并允许没有加入试点的省市加入职业教育综合改革试点，如山东、湖南、广西等省市自治区。

## 二、对四试点省市政府与教育等相关部门的建议

2013年6月，国家教育体制改革领导小组办公室对各试点项目的阶段性进展进行评审。专家们对四试点省市提出具体意见。其中，建议转为示范的有天津、辽宁和河南；建议四川省继续试点。天津市国家职业教育改革创新示范区，希望天津进一步加强促进部门、行业办职教的制度建设；拓展校企合作办学领域和深度；不断提高职业教育吸引力；建议国家从立法、税制改革等层面深入研究有利于职业教育发展的支持政策；在对职业教育实施教育行政部门统筹管理的前提下，充分调动其他部门、行业、企业举办职业教育的积极性。辽宁省政府及教育厅重视改革试点工作，建议辽宁省政府及教育厅在现代职业教育体系构建、职业教育体制机制创新、调动企业举办职业教育积极性等方面继续努力、进一步取得突破；建议从国家层面加强对职业教育综合改革的顶层设计和整体协调，从根本上理顺职业教育管理体制，避免政出多门；下大力气推进现代职业教育体系建设，抓紧建立起与我国现阶段产业结构及整个经济社会发展对人才的需求结构相适应的中高等职业人才培养体系。河南省政府重视试点工作，希望河南省政府进一步扩大生均财政拨款政策覆盖学校范围，提高拨款标准；认真深入研究解决多元化办学模式改革中可能出现的矛盾和问题；建议河南省政府及教育厅进一步拓展、丰富试点改革的内容，在职教发展体制机制改革、内涵建设等方面积极探索创造新

的经验。四川省政府重视改革试点工作，希望四川省进一步推进试点工作均衡发展；加速改革职业院校特别是农村中等职业学校办学条件；完善校企合作保障与激励机制，不断提升职业教育服务能力；建议从国家层面理顺职业教育管理体制，避免政出多门；通过立法、税制改革等手段确立起职业教育发展的保障机制，推进校企深度合作，使之逐步融合成为不可分割的有机整体。

试点省市是职业教育综合改革试点的实施主体，是连接中央与地方职业院校的中间环节，接受上一级政府指导、评估、检查和问责，也对下一级政府和职业院校行使这些职能。试点省市应发挥示范辐射、向学校放权、加强统筹和完善保障的功能。

### （一）示范辐射

示范辐射是此次改革的一个重要目的。4 个试点省市在推进职业教育综合体制改革中不乏好的做法和经验，如职教园区建设与管理、职教集团化办学、职业教育归口统一管理等，但是这些改革虽然有些示范性，但不一定具有推广性。试点省市应做好职业教育综合改革试点创新的“领头羊”，做好改革的示范、管理的示范、服务的示范，其他地区应根据实际情况，因地制宜实施创新。

### （二）向学校放权

省市级政府应向学校放权，建立现代学校制度，如成立董事会领导下的学校管理制度；地方政府可以将教师招聘权下放给学校，使学校根据学校专业发展需要，面向社会、企业，公开招聘专职教师、聘用兼职教师、灵活安排招聘时间；地方政府根据中央制定的《职业学校兼职教师管理办法》制定实施细则，直接投入或开发建制，用于聘请校外有技术专长的兼职教师，提高师资队伍的双师型结构。

### （三）加强统筹

一是统筹管理体制，省级政府可以在教育厅内实现中职与高职的归口管理；地市政府可以实现教育与人社的统筹管理，避免政府职能交叉、政出多门、多头管理，从而提高行政效率，降低行政成本；二是统筹学校布局和专业设置，根据全省行业、地市布局、人才需求和人口情况设置高职和中职，将专业设置和布局的权力下放到地市，由地市根据区域产业结构和经济社会发展实际规划专业布局，省厅仅制定专业设置的数量和标准；三是统筹职业教育资源，包括统筹建设重点实习实训基地和信息化资源共建共享，形成中、高职优质资源共建共享的联动机制。

### （四）完善保障

首先要加强外部保障力度，如加强对就业准入的执法监督力度。用人单位招录职工必须严格执行“先培训、后就业”、“先培训、后上岗”的规定，从取得职业学校学历证书、职业资格证书和职业培训合格证书的人员中优先录用。对于违反就业准入制度的企业，特别是对涉及人民生命财产安全的相关职业，如卫生医疗、食品生产等行业，加强监管，人保和工商部门要加大执法监督力度，对违反规定、随意招录未经职业教育或培训人员的用人单位给予处罚，并责令其限期对相关人员进行培训。其次要加强经费、师资队伍保障，建立公办职业院校生均经费标准、教师编制标准、培训标准；保障教育财政用于职业教育经费的增长，并纳入对地方政府的督导中。最后加强督导评估保障，建立实施对县级人民政府职业教育工作督导评估机制，将评估结果与项目立项、专项拨款、表彰奖励挂钩。

## 三、对四试点省市职业院校的建议

职业教育改革的主要任务落在职业院校，职业院校的内部改革显得十分重要。职教内部改革不能忽视外部因素，要与区域经济发展需求紧密结合，不断改革以强化内涵建设。职业院校的管理体制、办学机制、人才培养模式、教师队伍建设、人才引进工程、专业设置与调整、课程体系改革、教学内容、方法和手段改革、校企结合改革、实习实训基地建设、学生职业道德教育、职业能力素质培养、职业资格等级考试、信息化建设等，都不能闭门造车，都要有经济背景分析作为支撑，根据市场需求和学校自身特点进行综合考虑，保持动态平衡。职业院校内部改革的难点之一是进行符合市场需求的改革，符合市场需求就要了解市场，了解市场需求。辽宁省提出，要扎实有效地推进职业教育人才培养模改革。近年来，各地、各级各类职业院校在改革职业教育人才培养模式方面做了大量工作，推出了许多成功模式、经验与做法，产生了一定的效果。但整体看职业教育教学领域的改革还没有取得实质性的成效，因此要下大力气、沉下心来，扎扎实实抓内涵建设，慎提模式、注重实质，不要急于总结经验。特别是既要勇于改革创新、大胆实践、积极探索，又要遵循教育教学规律、人才成长规律。比如，职业教育一律顶岗实习一年是否合适？建议除部分需要较长实践周期的特殊专业外，绝大多数专业顶岗实习时间应控制在半年左右。

**参考文献：**

［1］教育部综合改革司：《国家教育体制改革试点分领域阶段总结报告汇编》。2013 年 6 月。（内部资料）

［2］教育部综合改革司：《天津市、辽宁省、河南省和四川省国家教育体制改革试点项目阶段总结报告》。（内部资料）

［3］邢晖，等．跨区域职业教育合作办学模式研究［M］．北京：现代教育出版社，2013.

［4］于志晶，李玉静．新乡新政始［J］．职业技术教育．2011（4）.

# 第七章　民办教育*

2013年1月至10月，本课题组调研考察了国家教育体制改革试点之民办教育改革试点项目的进展情况。现将调研考察了解到的有关试点项目取得的进展、初步成效、存在的问题和未来发展动向，以及本课题组立足调研结果、结合理论研究提出的推进下一阶段改革试点的对策思考、意见建议等做一归纳整理，总结汇报如下。

本汇报分为五个部分：一、综述：民办教育改革试点背景与总体进展情况。二、主要进展和初步成效。三、典型经验和模式。四、存在的困难及主要问题。五、推进下一阶段改革试点的对策思考与意见建议。

## 第一节　改革试点的背景与总体进展情况

民办教育是国家教育事业的重要组成部分，是教育事业发展的重要增长点和促进教育改革的重要力量。改革开放三十多年来，各级各类民办教育从无到有、从小到大，不断成长发展，为我国教育事业的繁荣发展、多样化发展和改革发展做出了重要贡献。但是近些年来，在不断成长发展的过程中，

* 执笔人：郭锋。课题组成员：郭锋，史朝，屈潇潇。

由于政策环境不完善、有关法律法规存在局限性、有关政府管理部门之间职责不清晰、部门利益冲突、协调配合不到位等原因，民办教育也遇到一些影响和制约进一步成长发展的问题，主要是政策性障碍和法律法规性障碍，陷入发展困境，呈现出整体走弱的趋势。有些问题还很严重，引起了政府主管部门和学术界的高度重视。

自2010年以来，为贯彻落实《国家中长期教育改革与发展规划纲要（2010—2020年）》提出的改革发展新思路，学术界、教育部有关司局、各级政府教育主管部门和中国民办教育协会等社会团体，对民办教育成长发展遇到的问题、难题进行深入调研，整理出了“法人属性、产权归属、学校权利、教师权益、会计制度、营利与非营利（简称分类管理）、举办人合理回报、优惠政策、市场监管和政府服务”等制约民办教育发展的十大问题。其中尤其突出的是四个问题，即：一是法人属性问题。民办学校因在民政部门注册，被登记为民办非企业单位法人，享受不到公办学校享有的国有资产举办、土地购用优惠、税费减免等优惠政策。二是队伍建设问题。民办学校教师在教师身份、编制、人事管理、社会保险等方面不能与公办学校教师享受同等待遇，造成师资队伍不稳定，整体素质偏低，存在公办、民办学校教师的“二元”体制。三是优惠政策问题。政府对民办教育的公共扶持政策未落实到位，未设立国家民办教育专项资金，民办学校学生不能与公办学校学生同等享受国家公共财政资源。四是举办人合理回报问题。由于《民办教育促进法》颁布以来，国务院没有出台相关税收政策，民办学校“允许合理回报”的规定无法落实，很难调动和促进民间资本投资民办教育。许多学校靠学校财务的“真空状态”以及变通式“技术处理”等变相交易学校资产的方式来获得回报，导致实际上的“资产空壳”。此外，在民办学校的准入和退出机制、法人治理结构、营利性与非营利性分类管理等监督管理方面，也都存在一些政策性、法规性障碍需要打破。

自2010年下半年以来，为破解上述难题，促进民办教育健康发展，可持续发展，开创新一轮民办教育大发展的新局面，国务院在组织深入调研、广泛征求意见制定文件、提出解决问题的新思路、新办法和新举措的基础上，制定并下发《国务院关于鼓励和引导民间投资健康发展的若干意见》《国务院关于开展国家教育体制改革试点的通知》《教育部关于进一步促进民办教育发展的若干意见》《教育部关于组织申报国家教育体制改革试点的通知》等文件，做出了在部分地区和学校开展包括民办教育在内的国家教育体制改革试点工作的决定。

其中民办教育这一块，以“改善民办教育发展环境、深化办学体制改革”为主题，选择上海市、江苏省、浙江省、福建省、江西省、广东省深圳市、云南省、宁夏回族自治区等八个省市区为改革试点地区，吉林华桥外国语学院、武昌理工学院（原武汉科技大学中南分校）和西安欧亚学院为改革试点学校，组织开展了探索破解以下四个问题的专项改革试点工作：（1）探索营利性和非营利性民办学校分类管理办法；（2）清理并纠正对民办教育的各类歧视政策，保障民办学校办学自主权；（3）探索公共财政对民办教育的扶持政策，建立公共财政资助体系，支持民办学校创新体制机制和育人模式，办好一批高水平民办学校；（4）改革民办高校内部管理体制，完善法人治理结构，建立健全民办学校财务、会计和资产管理制度。

开展民办教育四个专项的改革试点工作，在国家层面要达到的目的是：尊重实践，尊重基层，鼓励试验，大胆突破，攻坚克难，积累经验，为统筹兼顾、全面清理针对民办教育的歧视政策，修改、完善有关法律法规、出台鼓励和支持民办教育发展的意见、落实支持民办教育发展的政策措施，完善民办教育发展环境，提供来自改革试点地区和学校一线的、基层首创的实践探索举措、做法、经验和对策建议，做好决策咨询方面的准备。

自 2011 年以来，在为民办教育改革试点单位的省区、市和学校在初步厘清改革思路、存在的问题和改革步骤的基础上，高度重视、大胆探索、精心设计、有序推进，出台新文件、推出新举措，积极组织开展了相关主题的专项改革试点，有关工作取得初步成效。

与此同时，教育部及教育部国家教育咨询委员会、教育部发展规划司民办教育管理处等有关部门，及时组织专家学者组成课题组、调研组，对各试点地区和学校的专项改革试点工作进展情况做了实地考察和跟踪调研，并及时举办专题研修班、研讨会，研讨交流各改革试点地区和学校的做法经验。有关工作也取得了初步成效。例如，2011 年，教育部下发《关于进一步促进民办教育发展的若干意见（征求意见稿）》（简称“征求意见30条”），就2010年10月教育部联合民政部、财政部、中编办等9部委共同制定的同名文件向各改革试点地区和学校以及有关学术团体征求意见。2012年下半年，国家教育体制改革领导小组办公室组织编写《中国教育咨询报告》（高等教育出版社，2012年9月出版），汇集发表有关调研成果。国家教育咨询委员会办学体制改革调研组的《上海市发展民办教育试点项目调研报告》《深圳市改善民办教育发展环境试点项目调研报告》《江苏省“改革并完善保障教育要优先发展的公共财政体制和投入机制”试点项目调研报告》《温州市民办学校教师社会保障情况调研报告》《浙江省民办教育综合改革试点项目调研报告》等5篇调研成果被收入其中①。2012年年底，教育部在初步调研总结改革试点阶段性进展的基础上，将温州市“民办教育综合改革”、浙江省“民办教育综合改革”、上海市“探索营利性和非营利性民办学校分类管理办法”、江苏省“独立学院规范管理和发展的有效方式”、福建省“建立和完善民办教育扶持政策”以及吉林华桥外国语学院的“非营利性民办高校管理模式”、西安欧亚学院的“内部管理体制改革”等试点项目作为鼓励和引导民间资金进入教育领域的重点推进项目报到国务院。又例如，2012年12月，教育部规划司民办教育管理处牵头，在国家教育行政学院举办“第一期全国民办教育创新与发展专题研究班”。来自全国20多个省市厅局民办教育管理部门负责人和100多所民办高校的校长、董事长参加研修学习。上海市、温州市、西安欧亚学院和吉林华桥外国语学院等改革试点地区和学校的负责人来班上做专题报告，介绍本地区、本学校专项改革试点的进展情况，交流改革思路、举措、做法、经验，研讨存在的问题，提出解决问题的对策建议，取得了很好的成效。

进入2013年，以7月份教育部出台“教育法律一揽子修订草案”提交国务院审议为标志，民办教育改革试点工作又取得了新进展。该一揽子修订草案的主要内容之一，是针对完善民办教育发展环境，修订《教育法》《高等

① 国家教育体制改革领导小组办公室．中国教育咨询报告（一、二）[M]．北京：高等教育出版社，2012.

教育法》《民办教育促进法》和《教师法》等四部法律中有关民办教育的条文①。

# 第二节　改革试点的主要进展和初步成效

## 一、民办教育改革试点的主要内容

经国务院办公厅及国家教育体制改革领导小组办公室最终确定，民办教育领域国家教育体制改革试点项目分为“民办教育专项改革试点”和“民办教育综合改革试点”两个组，四个主题，12 个专项。试点单位涉及上海市、浙江省、江苏省、江西省、福建省、云南省、宁夏回族自治区、广东省深圳市等八个省（区、市），以及吉林华桥外国语学院、武昌理工学院和西安欧亚学院等三所民办高校。

“民办教育专项改革试点”组包括除浙江省以外的七个省区（市）和三所民办学院。涉及四个主题、11 个专项。试点单位及项目任务如下。

第一个主题：探索营利性和非营利性民办学校分类管理办法。以上海市为试点单位。

（1）上海市：“探索营利性和非营利性民办学校分类管理办法”。

第二个主题：探索公共财对民办教育的扶持政策，建立公共财政资助体系。以上海市、江西省为试点单位。

（2）上海市：“完善民办学校财务、会计和资产管理制度，建立公共财政资助体系”。

（3）江西省：“探索公共财政对民办教育的扶持政策”。

第三个主题：完善民办教育扶持政策，完善民办教育发展环境。以福建

---

① 国务院法制办．关于《教育法律一揽子修订草案（征求意见稿）》公开征求意见的通知［EB/OL］．［2013-09-12］．http：//www.gov.cn/zwhd/content_2482407.htm.

省、广东省深圳市、云南省和宁夏回族自治区为试点单位。

（4）福建省："建立和完善民办教育扶持政策"；

（5）深圳市："完善民办教育发展环境"；

（6）云南省："完善民办教育发展环境"；

（7）宁夏回族自治区："完善民办教育发展环境"。

第四个主题：改革民办高校内部管理体制，支持民办学校创新体制机制和育人模式，办好一批高水平民办学校。以江苏省、西安欧亚学院、吉林华桥外国语学院和武昌理工学院为试点单位。

（8）江苏省："探索独立学院规范管理和科学发展的有效形式"；

（9）西安欧亚学院："民办高校内部管理体制改革"；

（10）吉林华桥外国语学院："探索非营利性民办高校办学模式"；

（11）武昌理工学院："创新民办高校高素质人才培养模式"。

"民办教育综合改革试点"组以浙江省为试点单位。

（12）浙江省："民办教育综合改革试点"。

## 二、民办教育改革试点的主要进展和初步成效

2013年6月下旬教育部召开部党组扩大会议，分领域组织有关课题组汇报情况，对改革试点工作做阶段性总结。民办教育组在提交的阶段总结报告里，对民办教育改革试点进展情况做了这样的总体判断："总的来讲，12个民办教育改革试点项目整体推进较为顺利，进展程度与各单位申报的项目任务书吻合程度较好，特别是上海、云南、江苏、浙江温州、广东深圳等单位的实践探索有较大突破，初步形成了一些推进民办教育改革的成功经验。""特别是在改善局部发展环境、破解制度瓶颈、有效扩大民间资金投入、提升学校办学活力和规避学校办学风险等五个方面出台了不少好的政策，积累了许多好的经验，改革试点取得明显成效"①。我们认为，根据我们所做调研

① 教育部规划司．民办教育领域国家教育体制改革试点项目阶段性评估总结情况汇报［R］．教育部规划司．2013.

考察了解到的情况，教育部民办教育组的这个总体评价是准确的。国务院推动改革试点工作有两个目标：一是以点带面，取得经验，调整政策，修订法律法规，完善发展环境，推动全国民办教育改革发展；二是以试点促发展，推动试点单位先行一步，通过试点工作，改善本地区、本学校的发展环境，促进本地区民办教育、本学校改革创新实际工作的发展。我们认为，经过三年探索，各改革试点单位以扎实的工作，有突破的进展和明显的成效，初步实现了这两个目标。当然，正如教育部民办教育课题组的阶段总结报告所说，由于试点内容不同，以及各地经济社会发展水平、政策环境、民办教育发展状况存在差异，一些试点工作也面临不少困难和问题。

具体说，如前所述，自2011年以来，以上选定为改革试点单位的省市和学院在初步厘清改革思路、存在的问题和改革步骤的基础上，高度重视、大胆探索、精心设计、有序推进，出台新文件、推出新举措，积极组织开展了相关主题的专项改革试点，有关工作有探索，有突破，有成功的做法、经验，主要在以下五个方面取得进展，初见成效。

### （一）探索营利性与非营利性民办学校分类管理办法

上海市是这一改革试点项目的主要承担者。浙江省的民办教育综合改革试点也涉及这一主题，有关情况在这里一并介绍。

上海市的探索分为拟定分类管理标准、建立分类管理体系、建立相关制度和试点实施、稳步推进等几个步骤。总体目标是：建立上海市各级各类民办学校分类管理模型，试点民办学校分类登记、分类管理，在公共财政扶持、教育行政管理、资金资产监管、税收优惠政策等方面分类引导，形成营利性和非营利性民办学校共同发展、满足社会多样性需求的局面①。

2010年以来主要在以下四个方面取得进展，初见成效：

一是提供协调管理制度保障。已建立了市级层面的民办教育联席会议制度，由市领导任组长，成员为民办教育相关的十个委办局，明确以促进民办

① 国家教育体制改革领导小组办公室：《上海市教委国家教育体制改革试点项目任务书》。2011年4月。（打印本）

教育健康、科学、可持续发展为主要目的，沟通协调、加强合作。

二是提供经费保障。对试点项目建立专项预算。预计投入经费5000万元，主要用于如下各项工作：（1）民办学校资金来源研究、分类管理模型建设，300万元；（2）民办学校资产和收入分类模型和研究，300万元；（3）营利性和非营利性具体定义和标准调研，400万元；（4）分类综合模型、登记系统建设，2000万元；（5）试点登记，2000万元。到2013年年初，实际投入经费已经达到8000万元。

三是开展非营利民办高校示范校建设。对首批纳入建设的三所民办高校，分别给予生均3000—4000元/年的财政专项资助。

四是以浦东新区探索建立非营利民办学校制度为突破口，在对民办教育机构实行分类登记管理方面取得有创新意义的进展。

浙江省的探索是纳入综合改革试点项目统筹安排、分阶段进行的。有关任务要求为：以实施分类管理为重点，加强政府对民办学校科学管理。积极探索"学校自愿选择、政府分类管理"的新模式，按营利性和非营利性两大类进行区分，分别制定许可、登记、管理、税收、财政补助等政策。完善年检年审制度，建立评估结果和招生计划挂钩的机制。强化督导评估①。主要在以下六个方面取得进展并初见成效。

一是民办教育每年为政府节省近20亿元教育经费支出。

二是推广温州市的探索做法、经验，将非营利性全日制民办学校向民政部门登记为民办事业单位法人，将营利学校定位为企业法人，向工商部门登记。初步形成非营利学校按民办事业法人和营利学校按企业法人登记的制度和办法，有条件地解决了部分民办高校的事业单位法人属性问题。

三是积极开放教育投资领域，已吸纳民间资金34亿元。

四是建立政府购买教育服务机制，大幅提高财政支持力度。要求各县（市、区）根据当地民办教育规模和公办教育经费水平，设立民办教育专项奖补资金。其中温州市财政每年安排3000万元作为民办教育专项奖补资金，

① 国家教育体制改革领导小组办公室：《浙江省教育厅国家教育体制改革试点项目任务书》。2011年4月。（打印本）

从升等奖励、教师培训等方面对民办学校进行多方位的资金扶持。做法是：对登记为民办事业单位法人和企业法人的民办学校实行不同的会计制度。以落实当地民办学校教师最低工资制度和相应会计制度为前置条件，根据民办学校在校生人数，按当地上年度生均教育事业费的一定标准进行补助，补助标准分别为：义务教育阶段30%至50%，学前教育、高中段教育20%至30%。民办高校按照省本科院校预算内生均拨款水平20%的比例给予补助。

五是实行土地、税费等优惠政策。其中温州市的做法是：土地方面，按照民办事业单位法人登记管理的民办学校，可以行政划拨方式提供土地使用权；按照企业法人登记管理的民办学校原则上以有偿出让方式供地。鼓励民办学校在规划许可的前提下，依法依规通过土地置换新建、迁建、扩建学校，做强做大优质资源。登记为民办事业单位法人的民办学校，各项建设规费减免与公办学校享有同等待遇。税收方面，登记为民办事业单位法人的民办学校依法享有公办学校同等的税费优惠政策。登记为企业法人的民办学校，提供学历教育劳务所得的收入，免征营业税，企业所得税由税务部门先征缴后再予返还地方所得部分，同时规定该项税收优惠政策允许该类学校享受5年。收费方面，民办学校收费标准按照优质优价、分等定价、自主收费的原则，报价格主管部门备案并向社会公示后执行。登记为民办事业单位法人的，由学校按不高于当地上年度生均教育事业费3倍的标准确定，特别优秀的，经批准可放宽至5倍；按照企业法人登记管理的民办学校，收费项目及标准由学校自主定价。

六是符合条件的民办学校教师按事业单位标准参加社保。其中温州市的做法是：打破二元结构，明确所有符合规定要求的民办学校教师均与公办教师一样，按事业单位标准参加社会保险，享受与公办学校教师同等的退休费，各项社会保险费的单位应缴部分，由民办学校承担。对民办事业单位法人的民办学校，由当地财政通过购买服务的方式提供资金支持，落实教师社会保障政策，足额缴纳教师社会保险费的单位应缴部分。

### （二）探索公共财政对民办教育的扶持政策，建立公共财政资助体系

上海市和江西省是这一改革试点项目的主要承担者。

上海市的探索主要在以下五个方面取得进展，初见成效。一是建立并推行民办学校财务管理办法和会计核算办法；二是推广使用统一的会计核算软件，建立信息化监控系统；三是对政府专项资金和学费收支实行专户管理；四是对民办学校资金资产实行年度专项审计和检查制度；五是完善公共财政支持民办学校发展的体制机制，建立了较为健全的公共财政资助体系。通过以上举措，上海市政府对民办学校的财政支持力度逐年加大。2012 年市本级民办教育专项资金达到 7 亿元，其中对民办高校投入达到生均 2000 元左右，对以招收随迁子女为主的民办小学生均投入达到 4500 元。具体做法是以下三点。

第一点是创立规范制度，建立符合各级各类民办学校实际办学特征的财务、会计和资产管理规范制度，规范民办学校银行账户管理，实时监控资金运作情况。从 2009 年起，制定并试行民办中小学和民办高校的财务管理办法和会计核算办法，为民办学校规范管理提供依据。主要做法是：以财政部 2004 年发布的《民间非营利组织会计制度》为基础，在全国率先探索制定《上海市民办高等学校财务管理办法（试行）》《上海市民办高等学校会计核算办法（试行）》《上海市民办中小学校财务管理办法》《上海市民办中小学校会计核算办法》等民办学校财会管理办法，并在民办高校、中小学、幼儿园实施，以规范本地区民办学校会计核算行为，促使各校按统一标准编制和提供财务会计信息。

第二点是创新管理手段，建立信息化监控体系，利用网络技术实时监控民办学校财务、会计和资产管理的情况，监督学校规范管理，及时发现隐患。主要做法是：第一，政府委托建立信息化监控体系，规范民办学校银行账户管理，实时监控各校资金资产情况。2010 年，在所有民办高校安装使用了财务信息处理和监管软件。第二，要求各民办高校设立了学费专户和政府扶持资金专户，建立了民办高校财务监管平台和民办高校学费收入信息管理系统。有关教育行政部门可以通过平台系统及时掌握民办学校资金的流向和使用情况，依法履行监督管理的职责。第三，对民办非学历教育机构，要求建立学费专户，对学费收入纳入专户管理，接受有关部门监管。上海民办学校财务管理政策在全国属于首创，得到了教育部的认可。

第三点是建立公共财政对民办教育的扶持体制机制，使之体系化、常态化、规范化，在规范管理的基础上，加大资助力度，扶持民办学校特色发展和可持续发展。主要做法是，第一，市及各区政府财政分别建立相应的民办教育政府专项资金。其中市级财政早在 2005 年就建立民办教育政府专项资金。每年额度为 4000 万元，2008 年增扩至 1. 3 亿元，2010 年达到 5. 47 亿元（其中民办高校约 2. 27 亿元、民办中小学 4000 万元、以招收随迁子女为主的民办小学 2. 8 亿元），2012 年达到 7 亿元。第二，规范专项扶持资金的申请、审批、使用、检查等的程序和标准。专项扶持资金的使用坚持充分体现公共财政的公共性和公益性原则，以民办高校办学行为规范为依据，实施分类管理、分类扶持。主要用于民办高校内涵建设、示范性民办高校建设、民办高校师资队伍建设、特色民办中小学建设、民办教育公共服务平台建设和国家教育体制改革试点等。规定申请专项扶持资金的民办高校必须达到五个要求："坚持教育公益性，依法规范办学，财务管理规范，落实法人财产权，建立年金制度。"第三，将民办高校人事管理统一纳入全市高校人事管理范畴，探索公办与民办教师同等待遇。目前，上海市的民办高校教师在职称评定、奖励表彰、科研项目申报、教师培训等方面已完全享有与公办高校教师同等待遇。2010 年，上海市根据《上海教育规划纲要》实施的"教师专业发展工程"在教师出国进修等相关项目中对民办高校实现全覆盖。从 2009 年起，为缩小民办学校教师退休后待遇的差距，探索实施民办学校教职工年金制度，鼓励民办学校参照企业年金制度为专职教师缴纳年金。市财政对建立年金制度的民办高校拨付师资队伍奖励经费。2011 年全市民办高校全年缴纳教师年金总额达 1619 万元，市财政相应奖励经费约 2000 万元。2012 年，年金制度在全部民办高校和大部分民办中小学、幼儿园实施。第四，针对民办高校师资队伍薄弱、整体教育质量不高的现状，从 2012 年起，上海市教委每年投入约 2000 万元财政专项资金，委托上海师范大学等师资培训机构，加强对民办高校青年教师和管理干部的集中培训，支持民办高校青年教师开展海外研修、产学研实践。第五，制定进一步提高民办学校专职教职工收入的指导性意见，切实提高民办学校教师待遇。将专职教职工收入与学校学费收入、办学结余挂钩，并设定比例要求，作为核定学校政府扶持专项资金的重要依据之一。

第六，推进落实民办高校法人财产权。市教委等 7 部门联合制定了《上海市推进落实民办高校法人财产权的有关规定》。2011 年年底，19 所民办高校中已有 12 所高校的土地房屋或用于教育教学的资产完成过户。2012 年，根据资产过户情况，将民办高校分为基本完成资产过户、大部分完成资产过户、部分完成资产过户和资产过户进展较缓四类。前三类按照生均 500 元至 1200 元标准拨付内涵建设经费，第四类拨付安全技防和师资队伍建设专项经费。资产过户之后的产权界定和出资额审计等后续问题也在探索研究之中。此项工作为上海市民办高校的健康和谐可持续发展创造了重要的前提条件。

江西省的探索主要在以下两个方面取得进展，初见成效：一是制定《江西省民办教育发展专项资金管理办法（试行）》，设立了民办教育发展专项资金。2011 年、2012 年省财政分别安排预算资金 1500 万元，2013 年增加为 3000 万元。二是省教育厅出台《江西省民办教师能力提升计划》，将民办高校教师和管理人员培训纳入公办高校教师和管理干部培训计划，同步推进。

### （三）探索建立和完善民办教育扶持政策，完善民办教育发展环境

福建省、深圳市、云南省和宁夏回族自治区是这一主题改革试点项目的主要承担者。

福建省的探索分为民办高等教育改革试点和民办学前教育改革试点两个方面进行，其中民办高等教育改革试点主要在以下三个方面取得进展，初见成效。

一是遴选试点学校。经过条件分析和征求意见，选取条件相对成熟且有试点意向的华南女子职业学院、福州英华职业学院、厦门华夏职业学院、泉州信息职业学院和福州外语外贸职业技术学院等学校为改革试点学校。在此基础上，在试点学校推进建立与非营利民办高校制度相适应的学校法人治理结构和内部管理制度，完善非营利民办高校董事会成员公开遴选机制、董事会议事和决策公告机制、办学信息公开机制等，扩大非营利民办高校社会参与面，拓宽办学经费来源渠道。2012 年 11 月，福建省组织专家对上述院校改革试点情况做了检查评估。总体意见如下：各试点学校都成立了试点项目领导小组及工作组，在学校产权、法人治理结构、办学盈余及信息公开方面

展开研究。经过一年多的研究、各项资料的收集整理，论证了学校“非营利”特性，并按照非营利民办高校的特征要求，着手草拟或修订学校章程，完成学校产权制度建设、完善法人治理结构。但由于2010年以来，省内高等教育供求关系发生明显变化，部分试点学校办学出现困难，在开展试点工作中呈现出不平衡性，部分试点学校试点工作进展较为缓慢。针对这种情况，决定及时收缩试点范围，对试点学校进行调整，重点推进条件比较具备的厦门华厦职业学院和泉州信息职业学院继续开展试点工作。

作为改革试点单位，厦门华厦职业学院已完成草拟或修订《厦门华厦职业学院章程（修订征求意见稿）》《厦门华厦职业学院董事会章程》《厦门华厦职业学院监事会章程（草案）》《厦门华厦职业学院董事会议事规则（草案）》《厦门华厦职业学院捐资办学鼓励办法（草案）》。在董事会成员不分红不领受任何酬劳补贴、校长无私奉献捐赠收入的基础上，通过建立以董事会批准预算管理为中心、加强内部控制保持资金使用安全、提高资金使用效率，将学校盈余百分百投入提高软硬件水平、改善教学环境、提高教学质量证明学校倾力办学、非营利的宗旨。通过制定《厦门华厦职业学院校务公开实施办法》《中共厦门华厦职业学校委员会党务公开工作实施方案》、《厦门华厦职业学院办事公开管理办法（征求意见稿）》以及多项财务制度等文件，保障校务公开、办事公开、财务公开的实现。通过委托独立的会计师事务所对学校财务报告进行年度审计、学校高管离职时进行离任审计，并在网站公布财务年度信息，逐步实现财务公开。学校将进一步推进各项制度的修订、完善，规范、细化信息的公开内容与流程，通过多种媒介及时向社会、向主管部门公布学校发展状况和学校“非营利试点项目”的进展，定期形成总结、接受检查和指导。

泉州信息职业学院学校自开展试点工作以来，也成立了以董事长为组长，市教育局分管高等教育的副局长、学院院长为副组长的非营利民办高校办学制度改革工作领导小组，并聘请了厦门大学高等教育研究所等研究机构的有关专家以及学校的法律顾问等，组成非营利民办高校办学制度改革咨询指导组。该校“十一五”期间投入资金近5亿元进行新校区工程、泉州江南高新技术电子信息产业园区和厦门软件园区实训基地等建设。2011—2012年，董事会又投入 3 亿元，完成新校区工程建设及实训基地等建设项目，并做到学院零负债，为实施非营利民办高校办学制度奠定良好的物质基础。2012 年下半年，该学院按照非营利民办高校办学制度试运行。

二是出台《关于进一步支持和规范民办高等教育发展的若干意见》，设立民办高校发展专项资金，对民办高校开设当地紧缺和艰苦专业给予生均补助，支持民办高校为教师缴纳补充养老保险，允许民办高校按事业单位登记，对学校资产过户只收证照工本费。

三是加强了民办高等教育规范管理。主要是在实现民办高校设立党委和选派党组织负责人“两个覆盖”的基础上，在试点高校探索民办高校党建工作规范化、制度化，推进民办高校党建工作。完善民办高校督导专员制度和年度检查等管理制度。其中，完善年度检查制度，福州市的做法是：制定《福州市非学历教育培训机构审批管理办法》和《关于加强福州市民办学校教师队伍管理工作的意见》。下拨市民办教育发展专项资金 154.9 万元奖励年检优秀的民办学校。举行民办优质校和薄弱校“手拉手”系列帮扶活动。落实对全市市管民办学校的常规检查和年审评估检查，并向社会公布结果。会同福州晚报开展“我最喜爱的培训机构”评选和诚信办学“金丝带”宣誓活动，进一步引导教育培训机构规范办学。其中取缔整改无证培训机构的经验被《中国教育报》头版刊登。

民办学前教育改革试点主要在以下三个方面取得进展，初见成效。

一是落实省教育厅《关于切实做好无证民办园限期整改落实工作的通知》，继续加大对无证民办园的清理整顿力度，为民办学前教育营造有序发展的环境。

二是制定《关于加快学前教育发展的意见》，提出了对民办幼儿园的相关政策。主要政策是四条：第一条，通过政府购买服务方式，对城乡办园规范的非营利性民办幼儿园给予适当补贴。符合税法规定的，免征企业所得税。对民办幼儿园报经当地有关部门备案并公示的收费标准范围内收取的保教费免征营业税。民办幼儿园的用水、用电实行居民水电价格。第二条，支持社会力量举办幼儿园。各地应根据学前教育规划为社会力量举办幼儿园提供必要用地，对新建、扩建民办幼儿园，当地政府按照国家公共事业用地及建设的有关规定给予优惠。教育用地不得用于其他用途。积极引导社会力量利用现有资源举办幼儿园。对高校毕业生创办幼儿园符合条件的予以小额贷款担保等政策扶持。第三条，制定民办幼儿园分类定级标准，开展分类定级评估，对实现创优升级的民办幼儿园实行奖励，鼓励创建具有特色与品牌的民办幼儿园。建立公办幼儿园与民办幼儿园对口帮扶制度。第四条，营造民办园公平有序竞争的良好环境，维护有利于民办园健康发展的规范秩序，严格实行办园审批和年度检查制度，建立教育部门牵头、相关职能部门参与的联合执法机制，严禁无证办园，对不符合条件违规办园的给予取缔，确保学前教育健康有序发展。

三是民办学前教育改革试点资金保障。要求各级政府在财政预算中设立学前教育专项经费，用于包括对低收费民办园生均补助、民办园创优达标等在内的学前教育扶持项目。对办园规范、收费低的普惠性民办幼儿园给予了生均100元的资助。保障民办园教师的合法权益，落实民办教师的养老、医疗、失业保险等社会保障制度。将民办幼儿园教师的培训、职称评定纳入教育行政部门管理，统一规划安排，促进民办园教师的专业成长。加大公办园对民办园的对口扶持力度。通过开展公民办园“手拉手”活动，由优质公办园实施对口帮扶措施，提高民办园的办园质量。重点扶持低收费民办幼儿园发展。至2013年年初，省财政累计给2163所幼儿园下拨专项补助资金7991万元。

深圳市的探索分为建立制度和办法、优化体制机制，基本形成分类管理格局等几个步骤。总体目标是全面落实对民办教育的鼓励、支持政策，创新公共财政对民办教育的投入机制，支持民办学校创新体制机制和育人模式，提高质量，办出特色，培育和打造一批民办特色学校和民办名校，满足人民群众多层次、多样化的教育需求，破除并纠正不利于民办教育发展的观念和政策偏见，促使民办教育真正成为教育事业发展的重要增长点和促进教育改革的重要力量，为全国民办教育优质特色发展先行先试，提供借鉴、创造经验[①]。

---

① 国家教育体制改革领导小组办公室：《深圳市教育局国家教育体制改革试点项目任务书》。2011年4月。（打印本）

主要在以下两个方面取得进展，初见成效。

第一是构建全方位促进民办教育可持续发展的政策环境。一是成体系推出促进民办教育健康发展政策措施。先是出台了《深圳市民办教育管理若干规定》，陆续配套出台了《深圳市民办教育机构设置标准（试行）》《深圳市民办教育发展专项资金管理办法》《深圳市民办学校教师聘用合同书（范本）》等规范性文件。二是加强和完善日常监管。制定《深圳市民办中小学财务审计工作指引》；建立民办学校办学经费三方共管制度；实行学校年度财务审计结果集中公告；每年在主要媒体统一公告民办学校一年来的办学情况信息；将民办学校年检与政府奖励资助挂钩；规范民办学校招生广告备案等。三是多方式、多渠道定期举办有利于民办教育发展的宣传活动。自 2012 年以来，组织举办了 2 场民办高中办学成果展暨中招宣传推介会和 1 期民办教育发展专题论坛，积极宣传民办教育的发展成果、典型事例，探讨民办教育创新发展的新思路，吸引了大批学生、家长和民办学校董事长、校长参加。

第二是突破体制障碍，将民办教育纳入教育基本公共服务供给体系，建立公共财政对民办教育投入的长效机制。

云南省的探索分为深化体制改革、创新发展机制、落实法律地位、完善政策措施和制度保障体系等几个步骤。总体目标是深化办学体制改革，创新民办教育发展机制，落实民办教育法律地位，完善政策措施和制度保障体系，建立政府引导民办教育发展的政策体系和财政资助、补助、奖励机制，建立多渠道、充满活力的民办教育投融资体制，充分发挥社会力量办学的积极性，鼓励和支持企事业单位、社会团体、其他社会组织和公民个人利用非财政性资金举办教育，形成公办学校和民办学校共同发展的格局①。

主要在以下三个方面取得进展，初见成效。

一是完善扶持和规范民办教育发展的法规和政策。起草制定了《云南省民办教育机构审批管理办法》《云南省民办教育发展条例》《关于建立民办教育公共财政资助制度的意见》《云南省民办学校财务管理制度》《云南省独立

① 国家教育体制改革领导小组办公室：《云南省教育厅国家教育体制改革试点项目任务书》。2011 年 4 月。（打印本）

学院管理办法》等系列扶持和规范民办教育发展的法律法规，使民办教育的发展有法律保障。改革民办学校收费制度，改民办学校收费审批制为报备制。改革民办教育招生制度，招生计划优先向民办学校倾斜。允许民办高校根据学校办学条件自主招生，建立根据办学条件核定招生名额的机制。实施民办学校教师队伍建设工程。允许民办学校教师按照公办学校教师政策参加社会保险，建立民办学校人才奖励机制，建立民办学校教师培养和合理流动机制。建立民办教育投资奖励机制，鼓励社会力量投资办学。探索非义务教育阶段学校股份制改革。筹建民办教育贷款担保公司。

其中，2012 年的进展为以下几点：第一，以实施民办学校年检机制为契机，完善民办学校法人治理结构；第二，对民办学校扶持力度进一步加大，全省 808 个民办教育机构共获得 7800 万元中央和省财政资金补助；第三，实施了民办学校教师队伍建设工程。建立健全民办学校的校（园）长持证上岗制度，引导民办学校规范化、特色化、优质化发展；第四，探索建立了普惠性民办幼儿园补助机制，制定了《云南省普惠性民办幼儿园评审标准》《云南省普惠性民办幼儿园评估指标体系》。

二是建立完善民办教育公共财政资助制度。设立民办教育发展专项资金，支持民办学校规模发展和示范学校建设。从 2011 年起，省财政在每年 2000 万元的基础上，增加 1000 万元，重点支持民办学校规模发展项目和示范学校项目建设。落实民办学校税收优惠政策。设立云南省民办教育发展专项基金，建立生均教育经费补助机制，给予民办学校一定的经费补助。统筹教育费附加，安排不低于 10%的比例，对非营利性民办中小学校，按照公办学校的生均公用经费标准给予补助；对民办学校新建和改扩建项目给予贷款贴息。建立义务教育阶段学生公平的资助机制。对义务教育阶段民办学校学生的杂费、生活补助按公办学校标准给予补助，为义务教育阶段民办学校的学生提供免费教科书。建立民办教育投资奖励机制。对引资者按实际引资的 5‰—10‰给予奖励。把民办学校建设用地纳入城乡建设总体规划、土地利用总体规划和环境保护总体规划。提供给民办学校使用的土地，采取划拨或者“零出让”的方式交付民办学校使用。

三是提供经费保障。制定改革试点工作经费预算，总额为 5300 万元。设立云南省民办教育发展专项资金，每年3000万元。建立民办教育生均经费补助机制，按照教育费附加10%的比例预算安排。建立义务教育阶段学生公平资助机制。建立民办教育投资奖励机制经费。投资总额预计1亿—3亿元。

宁夏回族自治区的探索分为深化体制改革、设立专项预算经费、建立公共财政进入民办教育机制、落实办学自主权和制定优惠政策等几个步骤。总体目标是坚持教育公益性原则，健全政府主导、社会参与、办学主体多元、办学形式多样、充满生机活力的办学体制，形成以政府办学为主体、全社会积极参与、公办教育和民办教育共同发展的格局。建立公共财政进入民办教育机制。建立公共财政对民办教育的扶持政策，设立民办教育发展专项预算经费，用于奖励和表彰有突出贡献的民办学校。落实民办学校办学自主权。落实民办学校、学生、教师与公办学校平等的法律地位，实行民办学校法人登记制度，保障民办学校办学自主权①。

主要在以下五个方面取得进展，初见成效。

一是出台《宁夏回族自治区关于促进民办教育健康发展的若干意见（试行）》，设立自治区发展民办教育公共财政专项资金。自治区人民政府从2012年起设立民办教育发展专项预算经费，每年安排1000万元，用于奖励和表彰有突出贡献的民办学校。银川市计划从2013年起每年争取列入800万—1000万元民办教育发展专项资金，重点扶持民办学前教育的发展。石嘴山市从2012年起，每年安排200万元作为专项资金，鼓励各级各类民办教育发展。

二是建立健全支持民办教育发展优惠政策。优先扶持普惠型民办幼儿园发展。2012年，教育部给自治区拨付1500万元普惠幼儿园专项资金，自治区财政厅设立1700万元民办教育专项资金，共计3200万元专项资金，全额用于普惠性民办幼儿园办学条件的改善。民办学校新建、改扩建用地享有与公办学校同等待遇。民办学校教育教学房屋建设涉及的城市建设配套等行政性收费、服务性收费，供电、供水、供气等享有与公办学校同等待遇。捐资举办的民办学校和出资人不要求取得合理回报的民办学校依法享受与公办学

① 国家教育体制改革领导小组办公室：《宁夏回族自治区教育厅国家教育体制改革试点项目任务书》。2011年4月。（打印本）

校同等税收等优惠政策。

三是保障民办学校教师权利。民办学校教师依法享有评先、评职、社保等合法权益，民办学校教师培训和校长岗位培训纳入各级教育培训和校长岗位培训统一规划，统一安排，同等待遇。鼓励高校毕业生、公办学校教师和具有相应教师资格的其他专业技术人员到民办学校任教。对民办学校选聘外地公办学校的高级教师，参照自治区关于引进外地人才的相关规定，有关单位给予解决户口入籍、个人档案保存、子女入学等问题。

四是保障民办学校学生权利。民办学校学生在升学、转学、考试、申请国家助学贷款、国家奖学金、助学金、交通优惠、医疗保险、户籍迁移、先进评选、就业等方面与公办学校的学生享有同等权利。

五是规范民办学校办学行为。自 2011 年以来，已制定下发《自治区教育厅关于理顺民办教育管理体制完善属地管理制度的通知》《宁夏回族自治区民办非学历教育机构设置管理暂行规定》，强化民办学校（机构）属地管理，进一步明确民办非学历教育机构设置标准，依法规范民办学校（机构）办学行为。加强监督检查，坚持实行每年一次的民办学校年检制度。对办学规范、成绩突出的学校予以表扬，对不合格学校限期整改，对办学不规范、两年以上不年检或年检不合格的学校注销办学许可证。2012 年，共清理撤销 26 所民办非学历教育培训机构。

### （四）探索独立学院规范管理和科学发展有效方式，创新体制机制和育人模式

江苏省和西安欧亚学院、吉林华桥外国语学院、武昌理工学院等三所民办高校是这一主题改革试点项目的主要承担者。

江苏省在探索独立学院规范管理和科学发展的有效形式中，主要在以下四个方面取得进展，初见成效。

一是为民办高校以及独立学院发展创设良好的政策环境。自 2010 年以来，江苏省政府办公厅先后下发《关于进一步促进民办教育发展的意见》和《促进民办教育发展重点工作任务分解方案》，要求落实鼓励支持民办教育发展的各项措施，依法推进民办学校规范管理。主要内容是：对独立学院实行

全面年检，推进转设，引导独立学院到地市级城市发展，探索实践独立学院事业单位法人登记。

二是积极支持有条件的独立学院转设为民办高校。对具备相应条件、符合优化高等教育布局需要，要求转设为民办普通本科高校的独立学院，积极报请教育部转设为民办普通本科高校。2011 年 5 月，原江南大学太湖学院成为第一所转设的独立学院，为江苏省进一步深化教育体制改革，推进独立学院科学发展提供了宝贵经验。

三是努力优化独立学院布局，充分拓展办学空间。对办学条件不能满足《独立学院设置与管理办法》（教育部第 26 号令）要求，特别是校园占地面积不达标，在本地拓展办学空间有困难的独立学院，充分发挥地方政府举办高等教育的积极性，寻求多方支持，拓宽办学空间。例如，南京中医药大学翰林学院经教育部批准，迁址泰州中国医药城，泰州市委、市政府将其列为全市重点工作项目之一。翰林学院与迁址前相比，规模增加一倍，办学条件得到较大改善，为学院自身发展赢得了机遇。至 2013 年 1 月，已有 2 所独立学院实现迁址办学，7 所独立学院进行了事业单位法人登记试点①。另有三所独立学院已与地方政府和相关社会力量签署协议，拟迁址到相关市办学。

四是切实落实鼓励支持独立学院发展的相关政策和规范管理的具体措施。主要做法是：积极开展独立学院调研，全面了解独立学院过渡期工作进展情况，分析存在的困难和问题，探索解决途径，积极与省有关部门协调沟通，努力将促进民办教育发展各项政策措施落到实处。一方面落实有关鼓励性政策，落实独立学院与公办学校同等法律地位；另一方面，依法推进民办学校规范管理。加强对独立学院教育教学工作的指导，对教育教学质量、办学水平进行检查评估；加强资产管理与财务监督，积极建立民办学校学费收入信息管理系统和学费专户监管制度，规范民办学校财务行为；研究制定包含独立学院年检制度在内的对民办学校的督导制度。

西安欧亚学院的“民办高校内部管理体制改革”探索采取了完善改革试

---

① 国家教育体制改革领导小组办公室：《西安欧亚学院国家教育体制改革试点项目任务书》。2011 年 4 月。（打印本）

点方案、完善法人治理结构、完成内部管理体制改革和建立财务制度体系等几个步骤。总体目标是以改革民办高校内部管理体制为突破口，通过完善法人治理结构，建立健全财务、会计和资产管理制度，建立公开透明、规范运营的现代民办大学制度，探索民办高校稳定发展的运行机制，促进形成与民办高校发展相适应的、良性互动的政策环境，为我国创办高水平民办大学走出一条新路。

为实现总体目标采取了三项改革措施，制定了20项制度，主要在以下三个方面取得进展，初见成效。

一是改革内部管理体制。主要做法是：（1）强化战略规划管理。运用系统的战略管理方法，完善中长期发展规划。通过新的人力资源建设、项目管理、变革管理等方式与方法，实现战略规划的有效执行。（2）构建新型管理模式。改进学院对分院的集中管控模式，逐步实现二级分院权责利对等的业务单元管理，建立以授权为基本特征，能够快速灵活对市场做出反应的民办高校组织管理体系。（3）建立以学术权力主导行政权力，学术权力与行政权力良性互动的关系。加强分院领导力，在院系等学术部门实行名誉院长、专家委员会、执行领导团队、核心教师队伍、教学服务人员五个类型的人力结构，提升学术部门的领导力、执行力及组织能力。（4）推行学分制与弹性学制。为学生自主选择专业、课程、授课教师、学习进程提供资源支持和机制保证。实施教师聘用与管理改革。（5）加大人才特别是高层次人才的引进力度，通过国内外访问学者项目支持、培训、挂职锻炼、资助深造、出国学习等方式提高师资队伍的综合素质，优化教师队伍结构。

二是完善法人治理结构。主要做法是：（1）完善学院章程。明晰董事会、院长、党委会三者的职责和职权。（2）依法完善董事会。在举办者（出资人）、决策者、管理者和教职工等权益相关人之间建立和形成一套科学的运营与权利配置机制。在董事会内部设立战略规划委员会、财务与预算委员会、绩效考核委员会、风险管控委员会等决策咨询机构。完善并严格执行董事会领导下的院长负责制。（3）推进专家治校和民主管理。通过职代会、学代会、院长接待日、在专业委员会中设立教师和学生席位等形式，确保教职工和学生的利益代表能够参与学院的重大决策。

三是健全财务、会计和资产管理制度。主要做法是：（1）深化财务管理体制改革。建立以分院为主体的业务支持型财务管理体系。（2）设立财务总监制度，建立具有企业化运营理念的现代财务管理模式。（3）完善预算管理。逐步实现二级分院权责利对等的业务单元管理。（4）推行成本管理。构建适合学院战略要求的作业成本核算体系，作为内部衡量办学效益的基本财务依据，实现生均培养成本的有效管理。（5）强化资产管理。对重点资产建设项目进行全程跟踪，固化资产管理相关业务流程，优化资产管理组织体系，提高资源的综合使用效益。成立审计中心，对战略实施和财务状况进行定期质询，确保战略目标的实现。

吉林华桥外国语学院的“非营利性民办高校办学模式”探索分为明确办学性质、分阶段建设相关制度等几个步骤。总体目标是两条。第一条，学校举办者不要个人回报，学校收入（学费）全部用于学校的运转与发展（包括学生培养、教师工资、培训费用、校舍建设与维修、设施与设备的添置与维修、图书资料的订购、教学科研经费、正常的办公经费与出差费用等），实现资产及财务公开管理的目标。力争为国家对民办高校实行分类管理，提供一个全面高举公益性办学旗帜的典型经验与模式。第二条，建立具有中国特色的民办高校现代大学制度，实现民主管理、集体决策、校务公开、依法办学，完善法人治理结构，建立行政与学术分离的管理体制，实现民办高校管理的规范化、科学化和民主化，形成高效、精干、灵活、适应性强的民办学校的内部管理体制与机制①。

为实现总体目标自筹50万元作为项目启动经费，制定四项改革措施，主要在以下两个方面取得进展，初见成效。

一是加强和完善学校现有治理结构，实行行政与学术分离，专家治校，民主管理。首先是进一步完善决策机构，充分发挥理事会集体决策作用。主要做法是：结合学校15年的办学实践，参考国内外民办高等学校的可行做法，修改完善《理事会章程》，进一步明确理事会的职责，充分发挥理事会

① 国家教育体制改革领导小组办公室：《吉林华桥外国语学院国家教育体制改革试点项目任务书》。2011年4月。（打印本）

成员的作用。聘请教育领域有代表性的、知名度高的、能有效贯彻国家教育方针，决策能力较强的教育专家、语言专家、管理专家组成精干、决策效率高的理事会。其次是进一步完善院务委员会，充分发挥其执行机构的调控指挥作用。第三是完善教职工代表大会制度，实行民主监督。第四是成立学院学术委员会和院系教授委员会，健全学术民主和决策程序，实行教授治学，把行政管理与学术管理明确分开，充分发挥教授在教学中的主导作用。第五是建立学生代表大会制度，保障学生民主管理和民主监督的权利。第六是设立学校仲裁委员会，负责解决学生和教师之间、师生和学校之间可能产生的矛盾，处理职工与学生可能出现的申诉、调解、仲裁事宜。

二是采取五条措施确保学校公益性质非营利办学模式的实现。第一，设立学院财务委员会。依据国家相关财务法规政策制定严格的财务制度，编制经费预算，保证收支平衡。第二，实行严格的一元化经费审批制度和严格的会计制度。第三，在校财务委员会内设立相应的校内审计机构，对校内的财务及使用情况进行定期的必要审计工作。做到每季度对各院、系、部和职能处室的经费及经费使用情况进行核实、检查。第四，在校财务委员会内设立学校固定资产管理机构，负责对学校固定资产的管理及资源扩大方面的规划。第五，建立学校监事会。制定监事会章程和工作规则，完善学校工作的评价、监察与督导系统。

吉林省在经费保障上对吉林华桥外国语学院的改革试点工作给予了大力支持。从2012年起，连续三年每年资助3000万元支持学院改革试点。

武昌理工学院的“创新民办高校高素质人才培养模式”探索分为总体设计、理论建构和实践创新等几个步骤。总体目标是破解高校素质教育难题，创新高校素质教育理论，深化和完善本校具有鲜明特色的“成功素质教育”，创建具有示范意义的民办高校高素质人才培养模式，办人民满意的高水平民办大学①。为实现总体目标，首创专业素质、非专业素质和创新素质“三维”培养模式，采取了多项改革举措：一是制订《成功素质教育人才培养方案》，实

① 国家教育体制改革领导小组办公室：《武昌理工学院国家教育体制改革试点项目任务书》。2011年4月。（打印本）

行“两个同步推进”；二是制定九项配套措施，保证改革试点工作顺利进行。

### （五）民办教育综合改革取得进展，初见成效

浙江省是这一主题改革试点项目的承担者。有关探索分为制度设计、完善体制机制、进行改革试点和在省内推广等几个步骤。总体目标是坚持教育公益性原则，加强制度设计和供给，鼓励民间资本兴办教育，引导社会资金以多种方式进入教育领域，努力为民办教育发展创造良好环境和条件。到2015年，争取实现民办教育规模稳步增长，办学水平和教育质量不断提升，制度环境基本完善。建立起政府主导、社会参与、办学主体多元、办学形式多样的民办教育体系①。

自2011年以来，按照“统筹规划、分类管理、点面结合、分步推进”的总体思路，浙江省民办教育综合改革试点任务顺利推进，阶段性目标已完成，改革试点初见成效，已建立完善了民办教育管理新机制，民办教育发展环境进一步改善。省级层面从能改的改起，能做的做起，突出重点、难点，整体统筹推进；宁波市、温州市等地分别制订试点方案，边规划、边试点、边突破；其他地区也都积极探索吸引民间资金投入教育领域的新思路、新办法、新举措。省政府高度重视改革试点工作，多次召开民办教育综合体制改革专题会议，听取问题和建议，协调相关工作。任务书规划的各项任务都已触及，并取得进展，初见成效。其中有些改革试点取得新进展、新突破。

一是在落实民办学校办学自主权上取得新进展。本着“能做的先做”这一改革思路，全面梳理教育部门各项权限和政策，简政放权，先后印发了《关于进一步扩大民办高等学校办学自主权若干意见》《关于做好民办中小学招生工作的通知》，着力增强民办学校办学活力，促进民办中小学的规范发展。

二是在推进落实教师社会保障待遇上取得新进展。《浙江省中长期教育改革和发展规划纲要（2010—2020年）》提出“对符合任职条件的专任教师，都可以参照事业单位人员标准享受养老、医疗等社会保障，使教师享受

---

① 国家教育体制改革领导小组办公室：《浙江省教育厅国家教育体制改革试点项目任务书》。2011年4月。（打印本）

与公办学校教师同等法律地位”的要求。目前，杭州、宁波、温州、绍兴、丽水等地已经分别出台保障民办学校教师社保待遇相关政策。

三是在研究建立公共财政支持政策上取得新进展。宁波、温州、台州等地都制定了公共财政支持政策，教育厅与省财政厅在对各地财政扶持情况前期调研基础上，初步拟定了《关于浙江省民办教育专项资金管理的实施意见》。

四是在加强社会教育培训机构管理上取得新进展。2011 年，教育厅联合工商、民政、公安消防、税务等七部门印发了《关于对社会非学历教育培训机构开展联合专项整治行动的通知》，按照“谁审批、谁负责”原则，重点针对以中小学、幼儿园学生为对象的经营性教育培训机构开展专项整治。同时，与省工商局多次沟通协商，初步拟定了《关于建立经营性非学历教育培训机构联合检查制度的通知》。

五是在独立学院规范设置方面取得新进展。全省 22 所独立学院按照《独立学院设置与管理办法》（教育部第 26 号令）要求，按“迁建规范”、“剥离规范”、“体制规范”等模式，改善条件，健全体制，有序推进，努力达到教育部验收标准。

六是探索建立民办学校分类管理制度取得新进展。温州市研究制定了“1+14”配套政策文件，在政策创新方面取得新突破。宁波市出台《关于做好民办学校教师参加事业单位医疗保险有关工作的通知》《民办教育发展专项资金使用管理办法》。省教育厅、省物价局印发《关于进一步扩大民办高等学校办学自主权若干意见》《关于做好民办中小学招生工作的通知》。省教育厅、民政厅、住建厅、工商局、公安消防局、食药监局和地税局等七部门联合出台《关于对社会非学历教育培训机构开展联合专项整治行动的通知》。

## 第三节　改革试点的典型经验和模式

本节从“探索营利性与非营利性民办学校分类管理办法”、“完善民办学校财会资产管理与建立公共财政资助体系”、“探索建立民办教育分类管理制度”和“创新体制机制和育人模式”四个方面，对上海市浦东新区、深圳市、浙江省温州市和武昌理工学院等四个试点单位在有关改革探索实践中取得的具有创新意义、具有推广价值的典型经验和模式等做一概述介绍。

## 一、上海市浦东新区探索营利性与非营利性民办学校分类管理办法

浦东新区的探索以建立非营利民办学校制度为突破口，在对民办教育机构实行分类登记管理方面取得具有创新意义的进展。主要是建立并实施了学校法人分类登记制度，包括明确规定准入标准、退出机制及发展要求；在专项资金、规费减免、师资建设等方面给予重点扶持；以及由市教委会同工商、人保部门制定具体登记及管理办法；实施学杂费专户监管等制度等①。

具体做法可概括为四个亮点，概述如下。

第一点是设立政府专项资金。早在 2006 年，浦东新区就设立了民办教育发展政府专项资金。2007 年，启动政府专项资金，以支持民办教育机构开展课题研究的方式资助民办教育机构。

第二点是制定并推行《浦东新区开办非营利性民办学校的若干制度》。规定从 2010 年开始，凡是要租赁教育局所属公办学校校舍开办民办中小学、幼儿园的，必须要按照教育局规定的民办非营利制度操作，只能开办民办非营利学校。2010 年 7 月，民办福山正达外国语小学正式成为申办非营利民办学校的实践者。

第三点是对营利性和非营利性民办教育机构作了界定。在我国民办教育实际发展情况和对国际通行的非营利组织概念研究的基础上，浦东新区教委对衡量非营利性民办教育机构的指标作了界定：第一，举办宗旨不以营利为目的；第二，营运盈余不能用于成员间的分配和分红；第三，机构资产不能以任何形式转变为私人财产。具体体现为：（1）办学不要求回报，出资人出

① 上海市浦东区教委．“探索民办教育分类管理，建设非营利民办学校制度”调研报告［EB/OL］．［2011-06-21］．http：//www. canghe. edu. cn/html/2011-06/381. htm.

资全部移转教育机构名下；（2）机构财务独立，有独立完善的法人治理结构和合理的不致令任何个人利己营私的管理制度；（3）出资人不得以任何形式占用或抽取办学经费，营运结余全部转化为办学再投入；（4）机构终止时结余资产归入民办教育发展基金，不归出资人个人所有。除此之外的民办教育机构，纳入营利性组织范畴。

第四点是对民办教育分类管理做了制度规范设计。在借鉴其他国家和地区经验的基础上，浦东新区教委对营利性和非营利民办教育机构管理制度提升到规范的文本设计，分类管理的思路为营利性学校纳入企业范畴管理，实行企业法人登记，完全按市场化模式运行，自负盈亏，依法纳税；非营利性学校纳入民办非企业单位范畴管理，实行民办非企业单位法人登记，出资人出资不享有收益权、对学校资产不享有任何权利，学校可以享受税收优惠和政府财政扶持资助。其中文本《浦东新区开办非营利性民办学校的若干制度》规定了非营利民办学校的法人治理制度、准入制度、保障制度、评估监控制度和退出制度。其中，法人治理制度规定非营利性民办学校实行董事会领导下的校长负责制；准入制度规范了准入三部曲：通过招投标选择举办者、举办者履行出资义务、按照办学条件筹办学校；保障制度保障了办学成本、师资稳定和财政支持；评估监控制度加强财务过程管理，通过评估进行监督；退出制度指定了非营利民办学校退出办学的流程。

## 二、深圳市探索建立公共财政对民办教育投入长效机制

一是2011年出台《关于优化深圳市义务教育财政投入结构的意见》，确定了城市教育费附加收入用于扶持民办教育发展的具体比例（约15%）；设立民办教育发展专项资金，规定专项资金纳入财政年度教育经费预算，主要由财政预算和城市教育费附加构成，专项资金主要用于实施民办学校学位补贴、教师培训、长期从教津贴、奖教奖学、资助改善办学条件和课题研究等。2011年，全市安排用于扶持民办中小学发展的专项经费达3.5亿元，2012年增加到5.3亿元。

二是2012年8月，颁布实施《深圳市民办学校义务教育阶段学位补贴试

行办法》《深圳市民办中小学教师长期从教津贴实施办法（试行）》及《深圳市民办教育发展专项资金奖励和资助项目实施细则》三项扶持民办教育政策，从惠学生、惠教师、惠学校三个层面突破和创新。具体做法是：第一，惠学生。向民办学校符合条件的学生发放每人每年小学 5000 元、初中 6000 元的学位补贴（购买学位），缓解了公办学位紧缺矛盾，支持了民办学校发展，减轻了家长的经济负担。第二，惠教师。向在民办学校连续从教满三年以上的专任教师，依照从教年限，每人每月发放 300—1000 元不等的从教津贴，鼓励优秀教师在民办学校长期从教，稳定了教师队伍。第三，惠学校。对通过各种办学水平评估的优质民办学校，给予每所学校 40 万—100 万元的一次性奖励；对承担省级以上教科研课题的给予每个课题 2 万—5 万元的资助；对改善办学条件给予该项目建设经费的 50%资助，非营利性学校可得到全额资助，促进了学校改善办学条件，提高办学质量，提供选择性教育服务。2010 年年底，市财政安排 3000 万元，重奖 55 所近三年来办学行为规范、办学条件好、办学质量高的民办中小学，高中（含完全中学和十二年一贯制）奖励 80 万元，初中（含九年一贯制）奖励 50 万元，小学奖励 30 万元。至 2012 年，此项累计支出已超过 1 亿元。

三项政策实施第一学期，全市共投入资金 29440. 0934 万元。其中，惠学生的学位补贴投入资金 13101. 3034 万元，惠及 52689 名学生，全市 78. 5%的民办中小学符合条件的学生不需要缴费上学。惠教师的长期从教津贴投入资金 6148. 79 万元，共有 13284 名教师受益。全市民办教师月平均工资增加 500 元。惠学校的规范优质办学奖励投入资金 10190 万元，获奖学校共有 193 所（次）。三项政策提升了民办学校学生巩固率，降低了民办学校教师流动率，促进了民办学校办学条件的改善和办学水平的提升。

三是支持民办学校探索国际化办学模式，满足市民对教育的选择需求。2011 年启动了在高中阶段民办学校开展国际课程试验，将各学校开设的国际课程进行规范和优化整合，纳入教育部门的监管范围统一推进。至今已有 10 所民办高中学校在完成国家高中课程教学大纲规定内容的前提下，开展高中国际课程试验。2013 年 2 月发布《深圳市推进教育国际化行动计划（2013—2020 年）》，将“推进民办教育开放合作”纳入重点行动积极推进，支持民办学校与国外知名教育机构合作，引进国际优质课程和师资；支持优质民办学校试点开展大学预科教育，参与国际化学校评估认证；鼓励有条件的中小学开展小班教学和双语教学。目前，已有1所民办学校通过教育部NCCT国际化学校认证，10多所民办中小学在校本课程中引进国际理解课程，培养国际化人才①。

## 三、浙江省温州市探索建立民办学校分类管理制度

一是研究制定“1+14”配套政策文件，在政策创新方面取得重大进展、新突破。

“1+14”配套政策的具体内容为：“1”个政策文件，即《关于实施国家民办教育综合改革试点加快教育改革与发展的若干意见》。“14”个配套政策文件，即《关于县（市）民办学校教师在市本级临时性参加社会保险的暂行规定》、《关于印发〈非营利性民办学校会计核算办法〉（试行）的通知》《关于公布2012年市属民办学校教师工资指导线（最低标准）的通知》《关于印发〈温州市民办学校收费政策补充规定〉（试行）的通知》《关于民办学校办学水平评估的实施办法（试行）》《关于加强民办学校现代制度建设的实施办法（试行）》《关于落实民办学校优惠政策的实施办法（试行）》《关于明确非营利性民办学校法人财产权的实施办法（试行）》《关于非营利性民办学校财务管理的实施办法（试行）》《关于公共财政补助民办教育的实施办法（试行）》《关于完善民办教育社会保险制度的实施办法（试行）》《关于进一步加强民办学校教师队伍建设的实施办法（试行）》《关于民办学校分类登记管理的实施办法（试行）》。

这一做法引起各省的注意，获得教育部的认可和肯定，发挥了积极良好的示范作用。中国民办教育协会也专门选择在温州市召开年会，研究推广温州做法。

---

① 深圳市教育局．深圳市改善民办教育发展环境改革主要做法和成效［EB/OL］．［2013-05-08］．http：//www.szeb.edu.cn/SZEB/HTMLDynamic/CGZST_577/201309/info47318.html.

二是从试行民办学校按法人属性分类定位、分类登记新办法入手，探索对民办学校实施分类管理的可行方式。主要做法是：将非营利性全日制民办学校定位为民办事业单位法人，向民政部门登记；非全日制的民办学校确属非营利性的，也可定位为民办事业单位法人，向民政部门登记。将营利学校定位为企业法人，向工商部门登记。初步形成非营利学校按民办事业法人、营利学校按企业法人登记的分类登记管理制度和办法，有条件地解决部分民办高校的事业单位法人属性问题①。

目前，正在试点首批100所民办学校的重新分类登记工作，其中超过一半的学校已完成登记。

## 四、武昌理工学院探索创新体制机制和育人模式

武昌理工学院的探索以“创新民办高校高素质人才培养模式”为主题。其中建立专业素质、非专业素质和创新素质融于一体的“三维”培养模式的两点做法经验具有创新意义。

一是制订《成功素质教育人才培养方案》，实行“两个同步推进”。第一个同步推进是：改革传统的片面重视专业知识教育的“一条腿走路”的教育，实行专业素质教育与非专业素质教育同步推进的“两条腿走路”的教育。第二个同步推进是：改革漠视个性发展的传统教育方式，实行学生的全面发展与个性发展同步推进。主要做法是：第一，将教育教学内容、手段和方法由传统的知识技能传授转移到提高学生综合素质轨道上来，注重学思结合、知行统一、因材施教。将励志激励法（成功引导法）和失败因子消除法作为成功素质教育的基本育人方法，启发式教学、互动式教学、实战式教学作为基本教学方法，自主式学习法和探究式学习法作为基本学习方法。第二，创新育人机制，实行素质导师制。素质导师以培养学生的成功素质为目标，以非专业素质教育为重点，通过“五导一管”即思想引导、学业辅导、生活

① 温州市人民政府．温州市民办教育综合改革情况综述［EB/OL］．［2011-10-21］．http：//wenku.baidu.com/link? url=FUpazdMOqkxVaiQtVPszxgwpu2f.

指导、心理疏导、就业指导、日常管理，引导学生克服“失败因子”，修补素质缺陷，实现学生工作由“管”到“导”、由“教化”到“内化”的根本转变。第三，创新学生评价制度，用素质学分的形式来评价学生综合素质状况。素质学分反映的是学生综合素质指数。由专业素质学分和非专业素质学分两部分构成，各体现为理论课程学分、实践课程学分、行为表现学分等三个方面。实行素质学分制的主要目的是改革传统学分制和学籍管理制度，推动人才培养模式从传统的应试教育模式向素质教育模式转变。

二是制定九项配套措施，保证改革试点工作顺利进行。第一项是《优秀师资培养计划》，选派并资助优秀中青年教师到其他重点高校进修、出国研修。第二项是《重点学科、重点实验室引进海内外高层次人才计划》，建立人才引进专项基金，计划每年专门投入2000万元，3—5年内引进20名左右海内外高层次人才作为学科学术带头人。第三项是设置“伯乐奖”，对成功举荐优秀人才来校从教的校内外人士给予奖励。第四项是制定《高素质人才培养教学改革创新奖励办法》，建立专项基金，鼓励广大教师积极开展教学改革与创新。第五项是设置“高素质人才培养”专项基金，用竞标的方式，鼓励和资助教师积极开展相关课题研究，促进早出成果。第六项是实行弹性学制，允许学业拔尖、素质优秀的学生提前毕业。第七项是建立“三创基金”，对学生有价值的创造、创业、创新项目予以奖励和资助。第八项是实施《“中南英才”管理与实施办法》，奖励高素质人才，特别是优秀毕业生。第九项是完善基础设施建设，为改革试点提供优良的学习资源保障。改革试点期间，学校拟多方筹措配套资金。目标是投入2亿元，重点支持试点项目所需的各项软、硬件基础建设①。

## 第四节　改革试点中存在的主要问题

我们认为各地改革试点存在的困难及问题可以从两个方面来看：一是试

① 武昌理工学院．武昌理工学院国家教育体制改革试点项目进展情况及下一步工作安排［R］．武昌理工学院．2012.

点工作的组织和管理方面；二是试点的内容方面。前者教育部民办教育课题组已做了总结，认为主要存在各地试点项目推进不平衡、部门协调机制不够健全和改革创新举措有待巩固等三个困难及问题①，我们认为这个判断评价是准确的。这里主要对后者即在试点的内容方面，各改革试点单位遇到的困难及主要问题，根据调研了解到的情况作一概述。

## 一、上海市探索分类登记管理遇到的主要问题

主要是针对浦东新区在探索建立民办教育机构营利性与非营利性制度的过程中，执行落实《浦东新区开办非营利性民办学校的若干制度》（以下简称《若干制度》）中遇到的问题做了思考，并提出了进一步改进工作的对策建议。

一是关于非营利性民办学校的地位问题。浦东新区认为，在《若干制度》的指导思想中应该明确非营利性民办学校与公办学校应该具有相同的地位，有时候甚至要优于公办学校。从本质上来讲，非营利性民办学校是利用社会企业或个人资源与国家的资源相结合来实现公办学校的功能。非营利性民办学校不同于营利性民办学校，正因为其是非营利性的，所以更像是“准”公办学校。因此，从发挥社会中企业或个人积极性的角度，政府应该明确非营利性民办学校的地位。

二是关于自建校舍或租赁非局属资产办学的民办学校的问题。浦东新区认为，《若干制度》仅规定了自建校舍或租赁非局属资产办学的民办学校，可自愿申报、自主决定是否采用民办非营利制度开办。但对于这类自愿申报的民办学校并有没有设计具体的制度。按照理解，自建校舍或租赁非局属资产办学的民办学校采用民办非营利制度开办后，也必须要按照教育局规定的民办非营利制度操作。但由于这种类型的学校采用的是自建校舍或租赁非局属资产，那么对于这类学校是否也应该采取一定的准入机制，比如事先对自

① 教育部规划司．民办教育领域国家教育体制改革试点项目阶段性评估总结情况汇报［R］．教育部规划司．2013.

建校舍是否符合标准进行评估。此外，由于学校是采用的自建校舍或租赁非局属资产而非公办校舍，政府是否应该给予一定的财政补贴等。

三是关于法人治理制度中的董事会成员问题。浦东新区认为，《若干制度》规定了学校董事会由举办者组建，可以由教育专业管理人员、举办者代表、教职工代表、社区代表等组成。对于出资人和董事会成员是否有限制，比如可否有公办学校在编人员。民办福山正达外国语小学在申办中就遇到这种问题。浦东新区教育局考虑到该校为实践非营利性民办教育制度的学校，拟先期支持，给予一年过渡期。一年期满，相关人员须明确退出公办编制或退出民办学校。

四是关于风险准备金的问题。浦东新区认为，《若干制度》只规定了凡租赁公办学校校舍办学的，应每年从学费收入中提取风险准备金。提取比例为学校年学费收入的3%—5%，累计金额达到学校当年学费收入50%时及以后期间，可以不再提取。但是对于自建校舍或租赁非局属资产办学的民办非营利性学校并没有相关的规定。

五是关于退出机制的问题。浦东新区认为，《若干制度》中规定，在结清所有债权债务的基础上，若学校资产仍有结余，举办者可以收回开办时投入的注册资金，装修等附加在校舍上的增值部分无偿归教育局所有，收回注册资金后的盈余纳入区域民办教育发展基金，不归属举办者所有。从上述规定发现，装修等附加在校舍上的增值部分无偿归教育局所有，可能会导致一个结果：在举办者投入校舍修缮或增加设备时，可能会考虑自己退出后是否还有足够的结余作为开办时投入的注册资金收回，如果没有可能将停止对校舍修缮或增加设备的投入。因此，为了使学校举办者更加积极地将盈余再投入到学校办学中，用于不断改善办学条件。《若干制度》可以规定，在结清所有债权债务的基础上，如学校资产仍有结余，举办者可以收回开办时投入的注册资金；如果结余不足举办者投入的注册资金，教育局可以根据校舍的修缮情况，给予适当补偿。

## 二、浙江省探索民办教育综合改革遇到的主要问题及对策建议

民办教育综合改革是一项系统工程，涉及发改、财政、民政、编办、人社、国土、工商、物价、税收、金融等众多部门，需要广泛合作，达成共识，协同推进。在推进过程中，面临着诸多困难和问题，尤其是不少具体政策在执行过程中仍会遇到新的障碍，比如民办学校资产明晰问题，社保新政策推行过程中遇到的省际迁转等的政策衔接问题，以及落实金融政策时的资产抵押问题等。这些问题的解决，需要省政府有关部门，以及国家有关部委的共同支持。其中较为突出的问题主要有以下三点：一是中央、省权责不统一。一些涉及民办教育管理的重要权限仍集中在国家有关部委。具体法律法规形式固化，很难突破。如民办学校法人登记是相关部门按照《民法通则》《民办非企业单位管理暂行条例》等相关国家法律法规组织实施的。税收、收费、会计制度也由国家相关部门统一制定。有的法律法规甚至相互矛盾，如《义务教育法》规定，学生必须免试就近入学，《民办教育促进法》规定，民办学校可以自主确定招生范围、方式，这引发了招生秩序的混乱，地方很难遵循。二是改革难以形成协同。由于受到现行相关政策的制约等因素，重点和难点问题始终难以有效破解，推进难度较大。如民办学校教师社会保障问题，《浙江省教育改革和发展规划纲要（2010—2020 年）》提出，民办学校教师可参照事业单位标准享受养老、医疗等社会保障，但目前全国事业单位养老保险制度等改革试点方案尚未出台，如允许民办学校教师率先出台，可能引起其他类似群体的攀比。三是有的举办者动力不足。改革之初，除了捐资性质学校外，社会资本都是以投资方式进入教育领域。为鼓励社会力量投资办学，《民办教育法》规定，民办教育举办者在民办学校可以取得合理回报。但由于具体合理回报政策、财会制度等相关配套政策的制定没有跟上，一部分举办者不可避免追求利益最大化，乱招生、乱收费、抽逃资金、挪用移用学校资金、关联交易等事件屡有发生。一部分举办者对一些支持性改革，大唱赞歌；对一些规范性改革观望、等待、甚至阻挠，加大了改革难度。

对策建议：一是建议国家尽快出台相关配套政策和文件。建议教育部尽快出台相关政策和配套文件，便于各级政府能够依法依规履行发展民办教育职责，切实加强民办教育统筹规划，完善民办教育综合协调机制，依法明确部门分工，落实责任，鼓励和引导民间资金进入教育领域，加速营造有利于民办教育发展的政策环境。二是建议加速推进法律法规的修订进程。《民办教育促进法》规定，经营性民办培训机构的管理办法由国务院另行规定。但实施8年来，此办法一直未见出台。另外，国家至今没有制定出适应民办学校发展的财会制度，给民办教育的具体管理工作带来较大困难。建议国家抓紧出台相关法律法规，让管理部门有法可依。三是建议给予试点地区授权支持。按照改革目标，国家授权试点地区自主确定民办学校法人登记办法，对符合任职资格的民办学校教师参照事业单位人员标准改革社会保障制度，允许制定适合民办教育特点的财会制度，对民办教育收费进行改革，制定税收优惠政策，自行探索民办教育投融资制度创新。国家建立对试点地区改革评估制度，根据改革成效适时调整民办教育改革路径，完善发展政策①。

## 三、福建省的探索遇到的主要问题及对策建议

一是按照非营利民办高校办学制度，试点学校举办者要以捐赠的方式放弃对民办高校所享有的财产权利。但由于《民办教育促进法》及其实施条例等有关法律法规对民办高校产权等问题的规定模糊，缺乏法律的有效规范，特别是教育部有关民办教育发展的专项规划和促进民办教育进一步发展的意见未按预期出台，部分试点学校举办者心存疑虑，推进困难，进展缓慢。

二是由于近年高等教育供求关系变化等原因，部分试点学校面临招生不足、校区征地建设、债务等困难。学校层面的试点工作一度处于停滞状态。

三是低收费民办幼儿园实行生均补助，具体收费标准确定后，有些收费稍高于“低收费”收费标准的，可能会投机降低收费，以符合“低收费”标准，达到套取生均补助的目的。此外，由于民办幼儿园为数众多，省财政因

① 浙江省教育厅：《民办教育综合改革试点项目阶段总结》。2013年。（打印本）

补助面大不可能补贴太多，如县级政府因财政困难不配套建立促进幼儿教育相关发展资金，无法实现上下配合、多方入手的扶持政策，对民办园发展的促进作用难以达到理想的效果。

对策建议：一是进一步推进厦门华厦职业学院教师年金试点，协调厦门市予以支持。二是建议教育部尽快修订《民办教育促进法》及其实施条例，在国家层面为开展民办学校分类管理，建立非营利民办学校办学管理制度提供法律依据。同时，尽快研究出台进一步促进民办教育发展的若干意见，为改革试点工作提供更多政策支持。

## 四、深圳市的探索遇到的主要问题及对策建议

随着民办教育改革的不断推进，部分办学条件较差、收费较低和办学水平相对靠后的民办学校，有退出办学的可能。对策建议是加强改革舆论宣传和引导，加强对试点工作的组织领导，增强统筹协调力度，引导民办学校依法依规退出，做好教师分流和学生安置等应对工作，有效地规避风险，确保改革效果最大化。

## 五、云南省的探索遇到的主要问题及对策建议

一是民办教育公共财政资助制度改革的风险。主要在于政府资助的力度及其资金到位情况，以及政府资助的资金是否能发挥较好的效益。二是其他项目的改革风险。主要包括：（1）决策风险。教育改革措施是否符合教育客观规律和发展需要，决定着教育改革的成败。（2）政策执行风险。教育改革措施是否能有效落实，直接关系改革的成败。

对策建议：深入调研，科学论证和决策，确保改革政策的科学性和可操作性。建立改革目标责任制度，严格实施问责制。建立改革政策落实的监督机制。充分发挥民办学校机制灵活、效率效益较高的特点，确保改革措施有效落实。

## 六、宁夏回族自治区的探索遇到的主要问题及应对策略

一是民办教育改革涉及的部门、单位和行业较多，政策执行过程中各单位的认识理解有差距，执行力度存在一定的不确定性。二是民办教育投资主体多，办学时间短，社会认知程度较低，改革过程中社会、学校和个人存在一定的阻力，阻碍改革的进程。

应对策略是三项：一是健全管理机构，明确各单位职责。自治区和各试点单位人民政府要建立教育、编办、发改、人保、财政、税务、审计、国资委、金融、国土、建设、公安、民政、卫生、物价、工商等部门参加的民办教育联席会议制度，协调解决民办教育发展中的重要问题，探索建立综合执法机制，探索建立民办教育督导制度，督促、检查、考核有关政策的贯彻落实。二是建立公开和透明的信息披露制度。民办学校完善信息管理系统，推进校务公开，发布年度报告，接受有关部门和社会的监督，增加社会对民办教育的信任度。三是营造有利于民办教育发展的社会环境。各级教育部门要对热心民办教育发展、办学行为规范和社会效益好的民办学校进行宣传和表彰，树立民办教育良好形象。新闻媒体应大力宣传党和政府发展民办教育的方针政策和法律法规，宣传民办教育的优秀典型，为民办教育的健康发展创造良好的舆论环境。

## 七、吉林华桥外国语学院的探索遇到的主要问题及对策建议

第一，依据《教育规划纲要》中关于“健全公共财政对民办教育的扶持政策”的规定，希望国家或地方政府能够尽早落实“设立专项基金”和实施奖励政策，优先用于资助办得好的非营利性的民办高校。以解决此类院校在运转上遇到的财务困难，发挥其示范与引领的作用。第二，希望国家参照发达国家的做法，加快《教育捐赠法》的立法进程，对于捐赠给社会非营利性办学符合国家标准的民办高校给予在税收方面的优惠政策。第三，希望各级

政府在“探索非营利性民办高校办学模式”试点单位优先实施《教育规划纲要》中提出的“依法落实民办学校学生、教师与公办学校、学生、教师平等的法律地位”、“建立完善民办学校教师社会保险制度”的规定。第四，依据《教育规划纲要》中关于“办好一批高水平民办学校”，建议国家对民办高校的招生政策做适当调整，在招生计划上对民办高校招生给予较多自主权；在录取上，根据办学水平而非根据学校性质确定录取批次。第五，依据《民办教育促进法》及《民法通则》相关条款规定，建议国家明确民办高校的民办事业单位法人性质和地位，明晰民办教育法人财产权。

## 八、武昌理工学院的探索遇到的主要问题及应对策略

“创新民办高校高素质人才培养模式”涉及高等教育理念、人才培养模式、高等学校体制机制等的全面创新，其风险主要来自两个方面：一是质量评估风险。在我国高等教育领域，衡量高等学校的办学条件，评价办学水平与教育质量，大学排名与学科专业排名等，所遵从的多是“教师本位”理念——有多少知名的专家教授，争取了多少课题与研究经费，有多少研究成果被权威机构收录，高学历、高职称的教师比重占多大，重点学科（专业）有多少，有多少省级或国家级重点实验室，等等。至于教学质量怎样，学生的素质状况如何，学生毕业后能否适应社会需要或者是否有作为，往往不是评价的主要指标。本项目总体目标的核心是培养高素质人才，其价值取向是“学生本位”——把学生素质的高低作为评价教育教学质量的主要指标。因而，项目实施状况和结果能否得到社会尤其是高等教育领域权威专家的认同，是本项目可能面临的风险之一。二是经费短缺风险。本项目的实施，有赖于足够的软、硬件条件支持。如专业素质教育所必需的实验、实训和实习基地建设与完善，需投入2亿余元的成功素质教育拓展大楼、体育与艺术中心、户外素质拓展基地，既具有学术造诣又具有实践经验的德才兼备的高素质人才引进，也需要大量资金投入。

应对策略是两条：一条针对“质量评估风险”。第一，加强对国外高水平大学人才培养模式的研究与借鉴，拓展国际视野和全球眼光，力求使本项

目的设计与实施符合国际高等教育的大趋势；第二，把握改革试点正确方向，力求使本项目的改革及其成果符合当代中国经济社会发展实际。另一条针对“经费短缺风险”。第一，坚持按照“非营利”原则办学，管好用好教育经费，提高其使用效益；第二，学校投资方广信科教集团拟每年向学校投入专项配套资金，以弥补改革试点经费的不足；第三，争取社会各界更多的资助，包括校友捐助、企事业资助、国际援助等；第四，加强改革试点重大建设项目的必要性、可行性论证，争取国家和地方政府必要的配套经费支持。

## 第五节　推进下一阶段改革试点的对策思考和意见建议

关于如何推进下一阶段改革试点工作，教育部民办教育课题组在2013年6月的教育部党组扩大会议上，从试点工作的组织角度，提出了全面提高对改革试点工作重要性的认识、从国家层面建立跨部门综合协调机制、着力从源头破解制约发展的瓶颈问题、进一步深化政策研究以赋予试点地区更多自主权及支持政策、以及建立试点项目评估考核和动态调整机制等五条意见建议[①]。我们认为这五条意见建议是准确、中肯、建设性的。这里主要从试点的内容角度，即从如何解决试点过程中遇到的困难及问题角度，根据调研考察了解到的情况，结合理论研究，分为探索营利性与非营利性民办学校分类管理，探索公共财政对民办教育的扶持政策、建立公共财政资助体系，完善扶持政策、完善民办教育发展环境，和创新民办教育体制机制等四个方面，提出我们对推进下一步改革试点的对策思考和意见建议。概述如下。

### 一、探索营利性与非营利性民办学校分类管理的意见建议

各地改革试点在这个问题上遇到的难点之一是如何对营利性与非营利性

① 教育部规划司．民办教育领域国家教育体制改革试点项目阶段性评估总结情况汇报［R］．教育部规划司．2013.

学校实施分类管理。一是以什么样的法人身份登记，向谁登记，二是如何进行分类管理。

关于第一个难点，以什么样的法人身份登记，向谁登记，我们认为温州市和上海市浦东新区率先全国的做法经验具有创新意义，建议示范、推广。

其中温州市的做法经验是：取消“非企业单位（法人）”的称谓，以“民办事业单位法人”和“企业法人”区分法人属性，对两类民办学校实施分类登记管理。主要做法是：以“民办事业单位法人”的名称，取代“民办非企业单位法人”的名称，定位非营利全日制、非全日制民办学校，向民政部门登记。以企业单位法人的名称，定位营利全日制民办学校和非学历教育机构，向工商部门登记。并出台对两类属性学校的扶持管理办法，实施分类登记，分类管理。正如浙江省在有关总结报告中所指出的：法人属性登记是困扰民办教育发展的源头性问题。过去，民办学校被登记为民办非企业单位，不但享受不到公办学校享有的土地、税费等优惠政策，反而要被征收企业营业税、企业所得税等。温州按照营利性、非营利性对民办学校进行重新分类登记管理，较好地解决了这个问题，具有创新、突破意义。

另外，也有专家、学者建议，非营利民办学校可以改为以民办事业单位的身份向政府人事部门登记，按自收自支事业单位管理，而不是像现在这样向政府民政部门登记①。我们认为在现行事业单位管理办法下，这一建议操作起来难度会比较大。主要是向政府人事部门登记、由人事部门管理，就会出现比照事业单位的登记管理办法，纳入政府财政体系，定机构、定编制、按编制拨款等问题。这些问题一时还无法解决。

浦东新区的做法经验是：从界定衡量非营利性民办教育机构的指标入手，对非营利和营利民办学校进行分类登记管理。主要界定了四条衡量指标：第一，举办宗旨不以营利为目的；第二，营运盈余不能用于成员间的分配和分红；第三，机构资产不能以任何形式转变为私人财产。具体体现为：（1）办学不要求回报，出资人出资全部移转教育机构名下；（2）机构财务独立，有

① 国家教育体制改革领导小组办公室．中国教育咨询报告（一、二）［M］．北京：高等教育出版社，2012.

独立完善的法人治理结构和合理的不致令任何个人利己营私的管理制度；（3）出资人不得以任何形式占用或抽取办学经费，营运结余全部转化为办学再投入；（4）机构终止时结余资产归入民办教育发展基金，不归出资人个人所有。除此之外的民办教育机构，纳入营利性组织范畴。同时，制度文件规定从2010年开始，凡是租赁教育局所属公办学校校舍开办民办中小学、幼儿园的，只能开办民办非营利学校。

关于第二个难点，如何进行分类管理，我们综合考虑各种因素，从修订完善法规条例、出台相关政策层面，提出以下三条做法建议。

第一，修订或制定新条例，取代1998年10月发布的《民办非企业单位登记暂行条例》。目前，全国都执行“民办学校到民政部门登记，领取《民办非企业单位（法人）登记证书》”的条例。如仅做修改，建议将“民办非企业单位（法人）”改为“民办事业单位（法人）”；如制定新条例，建议将对营利性民办学校的登记办法也纳入进来，统一制定以规范非营利民办学校和营利民办学校两类不同性质的学校为主要内容的《民办学校法人登记暂行条例》。

第二，修订或制定相关法律条款。需要修订、完善的有关法律法规包括《教育法》《高等教育法》《教师法》和《民办教育促进法》等四部法律的相关条款，以及《〈民办教育促进法〉实施条例》《事业单位登记管理条例》《民办非企业单位登记暂行条例》等相关法规条例。需要制定的有关法律法规包括《民办学校会计制度》和上面提到的《民办学校法人登记暂行条例》等。通过修订、制定法律法规，完善、调整和规范民办学校的法人登记类型，保障举办者合法财产权，落实民办学校在招生、收费、专业设置等方面的办学自主权，保护民办教师在社会保险、培养培训、考核评价、专业发展等方面的合法权益。

其中关于修订、完善四部法律法规，我们已经注意到一个新进展，即2013年9月初，国务院法制办在网上全文公布教育部报请国务院审议的《教育法律一揽子修订建议草案（征求意见稿）》，建议对《教育法》《高等教育法》《教师法》和《民办教育促进法》等四部法律相关条款进行修订。这标志着改革试点取得新进展，进入到了难题有所破解，通过修订法律法规改善民办教育发展环境的新阶段。

这个四部法律一揽子修订草案有很多亮点。其中涉及民办教育的有两条，都有助于改善民办教育发展环境，扶持民办学校健康发展：一条是修订有关“营利”、“非营利”和“合理回报”的条款，解决几部法律的说法“打架”的问题。为区分两类性质不同的民办学校，允许营利性学校营利，破除制度障碍创造了条件。所谓法律“打架”，即《教育法》《高等教育法》规定举办学校不得以营利为目的。但是《民办教育促进法》规定，举办民办学校可以要求取得合理回报。两种说法是“打架”的。实践中民办学校绝大多数登记为民办非企业法人，希望得到合理回报。但是由于法律说法不同，以及其他一些因素，取得合理回报难以执行。这次修订，删除了前两部法律中的“不得以营利为目的”条款，解决了法律“打架”问题。另一条是修订有关法人登记的条款，为建立分类管理制度，实施民办学校分类管理做准备。主要是修订《民办教育促进法》，删除了两条，增加了两条。要点是明确两种法人登记办法，民办学校可以自主选择登记为营利性法人，还是非营利性法人。如果是后者，就按公益性事业管理，在民政部门登记。如果是前者，就按商业企业管理，在工商部门登记。两种法人登记，两种管理办法。换言之，如果选择后者，登记为非营利性法人（在民办教育改革试点中，有些试点单位登记为“民办事业法人”），就按照非营利学校、公益事业的管理办法来管理。而选择前者，登记为营利性法人（即“企业法人”），则按照营利学校、商业企业的管理办法来管理。意味着这类学校可以合法地营利，取得经营利润。

还有两条修订建议对改善民办教育环境也很有帮助。虽然是面向全体教育的。一条是在《教育法》中增加一条规定，推动学历教育和非学历教育协调发展，职业教育和普通教育相互融通。这一条也有助于改善民办教育发展环境。主要是对民办学校思考办学定位，制定发展目标很有帮助。另一条是对全体教师的规定。即为落实《教育规划纲要》提出的“完善并严格实施教师准入制度，严把教师入口关”要求，在《教师法》中增加了一条规定：实行教师资格考试制度。这条规定也有利于改善民办教育发展环境，等于是设了一道准入门槛，对于民办学校把住教师入口关，提高教师队伍的整体水平很有帮助。其出发点和落脚点就是无论公办学校还是民办学校，教师队伍建设要一视同仁，同等待遇。除了职称评定、收入、养老保险等要同等待遇以外，准入标准方面也要同等待遇。也就是说，到民办学校当教师，也要参加并通过教师资格考试，拿到资格证书才有可能①。

第三，各级政府出台有关营利性和非营利性民办学校分类管理的指导意见。建议出台有关分类管理指导意见注重三点：一是参考温州市以及前举上海市的做法经验，落实《民办教育促进法》的税费优惠等政策措施，吸引社会资金进入教育领域；二是明确各级教育行政部门的民办教育监督管理机构及其职责；三是建立多部门组成的综合协调机制，为扶持和促进民办教育健康可持续发展保驾护航，提供公共服务支持。

## 二、探索公共财政对民办教育的扶持政策，建立公共财政资助体系的意见建议

各地改革试点在这个问题上遇到的难点之一是如何完善公共财政对民办教育的扶持政策。对此建议做好两件事：一是清理歧视政策；二是建立公共财政资助体系。

关于清理歧视政策，我们认为浙江省的五条做法具有创新意义，建议示范、推广②。一是针对《民办非企业单位登记暂行条例》，提出“民办事业单位法人”的概念，取代条例提出的“民办非企业法人”概念。该概念导致的教师身份不明，社会保险政策有别、税收优惠政策有别，是民办学校教师法律地位不平等、学校法律地位不平等、以及教师、学校社会地位、经济地位不平等的根源所在。具体内容见前述。二是针对一些市、县价格主管部门对民办学校学费收取标准的审批、执法处于无序、随意限制状态，提出和实行政府指导价管理政策。主要做法是：按高于当地同类公办学校的生均经费标

① 郭锋．改善民办教育发展环境取得新进展［EB/OL］．［2013-10-14］．http://news.xinhuanet.com/edu/2013-10/14/c_125532235.htm.

② 吉林华桥外国语学院：《探索非营利性民办高校办学模式试点项目阶段总结》。2013年5月。（打印本）

准的一定比例，确定政府指导价的上限。规定民办学校在政府指导价范围内，按照补偿教育成本的原则，自主确定学费收取标准，报价格主管部门备案并向社会公示。三是针对税收政策对民办教育的不平等状态，提出由国家有关部委授权省级政府按法人属性分别制定民办学校税收优惠政策的建议。主要内容是：准予非营利学校享受与公办学校同等的税收优惠政策，财政部门为这类民办学校配发事业单位专用收据。营利学校参照享受与高新企业同等的税收优惠政策。四是针对有关部门限制民办学校自主招生权，建议修订相关法规、规章，确保义务教育阶段和高中阶段民办学校具有自主确定招生范围、标准和方式的权力，任何行政部门不得附加招生限制，不得实行地区封锁，不得滥收费用。五是针对民办学校举办者投入的财产归属不清，提出修订《民办教育促进法》相关条款，授权改革试点省级政府重新制定相关规章、明晰产权归属的建议。主要内容是：第一，区分投资办学和捐资助学两种类别的资产，规定举办者为投资办学投入的资产受法律保护，可以继承与转让，并且与举办者的其他资产相分离。第二，投资资产归举办者所有，由民办学校依法管理和使用。第三，学校终止时，清偿债务后的剩余财产经审计部门审核，可以连本带息，以出资额为限返还出资人。

关于建立公共财政资助体系，我们认为上海市的有关做法经验具有创新意义，建议示范、推广。即通过做好七件事，建立公共财政对民办教育的扶持体制机制，使之体系化、常态化、规范化。一是市及各区政府财政分别建立相应的民办教育政府专项资金。二是规范专项扶持资金的申请、审批、使用、检查等的程序和标准。三是将民办高校人事管理统一纳入全市高校人事管理范畴，探索公办与民办教师同等待遇。四是针对民办高校师资队伍薄弱、整体教育质量不高的现状，每年投入财政专项资金，委托上海师范大学等师资培训机构，加强对民办高校青年教师和管理干部的集中培训，支持民办高校青年教师开展海外研修、产学研实践。五是制定提高民办学校专职教职工收入的指导性意见，切实提高民办学校教师待遇。将专职教职工收入与学校学费收入、办学结余挂钩，并设定比例要求，作为核定学校政府扶持专项资金的重要依据之一。六是建立民办教职工年金制度。七是推进落实民办高校法人财产权。市教委等 7 部门联合制定《上海市推进落实民办高校法人财产权的有关规定》，开展民办高校资产过户行动。同时，根据资产过户情况，分为基本完成资产过户、大部分完成资产过户、部分完成资产过户和资产过户进展较缓四类，分别给予拨付内涵建设经费或拨付安全技防和师资队伍建设专项经费等专项资金支持。

## 三、建立和完善民办教育扶持政策，完善民办教育发展环境的意见建议

各地改革试点在这个问题上遇到的难点之一是如何统筹兼顾建立和完善民办教育扶持政策，完善民办教育发展环境。一是如何统筹兼顾民办高等教育；二是如何统筹兼顾民办基础教育。

关于如何统筹兼顾民办高等教育，我们认为，福建省的三条做法经验具有创新意义，建议示范、推广：一是遴选试点学校。经过条件分析和征求意见，选取条件相对成熟且有试点意向的民办高校为改革试点学校。二是出台《关于进一步支持和规范民办高等教育发展的若干意见》，设立民办高校发展专项资金，对民办高校开设当地紧缺和艰苦专业给予生均补助，支持民办高校为教师缴纳补充养老保险，允许民办高校可按事业单位登记，对学校资产过户只收证照工本费。三是加强对民办高等教育规范管理。主要是在实现民办高校设立党委和选派党组织负责人“两个覆盖”的基础上，在试点高校探索民办高校党建工作规范化、制度化，推进民办高校党建工作。

关于如何统筹兼顾民办基础教育，我们认为深圳市的做法经验具有创新意义，建议示范、推广。即通过做好三个方面的工作，完善扶持政策，完善民办教育发展环境：第一是构建全方位促进民办教育可持续发展的政策环境。一是成体系推出促进民办教育健康发展政策措施；二是建立民办学校办学经费三方共管制度。实行学校年度财务审计结果集中公告；三是多方式、多渠道定期举办有利于民办教育发展的宣传活动。第二是突破体制障碍，将民办教育纳入教育基本公共服务供给体系，建立公共财政对民办教育的投入长效机制。一是出台《关于优化深圳市义务教育财政投入结构的意见》，确定城

市教育费附加收入用于扶持民办教育发展的具体比例（约 15%）；二是颁布实施《深圳市民办学校义务教育阶段学位补贴试行办法》《深圳市民办中小学教师长期从教津贴实施办法（试行）》和《深圳市民办教育发展专项资金奖励和资助项日实施细则》等三项扶持民办教育政策，从惠学生、惠教师、惠学校等三个层面突破和创新。第三是支持民办学校探索国际化办学模式，满足市民对教育的选择需求。

## 四、创新民办教育体制机制的意见建议

各地改革试点在这个问题上遇到的难点之一是如何推进民办高等教育体制机制创新。一是如何推进独立学院的“转设”发展和有效管理；二是如何推进民办高校内部管理体制机制创新。

关于如何推进独立学院的“转设”发展和有效管理，我们认为，江苏省通过做好四件事探索独立学院规范管理和科学发展的有效形式的做法经验具有创新意义，建议示范、推广：一是为民办高校以及独立学院发展创设良好的政策环境。江苏省政府办公厅先后下发《关于进一步促进民办教育发展的意见》和《促进民办教育发展重点工作任务分解方案》，要求落实鼓励支持民办教育发展的各项措施，依法推进民办学校规范管理。二是积极支持有条件的独立学院转设为民办高校。对具备相应条件、符合优化高等教育布局需要，要求转设为民办普通本科高校的独立学院，积极报请教育部转设为民办普通本科高校。三是努力优化独立学院布局，充分拓展办学空间。引导、推进独立学院迁址到地市级中心城市办学、发展。四是切实落实鼓励支持独立学院发展的相关政策和规范管理的具体措施，加强对独立学院教育教学工作的指导和检查评估，研究制定包含独立学院年检制度在内的民办学校督导制度，依法推进民办学校规范管理。

关于如何推进民办高校内部管理体制机制创新，我们认为吉林华桥外国语学院的两条做法经验具有创新意义，建议示范、推广。一是加强和完善学校现有治理结构，实行行政与学术分离，专家治校，民主管理。进一步完善决策机构，修改完善《理事会章程》，充分发挥理事会的集体决策作用。进

一步完善院务委员会，充分发挥其执行机构的调控指挥作用。成立学院学术委员会和院系教授委员会，健全学术民主和决策程序。进一步完善教职工代表大会制度，实行民主监督。建立学生代表大会制度，保障学生参与民主管理和民主监督的权利。二是采取五条措施确保学校公益性质非营利办学模式的实现。第一，设立学院财务委员会。依据国家相关财务法规政策制定严格的财务制度，编制经费预算，保证收支平衡；第二，实行严格的一元化经费审批制度和严格的会计制度；第三，在校财务委员会设立相应的校内审计机构，对校内的财务及使用情况进行定期的必要审计工作；第四，设立学校固定资产管理机构，负责对学校固定资产的管理及资源扩大方面的规划；第五，建立学校监事会，制定监事会章程和工作规则，完善学校工作的评价、监察与督导系统。

**参考文献：**


[1]《国家中长期教育改革和发展规划纲要（2010—2020 年）》（中发［2010］12 号）。

[2] 郭锋．改善民办教育发展环境取得新进展［EB/OL］.［2013-10-14］. http：//news.xinhuanet.com/edu/2013-10/14/c_125532235.htm.

[3] 国家教育体制改革领导小组办公室：《国家教育体制改革试点进展情况通报（教改办函［2013］5 号附件）》。2013 年 10 月。（打印本）

[4] 国家教育体制改革领导小组办公室：《吉林华桥外国语学院国家教育体制改革试点项目任务书》。2011 年 4 月。（打印本）

[5] 国家教育体制改革领导小组办公室：《宁夏回族自治区教育厅国家教育体制改革试点项目任务书》。2011 年 4 月。（打印本）

[6] 国家教育体制改革领导小组办公室：《上海市教委国家教育体制改革试点项目任务书》。2011 年 4 月。（打印本）

[7] 国家教育体制改革领导小组办公室：《深圳市教育局国家教育体制改革试点项目任务书》。2011 年 4 月。（打印本）

[8] 国家教育体制改革领导小组办公室：《武昌理工学院国家教育体制改革试点项目任务书》。2011 年 4 月。（打印本）

[9] 国家教育体制改革领导小组办公室：《西安欧亚学院国家教育体制改革试点项目任务书》。2011 年 4 月。（打印本）

［10］国家教育体制改革领导小组办公室：《云南省教育厅国家教育体制改革试点项目任务书》。2011 年 4 月。（打印本）

［11］国家教育体制改革领导小组办公室：《浙江省教育厅国家教育体制改革试点项目任务书》。2011 年 4 月。（打印本）

［12］国家教育体制改革领导小组办公室．中国教育咨询报告（一、二）［M］．北京：高等教育出版社，2012.

［13］国家教育行政学院课题组．服务型政府教育类产品提供和管理体制创新研究［M］．广州：华南理工大学出版社，2010.

［14］国务院：《关于鼓励和引导民间投资健康发展的若干意见》（国发［2010］13 号）。（内部资料）

［15］国务院办公厅：《关于开展国家教育体制改革试点的通知》（国发［2010］48 号）。（内部资料）

［16］国务院法制办．关于《教育法律一揽子修订草案（征求意见稿）》公开征求意见的通知［EB/OL］．［2013-09-12］．http：//www. gov. cn/zwhd/content_2482407. htm.

［17］吉林华桥外国语学院：《探索非营利性民办高校办学模式试点项目阶段总结》。2013 年 5 月。（打印本）

［18］教育部：《关于 2013 年深化教育领域综合改革的意见》（教改［2013］1 号）。

［19］教育部：《关于鼓励和引导民间资金进入教育领域促进民办教育健康发展的实施意见》（教发［2012］10 号）。

［20］教育部：《关于进一步促进民办教育发展的若干意见》（2010 年 9 月印发）。

［21］教育部：《关于组织申报国家教育体制改革试点的通知》（教改函［2010］1 号）。

［22］教育部规划司．民办教育领域国家教育体制改革试点项目阶段性评估总结情况汇报［R］．教育部规划司．2013.

［23］教育部综改司：《国家教育体制改革试点分领域阶段总结报告汇编》。2013 年 6 月。（打印本）

［24］上海市浦东区教委．“探索民办教育分类管理，建设非营利民办学校制度”调研报告［EB/OL］．［2011-06-21］．http：//www. canghe. edu. cn/html/2011-06/381. htm.

［25］深圳市教育局．深圳市改善民办教育发展环境改革主要做法和成效［EB/OL］．［2013-05-08］．http：//www. szeb. edu. cn/SZEB/HTMLDynamic/CGZST_577/201309/info47318. html.

［26］陶西平，等．中国民办教育［M］．北京：教育科学出版社，2010.

[27] 温州市人民政府．温州市民办教育综合改革情况综述［EB/OL］．［2011-10-21］．http：//wenku. baidu. com/link？url=FUpazdMOqkxVaiQtVPszxgwpu2f.

[28] 武昌理工学院．武昌理工学院国家教育体制改革试点项目进展情况及下一步工作安排［R］．武昌理工学院．2012.

[29] 袁贵仁，等．中国教育咨询报告（一、二）［M］．北京：高等教育出版社，2012.

[30] 浙江省教育厅：《民办教育综合改革试点项目阶段总结》。2013 年。（打印本）

[31] 中国民办高等教育研究课题组．中国民办高等教育报告：2010［M］．北京：红旗出版社，2011.

# 第八章　省级统筹*

在2010年启动的国家教育体制改革试点工作中，部署了十项专项改革试点，四项重点领域改革试点和一项省级政府教育统筹综合改革试点。《国务院办公厅关于开展国家教育体制改革试点的通知》明确指出，进行省级政府教育统筹综合改革试点，旨在深化教育管理体制改革，探索政校分开、管办分离实现形式。要在统筹推进各级各类教育协调发展，统筹城乡、区域教育协调发展，统筹编制符合国家要求和本地实际的办学条件、教师编制、招生规模等基本标准，统筹建立健全以政府投入为主、多渠道筹集教育经费、保障教育投入稳定增长的体制机制进行积极探索和实践，探索建立健全地方政府履行教育职责的评价制度，探索建立督导机构独立履行职责的体制机制。

可见，省级政府教育统筹综合改革试点在整个改革试点工作中最具综合性特征，目标直指政府教育管理体制核心问题：管什么？怎么管？如何建立公共教育服务治理模式？可以直接为国家教育体制整体改革提供思路，积累经验。

2010年启动的省级政府教育统筹综合改革试点是由上海、北京、广东、云南、新疆、安徽及深圳7个省（市、自治区）来承担。本研究在总结试点地区对该项目阶段性总结的基础上，进一步通过对上述7省（市、自治区）

---

* 执笔人：从春侠，侯佛钢。课题组成员：从春侠，侯佛钢，陈成。

教育统筹综合改革情况进行调查研究，形成了本试点工作阶段性研究报告。

## 第一节　改革试点的进展情况

《教育规划纲要》第46条提出“加强省级政府教育统筹”，强调指出了“进一步加大省级政府对区域内各级各类教育的统筹”、“完善省对省以下财政转移支付体制，加大对经济欠发达地区的支持力度”、“根据国家标准，结合本地实际，合理确定各级各类学校办学条件、教师编制等实施标准”、“统筹推进教育综合改革，促进教育区域协作，提高教育服务经济社会发展的水平”以及“支持和督促市（地）、县级政府履行职责，发展管理好当地各类教育”五方面统筹工作。改革试点工作启动后，《国务院办公厅关于开展国家教育体制改革试点的通知》又在此基础上提出“统筹城乡、区域教育协调发展”任务，进一步明确“探索建立健全地方政府履行教育职责的评价制度，探索建立督导机构独立履行职责的体制机制”要求。

自2010年承担省级政府教育统筹综合改革试点以来，各试点省（市、自治区）认真按照《任务书》确定的目标、任务及措施有序推进，制定了一系列推动和保障教育改革发展的法规、政策、纲领性文件，统筹编制教育发展规划，统筹区域教育一体化发展，统筹建立健全教育投入稳定增长的体制机制，转变政府办教育管教育的方式，强化学校自主内涵发展动力，促进各级各类教育协调发展，促进教育与经济社会协调发展，取得了阶段性进展和成效。2013年6月，教育部综改司牵头，对各省试点情况进行了阶段性总结。从总结汇报材料分析，省级政府教育统筹综合改革试点地区主要进展体现在以下几个方面。

### 一、普遍重视顶层设计，明确改革任务，提供组织保障

试点工作启动后，各省（市、自治区）陆续制订了改革方案，提出了一系列改革的内容和措施，明确改革任务，为省级政府教育综合改革进行顶层

设计，提供相关条件保障。

例如，深圳市明确在省级政府教育统筹综合改革试点中，通过加大市政府对区域内各级各类教育的统筹，以国际先进城市为标杆，强力推进全市教育均衡化、优质化、多元化、国际化、全民化、信息化发展，建成国家教育综合改革示范区、高水平学习型城市和人力资源强市。在全国率先实现教育现代化，为深圳建设现代化、国际化先进城市提供强大的人才支撑和智力贡献。云南省紧紧围绕提高省级政府教育统筹能力这一核心，探索并确立了统筹教育和经济社会的协调发展、统筹各级各类教育协调发展、统筹推进教育综合改革、统筹城乡教育协调发展、统筹教育事业发展规划和标准以及统筹教育对外交流与合作“六个统筹”的工作理念。北京市教育统筹综合改革的总体目标是：在基础教育、职业教育、高等教育领域中，在办学体制改革、人才培养体制改革、教育交流与合作等方面探索创新模式，使首都学习型城市建设取得新进展，教育现代化建设继续保持全国领先水平。安徽省出台《安徽省人民政府关于开展省级政府教育统筹综合改革试点的实施意见》，明确了改革试点的指导思想、目标任务和时间表、路线图，确立了以“省级政府教育统筹综合改革试点”为龙头，统筹推进 8 个专项改革试点及其他各项教育体制改革、具有安徽特色的改革试点布局。上海市旨在四方面取得明显成效：一是建立区域内跨部门协作框架，协同推进教育事业改革与发展；二是探索教育部、市、区县与区域内行业部门统筹发展高等教育的创新化管理与服务模式，引导高校对地方经济社会发展做出更大贡献；三是改革教育财政体制，基本形成市级统筹义务教育经费的管理体制；四是搭建跨部门协作平台，为高中阶段和高等教育阶段开展教育国际交流与合作提供综合服务。广东加大省政府对区域内各级各类教育的统筹，加快实现义务教育均衡化、学前教育到高等教育普及化、终身教育全民化、教育服务多元化、教育合作国际化，建设教育强省和人力资源强省，打造我国南方教育高地，在全国率先基本实现教育现代化。新疆明确通过统筹教育与经济社会发展，统筹区域教育发展，统筹各级各类教育发展，坚持以育人为根本宗旨，以双语教学和职业教育为突破口，以促进教育公平和提高质量为重要任务，以优先发展和改革创新为前提保障和强大动力，深入推进“两基”巩固提高工作，加快普及学前教育和高中阶段教育，全面提高高等教育质量，有效推进双语教学，全力维护教育系统安全稳定，全面推进教育事业在新的起点上科学发展。

各试点地区为有效推进综合改革工作，积极进行体制、机制创新。一是各试点地区均成立了由省级政府主要领导为组长、省级直属部门主要负责人为成员的省级政府教育统筹综合改革领导小组，为改革提供强有力组织保障；二是建立了上下联动的推动机制；三是建立广泛参与的决策咨询机制。上海、广东等地区均成立了省级教育咨询委员会，将纲要的贯彻实施任务分解到省直相关部门，确保纲要制定的各项政策措施落到实处。

## 二、出台改革纲领性文件，指导教育综合发展

为推进省级政府教育统筹综合改革工作，试点省（市、自治区）出台了一系列推进教育体制改革的纲领性文件。在推进统筹教育综合改革方面，各省（市、自治区）不同程度的将政府统筹教育综合规划纳入各省的中长期教育改革发展规划纲要和省教育事业“十二五”发展规划之中，例如，安徽省的《安徽省中长期教育改革和发展规划纲要（2010—2020 年）》和《安徽省教育事业“十二五”发展规划纲要》、深圳市的《深圳市中长期教育改革和发展规划纲要（2011—2020 年）》和《深圳市教育发展“十二五”规划（2011—2015 年）》、广东省的《广东省中长期教育改革和发展规划纲要（2008—2020 年）》和《广东省教育发展“十二五”规划》、上海市的《上海市中长期教育改革与发展规划纲要（2010—2020 年）》、新疆维吾尔自治区的《自治区教育事业“十二五”发展规划》以及云南省的《云南省教育事业发展“十二五”规划》等。

在统筹各级各类教育发展方面，各试点省也加大了统筹的力度。

在统筹学前教育方面，深圳市颁布了《深圳市学前教育发展行动计划（2012—2013 年）》，新疆维吾尔自治区出台了《自治区学前教育三年行动计划》，云南省制订了《云南省学前教育 3 年行动计划》，广东省印发了《关于加快农村学前教育发展的意见》等文件，安徽省的《安徽省学前教育条例》立法工作全面启动，并列入省人大常委会 2013 年立法计划。

在统筹发展义务教育方面，新疆维吾尔自治区编制了《自治区推进义务教育均衡发展规划（2011—2020年）》，云南省编制了《云南省人民政府关于促进义务教育均衡发展的实施意见》，广东省印发了《关于加快推进义务教育规范化学校建设的实施意见》，安徽省修订了《安徽省实施义务教育法办法》，广东省则将保障在粤适龄儿童入学机会公平纳入《广东省教育创强督导验收办法（试行）》等文件。

在统筹职业教育发展方面，深圳市出台了《深圳市中等职业教育改革发展行动计划（2012—2015年）》，新疆维吾尔自治区编制了《自治区“十二五”中等职业学校基础能力建设规划（二期）》、《自治区职业教育发展规划（2011—2020年）》，云南省编制了《云南省地方人民政府履行教育职责评价办法》，广东省制定了《关于统筹推进职业教育改革发展的决定》和《广东省职业教育改革发展规划纲要（2010—2020年）》等一系列政策性文件。

在统筹高等教育方面，云南省颁布实施了《云南省“十二五”高等学校设置规划》，安徽省印发了《关于加快推进大学章程建设的通知》；新疆编制了《自治区高等学校设置“十二五”规划》，广东省出台了《广东省普通高等学校设置“十二五”规划》，确立了“十二五”普通高校设置的指导思想、主要任务和保障措施，促进普通高校设置与广东当好推动科学发展、促进社会和谐的排头兵特别是建设现代产业体系的要求相适应，上海市一方面通过“985工程”、“211工程”地方财政配套资金，统筹引导在沪部委属高校更好地服务国家战略和上海地方经济社会发展，帮助上海地方高校提高整体办学水平；另一方面，统筹引导上海地方高校加快内涵建设，积极创建高水平特色大学。此外，上海市还通过实施“行业高职院校提升计划”，提高行业高校生均公用经费拨款定额标准，实施优化行业高校管理体制改革等举措，统筹引导行业高校改善办学条件，提高办学质量。深圳以政府规章形式颁布实施《南方科技大学管理暂行办法》，在全国首开专门针对特定高校的立法先河，构建政府、学校、社会之间新型关系，引进全国关注。

此外，在统筹教育投入方面，安徽省出台了《关于进一步加大财政教育投入的实施意见》，云南省出台了《云南省人民政府关于教育费附加征收管理使用有关规定的通知》和《云南省人民政府关于印发农村税费改革财政转移支付教育资金使用管理办法的通知》，深圳市则出台了《关于优化深圳市义务教育财政投入结构的意见》。为推动教育的国际化发展，各省（市、自治区）也相应出台了一系列政策制度，例如，深圳市《深圳市教育国际化行动计划（2011—2020年）》等。

## 三、初步共识基本达成，统筹方式各有侧重

综合试点地区实践推进情况分析，初步共识基本达成，综合改革任务集中在以下几点：第一，统筹推进区域内教育现代化的总体布局，优化教育结构，优化资源配置，促进各级各类教育协调均衡发展、可持续发展。第二，统筹推进人才培养体制和机制改革，为每一个受教育者提供合适的教育。第三，统筹推进城市化进程中的教育发展，在城市化进程中逐步实现教育的均衡和公平发展。第四，统筹推进投入保障体制机制改革，探索省域内形成教育投入不断增长的长效机制，统筹安排各级各类教育投入的合理分配，促进均衡发展。第五，统筹推进扩大教育开放，积极探索、开拓引进优质教育资源的多种渠道，开展多层次、宽领域的教育交流与合作，实现高水平合作办学。

可以看出，这一阶段省级政府教育统筹综合改革重点体现在以下四个方面：一是加强省级政府对各级各类教育的统筹，统筹义务教育推进义务教育均衡发展，依法落实财政责任；统筹高中阶段教育促进普职教育协调发展，加快普及高中阶段教育，完善职业教育发展机制和办学模式，促进资源共享，提高服务能力；统筹高等教育优化省域内高等教育结构布局，提高管理水平和办学质量。二是强化教育发展保障机制，通过完善省对省以下财政转移支付体制，加大对经济欠发达地区的支持力度，同时加快制定各级各类学校办学条件、教师编制等实施标准，依据标准落实教育资源配置。三是统筹推进教育综合改革，促进教育区域协作，提高教育服务经济社会发展的水平。四是支持和督促市（地）、县级政府履行职责，发展管理好当地各类教育。

在推进教育统筹综合改革过程中，7省（市、自治区）结合本地实际，积极探索省级政府统筹教育工作的途径、方法，初步形成了一些各有侧重，

行之有效的统筹方式。安徽、深圳、广东、新疆积极统筹制定教育法规和标准，深圳、上海、北京积极统筹优化教育资源配置，云南、安徽积极统筹推进教育管理体制改革，安徽、深圳、云南积极统筹推进各级各类教育协调发展，安徽、深圳积极统筹研究解决教育热点难点问题。

## 第二节　改革试点的主要成效

试点改革启动三年来，取得了一定的进展，在相关方面也取得一定的实效，对积极引导省级政府进一步重视教育、领导教育工作、提升教育工作显示度、提升教育领导力和统筹力起到了积极的作用。下面，结合各试点地区提供的书面材料以及实地调研情况，尝试对省级政府教育统筹综合改革主要成效作以下初步分析。

### 一、省部之间、区域之间合作加强，促进教育协同发展

各试点省（市、自治区）在教育综合改革过程中，通过省级政府统筹，进一步加强了省部教育合作和区域合作。以安徽省为例，2012 年 3 月，安徽省和教育部签署了《加快省级政府教育统筹综合改革推进皖江城市带承接产业转移示范区建设战略合作协议》，合作内容包括“共同加快省级政府教育统筹综合改革”、“建设皖江城市带承接产业转移国家职业教育改革试验区”、“建设进城务工人员子女公平就学工作国家试验区”、“推动高等教育省级统筹改革发展”四大板块。其中，教育部与安徽省共建安徽大学已取得实质性进展；部属合肥工业大学宣城校区建成并招生。2012 年 5 月，安徽省教育厅与苏浙沪教育厅（委）签署协议，正式加入长三角教育联动发展会商机制，并就资源共享、学分互认、干部教师交流培训、校际结对共建、重大课题研究等方面积极开展合作。上海市在 2012 年和 2013 年部市共建国家教育综合改革试验区年度工作要点中，深化省级政府教育统筹综合改革始终是其中的重要内容，获得教育部大力支持，上海市在诸多领域开展省级政府层面的改

革探索，取得明显成效。如上海市的部市共建国家教育综合改革试验区，为省级政府实施教育统筹综合改革创造了有利的政策环境和平台机制。部市双方在许多重点改革领域，就多项改革举措达成共识，并通力协作，取得了较为显著的成效。部市合作机制进一步深化，为上海教育先行先试，加大省级统筹力度，加快教育改革和发展提供了新的平台，创造了有利条件。

## 二、加强体制机制创新，统筹教育资源

教育发展的关键在于通过体制机制创新，进一步加强政府对教育的投入和教育资源的统筹。在省级教育统筹过程中，各试点省（市、自治区）不断通过体制机制创新，加强教育投入和教育资源统筹。深圳市政府出台《关于优化深圳市义务教育财政投入结构的意见》，大力增加教育财政投入，近几年全市教育经费增长率超过全市公共财政预算收入，市、区财政一般预算支出中教育拨款比例，每年同口径提高 1 个百分点，教育优先发展战略地位进一步凸显。与此同时，深圳市还积极探索教育投融资机制，鼓励社会资本参与教育事业发展，增加全社会教育经费投入。上海市已初步形成市财政统筹义务教育经费的管理体制，义务教育财政经费转移支付力度不断加大，效果明显。近年来，上海市不断完善教育经费投入统筹机制，从制度上保证基础教育实现高位均衡转型发展，目前市财政对基础教育经费实施“三个统筹”：一是按照规范统一，均衡保障原则，综合考虑各区县在校学生规模、生均经费水平等因素，统筹分解财政教育支出占地方公共财政支出的比例到各区县；二是按照重点向郊区县、人口导入区县倾斜的原则，将教育经费增量部分，统筹安排用于远郊和农村地区发展义务教育；三是对个别人口导出、生均经费水平明显高于全市平均水平的少数中心城区，采取限高的措施，并统筹其一部分财政教育资金，专项用于生均经费水平偏低、人口导入的困难区县义务教育发展。

云南省制定了学生生均经费基本标准和生均财政拨款基本标准，进一步建立健全教育投入绩效评估、经费使用管理和监督机制。广东省在经费安排上，保障省级政府教育统筹的一揽子投入。从 2012 年起，全省统一城乡免费义务教育公用经费补助标准和分担比例，全省按小学每生每学年 550 元、初

中每生每学年750元的标准落实义务教育阶段公用经费补助资金。2013年至2015年，广东省还将逐年提高城乡免费义务教育公用经费标准，2013年，广东省政府批准了“十二五”期间省级财政教育经费投入的“一揽子计划”，共涉及省本级财政投入1180亿元。根据计划，“十二五”期间，省财政将安排100亿元用于基础教育“创强”工程；从2012年起，省财政连续5年每年安排5亿元专项资金用于实施“强师工程”；从2013年起，省财政每年投入10多亿元，实施山区、边远地区义务教育学校教师津贴制度，平均每人每月补贴500元。“一揽子计划”的提出，从保障机制上确保了教育优先发展的战略定位，使省级政府教育统筹工作不再有“后顾之忧”。安徽、北京等试点也通过统筹建立健全以政府投入为主、多渠道筹措教育经费、保障教育投入稳定增长的体制机制。

## 三、创新教育发展模式，推动教育健康发展

创新职业教育发展模式，是各省（市、自治区）在统筹省级政府教育综合改革过程中的一个亮点，各省（市、自治区）不断创新职业教育发展模式，推动职业教育健康发展。上海市统筹实施职业教育改革方面，“双证融通”专业改革试点范围扩大，取得政策上的新突破。五年贯通的13个专业国际水平专业教学标准开发取得初步成果，全部成果已正式出版，并得到社会各界充分肯定。中高职贯通培养的招生规模大幅增长，在校生规模将达到6000余人，涉及37个专业、56所中高职院校，开创基于学分制的中高职教育衔接试点，成效显著。此外，上海市“中职—高职—应用本科—专业硕士”贯通衔接培养的现代职业教育体系建设稳步推进。新疆则探索适应市场需求的初、中、高级技能人才培养格局创新发展模式，组建第一产业（农业类）、第二产业（工业类）、第三产业（服务业类）、石油石化四个职教园区以及煤炭煤化工园区；创新职业教育和职业技能培训融合发展的运行机制。云南一方面积极推进职业教育集团化办学，组建33个职教集团，加入学校、行业、企业、社会组织、科研机构等2423家；另一方面建立和完善职业教育对口帮扶机制，10所东部地区职教集团牵头院校以“一对一”的方式对口帮

扶，与滇西10个州市政府签订战略合作协议。同时，该省正式挂牌成立开放大学，在州市设立了14家云南开放大学分院，启动了中高职教育一体化开放式人才培养模式改革试点，搭建中职与高职、高职与本科衔接，在校学习与在岗学习沟通的人才培养“立交桥”。此外，云南省还积极探索“校中企”、“企中校”等校企办学模式。深圳在推进职业教育发展方面，统筹职业教育“五联办学”，助推产业转型升级。多途径实施学校与企业、学校与行业、普通高校与高职院校、中职学校与电大及高职院校、中职学校与国外高校“五联办学”。2012年，深职院获准与深大联合招收应用型本科生，中职、高职和本科教育衔接贯通的职业教育体系取得重大突破，对深圳产业发展急需的10个紧缺专业实行免费教育。北京则进一步深化职业教育办学体制改革，制定鼓励校企合作办学的政策法规，促进校企合作办学制度化，探索职业教育集团化办学模式，完善集团化办学的体制机制。

## 四、深化办学体制改革，改善民办教育发展环境

试点省（市、自治区）积极清理并纠正对民办教育的各类歧视政策，保障民办学校办学自主权；完善支持民办教育发展的政策措施，探索公共财政资助民办教育的具体政策，促进民办教育发展。比如，云南省完善民办教育发展环境，明确民办学校法人地位属性，给予民办学校和公办学校同等待遇，制定民办教育的税收优惠政策，2012年10月1日《云南省民办教育条例》正式颁布实施，明确了民办教育是教育事业的重要组成部分，民办学校具有与公办学校同等的法律地位；确立了一系列促进民办教育发展的扶持奖励政策，如加大公共财政对民办教育的投入力度，对民办学校实行税收优惠政策等，积极完善民办教育发展环境，从2009年起，每年省级财政预算安排2000万元，设立民办教育发展专项资金，建立民办教育财政扶持机制。上海市探索建立民办学校分类管理的中长期目标并明确实施计划，形成《浦东新区开办非营利性民办学校的若干制度》（试行稿）；推进执行民办学校财务管理办法和会计核算办法，依法加强对民办学校资金资产的有效监管。深圳市统筹公、民办教育协调发展，民办教育充满活力。健全民办教育参与公共服

务保障机制，建立公共财政投入民办教育长效机制，2011 年确定城市教育费附加的约 15%专项扶持民办教育，设立民办教育发展专项资金，2012 年出台了民办学校学位补贴、教师长期从教津贴、优质规范办学奖励等 3 项公共普惠政策，当年财政投入 5.3 亿元，惠及 193 所民办学校、6 万多名师生。其中，对符合条件的民办学校学生，小学生给予每人每年 5000 元、初中生 6000 元学位补贴。广东省进一步完善财税、金融、土地、审批等优惠政策和捐赠教育的激励机制，出台专项补贴资金管理暂行办法，积极探索公共财政扶持民办教育发展的新模式、新机制。

## 五、加强教育对外交流与合作，扩大教育开放

在推进省级政府统筹教育综合改革过程中，各省（市、自治区）积极探索并加强教育的对外交流与合作。广东省借助香港、澳门教育国际化程度高的优势，采取“请进来、走出去”的方针，大力加强粤港澳教育合作，落户珠海的北京师范大学—香港浸会大学联合国际学院已取得显著的办学业绩，澳门大学新校区落地横琴，香港中文大学（深圳）已经教育部批准筹设，广州大学与香港科技大学的合作办学意向已经达成。与先进国家和地区全方位、宽领域、多形式的教育交流合作格局逐步成型，中山大学中法核工程与技术学院已于 2010 年 9 月招生办学，中山大学—卡内基梅隆大学联合工程学院已于 2012 年 11 月经教育部批准设立。深圳市在 2011 年举办第 26 届世界大学生运动会之际，成功举办世界大学校长论坛，促进与世界近 100 个国家和地区高校的交流。上海市则与教育部签约，共建教育国际合作与交流综合改革实验区，探索建立区域性跨部门国际教育协调管理制度。他们积极探索扩大教育对外开放的新机制与新模式，在支持浦东新区引进优质国际教育资源，成功创建上海纽约大学的基础上，支持闵行区依托上海紫竹国家高新区，建设紫竹国际教育中心，以多种方式引进世界一流高等教育资源，着力打造国际一流的高等教育集聚地和产学研深度融合示范区。支持上海交通大学、华东师范大学等高校积极参与中心建设。目前，已经签署合作意向的项目有“上海交大—巴黎高科卓越工程师学院项目”、“美国康奈尔大学酒店管理学

院项目”等。北京则利用首都优势，举办各种教育对外交流会议，丰富对外交流形式，探索国际教育合作试验，提升首都教育国际化水平，增强首都教育国际影响力和竞争力。云南利用自身的区位优势，统筹扩大对外开放，承担起面向东南亚桥头堡战略的重要任务，在汉语国际推广及基地建设、留学生规模、境外办学等方面都有明显拓展。

## 第三节　改革试点的基本经验与典型模式

### 一、上海的典型经验

#### （一）统筹推进基础教育高位均衡优质转型发展

在统筹教育综合改革过程中，上海市下沉管理重心，形成富有特色的推进基础教育高位均衡优质转型发展的典型经验。2012 年，上海市启动“城乡基础教育一体化工程”，召开全市推进工作会议，颁布实施方案，提出“十二五”期间城乡基础教育一体化工程建设的目标：一是加快城郊接合部学校建设步伐；二是以优质教育资源共享和教师柔性流动为抓手，到 2015 年基本形成比较完善的市、区两级教育资源均衡配置机制，城乡基础教育整体质量水平显著提升；三是以教育评价制度改革为引领，深入推进课程改革。具体举措包括学校建设、资金保障、优质教育资源辐射郊区农村、教师队伍建设、学校内涵建设、满足各类群体教育需求等六个方面。

在学校建设方面，印发《上海市区县基础教育“十二五”基本建设规划》等一系列基础教育学校建设文件，以常住人口为基数，科学规划城乡基础教育学校布点，缩小城乡基础教育学校硬件差距。在资金保障方面，进一步加大对全市财政基础教育投入的统筹安排力度，促进城乡基础教育一体化发展，实现“三个统筹”，逐步缩小区县间教育生均经费差距，实现上海城乡基础教育一体化发展。在优质教育资源辐射郊区农村方面，在郊区新城引进优质实验性示范性高中，增加郊区优质高中教育资源总量；在郊区新城和大型居住社区引进一批优质义务教育学校和幼儿园，实现郊区新城和大型居住社区义务教育学校和幼儿园学校的高起点办学。在教师队伍建设方面，构建城乡教师合理柔性流动机制，推进教师资源均衡配置，全面提升郊区师资水平。在推进学校内涵建设方面，推动中小学生学业质量综合评价（绿色指标）在城乡学校的普遍实施，科学管理和评价学校教学质量。在满足各类群体教育需求方面，不断扩大义务教育阶段公办学校招收进城务工人员随迁子女的人数，进一步加强以招收随迁子女为主民办小学的规范管理，认真做好中职校招收随迁子女工作，扎实推进常住人口幼儿学前教育或看护服务全覆盖工作。此外，上海还下放管理权限，推进学校内涵发展。研究制定义务教育学校办学水平考核评估办法，逐步建立规范化、科学化、制度化的义务教育学校考核评估体系，在义务教育阶段树立一批“高质量、轻负担、有特色”的典型学校，通过学校特色创建，有效缓解择校矛盾。

### （二）统筹引导各类高校更好更快发展

一是通过“985 工程”、“211 工程”地方财政配套资金，统筹引导在沪部委属高校更好地服务国家战略和上海地方经济社会发展，帮助上海地方高校提高整体办学水平。2010 年，教育部和上海市签约继续共建复旦大学、上海交通大学、同济大学、华东师范大学等四所在沪“985 工程”高校，上海市地方财政资金按 1∶1 配套投入 36 亿元，其中 40%作为引导性资金。为提高上海高等教育整体水平，上海市印发《“211 工程”地方财政资金使用管理办法》《“211 工程”地方财政资金绩效评价暂行办法》，对“211 工程”共建高校项目建设申报及资金使用情况开展评估和验收检查。二是统筹引导上海地方高校加快内涵建设，积极创建高水平特色大学。通过“地方本科高校内涵建设项目”，对本市 20 所地方本科院校实施分类指导和分类管理，引导上海各高校克服同质化倾向，准确定位，形成各自的办学理念和风格。三是通过实施“行业高职院校提升计划”，提高行业高校生均公用经费拨款定额标准，实施优化行业高校管理体制改革等举措，统筹引导行业高校改善办学条件，提高办学质量。四是部市签约共建教育国际合作与交流综合改革试验区，探索扩大教育对外开放的新机制与新模式，推进教育对外开放管理体制改革，探索构建教育对外开放专业服务体系与市场运行机制，探索建立区域性跨部门国际教育协调管理制度，统筹教育、公安、外事、经贸、文化、人保、工商等部门力量，建立市级政府部门协作、区县政府联动的国际教育管理新机制。

## 二、安徽的典型经验

在统筹教育综合改革过程中，安徽省的典型经验则是在重点领域和关键环节突破教育体制改革，以点带面，不断深入推进教育综合改革的有序进行。

### （一）突破教育拨款体制，为落实学校办学自主权打开空间

2011 年 10 月，省政府出台《关于进一步加大财政教育投入的实施意见》，明确要求各级政府及有关部门要把教育作为财政支出的重点领域予以优先保障。同时，对高校拨款体制进行了重大改革，实行“以生均定额拨款为主，辅之以竞争性专项”的拨款方式，为高校突破体制樊笼，落实办学自主权打开了实现空间。2013 年本科高校经费分成“保基本、促发展、上水平”三个层面，第一层面按照生均加要素分解，体现公平，保基本，满足学校基本运作需求，即年初预算安排的人员经费、公用经费；第二层面按照学生规模分解，体现绩效，促发展，着力引导高校内涵式发展，由学校根据实际设计申报建设项目实施使用；第三层面按照项目评审结果分解，体现竞争，上水平，由省里设置若干对全省高校具有全局性、牵引性、综合性的重大竞争性专项，过去部分一般的、较微观的项目将放到第二层面，由学校自行设置。安徽省通过实施支持本科高校发展能力提升计划，着力加强高校的基础办学能力；通过实施高等教育振兴计划，着力提升高等教育的办学水平和综合实力。

### （二）突破投入保障机制，教育投入得到大幅度增长

从 2011 年 1 月 1 日起，安徽省将地方教育附加的计征比例由原来的 1%提高到了 2%；各级政府从土地出让收入按 2%计提教育资金。2012 年全省地方教育总投入达 991. 76 亿元，预算内教育拨款达到 742. 89 亿元，分别比上

年增长 21.36%和 25.84%。全省财政教育支出占财政支出比例为 15.05%，超过中央核定的 15%的比例。财政性教育经费占国内生产总值比例达到 4.72%，比上年提高了 0.44 个百分点。公办普通本科高校的生均拨款水平由 2011 年的 8076 元增加到 2012 年的 12000 元。农村学校公用经费生均标准分别提高到小学 525 元/年和初中 725 元/年，特教学校公用经费生均标准提高到初中的 5 倍。截至 2012 年 10 月底，全省普通高校已化债 51 亿元，到 2012 年底已化解审计锁定高校债务余额的 70%。全年共投入义务教育保障资金 51.94 亿元，惠及城乡义务教育阶段 740.8 万名在校学生。

### （三）突破学前教育办学体制，加速普及进程

在面上推进全省办学体制改革的同时，选择合肥为试点，在学前教育办学体制上进行重点突破。第一种形式是坚持大力发展公办园，区政府为建设主体，市区两级财政按 8∶2 分担建设资金。第二种形式是“财政补贴民办园建设”，2011 年，市区两级财政用于建设公办园和扶持民办园，共投入资金 8000 万元，激发了社会力量办园的积极性。第三种形式是“财政补贴普惠园”。市统一建立普惠性幼儿园标准，设置政府最高指导价，以降低幼儿园收费标准。第四种形式是探索“公建民营”的普惠园。

### （四）突破农村义务教育中心校管理体制，推动农村地区教育资源均衡配置

为了避免农村义务教育资源向中心校本部过度集中，安徽省积极探索学区管理制度，在广泛试点取得成功经验的基础上，通过修订《安徽省实施义务教育法办法》，确定“农村义务教育学校实行学区管理。学区内学校的师资、经费、教育教学等重大事项，由学区内的学校共同参加、民主决策、民主管理、民主监督”，促进农村义务教育资源的均衡配置。

### （五）突破职业教育管理体制，打破部门壁垒，优化整合资源，增强综合实力

安徽省选择淮北等市开展“大职教”市级统筹试点。支持淮北市设立了

职业教育委员会，由市长任主任，分管财经、教育和人事的副市长任副主任，市政府相关职能部门主要负责人任成员，统筹管理全市职业教育工作。设立市职业教育局为职业教育委员会办事机构，负责具体业务管理，统筹实施全市职业教育和技能培训工作。

### （六）突破高职招生录取体制，适应经济社会发展对高层次应用型人才的需求

2012 年，选择了芜湖职业技术学院等 24 所优质高职院校开展自主招生改革；2013 年扩大到 40 所。自主招生对象范围除了应届高中毕业生和应届中职毕业生外，具有高中阶段学历的农民工、复转军人、企事业单位在职职工、失业人员等均可参加自主招生。同时，对考试方式也做了相应改革，更加注重实践能力，淡化知识体系，不再单纯以分数作为录取的主要依据。

### （七）突破高校管理模式，探索分类管理办法，加速高层次应用型人才培养

制订了《高校分类管理改革实施方案》、《改革高等学校应用型人才培养模式实施方案和年度计划》，建立了学科专业结构调整预警机制和专业退出机制；实施了校企联合“千人研究生培养计划”，部门牵头推动校企共建了一批人才培养基地，支持企业在高校建立了一批“嵌入式”研发基地；开展产学研用合作，组建了 20 多个产学研用合作联盟，协同科技创新；遴选了 3 所高校开展专业硕士培养改革试点，5 所应用型本科人才培养模式改革试点，15 所高职技能人才培养模式改革试点；通过校企合作启动了 58 项卓越工程师、卓越农艺师、卓越中小学教师、卓越医生、卓越技师等卓越应用性人才培养计划；正在制定各类应用型人才培养标准、专业标准、课程标准、教师队伍建设和质量评价标准。

## 三、广东的典型经验

### （一）统筹教育综合改革体系

广东省较为突出的经验和模式则是构建教育统筹综合改革体系，形成有效教育督导评价机制。在构建了省级政府教育统筹综合改革体系方面。广东省形成了省级政府教育统筹综合改革试点为龙头，其他14项国家教育体制改革试点项目为引领，一批省教育综合改革试点项目为基础，各地市、各高校结合自身实际组织开展的改革试点项目为补充的全方位、多层次、广覆盖的教育体制综合改革项目体系。各项教育改革工作进展顺利，不少已取得阶段性成果，正通过中期评估推动试点转示范，让先进经验和典型案例在全省推广。例如，惠州市通过城乡学校结对一体联动、城乡学校教师队伍一体配置、城乡学校德育工作体系一体构建、城乡学校布局一体规划、学校标准化建设一体推进等五个“一体化”，加快推进义务教育优质均衡发展。又如，佛山市积极开展职业教育综合改革，积极搭建校企合作平台，探索工学结合方式，实现招生、培养、实训、就业“一条龙”，“零学费入学、零距离上岗”的“双零”人才培养模式改革成为全国一面旗帜。

### （二）形成科学有效的教育督导评价机制

广东省为加快推进各地教育改革发展，相继提出了《广东省教育创强督导验收办法》《广东省推进教育现代化先进县、市督导验收办法》及实施方案和指标体系，引导各地教育部门和各级各类学校找准差距、明确方向。积极落实地方政府领导发展教育的责任，将财政教育投入目标任务分解到各地级以上市，建立财政教育投入督查制度，对各地教育支出增幅、教育支出占公共财政支出比例目标任务完成等情况进行考核、通报。目前，为贯彻落实习近平总书记对广东提出“三个定位、两个率先”的要求，广东省正在抓紧编制教育现代化指标体系，今后也将成为各地教育督导考核的主要内容。广东省还将教育督导考核结果纳入地市党政主要领导干部政绩考核体系之中，作为考评、选拔领导干部的重要依据，极大地增加了各地对推动教育科学发展的积极性、主动性。目前，督导机构独立履行职责的体制机制已初步建立，教育督导工作已经成为广东教育系统最活跃、最具权威性的考核评估工作之一，为省级政府教育统筹创造了良好的发展环境。

### （三）重组省级政府教育统筹的职能权限，加大简政放权力度

从 2011 年开始，广东省在全国率先开展了一场简政放权运动。在省政府层面，取消 179 项行政审批事项，还转移 55 项、下放 115 项、委托管理 5 项行政审批事项；对于事权在中央的，报请国务院同意在广东试点取消 66 项、下放 34 项行政审批事项。在教育领域，一方面取消了 4 项、转移了 2 项、委托管理了 1 项原行政审批事项。按照“政校分开、管办分离”要求，2012 年省政府又将 10 项涉及基本教育公共服务的事务列入省政府向社会组织购买服务第一批目录。另一方面报请教育部同意给予广东 16 项优惠政策。2013 年又将落实高校办学自主权作为年度四项重点工作之一予以大力推进，已召开多场高校座谈会听取意见建议，以及两场省教育体制改革领导小组协调会，请省直有关部门就人事、编制、资金、学费、税收、高等教育交流合作、广州高校土地、校舍产权和教师住房等问题进行协调解决。有关权限的下放，使各试点项目的推进有了更强的动力和更大的空间。

## 四、深圳的典型经验

### （一）统筹保障教育公平，解决务工人员随迁子女就学问题

对来深建设者子女义务教育，坚持“四个统一”，即统一学位申请、统一免费管理、统一学籍管理、统一教育管理。网上申请免试就近入学，学校招生计划、招生地段、招生条件、招生结果均面向社会公开。2013 年 3 月，全市各区制定和实行“积分入学办法”，进一步淡化户籍因素对学位分配的影响。目前，近 3 年深圳市义务教育阶段 70%以上的学位、公办学校 55%以上的学位提供给了来深建设者子女，符合入学条件者大部分入读公办学校。

深圳市还在国家规定免交学费、杂费的基础上，免收课本费（含部分练习本费）；免费对象从本省户籍扩大到省外内地户籍学生；对符合就读条件、在民办学校就读的学生实行与公办学校相同标准的免费补助。高中阶段学校向来深建设者子女开放，高中阶段在校生中非深圳户籍学生占46.1%，其中普通高中在校生中非深户籍学生比例为31.3%。

### （二）统筹区域高等教育创新发展，实现历史性跨越

一是加快深圳大学综合改革。重点深化人事分配制度改革，教职员工全员签约聘任、分类管理，行政人员脱钩行政级别，建立起学术主导的内部管理体制和高端人才引进、培养机制。与香港中文大学合作，采用新体制机制筹建香港中文大学（深圳），于2012年获教育部批准。二是发挥市校合作优势办好深圳大学城。2010年以来，充分利用清华、北大、哈工大校本部优势，承担多个“863”、“973”、国家自然科学基金、社会科学基金等国家级项目，已成为广东省乃至全国高等教育科技创新示范基地和产学研结合典范区。三是创新体制机制建设南方科技大学。以政府规章形式颁布实施《南方科技大学管理暂行办法》，在全国首开专门针对特定高校立法的先河，明确政府职责，确立学校的办学主体地位，构建政府、学校、社会之间新型关系。探索现代大学制度，研究制定《南方科技大学理事会章程》和《南方科技大学章程》，成立第一届理事会，市长兼任理事长。2012年采用基于高考的综合录取模式招生，在全国产生良好示范作用。四是强力推进特色学院建设。市政府出台《关于加快特色学院建设发展的意见》，支持国内外高水平大学、科研机构与知名企业强强联合，按照“国际化、开放式、小而精”的原则，举办特色学院。自2010年以来，深圳市已有5所特色学院挂牌成立。在没有省、部属院校布局情况下，以多途径实现区域高等教育创新发展，汪洋同志2012年作出专门批示：“深圳在高等教育改革创新中不懈努力，成效明显，值得珠三角核心城市学习。”

## 五、云南的典型经验

### （一）均衡发展九年义务教育，制定基本均衡发展政策体系和标准，开展县（市、区）义务教育均衡发展省级督导评估

在全省范围内系统推进了初中教育评价制度的改革，建立并实施初中学生学业水平考试制度、初中学生综合素质评价制度、改革高中阶段招生考试制度三位一体的初中教育评价制度；从 2012 年起，全省各地以初中学生综合素质评价和学业水平考试结果为基本依据，实行新的高中阶段学校招生制度及办法。昆明实施高中招生改革，实行优质普通高中学校招生名额分配到初中学校，招收定向择优生的招生办法。

### （二）实现农村义务教育两个“全覆盖”，即实现农村义务教育营养改善计划和农村义务教育贫困寄宿制学生生活补助两个“全覆盖”，提高了学生营养水平

其一，在营养改善计划方面，云南省在国家确定 85 个试点县的基础上，将 44 个非国家试点县纳入全省营养改善计划实施范围，补助标准不变、同步实施试点，实现全省 534.9 万农村义务教育学生全覆盖。其中，中央财政每年安排资金约 22.99 亿元。列入省级试点的 44 个县所需资金全部由省级财政承担，需增加资金约 9.1 亿元。在省级层面的带动下，各州（市）财政也加大了对营养改善计划的扶持力度。如临沧市委实施“早餐计划”共下拨资金 1638.12 万元，其中市财政下拨 456.27 万元，各县（区）财政下拨 1181.85 万元。此外，改变经营模式，切实加强食堂管理。自 2011 年起，云南认真组织实施薄弱学校食堂改造建设项目，加大食堂建设力度。为了把这一民生工程办好办实，省委、省政府决定，加强对学生食堂的管理，所有学校的学生食堂 2012 年内都必须退出承包经营模式，改由学校直接管理，实行零利润经营，确保国家和省、州（市）的补助资金全额用于学生伙食。

其二，在农村寄宿制学生生活补助方面，决定在国家原补助省内 250 多

万学生的基础上，对未享受到贫困寄宿生生活费补助的农村义务教育 48.94 万中小学生提供寄宿生生活补助，将“一补”范围扩大到全省农村义务教育全部寄宿学生。其中小学 30.62 万人，初中 18.32 万人，省级财政安排资金 2.67 亿元。云南省还积极探索开展中小学勤工俭学基地建设。省委、省政府明确提出，要将云南探索出的一些成功经验的勤工俭学活动继续做好，各级政府要长期保留中小学勤工俭学基地，确保每所小学不少于 5 亩地，中学不少于 10 亩地。云南省还要从中小学公用经费中挤出一定的资金，按照每所小学 5 万元，每所初中 10 万元的标准安排资金，用于支持学校修建大棚、猪圈、水利设施、土地平整、配备生产设备和工具等，通过勤工俭学的产品和收入补充和改善农村学生的生活。

## 六、新疆的典型经验

新疆担负着教育服务跨越式发展和长治久安的两大历史任务，从统筹各类教育、统筹教育经费、统筹招生规模和教育资源配置、统筹学校管理、教学质量监测与评价、统筹双语教育六个方面开展省级政府教育统筹综合改革。在职业教育、双语教育方面取得了突破性进展。

在职业教育职业发展方面，新疆在就业与职业教育的关系上创新观念，明确职业教育就是就业教育，就是技能教育；在自治区层面实现了统一领导、统筹规划、综合协调、宏观管理职业教育工作方面创新管理体制，搭建职业教育工作领导、协调、管理平台，高位统筹教育、劳动及各行业委办职教资源，统筹职教与城乡就业，综合协调各部门、各行业、各地（州、市）的职业教育工作；适应市场需求的初、中、高级技能人才培养格局创新发展模式，组建第一产业（农业类）、第二产业（工业类）、第三产业（服务业类）、石油石化四个职教园区以及煤炭煤化工园区；职业教育和职业技能培训融合发展方面创新运行机制，淡化不同类型、不同主管部门职业教育、职业培训的界限，一视同仁，融合发展；职业教育投入方面创新投入机制，实现重大突破，形成了教育与劳动两大主渠道，各行业、部门职教经费多渠道投入相融合的投入格局，自治区就业再就业工作关口前移，其相关经费投入向职业技能培训倾斜。

在双语教育发展方面，新疆制定了农村学前双语幼儿园教育指导纲要、中小学双语教育课程设置方案等教学管理文件，开设远程双语直播示范课堂，开展民考汉学生开设少数民族语文课程试点，制定农村双语幼儿园和义务教育阶段学校双语教学评估指标体系，开发并启用双语教师和学生实名制管理系统。2012 年，全区学前三年少数民族幼儿接受双语教育比例达到 65.51%；中小学在校生接受双语教育及民考汉的比例达到 59.33%。自治区学前和中小学双语班学生（含民考汉）占少数民族在校学生的比例达到 66.61%。

## 七、北京的典型经验

### （一）改革高等学校办学模式，大力推进协同创新

北京市在统筹教育综合改革过程中，秉承“优势互补”、“地域互助”、“功能互促”的理念，积极搭建合作交流平台，鼓励高校凝聚集群优势，大大提升了高等学校的办学活力和办学内涵，改革效果明显。北京市教委面对中央高校优势明显、市属高校特色鲜明的基本情况，一是推动中央高校与市属高校分别签订对口共建协议，在人才培养、科学研究、师资队伍建设、管理机制改革等诸多方面展开深入合作；二是强化“学院路教学共同体”建设，探索优势互补、互惠互利、成本低廉、运行高效的“一校式”合作办学模式；三是组建北京市“卓越工程师教育培养计划”高校联盟，积极推动高校在实验室开放、实践基地共享、学生联合工程创新训练等方面的合作；四是建设北京高校特色专业和精品课程网络平台，建设高校专业群，实现优质资源的集中共享，形成专业建设新合力；五是开展市属高校校外名师讲学计划，增强中央高校优秀师资力量对市属高校的帮扶。

### （二）北京创新与中央在京高校共建模式

市政府与教育部签署协议，共建清华大学等五所大学；与教育部、财政部、交通部签署协议，共建中央财经大学和北京交通大学。对共建大学，大力推进协同创新，推进人才培养和经济社会发展密切结合，在学校用地、新

建小区建设等方面给予支持。

## 第四节　改革试点中存在的主要问题及其原因分析

7 个试点地区省级政府教育教育统筹综合改革经过近三年的探索和实践，取得了初步成效，创造了可资借鉴的宝贵经验与模式，为进一步深化教育领域综合改革积累了初步的经验。但是由于该项改革本身的综合性，同时也属于新时期新阶段教育领域面临的新任务，所以在实施过程中不可避免存在一些问题。综合对试点地区和学校调研情况，以及国家教育咨询委员会等有关方面对改革试点情况的反映，下面对省级政府教育统筹综合改革存在的问题及原因进行初步简要的分析。

### 一、存在的主要问题

#### （一）政府缺位，省级政府教育统筹力度不够，部门协调配合需进一步加强

省级政府教育统筹综合改革试点，主体是省级政府。但是从试点改革实践来看，省级政府在行动上普遍缺位，致使该试点改革成效与预期的目标存在很大差距。虽然从组织建设来看，各试点地区均成立了由省级政府主要负责人为组长的领导工作小组，但是从实际运转来看，多数领导小组发挥的作用有限。由于领导小组办公室多设在教育厅，因此很多工作推动还是靠教育厅主动工作推动。由于省级政府在改革中没有真正到岗履职，造成教育统筹力度不够，教育统筹综合改革涉及组织、人事、发改、财政等多部门以及教育系统内部的充分协调，教育资源配置、职称评聘、校企合作、民办教育发展等诸多问题，离不开财政、发改、人设、编制等相关部门的协同出台统一支持政策。然而，目前各试点省（市、自治区）在推进统筹教育综合改革过

程中，无论是国家层面还是地方层面，在一些重大问题上都不同程度存在部门之间协调不够的问题。各地、各学校提出的利益诉求，如财政投入、职称评聘等，很多问题往往不是教育部门自身能够解决的了的，需要多方支持。而教育部门偏偏又是相对弱势部门，难以协调各方，导致许多跨部门的问题一直悬而未决。真正关心教育、理解教育、支持教育的理念和主动研究教育问题、优先解决教育实事的体制机制还没有在各职能部门建立起来。比如，上海市在实施省级政府教育统筹过程中，个别区县的参与积极性不够，在义务教育财政经费市级统筹，高校基本建设用地划拨等方面还需得到相关区县的大力支持。因此，多部门联动机制还没有真正建立起来，改革的综合手段运用还需要进一步加强，协调组织、人社、编制等部门的合作力度需要进一步提升，从中央到地方，亟待建立多部门协同支持的体制机制。

### （二）顶层设计不够细化，省级政府教育统筹的任务不够清晰

随着省级政府教育统筹改革的开展和推进，各省（市、自治区）把政府教育统筹综合改革试点已纳入各省的中长期教育改革和发展规划纲要和省教育事业“十二五”发展规划之中。目前，虽然各项试点工作的顶层设计和工作机制建设等均已基本完成，开始进入积极推进阶段，一系列配套政策也将逐步出台，然而顶层设计和工作机制建设并不够细化，政府及有关部门的任务不够清晰，职责不够明确。以云南省为例，云南省在试点过程中遇到的突出问题便是上下联动不足，教育体制不活，内部结构、布局不合理，学校管理明显薄弱，办学模式不清，办学活力不足，教育质量仍然亟待提高；各级各类学校人才培养质量还不能满足经济社会发展对提高劳动者素质的要求，教育资源的数量和质量远远还不能满足人民群众对多样、优质、公平教育的需求。

### （三）省级政府统筹权力有限，中央简政放权力度需进一步加大

省级政府教育统筹综合改革的核心是探索政府履行教育职责的过程，然而在推进省级政府教育统筹改革试点过程中，国家层面涉及教育的管理权限仍然偏多，对地方简政放权的力度不够，“不愿放”、“不敢放”的情况不同

程度广泛存在。由于缺乏必要权限，省级政府推进教育统筹面临许多实际困难。如由于目前一些涉及高教规模、结构、编制的管理权主要在中央，地方难以根据本地经济社会发展需求，统筹调控高等教育发展。同时，受条块分割管理模式影响，很多社会事业管理要服从国家不同时期制定的统一的政策和法律、法规，而教育统筹工作又具有很强的系统性和整合性，省级政府教育统筹权力有限，在一些方面也很难突破；另外，在中央与省级之间，以及省级政府与地、县级政府之间教育方面的权责关系还需进一步明确，上一级监管职责、方式方法以及下一级履职履责考核评价相对滞后，在“放权”和“履责”之间还没有建立起协调一致的关系。

### （四）教育管理职能转变意识不强，公共教育治理探索亟待加强

进行省级政府教育统筹综合改革试点，旨在深化教育管理体制改革，探索政校分开、管办分离实现形式。因此，省级政府教育统筹综合改革试点重点和难点集中政府教育职能转变方面，应该在政府教育管理体制核心问题：管什么和怎么管方面进行积极有益的探索。但是综观三年的试点改革实践，试点地区普遍在“管什么”方面加大了统筹的力度，但是在“如何管”方面普遍意识不强，管理方式、资源配置方式仍然单一，教育治理体系建设以及省级政府教育治理能力都亟须加强。

### （五）因地制宜，进行体制机制创新效果不显著，西部试点省份改革勇气需进一步加强

省级教育统筹要求各地政府既要坚持全面规划，又要因地制宜，实现重点突破。特别是围绕区域性重点难点问题，进行省级政府统筹综合改革，实现体制机制创新。实践过程中，各省虽然都结合省域教育发展实际，进行了一系列改革举措，取得了基本经验，也形成了一定的模式。但是总体上来看，通过因地制宜进行体制机制创新效果不显著。可以说，本次确立的 7 个试点单位，均有一定代表性，在实践过程中，应该能够形成鲜明的路径和模式。但是综观 7 个地区的实践进程，大同小异。另外，西部地区省份需进一步加强改革创新勇气，充分发挥作为省级政府教育统筹综合改革试点单位优势，

通过一系列体制机制创新，解决西部地区教育发展面临一系列问题。

## 二、原因分析

省级政府教育统筹综合改革最早初衷是解决义务教育省域均衡发展，但是随着此项试点改革的启动、实践、探索，人们对此项改革不断赋予新的内涵和更加丰富的意义。正如有关专家指出，加强省级政府教育统筹，不仅是对已有经验的总结，更是现阶段推进教育改革，实现教育优先发展、科学发展、协调发展和可持续发展的时代要求。应该说，省级统筹试点改革在试点改革过程中处于最为综合，也是最为复杂的试点探索，涉及改革思维路径的调整。改革开放以来，在集中精力进行专项改革方面积累了丰富的经验，但是综合性改革，特别是深水区、攻坚期综合性改革实际上刚刚起步，在这方面经验不足，认识上也存在不断深化过程，改革思维路径的调整不是一朝一夕能够实现的，旧思维具有顽固性，加之各项体制、机制还均处于条块分割状态下，造成此项改革离最终目标还有很大的距离。简单来说，省级政府教育统筹综合改革由于是新时期的新要求、新任务，而当前人们对这项改革在主观上还存在认识不充分，客观上条件不成熟的制约，这是此项试点改革面临诸多问题的根本原因。另外，此项改革还受到以下几个方面因素影响。

其一，中央集权行政管理体制制约。长期以来，我国教育行政体制附属于行政管理体制，行政管理体制实行中央集权制，省级政府自主权非常有限。本次启动省级政府教育统筹综合改革，最初旨在强化省级政府义务教育均衡发展责任，而不是赋权给省级政府。因此在启动之初，并没有调动起省级政府积极性，这是省级政府行动缺位的直接原因。另外，统筹教育与经济、社会协调发展，不是只在教育系统内部统筹就可以实现，而是涉及社会发展的各个方面，需要一系列政策、法律、法规、体制、机制的配合、协调，这与现行的行政管理体制存在很大的冲突。简单来说，我国教育权不具有独立性，省级政府教育统筹综合改革的实施与推进，需要省级政府不仅在教育方面，同时也需要在其他方面统筹权的配合。而这种其他方面统筹权的配合不仅需要进一步加大省级政府教育统筹权，更依赖于深入贯彻落实十八届三中全会精神，全面深化社会各项改革。

其二，权责不统一。进一步加强省级政府教育统筹，关键是要更好地体现发展教育的责权相统一、相匹配。目前，各级各类教育、区域教育协调发展的统筹任务都比较重，区域内办学条件、教师编制、招生规模等基本标准的统筹，教育经费保障的统筹，特别是教育体制机制改革的统筹，核心问题是教育行政上下级、政府与学校之间的关系没有理顺，责权不一致。这是当前全面深化改革，特别是行政管理体制改革需要处理的核心问题。一方面，国家已经无法包揽一切，开始逐步增加地方的独立性与自主权，同时也要求地方承担相应责任；另一方面，国家赋予地方的独立性与自主权又是有条件、有限度的，其条件与限度就是服从中央的统一领导。可见，省级政府在统筹教育综合改革中，教育部虽然给予省级政府在教育方面一定的自主权，同时，试点单位也可以通过主动商谈争取到更多的权力，但是这种权力的下放没有与责任形成非常明确、清晰的关系。教育部通常希望能以一定的权力下放及尽可能少的资源投入，换取地方在其自身发展过程中担负更多的责任；地方则无一例外地希望既拥有更多的独立性与自主权，又尽可能少地担负责任，造成中央与地方相互博弈的现象。同时，由于是单一教育方面统筹试点改革，这种改革始终处于中央拥有绝对权力前提下，中央与地方始终是行政管属、命令服从的关系，中央决定着放不放权，放什么权，什么时候放权，什么时候收权。地方在这种大的体制背景下实践动力显然不足。

其三，立法保障不够健全。省级教育统筹综合改革是一个庞大的系统，管教育的是各级政府，办教育的是各个学校。省级政府教育统筹综合改革试点的一个重要目的，就在于深化教育管理体制改革，探索政校分开、管办分离的实现形式。依法行政和建设现代学校制度，是理顺政府、学校和社会关系，落实学校办学自主权和规范学校办学行为的保障。然而当前，以立法的形式增强省级政府教育综合统筹的广度、深度和力度远远不够，立法保障不够健全，省级政府统筹教育事业相关方面的法定职责不够明晰，法律法规的执行条款刚性不够，法律法规的执行力度和执法检查力度不强，在某种程度上影响了省级政府教育统筹综合改革的成效。

# 第五节 进一步深化改革的思路，形成新的对策与建议

党的十八大明确提出“深化教育领域综合改革”，把综合改革任务作为新时期、新阶段首要任务，为进一步深化省级政府教育统筹综合改革提出了新的、更加迫切的要求；《中共中央关于全面深化改革若干重大问题的决定》明确提出全面深化改革的任务，为省级政府教育统筹综合改革进一步提供了条件和动力，明确指出：深入推进管办评分离，扩大省级政府教育统筹权和学校办学自主权，完善学校内部治理结构。强化国家教育督导，委托社会组织开展教育评估监测。健全政府补贴、政府购买服务、助学贷款、基金奖励、捐资激励等制度，鼓励社会力量兴办教育。从目标、重点、管理方式、途径、资源配置方式等多方面为省级政府教育统筹综合改革提供了指导，为该项改革进一步推进奠定了基础，提出了方向，实际上也进一步赋予此项改革更加重大的意义。袁贵仁部长在2014年全教会上指出，深化教育领域综合改革是一场攻坚战，要求教育系统增强担当意识，加强学习实践，积极主动作为，从加快推进教育治理体系和治理能力现代化高度统筹推进教育综合改革；郝平副部长在《中国教育报》撰文指出，深化教育管理体制改革，促进教育事业科学发展，必须要加强省级政府教育统筹。加强省级政府教育统筹，有利于省级政府根据本地人口、产业结构确定教育发展目标，提高教育与经济社会发展契合度；有利于发挥省级政府财力统筹和资源平衡能力，切实加大对农村地区、薄弱学校、困难群体的倾斜支持力度，加快缩小教育发展差距，促进教育公平；有利于省级政府优化各部门职能分工，构建教育改革协同推进机制，深化教育领域综合改革。

针对进一步推进省级政府教育统筹综合改革，现提出以下对策、建议。

## 一、进一步凝聚共识，上下联动，着力建立有利于省级政府统筹教育发展的体制、机制

统筹教育发展，意味着统筹教育协调发展，科学发展。国家有关部门要切实加强教育宏观指导和管理，加强教育发展战略、规划、政策、标准等制定和实施，提高教育宏观管理的前瞻性、针对性、协同性，为省级政府加强教育统筹提供有力支持。要以简政放权支持统筹，扩大省级政府在教育布局结构调整、教师队伍建设、教育对外交流合作、教育经费使用等方面的统筹权。要以转变方式服务统筹，完善科学、民主决策机制，加强分类指导，提供更加开放、更加便利的公共教育信息服务。要以监督评价促进统筹，开展教育现代化监测和教育满意度测评，促进省级政府履职尽责，加快提升教育现代化水平，努力办好人民满意教育，为全面建成小康社会、实现中国梦提供有力支撑。

2010 年成立的国家教育体制改革领导小组组长由国务委员刘延东同志担任，其成员单位包括中央组织部、中央宣传部、中央编办、发改委、教育部、科技部、工业和信息化部等 20 个部门，这种组织架构充分地调动了政府各职能部门发展教育事业积极性，显示出了政府全面推进教育事业改革的决心。需要进一步强化国家教育体制改革领导小组综合协调职能，进一步增强改革的系统性和整体性，高位推进，强化国家层面的部际协调，充分发挥教育咨询委员会的指导作用，进一步注重国家层面政策的顶层设计，尤其是要注重统筹协调教育改革发展中的经费投入、人员编制、教育用地、税费减免等宏观层面政策调整，做好教育综合改革的顶层设计。

省级政府教育统筹综合改革的推进必须坚持解放思想、实事求是，鼓励各地先行先试，进一步凝聚改革共识，充分尊重和鼓励地方的首创精神，建立实施试点省际协调联动机制，在全国营造一种鼓励改革、支持改革的良好氛围。

## 二、加大放权力度，加快转变政府职能，确保省级政府有权可统

回顾过去十年的教育改革，最终都是因为政府不放权而将轰轰烈烈的改革变为折腾。要加强省级政府教育统筹改革，关键还是放权。目前的情况是中央管得太多太细，而且往往采取“一刀切”的办法而忽略了地区的差异性，这样既不利于欠发达地区教育加快发展，也挫伤了发达地区提升教育现代化水平的积极性。进一步推进省级政府统筹教育综合改革，必须把权力下放，通过层层放权，明确职责，激发地方政府创造活力和发展内生动力。因此，要对教育行政管理各项行为进行系统梳理和清理，同时加快转变政府职能，进一步简政放权，确保中央政府该放的权力切实下放到位，省级政府有权可统。

中央进一步向省级部门放权。首先是教育部要放权，目前，教育部放权省级政府的意识较强，力度也很大，但是还需要进一步加强高等教育管理方面的权限下放。当前需要跟进的是其他部委的配合，即不仅教育部要放权，财政部、编委、人力资源部、规划部也要向省级政府放权，因为教育不是独立的系统，教育行政管理权从属于一般行政权，而我国一般行政权又存在条块分割的状况。

放权的同时要进一步转变政府职能，加强宏观指导和管理。目前，中央部委放权不到位，一方面是由于存在权力寻租现象，权力意味着相应利益的丧失，但是更多是出于一放就乱的担心。要明确放权并不意味着责任的推卸或者中央一级无所作为，而是要及时转变政府职能，通过督导、质量检测、履职考评等多种方式进一步加强宏观管理。

## 三、省级政府要到位，进一步加强省域内顶层设计，确保统筹有力

省级政府教育统筹综合改革的实施要坚持以政府为主导，省级政府主要

领导不能够缺位，一定要亲自领导试点工作，加强省域内顶层设计，确保统筹有力。进一步推进教育统筹综合改革，建议试点省级政府进一步明确以下四方面工作内容：其一是明确统筹什么，即根据十八届三中全会精神，结合本省具体情况，因地制宜，以破解重大难题为突破口，进一步明确统筹的主要内容。其二是明确如何统筹，结合政府职能转变和教育治理体系建设和教育治理能力提升的要求，对如何统筹要有新思路，新举措。要进一步明确在统筹教育综合改革过程中，省级政府不仅是单方面统权，更要立足政府职能转变，推进管办评分离，建设现代学校制度进行合理放权。要正确处理好统筹、综合、放权、职能转变几个方面关系，只有从这几个方面着力，才能够最终实现该项改革目标。其三是要进一步建立和完善全省教育工作的联动工作机制，形成省级人民政府主导，各职能部门广泛参与的决策领导体制，这不仅有利于相关教育政策的研究与制定，也有利于相关政策的执行与后续监督，切实将省级政府教育统筹综合改革各项任务落到实处。其四是要制定明确的时间表和路线图，增加操作性。在既有的改革蓝图下，各试点单位应该尽早制定更加明确具体的工作路线图和时间表，明确每件事情怎么做以及什么时候做。

总之，省级政府要切实履行统筹规划、政策引导、监督管理和提供公共教育服务的职责，在行使职能的过程中要各司其职，要到位，不越位、不缺位，当好教育体系的构建者、教育条件的保障者、教育服务的提供者、教育公平的维护者、教育标准的制定者和教育质量的监管者等多重角色，把省级政府教育统筹综合改革做好、做实。

## 四、要立足于建设教育治理体系和教育治理能力现代化，着眼于建立新型政府、学校、社会关系，建立和完善现代学校制度

十八届三中全会提出国家治理体系建设和治理能力现代化的要求，这进一步丰富了省级教育统筹综合改革的内涵。袁贵仁部长在全教会上明确指出，推进教育治理体系和治理能力现代化，就是要适应国家治理体系和治理能力

建设，根据教育发展的自身规律和教育现代化的基本要求，以构建政府、学校、社会新型关系为核心，以推进管办评分离为基本要求，以转变政府职能为突破口，建立系统完备、科学规范、运行有效的制度体系，形成政府宏观管理、学校自主办学、社会广泛参与、职能边界清晰，多元主体“共治”的格局，充分发挥教育治理体系效能，全面提升教育治理能力，更好地调动中央和地方两个积极性，更好地激发学校的活力，更好地发挥社会的作用。

新时期省级政府教育统筹综合改革应该立足于建设教育治理体系和治理能力现代化，着眼于建立新型政府、学校、社会关系，建立和完善现代学校制度，进一步推进教育统筹综合改革。

治理的核心要素是管理主体的多元参与，实质是管理民主化，追求的是公共利益最大化，属于现代管理的重要理念。立足于建设教育治理体系和治理能力现代化，就应该不再局限简单的统权、放权之间的纠结，更应该致力于新型关系的确立，不同层级政府、政府与学校、政府与社会、政府与市场之间权力会更有互动性和依赖性，责任与权力通过协商、咨询、合作机制建立起更加紧密与更加灵活的关系。

在高等教育领域，中央政府和省级政府加强简政放权，着力建立和完善现代大学制度。省级政府向高校放权，能更好地带动高校自主办学的积极性和能动性。政府要简政放权，由直接管理学校转向提供公共服务，进一步厘清政府和高校的关系，该管的一定要管好，该放的也一定要放给学校。省级政府向高校放权前提是评价和监督机制要跟上，省级政府可以设立一个评价指标体系，让高校主动寻求和选择评价，用好权、办好学。在基础教育领域和职业教育领域，同样要突出学校自主办学，建立和完善现代学校制度。

在放权的同时，还要解决好放权过程中权力承接问题。要妥善做好行政审批事项取消后的后续工作，制定完善的监管办法，加强事中、事后监管。要坚持简政放权与流程再造同步推进。对尚未调整的事项，按照审监分离、上下衔接、运转顺畅的原则，不断创新和优化工作流程，防止管理脱节。

**参考文献：**

[1] 郝平．认真贯彻党的十八届三中全会精神，切实加强省级政府教育统筹［N］. 中国教育报，2013-11-27.

[2] 胡瑞文：《加强省级政府教育统筹推进教育科学发展》。（教育部内部资料）

[3] 教育部综改司：《省级统筹综合改革组阶段性汇报材料》。2013 年 6 月。（教育部内部资料）

[4] 王湛，等：《省级教育统筹政府必须到岗履职》。（教育部内部资料）

[5] 袁贵仁：《深化教育领域综合改革，加快推进教育治理体系和治理能力现代化》。（2014 年全教会文件）

[6] 袁振国：《加强省级政府教育统筹是历史阶段的新要求》。（教育部内部资料）

# 索　引

出 版 人　所广一
责任编辑　夏辉映
版式设计　杨玲玲
责任校对　贾静芳
责任印制　曲凤玲

**图书在版编目（CIP）数据**

国家教育体制改革试点阶段性研究报告．基础教育卷/国家教育行政学院编著．—北京：教育科学出版社，2014.12
ISBN 978-7-5041-9229-5

Ⅰ．①国…　Ⅱ．①国…　Ⅲ．①基础教育—教育体制改革—研究报告—中国　Ⅳ．①G521 ②G639.21

中国版本图书馆 CIP 数据核字（2014）第 309190 号

**国家教育体制改革试点阶段性研究报告（基础教育卷）**
GUOJIA JIAOYU TIZHI GAIGE SHIDIAN JIEDUANXING YANJIU BAOGAO

| | | | |
|---|---|---|---|
| **出版发行** | 教育科学出版社 | | |
| **社　　址** | 北京·朝阳区安慧北里安园甲 9 号 | **市场部电话** | 010-64989009 |
| **邮　　编** | 100101 | **编辑部电话** | 010-64989363 |
| **传　　真** | 010-64891796 | **网　　址** | http://www.esph.com.cn |
| **经　　销** | 各地新华书店 | | |
| **制　　作** | 北京金奥都图文制作中心 | | |
| **印　　刷** | 保定市中画美凯印刷有限公司 | | |
| **开　　本** | 169 毫米×239 毫米　16 开 | **版　　次** | 2014 年 12 月第 1 版 |
| **印　　张** | 23.5 | **印　　次** | 2014 年 12 月第 1 次印刷 |
| **字　　数** | 323 千 | **定　　价** | 58.00 元 |